Ihr persönliches

Leseexemplar

www.allitera.de

Allitera Verlag

monacensia
im hildebrandhaus

edition monacensia
Herausgeber: Münchner Stadtbibliothek / Monacensia im Hildebrandhaus

ALFONS SCHWEIGGERT

Sisis Wohnwelten

TRAUMSCHLÖSSER, SEELENORTE UND FLUCHTBURGEN
DER KAISERIN VON ÖSTERREICH

Allitera Verlag

monacensia
im hildebrandhaus

Oktober 2018
Allitera Verlag
Ein Verlag der Buch&media GmbH, München

Layout und Umschlaggestaltung: Johanna Conrad und Franziska Gumpp
Gesetzt aus der Nunito Sans und der Sabon LT
Umschlagbild vorne: Schloss Miramare © privat
Umschlagbild hinten: Kaiserin Elisabeth von Österreich, letzte Atelieraufnahme von Ludwig Angerer, 1868 / 69. © privat
Printed in Europe · ISBN 978-3-96233-051-4

Allitera Verlag
Merianstraße 24 · 80637 München
fon 089 13 92 90 46 · mail info@allitera.de
www.allitera.de

INHALT

ZEIGE MIR, WIE DU WOHNST UND ICH SAGE DIR, WER DU BIST

PROLOG

Schon immer definierten und identifizierten sich Menschen auch über den Lebensraum – das Haus oder die Wohnung –, in dem sie sich aufhalten. Wohnen ist seit jeher ein Statement, mit dem man ausdrückt, wer man ist. Das persönliche Wohnumfeld beeinflusst die Persönlichkeit auf unterschiedliche Weise und ist wie die Visitenkarte eines Menschen. Die Wohnung ist Ausdruck und Spiegel der Persönlichkeit, des Charakters und der Seele. Die Wohnform und der Standort einer Wohnung geben viel über die Individualität eines Menschen preis und darüber, womit sich der Einzelne identifiziert. Beides verweist auf den Status einer Person und ist mit seiner Identität aufs Engste verknüpft. Vielfach bestimmt die Sehnsucht, an einem besonderen Ort wohnen zu wollen, den Standort, den man sich wählt. Soll ein Haus auf dem Land, in den Bergen oder am Meer stehen? Außergewöhnliche topografische Lagen haben schon immer eine starke Anziehung ausgeübt. Oder ist es eher die Geschichte eines Ortes, die fasziniert und bewegt, sich dort anzusiedeln?

Üblicherweise will der Mensch in seinem Heim Ruhe finden, Feste feiern, eventuell eine Familie gründen, mit der Person, die man liebt, das Heute und Morgen verbringen. Doch die Ausnahmen von dieser Regel sind zahlreich. Beim Blick in manche Wohnung stellen sich noch andere Fragen. Haust hier ein Ordnungsfanatiker oder ein Chaot oder gar ein sogenannter Messie? Lebt hier ein »Nesthocker«, der nach dem Motto »My home is my castle« sich am liebsten und ausschließlich zwischen seinen vier Wänden aufhält, für den die Wohnung also den Ort des gesamten Lebens, Arbeitens und aller sozialer Kontakte darstellt? Oder wohnt hier ein »Nestflüchter«, dem die Behausung vorrangig als Nachtquartier dient und die praktischerweise Kälte, Regen, Wind und sonstige Außeneinwirkungen fernhält, in der man sich aber ansonsten so wenig wie möglich aufhalten will?

Und wie ist ein Wohnraum eingerichtet? Seine Ausstattung verrät, worauf die betreffende Person besonderen Wert legt und dient damit der Imagepflege. Betrachtet der Bewohner sein Zuhause womöglich nur als Abstellmöglichkeit für das Notwendigste und wofür steht dieser Minimalismus? Was sagen karge Einrichtungen aus, die nur das Wesentlichste berücksichtigen? Reflektierte und introvertierte Sinnsucher dekorieren die Wohnräume deutlich weniger als extrovertierte und gesellige Personen. Sie empfinden allzu viele sensorische Reize in Form von Bildern, Farben und Materialien oft als störend. Ausgefallene und exzentrisch eingerichtete Wohnungen zeigen, dass hier kein reiner Vernunftmensch lebt. Es muss aber nicht automatisch ein schrulliger Exzentriker sein, der hier wohnt, oft handelt es sich dabei um eine Person, die Konventionen hinterfragt, offen für neue Erfahrungen ist und ihr Leben unabhängig vom Urteil anderer führt.

Was erfährt man durch Bilder, Gemälde und Skulpturen über die Person, die hier lebt? Jedes Bild besitzt einen emotionalen Wert und zeugt mitunter von einer gewissen Extrovertiertheit oder Introvertiertheit des Besitzers. Was verraten Farbvorlieben über den Bewohner eines Hauses? Jede Farbe hat eine tiefere Bedeutung, vor allem, wenn sie konzentriert auftritt und bewusst gewählt wird. Farben können nicht nur unseren Körper beeinflussen, sondern auch unsere Seele und unsere Stimmung verändern – unabhängig davon, ob wir das wollen oder nicht. So steigern etwa Rottöne die Herzfrequenz, viel Blau lässt einen Raum gefühlt gleich zwei Grad kühler wirken.

Stets ist die Frage, ob die Einrichtung wirklich dem Wesen der Person entspricht oder ob sie nur eine beliebig austauschbare Kulisse ist. Auf jeden Fall erzählt der Wohnstil etwas über eine Person, auch wenn jeder Mensch erheblich mehr ist als die Summe seiner Einrichtungsgegenstände. Einschnitte im Leben – so etwa Probleme in der Beziehung – ziehen häufig auch Veränderungen im Wohnumfeld nach sich, was womöglich auf eine innere Unruhe hinweist. Man fühlt sich gezwungen, etwas in seinem Leben zu verändern. Dies kann sich in einem gesteigerten Aktionismus ausdrücken – auch wenn sich dieser besser auf die Lösung der Probleme richten sollte.

Kaiserin Elisabeth von Österreich war eine faszinierende, aber auch äußerst problematische Persönlichkeit. Dies zeigte sich nicht nur in ihren Verhaltensweisen, ihren Ticks, sondern ebenso in den zahlreichen Wohnräumen, in denen sie sich aufhielt. Wie und wo wohnte Kaiserin Elisabeth also? Aber wohnte sie überhaupt? Fühlte sie sich nicht vielmehr zum Wohnen immer wieder nur gezwungen? War sie nicht eher ein »Wohnflüchtling« und viel lieber ständig unterwegs? War sie irgendwo angekommen, wollte sie sich dort nicht lange aufhalten, sondern sehnte sich bald danach, wieder aufzubrechen, wollte eine andere Stadt, ein anderes Land erleben, auf eine Insel, in die Einöde, auf einen anderen Kontinent. Der Weg war ihr Ziel, oft genug ohne zu wissen, wohin der weitere Weg sie führen würde. Was verraten Sisis Lieblingsfarben Veilchenblau oder Mauve und in späteren Jahren die Farbe Schwarz über sie? Schwarz gilt als depressionsfördernd und beeinflusst unser gesamtes Gemütsleben überaus negativ. Düstere Gedanken werden durch diese Farbe verstärkt, womit ein negativer Einfluss auf den Seelenzustand ausgeübt wird. Menschen, von denen Schwarz bevorzugt wird, sind mitunter auch Selbstmordkandidaten.

Der Titel dieses Buches *»Sisis Wohnwelten – Traumschlösser, Seelenorte und Fluchtburgen der Kaiserin von Österreich«* erweckt den Eindruck von stattlichen Häusern, die Elisabeth besaß und die ihr gehörten. Doch sie verstand unter dem Begriff »Wohnen« etwas ganz anderes. Es mussten nicht vor den Untertanen abgeschlossene herrschaftliche prachtvolle Gebäude sein, in die sie sich, umgeben von ihrem Hofstaat, zurückzog und in denen sie residierte. Ja nicht einmal um gemauerte Behausungen ging es ihr vorrangig, auch wenn sie solche immer wieder nutzte. Ihr lagen vielmehr sich stets wandelnde Sehnsuchtsorte am Herzen, an denen sie sich aufhalten konnte, um sie rastlos wandernd, reitend, reisend und zur See fahrend zu erobern und sie unmittelbar danach wieder gegen neue Aufenthaltsorte auszutauschen. Es handelte sich also nicht nur um Schlösser, Palais und Burgen in und außerhalb Österreichs, sondern auch um Villen, Landhäuser und Hotels sowie um Unterkünfte für ihre diversen Reisen, Jagdaufenthalte und Kuren in Italien, Griechenland, Frankreich, England oder Ungarn, aber auch um ganz einfache Berg- und Jagdhütten oder Kajüten auf Schiffen und bisweilen sogar um recht skurrile Wohnträume und Fantasiegebilde. Eigenartig, dass sich bislang in der gewaltigen Flut der Literatur über Kaiserin Elisabeth noch niemand explizit mit diesem Thema befasste, das die zahlreichen Häuser und Wohnungen in den Blickpunkt rückt, in denen sie sich während ihres Lebens aufhielt. Alle diesbezüglichen Facetten auszuleuchten, darum geht es in diesem Buch, das eine Kaiserin zeigt, die auch im Hinblick auf das Wohnen in ihrem Leben ganz eigenwillige und oft ungewöhnliche Vorstellungen zu realisieren versuchte und die auch dadurch höchst interessante Einblicke in ihr kompliziertes Seelenleben gewährt.

Alfons Schweiggert
München, September 2018

MÄRCHENSCHLÖSSER DER KINDHEIT

Von klein auf lebt Elisabeth in einem Schloss auf dem Land, das eher einem Landgut gleicht, und in einem stattlichen Palais in der Stadt. Noch als Kaiserin fühlt sie sich immer wieder zu diesen Gebäuden ihrer Kindheit, die für sie Märchenschlösser darstellen, hingezogen. Mehr als im Palais, das ihr Vater in der Ludwigstraße der Residenzstadt München errichten ließ, fühlt sie sich in den Schlössern auf dem Land wohl. Vor allem liebt sie das behagliche Schloss Possenhofen am Starnberger See mit seinem weitläufigen Park. Wie es heißt, soll es aber auch zu Aufenthalten im Jagdschloss ihres Vaters in Unterwittelsbach gekommen sein und sogar in der Sommerresidenz ihres Urgroßvaters Herzog Wilhelm in Bayern lässt sich ein Besuch nachweisen. Es sind vorrangig unbeschwerte Kindheitsjahre, die sie an diesen Orten verleben darf.

Die 16-jährige Kaiserin Elisabeth am Ufer des Starnberger Sees, Lithografie von Eduard Kaiser, 1853.

HERZOG-MAX-PALAIS IN MÜNCHEN

Winterdomizil mit Zirkus

Am 24. Dezember 1837 – es ist der Heilige Abend und ein Sonntag dazu – erblickt Elisabeth Amalie Eugenie von Wittelsbach als viertes von zehn Kindern im Herzog-Max-Palais in der Münchner Ludwigstraße in einem Eckzimmer des ersten Stocks das Licht der Welt. Sie hat bereits einen Zahn im Mund, was als Glückszeichen gewertet wird.

Das von Leo von Klenze 1828 bis 1831 für die herzogliche Familie erbaute Palais ist ihr prunkvoller Winteraufenthaltsort: ein imposantes, monumental-klassizistisches Gebäude mit großzügigen Raumfluchten und grandiosen Repräsentationsräumen, reich an herrlichen Fresken und Bildern. Während sich der Herzog im Erdgeschoss einquartiert, bewohnt seine Frau Ludovika das Obergeschoss. Die Kinder sind im dritten Stock untergebracht.

Herzog Max macht sein Palais zum gesellschaftlichen Mittelpunkt Münchens. Geschichten über die dort stattfindenden Ballfeste, Konzertabende und Zirkusvorstellungen sind regelmäßig Stadtgespräch und seine Empfänge gelten als legendär. Die fantasievollen Veranstaltungen und prunkvollen Feste bringen frischen Wind ins Münchner Hofleben und zählen zu den originellsten in der ganzen Stadt. Herzog Max gründet hier mit 14 trinkfesten »Rittern« auch eine Tafelrunde, zu der er selbst als König Arthus verkleidet erscheint. In diesem Kreis wird viel gesungen, gedichtet, komponiert, aber auch getrunken und alle lassen es sich in froher Geselligkeit gut gehen. Außerdem gibt es im Palais ein »Café chantant« nach Pariser Muster – auf Bairisch: eine »Brettl-Bühne« – und einen riesigen Ballsaal, geschmückt mit freizügigen Fresken wie dem 44 Meter langen »Bacchusfries«. Sogar ein Privattheater steht zur Verfügung, in dem regelmäßig Aufführungen stattfinden. Doch zu diesen Belustigungen für Erwachsene haben die Herzogkinder kaum Zugang.

Prinzessin Elisabeth beeindruckt insbesondere die große Zirkusmanege im Hinterhof des Palais, in der ihr Vater seine Reiterkunststücke vorführt und wo auch sie ihr Können als Reiterin zeigen kann. Im Freien darf sie sich mit ihren Geschwistern aufhalten, vor allem im Englischen Garten und in einem Parkgelände, das ihr Vater 1838 erworben hat und das nach ihm »Herzogpark« benannt ist. Dieses weitläufige Gelände – bis 1900 im Besitz der herzoglichen Familie – ist westlich durch die Isar und im Osten durch das steile Isarhochufer begrenzt. Eine Schranke mit Schranken-

Herzog-Max-Palais, Ludwigstraße 13, Stahlstich von Alois Kurz.

Reiterkunststücke im Hippodrom, an der Rückseite des Herzog-Max-Palais, Gemälde von Heinrich von Mayr, 1833 / 34.

wärter sichert den Parkeingang am Kufsteiner Platz und somit ist der Park nur für die Herzogsfamilie und deren Gäste zugänglich. Die Kinder halten sich im Winter dort gerne zum Rodeln auf oder laufen auf dem zugefrorenen Weiher Schlittschuh.

Weniger erfreulich sind für Sisi die täglichen Unterrichtsstunden. Erzieher und Gouvernanten haben Mühe, das quirlige Mädchen zu bändigen und zum Lernen anzuhalten. Bisweilen muss man sie regelrecht an den Stuhl binden, um sie zum Stillsitzen zu zwingen. Stets drängt sie zum Spielen ins Freie, wo sie mit ihren Geschwistern ausgelassen umhertollt. Im Palais fühlt sie sich vor allem in dem dort eingerichteten Hippodrom wohl, wo ihr der Vater so allerhand Kunststücke beibringt und sie zu einer exzellenten Reiterin ausbildet. Die Erziehung der Kinder obliegt vor allem der Mutter, da der Vater beinahe ständig unterwegs ist.

Die Ehe von Sisis Eltern steht unter keinem glücklichen Stern. Beide werden schon in früher Jugend, ohne gefragt zu werden, von Maxens Großvater, Herzog Wilhelm, und Ludovikas Vater, König Max I. Joseph, einander versprochen. Auch wenn sich die jungen Leute kennen, eine Liebesbeziehung besteht nicht und demzufolge auch keine Bereitschaft zu heiraten. Der erzwungene Hochzeitstag im September 1828 ist deshalb ein trauriger Tag für beide. Max führt danach sein Junggesellenleben weiter, pflegt Beziehungen zu anderen Frauen und hat mehrere uneheliche Kinder. Er hält sich nur selten zu Hause auf und ist viel auf Reisen. Kurz nach Sisis Geburt bricht er im Januar 1838 zu einer fast einjährigen Orientreise auf und lässt die Mutter mit den drei kleinen Kindern allein. Erstaunlich ist, dass er mit seiner ungeliebten Frau dennoch zehn Kinder zeugt, von denen zwei in frühen Jahren sterben.

So sehr Sisi ihren Vater in der Kindheit auch verehrt und ihm in vielen Dingen ähnlich ist – so in ihrer Leidenschaft für das Reisen, das Reiten und die Literatur – in späteren Jahren distanziert sie sich immer mehr von ihm. Die ständigen Klagen ihrer Mutter im Ohr, nimmt sie es ihm übel, wie er seine Frau behandelt, die ihn ein Leben lang mit all seinen Launen und seinem Egoismus ertragen muss. Dabei übersieht sie, dass sie vergleichbare Charakterzüge hat und Franz Joseph gegenüber ganz ähnliche Verhaltensweisen aufweist. Im Gegenzug zieht sich der Vater später von seiner Tochter zurück und hält sie für eine überspannte Person. Als Herzog Max 1888 stirbt, fehlt Elisabeth auf seiner Beerdigung.

Gleichwohl trennt sie sich nur schweren Herzens von ihrer Geburts- und Heimatstadt München und ihrem Vaterhaus, in dem sie als Kind glückliche Stunden verbringen durfte, als sie am 20. April 1854 im Alter von erst 16 Jahren die bayerische Heimat verlassen muss und mit ihrem künftigen Gemahl, Kaiser Franz Joseph I. von Österreich, nach Wien aufbricht.

Als Kaiserin kommt sie aber immer wieder nach München und blickt wehmütig zu den Fenstern der ehemaligen Kinderzimmer im Herzog-Max-Palais nach oben. Ihr letzter Besuch findet Mitte Juli 1898 statt, wenige Wochen vor ihrem Tod.

Porträt der Geschwister der Kaiserin Elisabeth auf der Veranda des Schlosses Possenhofen, von links nach rechts: Sophie Charlotte, Max Emanuel (Maperl), Carl Theodor (Gackel), Helene (Néné), Ludwig Wilhelm (Louis), Mathilde (Spatz) und Marie, Gemälde von Joseph Karl Stieler, 1855.

SOMMERSCHLOSS POSSENHOFEN

Sisis geliebtes »Possi«

1834 kauft Herzog Max ein kleines Schloss in Possenhofen am Starnberger See, das seine Tochter Elisabeth später immer liebevoll als ihr »Possi« bezeichnen wird. Während der Wiener Hof das Leben in diesem Schloss Jahrzehnte später höchst abfällig als »Bettelwirtschaft« bezeichnet, widerspricht Elisabeths Hofdame Marie Gräfin Festetics de Tolna heftig: »Das Haus ist einfach, aber gut geführt, sauber, nett, gute Küche, ich fand keinen Prunk, es ist alles wohltuend altmodisch, aber vornehm.«[1] Dieses legere Wohngefühl prägt Sisi nachhaltig und begleitet sie durch ihr ganzes Leben.

Die Familie verbringt hier jedes Jahr die Sommermonate. Für Sisi ist dies die schönste Zeit ihres Lebens. Auch ihre Geschwister halten sich gerne in dem kleinen Schloss mit Park auf. Obwohl die Kinder immer wieder Auseinandersetzungen zwischen den Eltern miterleben, so hängen sie doch sehr an ihnen. Ganz besonders liebt Sisi ihren Vater, von dem sie die Leidenschaft für Pferde erbt und die Begeisterung für das Reiten. Wie es heißt, habe ihr Vater sie als Bauernmädchen verkleidet mit in Wirtshäuser genommen. Dort habe er vor den Gästen inkognito auf seiner Zither gespielt und seine Sisi dazu tanzen lassen. In ihrer Schürze habe sie anschließend die Geldstücke gesammelt, die ihr zugeworfen wurden. Erheblich mehr als der Vater, der ständig unterwegs ist, kümmert sich jedoch die Mutter um die Kinder. Ihr obliegt deren Erziehung und bei ihr fühlen sie sich besonders geborgen. Fast jedes Jahr unternimmt sie mit den Älteren Ausflüge ins Gebirge und besucht einmal auch das Passionsspiel in Oberammergau.

Vor allem ist es die grenzenlose Freiheit, die den herzoglichen Kindern am Starnberger See zur Verfügung steht. Wie ein einfaches Bauernkind tobt Sisi barfuß durch den weitläufigen Park, reitet stundenlang durch die Wälder und schwimmt und fischt im See. Wie ihre Geschwister entwickelt auch sie eine enge Beziehung zu allerlei Tieren, so zu einem Reh, zu Kaninchen, Schafen, Hunden und sogar zu einer ganzen Perlhühnerzucht. Sie spricht ungeniert bairischen Dialekt und freut sich an den Festen und Bräuchen im Bauernjahr.

Es verwundert nicht, dass sich Herzogin Ludovika oft Sorgen um die Erziehung ihrer acht Kinder macht. Während der Unterricht in den Sommermonaten in Possenhofen ein hoffnungsloses Unterfangen ist, gelingt es in den Wintermonaten im Herzog-Max-Palais in der Münchner Ludwigstraße etwas leichter, die Kinder zum Lernen zu motivieren, sodass sie sich wenigstens eine Allgemeinbildung aneignen. Sisi ist stets betrübt, wenn mit Herbstbeginn das ungebundene sommerliche Landleben am Starnberger See endet und der Rückzug in das elterliche Palais in der Residenzstadt bevorsteht, wo eine eher steife Geselligkeit vorherrscht, von der sich die Kinder gelangweilt fühlen. Das Münchner Palais kann mit Possenhofen einfach nicht konkurrieren und Sisi ist immer froh, wenn der lange Winteraufenthalt endlich wieder zu Ende geht.

Als Zehnjährige erlebt Sisi erstmals, dass ein Schloss auch ein politischer Rückzugsort sein kann. Im Spätherbst 1847 dürfen sie und ihre Geschwister zum Spielen nicht mehr in den Herzogpark und den Englischen Garten, da es in München wegen der Affäre Ludwigs I. mit der Tänzerin Lola Montez im Volk immer mehr brodelt. Der König finanziert nicht nur den kostspieligen Lebenswandel dieser zweifelhaften Dame, sondern lässt sie sogar Einfluss auf die Regierungsgeschäfte nehmen. Dagegen begehrt die Bevölkerung auf, doch die Proteste werden zunächst niedergeschlagen. Das Weihnachtsfest 1847 verbringt Herzog Max mit seiner Familie nicht wie üblich im Münchner Palais, sondern diesmal in Schloss Possenhofen. Auch nach Weihnachten erfolgt noch keine Rückkehr nach München. Angesteckt von den Unruhen in der Residenzstadt rebellieren einige Bauern sogar vor dem Possenhofener Schloss und fordern Nutzungsrechte im Wald, sonst würden sie das Schloss anzünden. Doch sie lassen sich rasch beruhigen. Zum ersten Mal erkennt Sisi, dass sich das Volk gegen einen Monarchen erheben kann. Sie erlebt, dass ihr Vater der von den Aufständischen bedrohten königlichen Familie in seinem Palais Schutz vor den Übergriffen bietet, die im Februar 1848 ihren Höhepunkt erreichen. Am ehesten, so die Überlegung, würden die Revolutionäre wohl das Herzog-Max-Palais verschonen, da sie ihren republikanisch eingestellten Vater achten. Am 19. März 1848 gibt König Ludwig I. seine Abdankung bekannt. Sisi erkennt, dass das Volk sehr wohl in der Lage ist, Revolution zu machen. Auch als Kaiserin vergisst sie diese Lektion nicht und fragt sich immer wieder, wie lange sich das Volk von der Monarchie eigentlich noch knechten lässt.

Die gemütliche Einrichtung des Salons in Schloss Possenhofen: eher biedermeierlich-wohnliche Einladung zum Zusammensein als steife Repräsentation.

Schloss Possenhofen am Starnberger See.

In Possenhofen erlebt Sisi auch das erste Liebesleid und bitteren Todesschmerz. Im Juni 1848 darf sie als Elfjährige mit ihrer Mutter und den Geschwistern Helene und Carl Theodor nach Oberösterreich zur Sommerfrische, wo sie erstmals auf den 18-jährigen Erzherzog Franz Joseph trifft, der zu dieser Zeit an ihr aber noch kein Interesse hat. Noch hat er nicht als Kaiser von Österreich den Thron bestiegen, das wird er erst wenige Monate später, am 2. Dezember 1848, tun. Hingegen verliebt sich sein jüngerer Bruder, der 15-jährige Erzherzog Karl Ludwig, in Sisi. Er schreibt ihr von da an regelmäßig Briefe und sendet ihr auch kleine Geschenke, doch sie erwidert seine Zuneigung nicht. Viel lieber spielt sie mit der zwei Jahre jüngeren Irene, der Tochter des Grafen Paumgarten, der in der Nähe von Schloss Possenhofen lebt. Mit ihr verbindet sie ein freundschaftlicher Kontakt, ebenso mit Irenes Bruder David. Deshalb ist sie sehr betroffen, als David 1853 schwer an einer Lungenentzündung erkrankt und kurz darauf stirbt. Unter Tränen notiert sie in ihr Tagebuch: »Du bist so jung gestorben/und gingst so rein zur Ruh'; / ach, wär', mit dir gestorben, / im Himmel ich wie du!«[2] Lange trauert sie, von Todessehnsucht befallen. Sie kann den Verlust ihres jungen Spielgefährten nicht begreifen.

Als 15-Jährige lernt Sisi einen jungen Offizier am herzoglichen Hof, den Grafen Richard S., kennen, in den sie sich verliebt. Doch die Mutter entdeckt die unschuldige Schwärmerei und unterbindet sofort den Kontakt. Ein einfacher Offizier als Freund der Herzogstochter ist völlig indiskutabel. Der junge Mann wird aus dem Hofdienst entlassen und in die Ferne geschickt. Ihren Schmerz vertraut Sisi dem Tagebuch

Tableau des Starnberger Sees mit elf Orten beziehungsweise Szenen, Zeichnung um 1885.
Legende: 1) »Hotel Strauch« in Feldafing 2) Starnberger See und Dampfer 3) Schloss Possenhofen 4) Königliches Schloss Berg 5) Mohr Rustimo (?) 6) Kaiserin Elisabeth reitend, Ort unbekannt 7) Kaiserin Elisabeth mit ihrer Tochter Marie Valerie in der Kutsche 8) unbekannt 9) unbekannt 10) Fischerhütten 11) unbekannt

an: »Du frische junge Liebe, / so blühend wie der Mai, / nun ist der Herbst gekommen / und alles ist vorbei. // Und nun ist er mir so ferne, / und ich sehe ihn gar nie. / Ach, ich wollt zu ihm wohl gerne, / wüßt' ich nur, wohin und wie.«[3] Schwerkrank kehrt der junge Mann schließlich heim und stirbt kurze Zeit später. Zum zweiten Mal entreißt Sisi der Tod einen ihr nahe stehenden Menschen. Sie verfällt in Melancholie und zieht sich zurück. Da tritt ein weiterer Mann in ihr Leben, ein junger Graf F. R., der oft zu Besuch an den herzoglichen Hof kommt. Doch er macht sich nicht viel aus dem 15-jährigen Teenager. Da ihr Gefühl nicht erwidert wird, endet auch dieses Erlebnis schmerzlich.

In späteren Jahren, als Elisabeth längst Kaiserin von Österreich ist, zieht es sie immer wieder nach Possenhofen, wo sie der Mutter ihr Leid mit der Schwiegermutter klagen kann und von ihr stets aufs Neue ermutigt wird, sich dennoch ihren Aufgaben als Kaiserin zu stellen. Bei diesen Gesprächen hört sie auch die Klagen der Mutter über den Vater, dem sie schließlich die Schuld gibt, dass ihre Mutter nie glücklich ist. In Possenhofen helfen ihr aber auch Diskussionen mit ihren Schwestern über so manches Problem hinweg. 24 Sommer lang mietet sie sich in das »Hotel Strauch« im nahen Feldafing ein – heute »Hotel Kaiserin Elisabeth« –, da es ihr als Kaiserin nicht gestattet ist, im Elternhaus zu logieren, was übrigens auch wegen ihres stattlichen Gefolges nur schwer möglich gewesen wäre. Besuche in ihrem »Possi« während ihrer jährlichen Sommeraufenthalte sind ihr jedoch erlaubt und darauf freut sie sich stets aufs Neue.

JAGDSCHLOSS IN UNTERWITTELSBACH

Ein Sisi-Legendenschloss

Schloss Unterwittelsbach, Lithografie von Otto Flad, 1841.

Im Aichacher Land hält sich bis heute das Gerücht, dass sich Sisi als Kind auch in Schloss Unterwittelsbach aufgehalten habe. Zwar gibt es dafür keine Belege und auch in keinem der Gedichte Elisabeths findet sich ein Hinweis auf einen Aufenthalt in Unterwittelsbach. Es existiert lediglich eine kolorierte Lithografie des königlichen Hofoffizianten Otto Flad von 1841, auf dem im Türrahmen des Schlosses die vierjährige Sisi mit ihrer Mutter Herzogin Ludovika steht. Oben aus den Fenstern schauen Sisis Geschwister: die siebenjährige Herzogin Helene und der zehnjährige Herzog Ludwig. Auf dem Schlossweiher sitzt in einem Kahn Herzog Max. Demnach könnte Sisi etwa ab 1841 – sie war damals vier Jahre alt – zumindest einige Male in den Sommermonaten von ihrem Vater nach Unterwittelsbach mitgenommen worden sein.

Das heute noch von Wasser umgebene Schloss ist seit 1838 im Besitz von Sisis Vater. Nach gründlicher Renovierung lässt er es zu seinem Jagdschloss ausbauen, wo er sich in den Sommermonaten von Mai bis November zur Jagd aufhält. Im Winter steht das Haus leer, da es nicht geheizt werden kann. Vergnügen bereitet dem Herzog das Zitherspiel und häufig lädt er Freunde aus Aichach und der Umgebung zu sich ins Schloss zum Essen und Feiern ein.

Zum Besitz von Herzog Max gehörten auch das dem Schloss Unterwittelsbach benachbarte Schlösschen Kühbach, ein ehemaliges Kloster, mit Schlossbrauerei sowie das Jagdschlösschen im nahen Rapperzell.

Aber hat sich Sisi im Schloss Unterwittelsbach nun aufgehalten oder nicht? »Am 14. November 1839«, so teilt Pfarrer Konrad Dannhauser mit, habe Herzog Max zusammen mit seiner Frau Ludovika und dem siebenjährigen Söhnchen Ludwig Unterwittelsbach besucht. Sie »übernachteten in Aichach in dem Gasthaus ›Bauerntanz‹. Abends war aus dieser Veranlassung die Stadt Aichach beleuchtet.«[4] Sisi, die damals erst zwei Jahre alt war, war nicht mitgekommen. Über ihre frühe Kindheit sind die Nachrichten allerdings recht spärlich, weshalb auch über eine eventuelle Anwesenheit von ihr in Unterwittelsbach nichts überliefert ist. Aber »warum sollte Sisi nicht als Kind mit ihrem Vater in Unterwittelsbach ausgeritten, mit ihm im Kahn auf dem Schloßweiher gefahren sein oder mit ihm durch Wälder und Felder gestreift sein?«, fragte sich vor Jahren der Aichacher Stadtarchivar Karl Christl. »Warum sollte sie nicht im Schloßpark Blumen gepflückt haben und der Mami und dem Papi ein Sträußchen gebracht haben? Kleine Kinder machen das heute noch gerne als Zeichen ihrer Anhänglichkeit. Und warum sollte Sisi nicht die Schwäne und Enten im Weiher gefüttert haben?«[5]

Diese Annahme führte dazu, dass Schloss Unterwittelsbach im Volksmund heute noch »Sisi-Schloss« heißt und darin sogar ein »Sisi-Zimmer« gezeigt wird. Hier wird nach wie vor auch eine ähnliche Anekdote wie in Possenhofen erzählt. So soll Klein-Sisi im Unterwittelsbacher Dorfwirtshaus, wenn ihr Vater auf seiner Zither aufspielte, manchmal mit einem Hut in der Hand reihum gegangen sein und Geld gesammelt haben. Das erwähnt in seiner Biografie »Sisi, das Leben der Kaiserin Elisabeth« auch Johannes Thiele: »Einmal verirrten sich Vater und Tochter in ein Dorf und spielten dort in einer Schänke zum Tanz auf. Die Bauern warfen dem niedlichen Mädchen mit den langen, braunen Zöpfen, das auf dem Tisch tanzte, einige Münzen zu. Dieses Geld bewahrte die Kaiserin ihr Leben lang auf und zeigte es manchmal ihren Hofdamen mit den Worten: ›Dies ist das einzige Geld, das ich in meinem Leben wirklich verdient habe.‹«[6]

Am 6. März 1998 erfuhr der Aichacher Stadtarchivar Karl Christl allerdings von Herzog Max in Bayern am Tegernsee, dem gegenwärtigen Chef der Herzöge in Bayern, dass sich aus den spärlichen Archivalien seines Hauses ein gesicherter Aufenthalt der jungen Elisabeth in Unterwittelsbach leider nicht belegen lässt. Dennoch ist die Vorstellung einfach zu schön …

Bildungszentrum im ehemaligen Kloster Banz in Bad Staffelstein.

SCHLOSS BANZ IN OBERFRANKEN

Fossilienkabinett und orientalische Sammlung

Sisis Vater, Herzog Max in Bayern, erbt Kloster Banz von seinem Großvater Herzog Wilhelm in Bayern. Die um 1070 auf dem Platz der einstigen Burg Banz gegründete Benediktinerabtei ist bis zur Säkularisation 1803 das älteste Kloster über dem oberen Maintal, das in der zweiten Hälfte des 18. Jahrhunderts als Stätte der katholischen Aufklärung und wegen seiner gelehrten Mönche reichsweiten Ruf genießt. Fast wäre es während der Säkularisation untergegangen, hätte nicht Herzog Wilhelm den heruntergekommenen Komplex 1814 erworben. Nach der Renovierung nutzt er Banz als seine Sommerresidenz und nennt es »Schloss Banz«. 1837 erbt sein Enkel Herzog Max das Schloss, bewohnt es aber nur selten, da er sich mit seiner Familie vorrangig in seinem Münchner Palais und in Schloss Possenhofen am Starnberger See aufhält.

Bei einem seiner Besuche nimmt der Herzog auch seine beiden Töchter Sisi und Helene mit, wie das Gästebuch der sogenannten Petrefaktensammlung im Kloster Banz belegt. Am 4. August 1847 hält sich die zehnjährige »Elise« zusammen mit ihrer Schwester Helene im Kloster Banz auf. Der Vater zeigt den beiden nicht nur die Petrefaktensammlung, eine der ältesten paläontologischen Sammlungen in Bayern mit interessanten Versteinerungen und Mineralien aus der Umgebung, darunter das über 2 Meter lange Kopfskelett eines Fischsauriers. Er führt sie auch in seine »Orientalische Sammlung« mit kuriosen Reiseandenken, die er von seiner Orientreise im Jahr 1838 aus Ägypten und dem Heiligem Land mitgebracht hat. Neben altägyptischen Objekten – darunter Grabbeigaben, kleine Reliefs und Flechtarbeiten aus Nubien sowie Gesteinsproben – enthält dieses Kuriositätenkabinett ausgestopfte exotische Vögel und Reptilien, darunter ein 8,90 Meter langes präpariertes Nilkrokodil und ethnografische Gegenstände. Prunkstück ist eine 2600 Jahre alte Mumie mit einem rätselhaften Lächeln, die »Elise« sicher besonders beeindruckt haben dürfte. Ob sie auch als Kaiserin inkognito nach Schloss Banz gekommen ist, ist allerdings nicht belegt.

ALBTRAUMSCHLÖSSER

Zu Elisabeths Schlössern, in denen sie sich höchst ungern aufhält, gehört vorrangig die Wiener Hofburg, die sie von Anfang an als goldenen Käfig und als Kerker geradezu hasst. Ein weiteres Schloss, das ihr Albträume beschert, obwohl es ihr gar nicht gehört und in dem sie sich auch nur einmal aufhält, ist das Jagdschloss Mayerling ihres Sohnes Rudolf. Dieser Ort des Schreckens prägt sich tief in ihr Gedächtnis und ihre Seele ein. Er verändert ihr Leben grundlegend und sein Bild begleitet sie im letzten Lebensjahrzehnt ununterbrochen. Auf die quälende Frage, inwieweit sie für den Suizid ihres Sohnes mitschuldig ist, erhält die Kaiserin keine Antwort.

WIENER HOFBURG

Goldener Käfig und Kerkerburg

Als größter Profanbaukomplex Europas und als weltweit bedeutendster Palast gilt die Wiener Hofburg bis heute, bestehend aus 18 Trakten und 19 Höfen mit einem Areal von 240000 Quadratmetern samt Plätzen und Gärten. Schon allein die Zahl der Zimmer macht Angst. Ob es nun 2600 Räume sind, das weiß niemand so ganz genau.

Am Hochzeitstag des 24. April 1854, an dem Sisi Kaiser Franz Joseph I. in der Augustiner-Kirche das Ja-Wort gibt, wird sie unmittelbar danach von der Hofburg, diesem Moloch quasi »verschluckt«. Die Gratulationskur der Militärs und Botschafter, der Gesandten und deren Ehefrauen, der ersten Obersthofmeister und aller Kavaliere des Hofstaats nimmt kein Ende und überfordert die 16-jährige schüchterne Kindfrau vollkommen. Sie verliert die Fassung, flüchtet in einen Nebenraum und bricht in Tränen aus. Im Audienzsaal tuschelt die feine Wiener Gesellschaft, was denn mit der Braut los sei.

Auch wenn für die junge Kaiserin in der Hofburg nur das Teuerste und Beste vorgesehen ist und sogar ihre Toilettengarnitur aus massivem Gold besteht, wird dieser düstere Palast für sie dennoch nicht zu einem Märchenschloss, sondern allenfalls zu einem goldenen Käfig. »Sie haßte den düsteren Palast mit seinen langen, hallenden Gängen, dem ewigen Getrampel der Wachen, den Geheimpolizisten, die hinter den Hecken im Park postiert waren [...].«[7] In den hohen, zugigen und kalten Räumen, die nur unzureichend beheizt werden können, fühlt sie sich nicht wohl und sehnt sich tagtäglich nach der Geborgenheit ihres Kindheitsschlosses Possenhofen. Sie empfindet diesbezüglich wie ihr Vater, der nach der Hochzeit schnell wieder aus Wien heimreist, da er die Einengung durch die Wiener Etikette nicht ertragen kann. Sisi müsse ihn, wenn sie ihn wiedersehen wolle, künftig schon in Possenhofen besuchen, denn nach Wien wolle er nicht mehr kommen.

Unmittelbar nach der Hochzeitsnacht vom 24. auf den 25. April 1854 beginnt für seine Tochter in dieser Kerkerburg die lückenlose Überwachung rund um die Uhr. Gleich am Morgen wissen es die Schwiegermutter, Erzherzogin Sophie, und mit ihr die gesamte Hofgesellschaft, dass die Hochzeitsnacht nicht vollzogen wurde. Sisi schämt sich und will nicht zum Frühstück erscheinen, wird aber dazu gezwungen. Nach dieser ersten Nötigung folgen rasch viele weitere. Erst am dritten Tag wird allgemein bekannt, dass die Hochzeit nun endlich vollzogen ist und nun warten alle auf das erste Kind, möglichst einen männlichen Thronfolger.

Bereits zwei Wochen nach der Hochzeit dichtet Sisi am 8. Mai 1854: »Ich bin erwacht in einem Kerker, und Fesseln sind an meiner Hand«.[8] Einige Jahrzehnte später sieht sie im Rückblick noch klarer: »Die Ehe«, versichert sie ihrer Tochter Marie Valerie, »ist eine widersinnige Einrich-

Kaiserin Elisabeth von Österreich im Alter von 19 Jahren, 1856.

Wohn- und Schlafzimmer von Sisi in den Kaiserappartements der Wiener Hofburg. Sie benützte ihr Wohnzimmer als Schlafraum, nachdem das Kaiserpaar in getrennten Zimmern schlief. Das Bett wurde tagsüber abgebaut.

tung. Als fünfzehnjähriges Kind wird man verkauft und tut einen Schwur, den man nicht versteht und dann 30 Jahre oder länger bereut und nicht mehr lösen kann.«[9]

Drei Dinge sind es vor allem, die sie die Hofburg immer mehr hassen lassen. Zum ersten ist es die überaus strenge höfische Etikette, gegen die sie bis zu ihrem Tod rebelliert. Zum zweiten ist es ihre Schwiegermutter, die Erzherzogin Sophie, eine Verkörperung des spanischen Hofzeremoniells und die Gralshüterin der althergebrachten Ordnung. Sie lässt keine Minute vergehen, in der sie die Kindkaiserin nicht bevormundet und belehrt, sie gängelt und ihr Vorschriften macht, sie ermahnt und drangsaliert, sie zurechtweist und kritisiert. Sie meint es aber nur gut mir ihr, soll ihre Schwiegertochter doch möglichst rasch das komplizierte höfische Zeremoniell und sämtliche protokollarischen Regeln perfekt beherrschen, von deren Wichtigkeit Erzherzogin Sophie zutiefst überzeugt ist. Im Grunde ist sie also keine böse Frau, wird aber von der kindlichen Sisi als bedrohlich empfunden und regelrecht gehasst. Sophies einziger Fehler ist, dass sie selbst eine Gefangene der höfischen Zucht und Ordnung ist, woraus sie sich nicht befreien kann. Deshalb kann sie sich auch nicht in das kindliche Seelenleben Sisis einfühlen. Warum kommt es zu keiner Aussprache mit der jungen Kaiserin, bei der sie ihr erklärt, warum sie glaubt, so großen Wert auf Etikette und Protokoll legen zu müssen? Warum drückt sie kein Auge zu, wenn Sisi in ihrem jugendlichen Übermut und Freiheitsdrang bisweilen über die Stränge schlägt? Warum fällt ihr es so unendlich schwer, Verständnis für die Seelennöte ihrer Schwiegertochter zu entwickeln? Zum Dritten sind es die speichelleckenden Hofschranzen, die Elisabeth verachtet und fürchtet, da diese der Erzherzogin unterwürfig dienen und in der Folge gegen Sisi opponieren.

Von Anfang an sind der Hof und die Wiener Gesellschaft überzeugt, dass Elisabeth keine gute Partie für Franz Joseph ist. Das spürt die junge Kindkaiserin. Der Wiener Adel ist sich einig, dass die neue Regentin einer nicht standesgemäßen »Bettelwirtschaft« entstammt. Sie ist nur eine einfache Herzogin *in* Bayern, also nicht einmal eine Herzogin *von* Bayern. Ihr Vater, Herzog Max *in* Bayern, entstammt lediglich einem Nebenzweig der Wittelsbacher. Er hat am Königshof in München keinerlei Funktionen, weshalb er sowohl in seinem Palais in München und mehr noch in seiner Sommerresidenz in Possenhofen am Starnberger See ein zwangloses Leben führen kann. Kein Wunder, dass alle seine acht Kinder, allen voran Sisi geradezu »verbauern«. In der Tat gleicht sie eher einem unbeschwerten heiteren Bauernmädchen, das ihre Zeit lieber mit allerlei Tieren und mit Ausritten in freier Natur verbringt als einer wohlerzogenen adligen jungen Dame. Ihre Bildung und ihre Umgangsformen lassen daher sehr zu wünschen übrig. Der Stellung einer Kaiserin scheint sie nicht gewachsen zu sein, weshalb sich ihre Schwiegermutter, Erzherzogin Sophie, ihretwegen schämt. Sie sieht ihre Hauptaufgabe deshalb darin, diesen »jungen Fratz« so zu erziehen und ihr die höfische Lebensart so einzupauken, dass sie mit der Zeit in die Rolle der Kaiserin doch noch hineinwächst. Aber Sisi mag sich an all die Regeln, Prozeduren und Vorgaben des kaiserlichen Hofes einfach nicht gewöhnen. Der Konflikt ist damit vorprogrammiert. Tagtäglich hagelt es von Seiten Sophies Ermahnungen, Vorwürfe, Verbote und ständige Kritik, so dass die Wände der Hofburg davon hallen. Auch das Hofgesinde tuschelt hinter vorgehaltener Hand. Beispielsweise sei es doch eine furchtbare Schande, dass die Kaiserin ihre Schuhe nicht, wie dies am Hofe üblich ist, nach einmaligem Tragen verschenkt.

Von der Burgherrin Sophie wird auch ihr über alles geliebter Sohn Franz Joseph beherrscht, den sie 1848 an Stelle ihres etwas beschränkten Ehemanns Franz Carl zum neuen Kaiser gemacht hat. Und seither hilft sie ihrem »Franzi« beim Regieren und der fragt seine Mutter bei allem um ihren Rat. Er ordnet sich ihren Vorstellungen unter und stellt ihre Position nie in Frage. Sie ist damit das eigentliche Machtzentrum an der Wiener Hofburg, die eigentliche Kaiserin, und sie lässt sich auch bei der Erziehung ihrer Schwiegertochter nicht dreinreden, der sie ständig nachspioniert.

In nur vier Jahren bringt Elisabeth ihre ersten drei Kinder zur Welt: Sophie (1855 in der Wiener Hofburg), Gisela (1856 in Schloss Laxenburg) und den Thronfolger Rudolf (1858 ebenfalls in Schloss Laxenburg). Das »Katzeln«, wie sie das Gebären abfällig bezeichnet, fällt ihr nicht leicht, aber noch weniger das

Muttersein, das ihr die Schwiegermama zur Hölle macht, indem sie ihr die Kinder gleich nach der Geburt wegnimmt, wie Sisi klagt. Doch Sophie nimmt ihr die Kinder nicht weg, sie nimmt sie vielmehr in ihre Obhut mit der Begründung, Sisi sei noch zu jung und unerfahren, um den vielfältigen Erziehungsaufgaben gerecht zu werden. Außerdem müsse sie sich doch vorrangig um die Repräsentationsverpflichtungen als Kaiserin kümmern. Will Elisabeth ihre Kinder sehen, muss sie sich erst bei Erzherzogin Sophie anmelden und zu deren Wohnung nach oben laufen. Verzweiflung, Zorn und Wut über die von ihr so empfundenen Bosheiten der Schwiegermutter erzeugen in Sisi psychische Probleme. Sie versteht es nicht, dass ihr Ehemann seine Mutter nicht in die Schranken weist. Vergeblich erwartet sie, dass er sich endlich auf ihre Seite stellt und ihre Position aufwertet. Doch der Kaiser versucht nur gelegentlich und das äußerst halbherzig, zwischen beiden zu vermitteln. Er glaubt, er könne seine Frau trotz mehrfacher Finanzkrisen, von denen Österreich geschüttelt wird, mit materiellen Zuwendungen zufriedenstellen. Allein die Apanage der Kaiserin beträgt alljährlich stolze 100000 Gulden. Um diese Summe zu verdienen hätte ein Arbeiter rund 500 Jahre gebraucht. Doch Sisi, die aus ihrer bayerischen Heimat ein einfacheres Leben gewöhnt ist, hätte sich statt allem Geld und Gold lieber mehr Zuwendung ihres Mannes gewünscht und mehr Verständnis von ihrer Schwiegermutter. Doch Franz Joseph vergräbt sich tagtäglich in sein Aktenstudium. Sisis Hass wächst und wo es nur immer geht, versucht sie ihrer Schwiegermutter aus dem Weg zu gehen und Aufenthalte in der Hofburg, die für sie längst zur Kerkerburg geworden ist, zu vermeiden.

Ein Schicksalsschlag verschärft die ganze bedrückende Situation noch beträchtlich. Während eines Besuchs in Ungarn stirbt des Kaiserpaars zweijährige Tochter Sophie – so benannt nach ihrer Schwiegermutter – an Typhus. Elisabeth macht sich heftigste Vorwürfe. Obwohl ihr Erzherzogin Sophie davon abriet, nahm sie die kleine Sophie leichtfertig auf die Reise nach Ungarn mit. Nun empfindet sie Schuld am Tod ihres Kindes. In der Folge drängt die Schwiegermutter darauf, die beiden anderen Kinder, Gisela und Rudolf, noch mehr unter ihre Obhut zu nehmen.

Hilflos zieht sich Sisi zurück. Zu ihren psychischen Störungen kommen physische Probleme hinzu. Sie leidet unter Hustenanfällen, Appetitlosigkeit und Fieberschüben. Zudem hört sie von Seitensprüngen ihres Mannes, der von den Zwistigkeiten zwischen seiner Mutter und seiner Frau genervt ist. Hysterische Weinkrämpfe und monatelange schwere Depressionen seiner Frau sind die Folge. In ihrer Ratlosigkeit diagnostizieren die Ärzte einmal eine galoppierende Lungenschwindsucht, dann wieder eine Wassersucht. Sie verordnen strenge Ruhe und schließlich einen Klimawechsel. Jetzt sieht die junge Kaiserin endlich eine Chance, sich aus der Hofburg und den Fängen ihrer Schwiegermutter zu befreien. Seit ihrer Hochzeit hat sie inzwischen sechs Jahre »Kerkerhaft« zu erleiden gehabt.

Kaiserin Elisabeth von Österreich in Schweizer Bluse und mit einem Berner Gürtel, der ihre Wespentaille betont, Fotografie von Ludwig Angerer, 1864.

Im November 1860 lässt sich die nunmehr schon 23-Jährige mit der königlich-britischen Jacht »Victoria and Albert« auf die Blumeninsel Madeira bringen und kann endlich aufatmen. Die nächsten zwei Jahre wird sie sich nur kurz in Wien blicken lassen. Im Mai 1861 trifft sie ihren Mann in Triest und kehrt kurz nach Wien zurück. Sofort stellen sich in der Hofburg wieder Fieber- und Hustenanfälle bei ihr ein und sie wird von Weinkrämpfen geschüttelt. Dringend empfehlen die Ärzte einen Kuraufenthalt auf der griechischen Insel Korfu, sonst sei mit ihrem baldigen Tod zu rechnen. Sisi ist froh und startet Ende Juni 1861 zur Reise dorthin. Auf dem Schiff geht es ihr schlagartig besser. Auf Korfu hält sie sich ein ganzes Jahr auf und verbringt dann den Winter 1861/62 in Venedig. Danach geht es zur Kur nach Bad Kissingen und dann weiter nach Possenhofen zu ihrer Familie, all das mit dem einen Ziel: nur weg von der Hofburg. »Wenn ich in der Hofburg eingesperrt bliebe«, beteuert sie, »wäre ich innerhalb eines Jahres eine alte Frau«.[10] Als Elisabeth im August 1862 nach fast zweijähriger Abwesenheit an den Wiener Hof zurückkehrt, hat sich die inzwischen 25-Jährige

Großer Salon von Kaiserin Elisabeth in der Wiener Hofburg.

deutlich verändert und an Selbstbewusstsein gewonnen. Aus dem schüchternen jungen Mädchen ist eine selbstbewusste Frau geworden, die ihre Interessen immer besser durchzusetzen versteht. Das Leben am Hof und ihre Repräsentationspflichten interessieren sie zunehmend weniger. Stattdessen widmet sie sich jetzt der Pflege ihrer Schönheit, einer eigenwilligen Ernährung und ihrer körperlichen Ertüchtigung. Unsummen verschlingen auch der von ihr leidenschaftlich betriebene Reitsport und die exzessive Reisesucht.

Elisabeths Appartement in der Hofburg befindet sich im Amalientrakt im ersten Stock. Dorthin gelangt sie über die »Schwarze Adlerstiege«. Vor dem großen und kleinen Vorzimmer ist ein Türwächter postiert. Des Weiteren steht ihr ein Schreibkabinett zur Verfügung, ein großer blauer, später in Weiß gehaltener Salon, dann ein weiteres Kabinett. Das Ankleide- und Toilettezimmer dient ihr zugleich als Turnzimmer. Daran schließt sich das gemeinsame Schlafzimmer des Kaiserpaares an, das ab 1870 der Kaiserin allein gehört. Für Empfänge und Diners nutzt sie die Alexanderzimmer. Ihre Hofdamen und der Vorleser sind in einem anderen Teil der Hofburg untergebracht. Mit der Zeit richtet sie sich ihre Gemächer nach ihrem Geschmack ein. Inmitten der einheitlichen Möblierung im Neorokoko-Stil, dem verbindlichen Ausstattungsstil habsburgischer Appartements unter Franz Joseph, stechen insbesondere die Turngeräte in ihrem Toilettezimmer heraus. Ihr tägliches Training ruft in ihrer Umgebung allerdings großes Unverständnis hervor, da sportliche Betätigung damals für eine Frau – speziell ihres Ranges – höchst ungewöhnlich ist. Weil die Heizung in der Hofburg großenteils aus dem 18. Jahrhundert stammt, kommt in den kalten, zugigen Zimmerfluchten nicht die gewünschte Wärme zustande. Elisabeth lässt deshalb in einigen ihrer Zimmer zusätzliche Kachelöfen einbauen, die von den Garderoberäumen und Korridoren, wo sich die Ofentüren befanden, beheizt werden. Im Sommer sind diese Räume, in denen es an heißen Tagen zu einem Hitzestau kommt, kaum bewohnbar, weshalb sich die kaiserliche Familie in dieser Jahreszeit auch in Schönbrunn aufhält. Franz Josephs Appartement liegt im Reichskanzleitrakt. Die Kinder sind in den Radetzky-Zimmern im Schweizertrakt untergebracht.

»Die Hofburg ist ein unförmlicher, höchst ungemütlicher Bau«, so das Urteil von Elisabeths Nichte Marie Wallersee, »doch die Zimmer der Kaiserin heimelten sehr an. [...] Tante Sissis [sic!] Salon war ganz in Weiß gehalten; daran schloß sich ein unbehagliches Eßzimmer, und dann kam ein Boudoir [ein elegantes Damenzimmer], das eine Studie in Rot darstellte. Ihr Ankleidezimmer enthielt einen sehr großen Toilettetisch mit einem wahren Schatz von Kristall und Silber. Dahinter lag ein Raum, der mit aller Art gymnastischer Geräte ausgestattet war. In diesem Zimmer nahm die Kaiserin Fechtunterricht; sie sah allerliebst aus in dem kurzen, grauen Rock und dem kleinen Panzer.«[11] Gefallen findet Elisabeth besonders an der Spanischen Hofreitschule, wo sie sich im geräumigen Reitschulsaal oft stundenlang der Kunst des Dressurreitens widmet.

Doch wirklich wohl fühlt sie sich in der Hofburg nicht, wo zunächst nicht einmal ein Bad und Wasserklosetts existieren und »das schmutzige Wasser und die Leibstühle durch die Gänge an allen zufälligen Passanten vorüber getragen werden«[12] müssen. Ein eigenes Badezimmer, das im Kabinett beim Ankleide- und Toilettezimmer eingerichtet wird, erhält Elisabeth erst 1876. Neben der großen Badewanne aus Kupfer enthält es einen separaten Waschzuber, Wandarmaturen, im Nebenraum ein bemaltes WC und ein Waschbecken aus Porzellan.

Während ihres ganzen Lebens ist Elisabeth zu Aufenthalten in der Hofburg gezwungen, bleibt aber stets nur eine Fremde in diesem Haus, das sie regelmäßig seelisch und körperlich krank macht. »Die Wiener Hofburg«, äußert sie noch in späteren Jahren, »lastet fürchterlich auf mir. Hier fühlt man nicht nur, hier wird man täglich erinnert, sieht förmlich immer wieder, was geschehen ist.«[13] Doch zum Glück gelingt ihr auch regelmäßig die Flucht aus diesem Kerker. Das letzte Mal hält sich die 60-jährige Kaiserin im Juni 1898 kurz in dieser ungeliebten Wohnstatt auf, bevor sie sich in der Lainzer Hermesvilla vergräbt. Am 2. Juli 1898 begibt sie sich für zwei Wochen nach Bad Ischl und reist von dort am 16. Juli zur Kur nach Bad Nauheim. An diesem Tag sieht Franz Joseph seine Frau zum letzten Mal lebend. »Sie verabschiedete sich vom Kaiser und ich sah, wie ihre Augen sich mit Tränen füllten«, erinnert sich die Hofdame Irma Sztáray. »Zum ersten Male hatte ich ihr Auge naß werden sehen, als sie, auf dem Throne sitzend, die Huldigung der Ungarn entgegennahm, zum zweiten und letzten Male hier an diesem Orte.«[14]

JAGDSCHLOSS MAYERLING IN NIEDERÖSTERREICH

Todesschloss des Sohnes Rudolf

Auch wenn Elisabeth das Jagdschloss Mayerling zu Lebzeiten ihres Sohnes Rudolf nie betreten hat, so wird es für sie dennoch zu einem Alptraumschloss, als sich am 30. Januar 1889 ihr 30-jähriger Sohn gemeinsam mit seiner 17-jährigen Geliebten Mary von Vetsera in diesem Haus das Leben nimmt. Die 52-jährige Elisabeth erstarrt zur »mater dolorosa«, zur Schmerzensmutter, als sie von der Tragödie hört.

Die Leiche des Kronprinzen wird von Mayerling nach Wien in die Hofburg gebracht und in seiner Wohnung aufgebahrt. Dort besucht Elisabeth ihren toten Sohn am Morgen des 31. Januar 1889 und küsst ihn auf den Mund. »Er war so schön und lag so friedlich«, erinnert sich Erzherzogin Valerie, »das weisse Leintuch bis zur Brust heraufgezogen und rings mit Blumen bedeckt. Der leichte Verband an seinem Kopf entstellte ihn nicht – noch waren seine Wangen und Ohren gerötet mit dem gesunden Rot der Jugend – der unstete, oft bittere höhnische Ausdruck, der ihm im Leben oft eigen, war einem friedlichen Lächeln gewichen – so schön war er mir noch nie vorgekommen – er schien zu schlafen und ruhig, glücklich zu sein.«[15] Beim gemeinsamen Diner in dem Zimmer, wo sich zu Weihnachten 1888 noch eine selten herzliche Familienszene abgespielt hat, verliert die Kaiserin – »zum ersten Mal«[16], wie Valerie überliefert – die Fassung und fängt bitterlich zu weinen an. Nach der Bestattung des Sohnes geht Elisabeth dessen Schreckenstat bis zu ihrem Tod nicht mehr aus dem Kopf. Fortwährend quält sie ihr missglücktes Verhältnis zu Rudolf, weshalb sie sich auch für seinen Suizid verantwortlich fühlt. Auch für Rudolf war es die ungeliebte Wiener Hofburg, in der er seelisch gequält und zerrüttet wurde. Als erstens durch eine brutale Erziehung in der frühen Kindheit, die hier stattfand, dann durch die Entfremdung von seiner Mutter, die er als Kind entbehren musste, des Weiteren durch seine unglückliche Ehe, der er vergeblich zu entfliehen suchte. Und nicht zuletzt durch das Unverständnis seines Vaters, der ihn für einen Schwächling hielt und als ungeeignet ansah, einmal seine Nachfolge anzutreten, auf die Rudolf zuletzt auch gar nicht mehr hoffte. Mit den Jahren steuerte der sensible und hochintelligente Mann, begabt mit reicher Fantasie, der zugleich aber auch ein wüster Bordellbesucher, Trinker, Morphinist und Syphilitiker war, seinem Untergang entgegen.

Schloss Mayerling, nur 18 Kilometer südwestlich von Wien bei Alland gelegen, lernt Elisabeth erst ein Jahr nach der Tragödie kennen. Rudolf hat es 1886 erworben und zum Jagdschloss umbauen lassen. Jetzt wird auf Veranlassung der erschütterten Eltern aus Mayerling ein Sühnekloster für die Unbeschuhten Karmelitinnen. 140 000 Gulden stiftet der Kaiser für die Baumaßnahmen und den Unterhalt der Klosterschwestern, die besonders für das Seelenheil Rudolfs beten sollen. Das Sterbezimmer gestaltet man zur neugotischen Kapelle um: An der Stelle des Sterbebetts wird ein Hochaltar errichtet und Teile des Bettes werden zum Bau eines Beichtstuhls verwendet.

Zum ersten Jahrestag von Rudolfs Tod, am 30. Januar 1890, fährt Elisabeth mit dem Kaiser und ihrer Tochter Marie Valerie nach Mayerling. Erstmals wird sie an der Stelle knien, an der Rudolf Selbstmord begangen hat. Auf der ganzen Fahrt spricht sie kein Wort. Der Burgpfarrer liest die Messe, das Kaiserpaar betet am Schauplatz der Tragödie. Wie in einem schweren Traum, versteinert, tränenlos, lässt Elisabeth die private Zeremonie über sich ergehen, zeigt keine Regung. Nach der Messe fahren die drei schweigend zurück nach Wien. Die Kaiserin gesteht ihrer Tochter, es sei ihr vorgekommen, »als hatte Rudolf meinen Glauben totgeschossen«.[17]

Seit Rudolfs Tod, für den sich Elisabeth die Hauptschuld gibt, nehmen ihre Melancholie und die Schwermut zu und steigern sich bis zur Todessehnsucht. Sie kleidet sich nur noch in Schwarz und ihre Gedanken kreisen zunehmend um das Sterben und den Tod. Sie ist eine gebrochene Frau und sehnt ihr eigenes Ende herbei. Jagdschloss Mayerling bleibt für ein ganzes Jahrzehnt als Todesschloss in ihr Gedächtnis eingebrannt bis sie selbst der Tod ereilt.

Kronprinz Rudolf in Jagdbekleidung, 1889.

Jagdschloss Mayerling bei Alland, um 1889.

KAISERLICHE VILLEN UND SCHLÖSSER NAHE WIEN

Drei Schlösser nahe Wien haben für Elisabeth eine besondere Bedeutung. Die »Kaiserliche Villa Ischl«, von Wien in südwestlicher Richtung ca. 270 Kilometer entfernt, ist der Ort, wo ihr Kaiser Franz Joseph zum ersten, aber auch zum letzten Mal in ihrem Leben begegnet. In Bad Ischl findet ihre Verlobung statt und später verfasst Sisi hier auch ihre »Unabhängigkeitserklärung«. Während der Sommermonate hält sich die Kaiserfamilie regelmäßig im beliebten Kurort auf. Das bei Bad Ischl gelegene »Marmorschlössl« wird von Elisabeth als Teehaus und Dichterklause genutzt. In Wien befindet sich nahe der Hofburg Schloss Schönbrunn, ebenfalls ein kaiserliches Sommerschloss, von dem Elisabeth als junge Braut nach Wien geleitet wird. In Schloss Laxenburg, 25 Kilometer südwestlich von Wien, verbringt sie einsame Flitterwochen. Hier erblicken auch zwei ihrer drei Kinder das Licht der Welt. In allen drei Schlössern verlebt die Kaiserin nicht nur angenehme Stunden.

»KAISERVILLA« IN BAD ISCHL (EHEMALS »VILLA ELTZ«), »HOTEL TALACHINI« UND »SEEAUER-HAUS«

Orte des ersten und letzten Treffens mit dem Kaiser, der Verlobung und der »Unabhängigkeitserklärung«

Schon als 15-Jähriger ist Franz Joseph in die Kurstadt Bad Ischl im Herzen des Salzkammerguts geradezu verliebt, was nicht verwundert, halten sich hier doch seine Eltern, Erzherzogin Sophie und Erzherzog Franz Karl, allsommerlich im direkt am Traunufer gelegenen Haus des Bürgermeisters Wilhelm Seeauer an der Esplanade Nr. 10 auf. In diesem ehrwürdigen, kaisergelben Bürgermeisterhaus – seit 1878 »Hotel Austria« – mit seiner charakteristischen Barockfassade fühlen sich die Herrschaften besonders wohl.

Seit Franz Joseph vom 2. Dezember 1848 an Kaiser von Österreich ist, warten alle, vor allem seine Mutter, die Erzherzogin Sophie, darauf, dass er bald heiratet. Einige diesbezügliche Pläne scheitern teils aus politischen Gründen, teils, weil die vorgesehenen Prinzessinnen nicht dem Geschmack des jungen Kaisers entsprechen. Am 18. Februar 1853 verübt ein ungarischer Schneidergeselle ein Attentat auf ihn, das er zum Glück nur leicht verletzt überlebt. Seine Mutter Sophie besteht jetzt erst recht darauf, ihr Sohn müsse nun endlich heiraten, um einen Nachfolger in die Welt zu setzen. Sie hat auch schon eine mögliche Braut im Visier, diesmal aus dem Haus Wittelsbach. Mit ihrer Schwester, der Possenhofener Herzogin Ludovika ist sich Erzherzogin Sophie rasch einig: Franz Josephs Braut könnte Ludovikas 18-jährige Tochter Helene sein. Die junge Herzogin ist zu einer bildhübschen Frau mit bester Erziehung herangewachsen und geschult in dem Benehmen, das am kaiserlichen Hof gefordert wird. Eine Verbindung zwischen Wittelsbach und Habsburg gereicht außerdem beiden Häusern zum Vorteil. Doch weder Helene, noch Sisi und ebenso wenig der Vater Herzog Max und Kaiser Franz Joseph werden von den beiden Frauen in deren Heiratspläne eingeweiht. Er soll seine Entscheidung unbeeinflusst treffen.

Es erfolgt eine Einladung Sophies an die Verwandtschaft vom Starnberger See nach Bad Ischl im Salzkammergut. Ludovikas Gatte, Herzog

Das ehemalige »Hotel Austria«, ehemals »Seeauer-Haus«, seit 1989 Museum für Geschichte und Kultur der Stadt Ischl.

Max in Bayern, ein eigenwilliger Mann, weigert sich mitzukommen. Er will sich nicht in Bad Ischl langweilen. Außerdem schätzt er Erzherzogin Sophie nicht besonders. Ludovika reist deshalb Mitte August 1853 ohne ihren Mann mit Helene nach Bad Ischl, nimmt aber auch die erst 15-jährige Sisi mit. Die drei steigen im »Hotel Talachini« nahe der Traun ab, das unmittelbar neben dem »Seeauer-Haus«, Esplanade Nr. 10, liegt. Dorthin lädt Erzherzogin Sophie einen Tag später, am 16. August, den Besuch zum Tee und anschließend zum Diner ein. Der 23-jährige Franz Joseph ist anwesend. Beide Mütter bemerken erstaunt, dass Helene auf den jungen Kaiser nicht die Wirkung hat, die sich die beiden erhofft haben. Seine Blicke gelten nur der blutjungen Sisi und er verliebt sich blitzartig in das Landmädel aus Bayern. Auch wenn sich Erzherzogin Sophie fragt, was »der Franz mit diesem Fratz will?«[18], so findet doch auch sie das Mädchen allerliebst.

Eigentlich handelt Franz Joseph, Herrscher eines Vielvölkerreiches mit 50 Millionen Untertanen, bei seiner Sekundenentscheidung für Sisi höchst unverantwortlich, was sich allenfalls durch sein jugendliches Alter entschuldigen lässt. Zumindest aber hätte seine ihn dominierende Mutter, Erzherzogin Sophie, ihn darauf aufmerksam machen müssen, dass ein Kind wie Sisi, den Aufgaben einer Kaiserin nicht gewachsen und die 18-jährige Helene besser für dieses Amt geeignet sei. Doch Franz Joseph, der schon durch ältere Damen in das Liebesleben eingeführt wurde, reizt diesmal ausschließlich die sexuelle Ausstrahlung eines unberührten jungen Mädchens. Ob dieses Kind auch die charakterlichen Eigenschaften, die geistige Reife und die Kraft und Ausdauer mitbringt, die für die Stellung einer Kaiserin erforderlich sind, interessiert ihn nicht. Er wählt Sisi ausschließlich deshalb, weil »sie frisch wie eine aufspringende Mandel« ist, wegen »ihrer sanften Augen und Lippen wie Erdbeeren« und wegen ihres »Liebreizes und der kleinmädchenhaften und doch so süßen Ausgelassenheit«.[19] Allein diese Kriterien erscheinen ihm ausreichend, um den Anforderungen, die eine Kaiserin von Österreich zu erfüllen hat, gerecht zu werden. Aber vielleicht sahen er und seine Mutter die wesentlichen Aufgaben einer Kaiserin auch nur darin, schön zu sein, Kinder zu gebären – vor allem einen Thronfolger – und ein wenig zu repräsentieren.

Kaiser Franz Joseph I. von Österreich und Kaiserin Elisabeth, Aquarell-Porträtminiaturen.

Wie dem auch sei, die Quittung für diese oberflächliche Entscheidung wird Franz Joseph in den folgenden 45 Jahren in Raten nach und nach serviert.

Am Morgen des 17. August gesteht der Kaiser seiner Mutter, dass Sisi seine Auserwählte sei. Am Abend findet im »Seeauer-Haus« ein Ball statt, bei dem der Franz Joseph den Kotillon mit dem jungen Mädchen tanzt und ihr anschließend sein Bouquet überreicht. Dies ist ein unmissverständliches Zeichen, dass er sich mit ihr verloben will. Am 18. August, dem 23. Geburtstag Franz Josephs, lässt er seine Mutter bei Sisis Mutter anfragen, ob ihre Tochter ihn heiraten wolle. Erzherzogin Sophie erhält eine positive Antwort. Daraufhin erscheint Franz Joseph am 19. August, morgens um 8 Uhr, im »Hotel Talachini« und hält um Sisis Hand an. Zum einen ist die blutjunge bayerische Prinzessin geschmeichelt, von einem Kaiser zur Frau begehrt zu werden, zum anderen erschrocken, weil sie damit doch ihrer Schwester, der drei Jahre älteren Helene, die sich insgeheim sicher mehr Hoffnungen machte, den Mann fürs Leben wegnimmt. Franz Josephs Antrag abzulehnen ist jedoch unmöglich für sie, denn einem Kaiser gibt man keinen Korb. Zugleich fühlt sie sich auch überfordert, da sie nicht weiß, was nun auf sie zukommt. Ihrer Gouvernante gesteht sie: »Ich habe den Kaiser schon lieb! Wenn er nur kein Kaiser wäre!«[20]

In der Pfarrkirche St. Nikolaus in Bad Ischl lässt sich das junge Paar daraufhin den Verlobungssegen erteilen und die

»Kaiservilla« in Bad Ischl, um 1900.

Hochzeit ist damit beschlossene Sache. Ludovika informiert nun auch ihren Mann Herzog Max mit einem Telegramm von der Verlobung und am 31. August reisen Ludovika, Helene und Sisi nach Possenhofen zurück, um die Vorbereitungen für die Hochzeit in Angriff zu nehmen.

Kurz nach der Verlobung erwirbt Franz Josephs Mutter für 30000 Gulden von dem Arzt Eduard Mastalier die »Villa Eltz«, eine Biedermeiervilla am Fuß des Jainzenbergs, die ehemals dem Wiener Notar Dr. Joseph August Eltz gehörte, und lässt das Haus zu einer stattlichen Sommerresidenz für das junge Kaiserpaar um- und ausbauen. Da sie als Geschenk für das Brautpaar gedacht ist und die Hochzeit ihres Sohnes mit Sisi schon in acht Monaten am 24. April 1854 stattfindet, eilt es mit den Baumaßnahmen. Franz Joseph selbst lässt an dem Gebäude noch einen Flügel anbauen, sodass der Grundriss die Form des Buchstabens »E« zeigt, eine galante Referenz an seine Braut. Um die Villa breitet sich ein weiter, eleganter Park mit dunklen Baumgruppen.

Das erste Schloss, das Sisi in Österreich schätzen lernt, ist diese Villa, die Franz Joseph »den Himmel auf Erden« nennt und wo er 82 Sommer seines Lebens verbringt und 81 Geburtstage feiert. Ende Juli 1854 kann das frisch vermählte Paar in diese Sommerresidenz einziehen, die allerdings nur 14 Zimmer aufweist. Die kaiserlichen Wohnräume sind relativ anspruchslos und bescheiden eingerichtet und erwecken den Eindruck eines einfachen Landsitzes. Nur Hofdamen, Leibkammerdiener und Zofen stehen in der Villa zu Diensten. Der Großteil der kaiserlichen Hofhaltung ist in der Stadt untergebracht. Gespeist wird mit den Eltern im »Seeauer Haus«, da die Küche noch nicht eingerichtet ist. Erst 1879 wird das Haus mit einer Telefonanlage versehen und 1890 mit Elektrizität. Eine Elektroheizung wird später eingebaut. Zu Elisabeths Appartement – es befindet sich im Mitteltrakt der Villa – gehört ein Frühstückssalon, ein Roter Salon und das Schlafzimmer, ein Bad und ein Ankleidezimmer, ein Schreibzimmer und eine Garderobe. Daran schließt sich Franz Josephs Appartement an.

Alljährlich kommt Franz Joseph meist Anfang Juli zum Beginn der Jagdsaison und bleibt bis zum 18. August, seinem Geburtstag. In der Umgebung der »Kaiservilla« möchte er sich vor allem der Jagd auf Gämsen und das in den Ischler Bergen heimische Wild widmen. Die stundenlange Bewegung in frischer Bergluft tut ihm gut. Auch wenn die Residenzstadt Wien weit entfernt ist, erledigt er während seines Aufenthalts dennoch seine Regierungsgeschäfte gewissenhaft und lässt sich von Kurieren die wichtigsten Akten aus Wien bringen. Gelegentlich eintreffende Staatsbesuche, so etwa König Ferdinand von Portugal, die wegen der räumlichen Enge in der Villa in den örtlichen Hotels logieren, werden in der »Kaiservilla« empfangen.

Elisabeth schätzt die »Kaiservilla« nicht in dem Ausmaß wie ihr Gemahl, doch ist sie für sie ein willkommener Ausgangspunkt für ihre zahlreichen Bergwanderungen. Was ihr besonders missfällt, ist die Tatsache, dass auch hier immer wieder ihre Schwiegermutter um sie ist, die ihr von Anfang an Vorschriften macht und Kritik an allen ihren Verhaltensweisen übt, die ihrer Ansicht nach nicht zu einer Kaiserin passen. Sie meint es ja nur gut mit Sisi. Aber die empfindet dies als Einengung ihrer Freiheit und versucht, so gut es ihr gelingt, Erzherzogin Sophie aus dem Weg zu gehen. So vertreibt sie sich selbst bei unwirschem Wetter im Schlosspark die Zeit mit Ausritten auf dem eigenen Reitplatz oder hält sich bei ihren Pferden in der Reitschule auf, die neben ihrem privaten Schwimmbad jenseits der Villa auf dem Flussufer errichtet ist. Häufig zieht sie sich aber auch in ihr Schreibkabinett zurück, wo sie sich der Lektüre von Büchern widmet.

Roter Salon der Kaiserin Elisabeth in der »Kaiservilla« in Bad Ischl.

Täglich absolviert sie in dem eigens für sie eingerichteten Turnzimmer, aber auch im roten Salon ihre Übungen an den diversen Geräten. Bei schönem Wetter treibt sie unbeobachtet auf einer kleinen Waldlichtung des Jainzen Sport. Diesen 834 Meter hohen Berg, der sich nahe der »Kaiservilla« über Bad Ischl erhebt und den sie ihren »Zauberberg« nennt, liebt sie ganz besonders und besteigt ihn immer wieder. Aber auch stundenlange Wanderungen auf die anderen Berge rund um Ischl werden zu einem wichtigen Lebensinhalt für sie. Von den Hofdamen, die ihre Herrin überallhin begleiten müssen, sind die langen Fußmärsche gefürchtet. Sie eilt so rasch dahin, dass ihr kaum jemand

Franz Salvator, Erzherzog von Österreich-Toskana, und seine Frau Marie Valerie, Erzherzogin von Österreich.

folgen kann. Selbst beim Aufstieg auf den Jainzen reduziert sie ihr Tempo nicht. Auf dem Gipfel genießt sie den Rundblick auf die umliegenden Berge. In Begleitung des Bauers Stefan Hopfer unternimmt sie auch tagelange Wanderungen durch die Ausseer Berge, wo sie in entlegenen Berghütten übernachtet.

Treffen trotz der Abgeschiedenheit Staatsbesuche in Bad Ischl ein, hat die Kaiserin die Gastgeberin zu spielen. Sie unterhält vor allem die Damenbegleitung der gekrönten Häupter und Diplomaten im Roten Salon. Große Empfänge finden wegen Platzmangels im 1875 erbauten Kurhaus statt, dem heutigen Theater- und Konferenzzentrum. Lieber empfängt sie allerdings Besuche ihrer Possenhofener Verwandtschaft, die in ihr Erinnerungen an die unbeschwerte Kindheit wecken.

Ein für sie wichtiges Ereignis findet elf Jahre nach ihrer Hochzeit, am 27. August 1865, statt. An diesem Tag verfasst die 27-Jährige, um sich endlich aus der Vorherrschaft ihrer Schwiegermutter zu befreien, in der Ischler »Kaiservilla« einen höchst bemerkenswerten Brief an ihren Ehemann Franz Joseph, der sich immer noch die Bevormundung seiner Mutter gefallen lässt. Dieses Dokument gilt als ihre »Unabhängigkeitserklärung«: »Ich wünsche, dass mir vorbehalten bleibe unumschränkte Vollmacht in Allem, was die Kinder betrifft, die Wahl ihrer Umgebung, den Ort ihres Aufenthaltes, die complette Leitung ihrer Erziehung, mit einem Wort, alles bleibt mir ganz allein zu bestimmen, bis zum Moment der Volljährigkeit. Ferner wünsche ich, dass, was immer meine persönlichen Angelegenheiten betrifft, wie unter anderem die Wahl meiner Umgebung, den Ort meines Aufenthaltes, alle Anordnungen im Haus p. p. mir allein zu bestimmen vorbehalten bleibe.«[21]

Dieses Schreiben entsteht, als Elisabeth von der unmenschlichen Behandlung ihres Sohnes Rudolf durch dessen überstrengen Erzieher, Leopold Graf Gondrecourt, erfährt. Da ihr verbaler Einspruch bei Franz Joseph bislang zu keinem Erfolg geführt hat, wiederholt sie ihn schriftlich. Mit der Forderung nach alleiniger Erziehungsvollmacht für die Kinder, die bislang von der Schwiegermutter wahrgenommen wurde, verbindet sie zugleich den Anspruch, dass sie künftig auch über alle ihre eigenen Angelegenheiten alleine zu entscheiden gedenkt. Erst elf Jahre nach der Hochzeit wagt sie also, ihrem Gemahl und damit auch seiner Mutter, der Erzherzogin Sophie, unmissverständlich klar zu machen, dass sie künftig über ihre Belange ohne Wenn und Aber alleine entscheiden will. Und sie setzt sich damit durch. Ab diesem Zeitpunkt verlaufen auch ihre jährlichen Aufenthalte in Bad Ischl, sofern sie sich nicht gerade auf Reisen befindet, erheblich entspannter.

Einen tiefen Einschnitt im Leben der Kaiserin stellen viele Jahre später zwei Katastrophen dar. Zum einen ist dies der Tod ihres Sohnes Rudolf am 31. Januar 1889. Um der bedrückenden Stimmung in Wien zu entfliehen, kommt sie nach diesem tragischen Ereignis zwei Monate früher als üblich nach Bad Ischl. Ein Jahr darauf findet am 31. Juli 1890 in der Ischler Pfarrkirche St. Nikolaus die Hochzeit ihrer Tochter Marie Valerie mit ihrem Habsburger Vetter Franz Salvator statt. 37 Jahre zuvor hatte sich Elisabeth hier mit Franz Joseph verlobt. Marie Valeries Hochzeit macht die Kaiserin todunglücklich, denn nun verliert sie nach dem Tod ihres Sohnes Rudolf auch noch ihre Lieblingstochter. Für die 52-jährige Elisabeth beginnt damit die Zeit einer nicht mehr endenden Trauer, der sie auch auf ihren endlosen Reisen nicht mehr entfliehen kann.

Am 15. Juli 1898 sehen sich Elisabeth und Franz Joseph zum letzten Mal in Bad Ischl, wo sie sich vor 45 Jahren kennengelernt haben. An diesem Tag spazieren sie noch einmal gemeinsam durch den Kaiserpark. Danach tritt Elisabeth ihre letzte Reise an, die nicht ganz zwei Monate später in Genf mit ihrem Tod endet.

Bad Ischl mit der »Kaiservilla« ist für Elisabeth also ein Schicksalsort. Hier findet das erste und letzte Treffen mit ihrem Gemahl Franz Joseph statt, außerdem ist Bad Ischl der Ort der Verlobung und ihrer für sie so wichtigen »Unabhängigkeitserklärung«, aber auch ein Ort des Abschieds, so von ihrem Sohn Rudolf nach dessen Suizid, von ihrer Lieblingstochter Marie Valerie nach deren Hochzeit und letztlich auch von ihrem Gemahl. Er hält sich nach dem tragischen Tod seiner Frau immer wieder in der »Kaiservilla« auf. Als er am 21. November 1916 in Schloss Schönbrunn stirbt, geht die Villa an seine jüngste Tochter Marie Valerie, die zu Bad Ischl eine innige Beziehung hat. Sie vererbt Haus samt Park an ihre Nachkommen, die es bis heute besitzen und für die Öffentlichkeit zugänglich erhalten.

»MARMORSCHLÖSSL« BEI BAD ISCHL

Sisis »Teehaus« und Dichterklause

Zwischen 1856 und 1861 errichtet der Hofgärtner Franz Rauch für Kaiserin Elisabeth im Nordwesten des Kaiserparks oberhalb der »Kaiservilla« in Bad Ischl für nahezu 132 000 Gulden aus naturbelassenem rosagrauem Untersberger Marmor ein Cottage im Tudorstil, das Elisabeth als »Spiel- und Teehaus« zur Verfügung steht. Nach der Bezeichnung des Baumaterials erhält es den Namen »Marmorschlössl«. Malerisch ist es mit Wein und Pfeifenwinde bewachsen. An drei Seiten führt um den Bau eine mit Knospen, Ranken und Kreuzblumen verzierte Loggia aus Gusseisen. Im Obergeschoss bietet sich von den Dachterrassen ein schöner Panoramablick auf die umgebende Landschaft.

Zu dem neugotischen, inwendig kostbar ausgestatteten Schlösschen, in das sich die Kaiserin gerne zurückzieht, um ihre Reisen zu planen und Freunde zu empfangen, führen schattige Promenaden. An heißen Sommertagen ist das Schlösschen daher als kühler Rückzugsort willkommen. Besonders gerne schreibt sie dort auch Gedichte wie »Das Mondmärchen am Zauberberg« [dem Jainzen bei Ischl], das die folgenden Zeilen enthält:

Siehst Du die Villa dorten
Aus weissem Marmelstein?
Auf Fuchsias aller Sorten
Ruht mild des Mondes Schein.

Viel luftige Veranden,
Die zieh'n sich um das Haus.
Und Wilde Weinguirlanden,
Die wuchern ein und aus.[22]

Elisabeths Kinder und Enkelkinder halten sich gerne zum Spiel dort auf. Auch nach dem Ende der Donaumonarchie bleibt das »Marmorschlössl« Privatbesitz, da es von Marie Valerie und deren Mann Franz Salvator innerhalb der Familie als persönliches Eigentum weitervererbt wird. Nach dem Ersten Weltkrieg dient das Haus verschiedenen Zwecken, unter anderem ist hier ein Café untergebracht, dann droht es zeitweise zu verfallen. Seit 1978 beherbergt es das Photomuseum des Bundeslandes Oberösterreich.

Das »Marmorschlössl« im Nordwesten des Kaiserparks von Bad Ischl, früher Spiel- und Teehaus der Kaiserin Elisabeth.

Die malerische Landschaft rund um Bad Ischl, Lithografie von Johann Fischbach, um 1850.

SCHLOSS SCHÖNBRUNN

Brautschloss und kaiserliches Sommerschloss

Ist Bad Ischl der Ort des ersten Kennenlernens und der Verlobung, so zieht Sisi ein Jahr später am 22. April 1854 als Braut in Schloss Schönbrunn ein. Erst am 23. April, also einen Tag vor der Hochzeit am 24. April, geht es von Schönbrunn weiter in die Wiener Hofburg, die Kaiserresidenz.

Schloss Schönbrunn ist neben der Ischler »Kaiservilla« Franz Josephs zweites Lieblingsschloss und offizieller Sommerwohnsitz der kaiserlichen Familie, die den Winter über in der Wiener Hofburg residiert. Hier erblickt Franz Joseph 1830 nicht nur das Licht der Welt, hier verbringt er auch die Sommermonate seiner Kindheit. Als er 1848 mit 18 Jahren seinem Onkel Kaiser Ferdinand auf den Thron folgt, übernimmt er Schönbrunn mit seinen Salons in weiß-rot-goldener Farbgebung. Im Alter wird dieses Schloss zum ganzjährigen Hauptwohnsitz des Kaisers, der sich nur für offizielle Anlässe in die Hofburg begibt. Im Schönbrunner Schlafzimmer schlägt am 21. November 1916 auch seine letzte Stunde.

Der kaisergelb gestrichene Bau mit der nüchternen, langen und geraden Fassade und den schnurgeraden, glattgeharkten Parkwegen passt auch besser zu seiner Persönlichkeit als Schloss Laxenburg, von dem im nächsten Kapitel die Rede ist. Bei einem Vergleich beider Schlösser kommt Franz Joseph zu dem Schluss: »Wer das Großartige, das Kaiserliche, das Symmetrische, die bestimmten Formen liebt, den wird Schönbrunn mehr ansprechen als Laxenburg. Für den, der das Abwechselnde, das Freundliche, das Wasser, die Natur selbst vorzieht, hat Laxenburg mehr Reiz. Ich jedoch werde immer Schönbrunn höher schätzen als Laxenburg.«[23]

1441 Räume gibt es in diesem unbequemen Schloss. Anlässlich der Hochzeit mit Elisabeth im Jahr 1854 werden die Räume renoviert. An die einfache Wohnung des Kaisers im Westflügel mit Vor-, Audienz-, Arbeits- und Wohnzimmer schließt sich das Appartement Elisabeths mit einem repräsentativen Salon, einem Schreib- und Toilettezimmer, einem Speisezimmer und weiteren Räumen an. Das gemeinsame Schlafzimmer mit den dunklen Palisanderholzmöbeln, die einen weiß-blauen Bezug erhalten, ist nicht nach ihrem Geschmack. 1862 lässt sie sich ein privates Gartenappartement mit großem Salon und einem Turnzimmer im Erdgeschoss einrichten, das von ihrem Schreibzimmer, auch »Stiegenkabinett« genannt, über eine Wendeltreppe erreichbar ist. Hier sind zumindest die Wände und Möbel in Elisabeths Lieblingsfarbe Lila tapeziert. Durch einen eigenen Ausgang kann sie unbemerkt in den Garten gelangen, wo sich in unmittelbarer Nähe auch die Reithalle befindet, in der sie sich der Dressur ihrer Pferde widmet. Gerne reitet sie, begleitet von ihren Hunden, auch in die abgelegenen Teile des 197 Hektar großen Schönbrunner Parks bis hinauf zur Gloriette, einer Art »Ruhmestempel« mit einer 20 Meter hohen Aussichtsterrasse. Von Schönbrunn gehören ihr die Gloriette und jene Teile des Parks, die dem Publikum nicht gefallen, wie sie des Öfteren betont.

Um der Hofgesellschaft zu entfliehen, zieht sie sich auch gern in das rechts von der Gloriette gelegene »Tiroler Haus« zurück, wo eigens für sie eine Kammermeierei eingerichtet ist, aus der die diätsüchtige Kaiserin täglich ihre Milch von besonders gepflegten Kühen erhält. Sie lässt das Gebäude mit mehreren

Schloss Schönbrunn.

Marie-Antoinette-Zimmer in Schloss Schönbrunn.

Wohnräumen für sich ausstatten, so mit einem Vor-, einem Toilette- und einem Speisezimmer, in der rot gestrichene und mit Blumenmustern bemalte Möbel im Stil einer ungarischen Bauernstube stehen. An den Wänden der Räume hängen Fotografien ungarischer Kühe und 20 Bilder verschiedener Rinderrassen. Wie die Gloriette ist auch die Kammermeierei ein beliebter Aufenthaltsort für Elisabeth. Sie besitzt sogar einen goldenen Schlüssel für das Haus, über den ausschließlich sie verfügt, sodass sie auch hier ihrer Schwiegermutter entkommen kann, wenn sich diese in Schloss Schönbrunn aufhält.

1878 kämpfen österreichische Soldaten in Bosnien gegen die Partisanen. Zahlreiche Tote sind zu beklagen. Die Notspitäler fassen die Schar der Verwundeten kaum mehr, sodass auch in Schönbrunn ein Lazarett eingerichtet werden muss. Elisabeth besucht die Schwerverletzten und spricht ihnen Mut zu. »Wirklich wie ein Engel des Trostes schritt sie von Bett zu Bett«[24], beobachtet Marie Festetics. Dieses Verhalten trägt ihr in der Bevölkerung Achtung ein. Doch in ihr regt sich ein schlechtes Gewissen. Während es ihr und der kaiserlichen Familie gut geht, opfern diese Leute ihr Leben und erhalten zum Dank dafür lediglich ein Wort des Trostes. Doch solche Gedanken hindern sie nicht daran, sich schon zwei Tage später wieder dem Reitvergnügen und fröhlichen Diners zuzuwenden. Wie die Hofburg, so empfindet Elisabeth auch Schloss Schönbrunn als goldenen Käfig, dem sie vor allem dann zu entfliehen versucht, wenn sie sich auch hier von der Schwiegermutter, Erzherzogin Sophie, drangsaliert fühlt. »Vor Schönbrunn«, schreibt sie an Ida Ferenczy, »habe ich einen gelinden Schauder, denn außer Dir und meinen Pferden treffe ich dann nur Unangenehmes«.[25]

Kammermeierei von Kaiserin Elisabeth im ehemaligen »Tirolergarten« von Schloss Schönbrunn.

SCHLOSS LAXENBURG IN NIEDERÖSTERREICH

Stätte einsamer Flitterwochen und Geburtsort von zwei Kindern

Etwas mehr als in Schönbrunn fühlt sich die junge Kaiserin zunächst im romantischen und geräumigen Lustschloss Laxenburg wohl, das aus zwei Schlössern besteht, dem Alten Schloss aus dem 12. Jahrhundert und dem Neuen Schloss, dem sogenannten Blauen Hof, im Stil des Barock, aus dem 18. Jahrhundert. Des Weiteren lässt Kaiser Franz Joseph hier ab 1801 auf einer künstlichen Insel im Schlosspark die von Anfang an als Museum konzipierte Franzensburg errichten. Die Ausstattung der Laxenburger Gebäude lässt allerdings zu wünschen übrig. So gibt es bis 1881 in Laxenburg »keine Teppiche, keine Fauteuils [angenehme Sessel], keine Badezimmer, kein Wasserklosett, keinen Toilettetisch. Die einzige Waschgelegenheit war ein Lavoir auf einem dreibeinigen Schemel«.[26]

Schloss Laxenburg liegt 25 Kilometer südlich vom Stadtzentrum Wiens in einer waldreichen weitläufigen Gegend. Der Anblick der bizarren Türme und Türmchen der Franzensburg beflügelt Sisis Fantasie. Besonders beeindruckt sie aber der weitläufige englische Park mit »mittelalterlichen« Ruinen und hübsch angelegten Seen und Brücken. Hier kann sie die Blicke bis zu den entfernten Gipfeln des Schneebergs und des Semmerings schweifen lassen.

Franzensburg in Laxenburg bei Wien, Aquarell von Eduard Gurck, um 1838.

Die kaiserliche Familie im Park von Schloss Laxenburg: Kaiser Franz Joseph I. zu Pferd, Kaiserin Elisabeth in einer Kutsche sitzend, davor stehen Kronprinz Rudolf und Kronprinzessin Stephanie, im Hintergrund die Franzensburg, Gemälde von Carl Schweninger d. Ä., 1887.

Nach der Hochzeit am 24. April 1854 und den damit verbundenen Empfängen, Audienzen, Hofbällen und Theatervorstellungen verbringt das frisch vermählte Kaiserpaar ab dem 11. Mai im Blauen Hof dieser Schlossanlage seine Flitterwochen. Bald werden diese aber von der betrüblichen Tatsache überschattet, dass Franz Joseph jeden Morgen nach Wien in die Hofburg eilt, um dort seinen Pflichten nachzugehen und erst abends wieder zu seiner jungen Frau zurückkehrt. Elisabeth bekommt ihren Gemahl also kaum zu Gesicht und es bleibt keine Zeit zur Aussprache mit ihm. Sie ist allein mit ihren Hofdamen und dem Schlosspersonal und leidet sehr unter Langeweile. Es werden einsame Flitterwochen, die sie mehr mit Pferden und Hunden als mit ihrem Mann verbringt. Sie reitet in die umliegenden Gärten, Parks und Wälder, vertieft sich aber auch in die Lektüre von Büchern, die sie vor ihrem Mann versteckt, der selbst nie ein Buch liest, weil er das Bücherlesen für überflüssig hält.

Nur ein wenig erwünschter Gast lässt sich auch in Laxenburg blicken: ihre ständig kritisierende Schwiegermutter, Erzherzogin Sophie, die sich zwar mehr in der Wiener Hofburg und in Schönbrunn aufhält, aber regelmäßig auch in Laxenburg erscheint. Angeblich will sie ihrer Nichte Gesellschaft leisten und beim Eingewöhnen helfen. Doch sie achtet vor allem auf die Etikette und ist gegen alles, was Sisi protokollwidrig unternehmen will. Der bleibt nur eine Möglichkeit: Häufig unternimmt sie weite Ausritte in die Einsamkeit der ausgedehnten Laxenburger Wälder. Zum Glück warten in den geräumigen Stallungen prächtige Pferde auf sie. In Sophies Augen geht es jedoch keinesfalls, dass Sisi nur in Begleitung eines einfachen Reitknechts ausreitet und in den Ställen ihre Pferde eigenhändig mit Karotten füttert. Als der Park von Laxenburg wieder dem Publikum offensteht – er war während der Hochzeitsfeierlichkeiten geschlossen – lädt Sisi spontan Kinder ins Schloss ein und will sie mit Süßigkeiten und kleinen Geschenken verwöhnen. Auch das verbietet ihr die Erzherzogin sofort. Kein Tag vergeht, an dem die Schwiegermutter nicht anordnet, gängelt, befiehlt, verbietet, kritisiert und schimpft. So jedenfalls empfindet das Sisi, die immer mutloser, niedergeschlagener und gereizter wird. Sie leidet unter Schlafstörungen und physischen Auffälligkeiten. »Hier [in Schloss Laxenburg] habe ich viel geweint«, äußert sie später, »allein zurückzudenken, drückt mir das Herz zusammen. [...] Ich war den ganzen Tag alleine und hatte Angst vor der Minute, wenn Sophie kam, denn sie kam jeden Tag, zu jeder Stunde, um zu sehen, was ich tue – bis à la merci war ich dieser wirklich bösartigen Frau ausgeliefert, alles war falsch, was ich machte, [...] sie wusste alles über jeden, da sie das ganze Haus bespitzelte und das ganze Haus hatte Angst vor ihr [...].«[27]

Beklagt sich Sisi abends bei ihrem Mann über seine Mutter, vermeidet er, Partei zu ergreifen. Er beschwichtigt sowohl seine Frau, die er liebt, als auch seine Mutter, die er respektiert und fürchtet. Zu allem Verdruss wird Sisi auch noch von der strengen, wesentlich älteren Gräfin Sophie Esterházy-Liechtenstein genervt. Auf beide Frauen hätte Sisi nur allzu gerne verzichtet. Und so vermag ihr auch die beeindruckende Schönheit dieses Schlosses keine rechte Freude zu bereiten. Als sie sich in grenzenloser Verlassenheit zu ihrem Gemahl begibt, wettert Sophie: »Es ist unschicklich für eine Kaiserin, ihrem Mann nachzulaufen und dorthin und dahin zu kutschieren wie ein Fähnrich.«[28] Eingeschüchtert zieht sich Sisi in sich selbst zurück und träumt von ihrer Zeit in Possenhofen, als sie noch frei und ungebunden leben konnte. Ihre Gedanken kann sie aber nur in einem ihrer Gedichte ausdrücken:

Sehnsucht

Es kehrt der junge Frühling wieder
Und schmückt den Baum mit frischem Grün,
Und lehrt den Vögeln neue Lieder
Und macht die Blumen schöner blüh'n.
Doch was ist mir die Frühlingswonne
Hier in dem fernen, fremden Land?
Ich sehn' mich nach der Heimat Sonne
Ich sehn' mich nach der Isar Strand.
Ich sehn' mich nach den dunklen Bäumen,
Ich sehn' mich nach dem grünen Fluß,
Der leis in meinen Abendträumen
Gemurmelt seinen Abschiedsgruß.[29]

Ein kleiner Lichtblick ereignet sich im Juli 1854. Die kaiserliche Familie tritt ihre Sommerfrische in Bad Ischl an, wo sie vor der Hitze in die nahen Berge flüchten kann. Besonders erfreulich ist, dass Elisabeths Mutter, Herzogin Ludovika, ihre Schwester Mathilde und ihr Lieblingsbruder Carl Theodor, liebevoll Gackel genannt, zu Besuch kommen. Elisabeth gewinnt ihr heiteres Wesen zurück und sie kommt auch ihrem Ehegemahl wieder etwas näher. Heimatliche Gefühle erweckt auch der Papagei, den man aus Possenhofen hierher mitgebracht hat.

Zweieinhalb Monate nach der Hochzeit (24. April 1854) wird die 17-Jährige schwanger. Am 5. März 1855 kommt in der Wiener Hofburg das erste Kind zur Welt, zum Leidwesen des Hofs »nur« ein Mädchen. Sisi weiß, dass sie in absehbarer Zeit »dieses ganze traurige Geschäft«, wie sie die Schwangerschaft bezeichnet, »noch einmal durchmachen muss«.[30] Das Kind wird natürlich auf den Namen der Schwiegermutter »Sophie« getauft, die das Baby wenige Wochen später in ihre Obhut nimmt, auch wenn der Mutter das missfällt. Wieder einmal meint es die Erzherzogin nur gut mit ihr, erkennt sie doch, dass Sisi, die selbst noch ein halbes Kind ist, mit der Betreuung und Erziehung eines Kindes überfordert ist. Sisi sieht das jedoch anders. Sie soll nun weitere kaiserliche Kinder produzieren, vor allem einen männlichen Thronfolger. Das ist ihre vorrangige Aufgabe als Kaiserin.

Neun Monate später, im November 1855, ist sie erneut schwanger. Das zweite Kind, abermals ein Mädchen mit dem Namen Gisela, wird am 5. Juli 1856, nicht in der Wiener Hofburg, sondern in Laxenburg im Blauen Hof geboren. Auch dieses Kind wird von der Schwiegermutter erzogen.

Dann elf Monate später ein Schicksalsschlag: Sisis erstes Kind, die zweijährige Sophie, stirbt während eines Aufenthalts des Kaiserpaars in Budapest überraschend am 29. Mai 1857. Sisi muss Vorwürfe über sich ergehen lassen, weil sie das Mädchen trotz der Warnung der Schwiegermutter mit auf diese Reise genommen hat. Eine große Depression erfasst die Kaiserfamilie, vor allem Elisabeth: das erste Kind tot und noch immer kein männlicher Thronfolger.

Sieben Monate nach dem Tod Sophies ist die 20-jährige Elisabeth abermals schwanger. Neun Monate später kommt am 21. August 1858 – wieder in Laxenburg im Blauen Hof – endlich der ersehnte Thronfolger zur Welt. Waren die beiden ersten Entbindungen verhältnismäßig leicht vor sich gegangen, so ist diese Geburt äußerst schmerzhaft. Das Kind wird auf den Namen Rudolf getauft. Die Taufe erfolgt wie schon bei seiner Schwester Gisela im großen ebenerdigen Speisesaal. In nur vier Jahren hat Sisi ihre Aufgabe, das »Katzeln«, wie sie die Geburten abfällig nennt, erfüllt, drei Kinder zur Welt gebracht – das erste in der Wiener Hofburg, die beiden anderen in Schloss Laxenburg – und dem Land endlich den ersehnten Thronfolger geschenkt. Sie fühlt sich erschöpft. Und viele Jahre später äußert sie, was sie davon hält, ein Kind auf die Welt zu bringen: »Mir scheint die Geburt eines neuen Menschen ein Unglück, es lastet solch ein Druck auf mir, daß ich es oft wie einen physischen Schmerz empfinde und am liebsten tot sein möchte.«[31] Dass sie ein paar Jahre später noch einmal schwanger wird, ist bei dieser Einstellung deshalb mehr als erstaunlich.

Das vierte und letzte Kind wird jedoch erst acht Jahre später, im Juni 1867, kurz nachdem Elisabeth und Franz Joseph zu ungarischen Königen gekrönt wurden, in Schloss Gödöllő gezeugt. Neun Monate später kommt es am 22. April 1868 in entspannter Atmosphäre im Königspalast in Buda zur Welt. Das »ungarische Kind«, wie Marie Valerie heißt, wird Elisabeths Lieblingstochter. Dieses Mädchen, das sie als Geschenk für ihre geliebten Ungarn versteht, lässt sie sich von der Schwiegermutter nicht mehr wegnehmen, wie dies mit ihren ersten drei Kindern geschehen ist, sondern behütet es wie ihren Augapfel. Sie erzieht – oder »verzieht« wie Spötter behaupten – dieses Kind ganz alleine.

Während Franz Joseph Schloss Schönbrunn als Arbeitsstätte und die »Kaiservilla« in Bad Ischl als Sommersitz bevorzugt, zeigt er an Schloss Laxenburg kein großes Interesse. Elisabeth schätzt von diesen drei Schlössern das in Bad Ischl wegen der umgebenden Berge sicher am meisten. »Laxenburg selber war für Elisabeth eine Enttäuschung«, urteilt Joan Haslip. »Das aus dem 18. Jahrhundert stammende Lustschloß wirkte ebenso streng wie Schönbrunn, auch wenn es bedeutend kleiner war; so wie manche königliche Sommerresidenz machte es einen unbewohnten, trostlosen Eindruck.«[32]

Kaiserin Elisabeth im Lehnstuhl sitzend mit Rudolf im Arm, davor stehend Gisela, an der Wand das Bildnis der verstorbenen Sophie, 1858.

Mädchenbildnis von Erzherzogin Marie Valerie mit einer Angorakatze am Schoß.

Von WIEN bis CORFU.
CAROUSSEL bei SIGN.

FLUCHTBURGEN AM MEER

Wenn für Kaiserin Elisabeth der Druck an der Wiener Hofburg und in den anderen Villen und Schlössern nahe Wien zu groß wird, flüchtet sie sich regelmäßig in südliche Richtung, etwa nach Meran in Südtirol. Verlockend sind auch die portugiesische Insel Madeira im Atlantischen Ozean oder die spanische Insel Mallorca im westlichen Mittelmeer. Einfache Landhäuser oder Villen gehören dabei zu den von ihr gerne favorisierten Wohnräumen. Doch besonders von der herrlichen Natur, die sich ihr dort bietet, ist sie begeistert. Schon als Kind war die Roseninsel im Starnberger See ein verzaubertes Eiland, das einen betörenden Rosenduft verströmte und auf dem sie sich später als Kaiserin, unbehelligt von neugierigen Blicken, mehrfach mit König Ludwig II. zu vertraulichen Gesprächen trifft. Vor allem aber hat es ihr die griechische Insel Korfu angetan, wo sie immer wieder Ruhe sucht und später einen prachtvollen Palast, das »Achilleion«, errichten lässt. In Italien hält sie sich mehrmals in Venedig auf. Brückenkopf für ihre Reisen wird dabei Schloss Miramare an der Adria, nordwestlich der italienischen Hafenstadt Triest gelegen. Alle diese Verstecke am Meer sind Orte, an denen sie Abstand von Wien und der Hofburg gewinnt, sich erholen kann und die ihr auch von den Ärzten für Kuraufenthalte empfohlen werden.

»QUINTA VIGIA« UND »REID'S PALACE« AUF DER INSEL MADEIRA

Verstecke am Meer

1860, im sechsten Ehejahr, setzen Elisabeth die Auseinandersetzungen mit ihrer Schwiegermutter, Erzherzogin Sophie, immer mehr zu. Außerdem beunruhigen sie Gerüchte von der Untreue ihres Mannes, der, unter anderem genervt von den Auseinandersetzungen zwischen seiner Mutter und seiner Frau, sich anderweitig Trost gesucht haben soll. Daraufhin geht sie in die Offensive. Ohne um Erlaubnis zu fragen, verlässt sie im Juli 1860 mit ihrer vierjährigen Tochter Gisela Wien und fährt erstmals seit ihrer Heirat nach Possenhofen.

Zurück in Wien erkrankt sie im Oktober 1860 schwer. Die Ärzte diagnostizieren eine Lungenschwindsucht und befürchten, dass sie sterben wird, wenn sie den Winter nicht in einem warmen Klima zubringt. Sisi entscheidet sich für einen Aufenthalt auf der abgelegenen portugiesischen Atlantikinsel Madeira, 3000 Kilometer von Wien entfernt, wohin weder ihr Ehemann noch ihre Schwiegermutter zu Besuch kommen. Wegen der üppigen und vielfältigen Vegetation ist die zerklüftete Vulkaninsel, südwestlich von Lissabon und 600 Kilometer vor dem afrikanischen Festland gelegen, weithin als Blumeninsel bekannt und infolge ihres milden Klimas ein beliebtes Reiseziel. Nicht nur viele reiche und Erholung suchende Briten überwintern gern auf Madeira, sondern auch Lungenkranke, die hoffen, hier von ihrem Leiden zu genesen.

Auch Elisabeth, der angeblich Todkranken, schlägt man den Wunsch nicht ab und so reist sie am 17. November 1860 nur in Begleitung von wenigen Getreuen zu einem fünfmonatigen Aufenthalt auf die Blumeninsel. Da auf die Schnelle kein Schiff der österreichischen Marine greifbar ist, stellt die englische Königin Victoria ihre Hochseejacht »Victoria und Albert« zur Verfügung. Während auf der Hinfahrt ihr Gefolge einschließlich des Arztes bei einem Sturm seekrank wird, geht es Elisabeth von Tag zu Tag besser. Sie sitzt seelenruhig an Bord und trinkt Bier.

»Quinta Vigia«, Madeira.

Am 29. November trifft sie auf Madeira ein. Der Einladung des Grafen Carvahal, in seinem Haus im Zentrum von

Elisabeth (rechts) mit ihrer Schwester Prinzessin Helene von Thurn und Taxis (sitzend) und einer unbekannten Dame auf einer Jacht in Madeira, 1861.

Funchal, der Hauptstadt der Inselgruppe, zu wohnen, folgt sie nicht. Stattdessen mietet sie für 2000 MIL Reis – portugiesische Goldmünzen-Währung – ein schlichtes, reizendes Landhaus am Rande von Funchal, die »Quinta Vigia« von Mr. Davis, von der aus sich ein schöner Blick über die Stadt und den Hafen bietet und in der sie sich wohler fühlt. Die Quinta liegt hoch auf einem weit ins Meer hinausragenden Felsen, an deren Stelle heute das »Casino-Park Hotel« steht und eine lebensgroße Sisi-Statue an die Kaiserin erinnert. Eine portugiesische Quinta strahlt neben Stille und Ruhe immer auch eine gewisse Wehmut aus, eine Empfindung, die Elisabeth zu spüren scheint und die ihrem seelischen Zustand sehr entgegenkommt. Anfänglich ist sie noch deprimiert. »Sie sperrt sich oft beinahe den ganzen Tag in ihrem Zimmer ein und weint«[33], berichtet Graf Louis von Rechberg, dem das isolierte Leben der Kaiserin große Sorgen bereitet. Der Umgang mit Tieren, so mit ihren Ponys, Hunden und Papageien, heitert sie etwas auf. Bisweilen klimpert sie traumverloren kleine Melodien auf einer kleinen Gitarre, einer »Braguinha«, die sie ihrer jüngsten Tochter mitbringen möchte.

Elisabeth mit einer »Braguinha« in der Hand, umgeben von ihren Hofdamen Lili Hunyady (links oben) und Mathilde Windischgrätz (rechts oben) sowie mit ihrer Schwester Helene von Thurn und Taxis (sitzend) auf Madeira, 1861.

Von Funchal aus fährt sie mit einer von weißen Ponys gezogenen Kutsche durch die Gegend oder unternimmt weite Wanderungen entlang am Meer und in die Berge und ist zunehmend von der Schönheit der Insel, auf der alle Gewächse Indiens und Südamerikas gedeihen, fasziniert. Sie findet auch Zeit, die ungarische Sprache zu erlernen. Nach und nach wandelt sie sich zu einer selbstbewussten Frau von atemberaubender Schönheit. Sie genießt die Zuneigung des feschen Grafen Imre Hunyady, der als Ehrenkavalier in ihren Diensten steht und den sie als ihren lieben Freund sehr schätzt. Davon erhält der Wiener Hof Nachricht und Graf Hunyady wird sofort nach Wien zurückbeordert.

Trotz der Ruhe plagt Elisabeth auf Madeira bald schon Langeweile. »Wenn ich gewußt hätte, wie es hier ist, hätte ich mir für so lange Zeit schon lieber einen anderen Ort gewählt«, gesteht sie, »denn wenn auch die Luft nichts zu wünschen übrig lässt, so gehört dennoch mehr dazu, um angenehm zu leben [...]. Jedes Schiff, das ich wegfahren sehe, gibt mir die größte Lust, darauf zu sein, ob es nach Brasilien, nach Afrika oder ans Kap geht, ist mir einerlei, nur nicht so lange auf einem Fleck sitzen.«[34] Am 28. April 1861 reist sie von Madeira in die spanische Hafenstadt Cadix und nach Sevilla, wo sie sich einen Stierkampf ansieht, der ihr allerdings zu grausam ist, dann über Gibraltar, Mallorca und Malta nach Korfu, wo sie am 15. Mai eintrifft. Von dieser Insel ist sie sofort hellauf begeistert.

Am 18. Mai 1861 sieht Sisi nach sechsmonatiger Trennung in Triest ihren Mann wieder, über den sie mehr und mehr Macht gewinnt – und Franz Joseph lässt es sich gefallen. Er unterzeichnet seine Briefe an sie mit »Dein Kleiner«, bemüht sich zunehmend, alle Wünsche seiner »Engels-Sisi« zu erfüllen und zeigt sich als ergebener Verehrer. Nach der Rückkehr nach Wien am 25. Mai stürzen die sofort wieder aufflammenden Maßregelungen der Schwiegermutter die Kaiserin erneut in eine körperliche und seelische Krise mit Fieber-, Hustenanfällen und Weinkrämpfen. Am 23. Juni bricht Sisi auf Rat der Ärzte abermals zur Erholung auf, diesmal nach Korfu, wo sie der Besuch ihrer Schwester Helene etwas aufheitert. Auch Franz Joseph kommt zu Besuch und reist mit ihr nach Venedig, wo Elisabeth dann den Winter 1860/61 verbringt.

Kaiserin Elisabeth in Funchal auf Madeira, Fotografie nach einer Lithografie von Adolf Dauthage, 1860.

»Reid's Palace Hotel« auf Madeira, um 1900.

Auf die Insel Madeira kommt die Kaiserin erst 33 Jahre später ein zweites Mal, 1893, fünf Jahre vor ihrem Tod. Doch warum erst nach über drei Jahrzehnten? Vielleicht deshalb, weil sie beim ersten Mal nicht übermäßig zufrieden war, da der damalige Aufenthalt von zahlreichen Enttäuschungen belastet wurde. Oder deshalb, weil nach Rudolfs Suizid und der Heirat ihrer Lieblingstochter Marie Valerie ein paar Jahre zuvor wieder ein neuer Lebensabschnitt für sie anbricht. Nach beiden Ereignissen unternimmt sie jedenfalls erneut end- und ziellose Reisen.

Was die Gründe auch immer sein mögen, am 1. Dezember 1893 beginnt sie die zweite Reise Richtung Madeira auf der nur mehr wenig seetüchtigen Jacht »Greif«, mit der das Navigieren immer schwieriger wird. Es geht über Miramar und Algier weiter nach Madeira, wo sie sich knapp eineinhalb Monate aufhält, vom 23. Dezember 1893 bis zum 4. Februar 1894. Quartier nimmt sie als »Gräfin von Hohenems«[35] dieses Mal nicht in der »Quinta Vigia«, sondern im »Reid's Palace«, dem Luxushotel des schottischen Hoteliers William Reid westlich von Funchal. Streunende Hunde und Katzen, die ihr über den Weg laufen, bringt sie einfach mit ins Hotel und beauftragt das Personal, die Tiere täglich auf ihre Kosten zu füttern, was Irritationen auslöst, auch wenn man den kaiserlichen Wunsch dann doch erfüllt.[36]

Weihnachten und Neujahr verbringt sie ohne Franz Joseph, der ihr brieflich »in treuer Liebe Glück und des Himmels Segen« wünscht und hinzufügt: »Habe auch im kommenden Jahr Nachsicht mit meinem Alter und mit meiner zunehmenden Vertrottelung. Deine Güte und Fürsorge und die Freundschaft der Freundin [gemeint ist die Schauspielerin Katharina Schratt] sind die einzigen Lichtpunkte in meinem Leben. An Dich denke ich beständig mit unendlicher Sehnsucht, und freue mich schon jetzt auf das leider noch so ferne Wiedersehen.«[37] Elisabeth nimmt auf Madeira ausgedehnte Spaziergänge, besucht einige Villen und Quintas und versucht sich an Übersetzungen von William Shakespare und Arthur Schopenhauer ins Neugriechische, wobei sie ihr Griechischlehrer Constantin Christomanos unterstützt.

Seit Rudolfs Tod (1889) und Marie Valeries Heirat (1890) befindet sich Elisabeth in melancholischer Dauerstimmung, die sich auch in ihrer permanent schwarzen Kleidung ausdrückt. Ihre eigenwilligen Verhaltensweisen in der Öffentlichkeit führen in der ausländischen Presse mittlerweile mehrfach zu Sensationsmeldungen. So behauptet im März 1893 die Mailänder Zeitung »Secolo«: »Die Kaiserin und Königin Elisabeth leidet am beginnenden Irrsinn. Allabendlich quälen sie Halluzinationen. Ihre fixe Idee ist ergreifend. Sie glaubt, daß Kronprinz Rudolf noch ein Kind und bei Ihr wäre. Zu ihrer Beruhigung mußte man Ihr eine Wachspuppe anfertigen lassen, welche sie ununterbrochen mit Küssen und Tränen bedeckt.«[38] Doch diese Meldung wird kurz darauf dementiert. Eines aber lässt sich nicht mehr leugnen, dass die Kaiserin zunehmend depressiver wird.

LANDGUT »SON MORAGUES« BEI VALLDEMOSSA AUF MALLORCA

Sisi zu Besuch bei ihrem Cousin Ludwig Salvator

Auf der spanischen Insel Mallorca lebt Elisabeths zehn Jahre älterer Cousin Erzherzog Ludwig Salvator von Habsburg-Lothringen, den sie sehr schätzt und der durch seine naturwissenschaftlichen und landeskundlichen Studien des Mittelmeerraums bis heute bekannt ist. Beide gelten am Wiener Hof als verschrobene Außenseiter und sind rastlos Reisende. Sisi besucht ihren wohlbeleibten Cousin mit ihrer Jacht »Miramar« zweimal auf Mallorca, wo dieser einen umfangreichen Grundbesitz sein Eigen nennt. Mit seinem struppigen Bart, den weiten Leinenhosen und offenen Sandalen wirkt er leicht verwahrlost und ist wohl das, was man heute als einen »Aussteiger« bezeichnet. Aber gerade weil er nicht der »Prinzenschablone« entspricht, gefällt ihr Ludwig Salvator besonders. Sicher hat er seiner kaiserlichen Cousine mehrfach von Mallorca vorgeschwärmt, sodass sie schließlich ein Besuch der Insel reizt.

Das erste Mal kommt sie im Mai 1861 an Bord der englischen Jacht »Victoria and Albert« inkognito nach Mallorca. In Palma absolviert sie einen Blitzbesuch mit Kurzprogramm: Kathedrale inklusive einer Heiligen Messe, Spaziergang durch die Innenstadt, das Schloss Bellver. Nur die alte Seehandelsbörse La Lonja lässt sie ausfallen, obwohl dort eine Menschenmenge samt Musikkapelle auf die hohe Besucherin wartet. Aber sie will ja kein Aufsehen erregen.

30 Jahre später – 1892/93 – kommt sie wieder nach Mallorca. Den Heiligen Abend des Jahres 1892 verbringt die 55-Jährige nicht mit ihrem Mann, sondern mit Ludwig Salvator, was am Wiener Hof natürlich sofort für Getuschel sorgt. Doch Franz

Erzherzog Ludwig Salvator von Österreich-Toskana.

Joseph ist ganz entspannt und auf den dicken Luigi absolut nicht eifersüchtig.

Am 30. Januar 1893 befiehlt die Kaiserin dem Kapitän ihrer Jacht »Miramar«, an der Nordküste anzulegen. Das Schiff geht an der Na Foradada vor Anker, dem berühmtem Loch im Felsen gegenüber dem Anwesen »Son Marroig«, das sich im Besitz ihres Cousins befindet (heute Museum). Dann besucht sie Ludwig Salvators zweites, 800 Hektar großes Landgut »Son Moragues« bei Valldemossa. Ihr Cousin lässt im Garten ein opulentes mallorquinisches Mittagessen auftischen, bei dessen Anblick Sisi melacholisch gesagt haben soll: »Das ist alles sehr schön, mein lieber Cousin, aber oft sind unsere Träume schöner, wenn wir sie nicht ausleben.«[39]

Am 1. Februar unternimmt sie einen Ausflug in das kleine beschauliche Städtchen Sóller, überquert am 2. Februar den Coll, einen 496 Meter hohen Bergpass, und besucht die Gärten von Alfàbia mit ihrer üppigen, subtropischen Vegetation. Bei ihrer Rückkehr legt sie in Sóller einen Halt ein und sieht sich eine Volkstanzdarbietung an. Danach bringt die Jacht Sisi und ihren Cousin zu den eindrucksvollen Tropfsteinhöhlen von Artà. Sie besucht auch noch das Landgut »S'Estaca« und trifft mit der von Ludwig Salvator verehrten Catalina Homar, einer einfachen Tischlerstochter, zusammen, die dort den Betrieb führt. Die beiden Frauen sind sich auf Anhieb sympathisch und unterhalten sich, als hätten sie sich schon immer gekannt. Danach geht die Reise weiter zur Nachbarinsel Menorca, wo sich der Erzherzog verabschiedet und nach Mallorca zurückkehrt. Die Treffen mit Ludwig Salvator gehören zu jenen Begegnungen, die Elisabeth besonders schätzt und genießt.

Finca »Son Moragues« bei Valldemossa auf Mallorca.

Marmortempel am Herrenhaus »Son Marroig«.

SCHLOSS MIRAMARE BEI TRIEST

Brückenkopf für Sisis Reisen

Schloss Miramare, zu Deutsch etwa Schloss Meeresblick, wird zwischen 1856 und 1860 für Erzherzog Ferdinand Maximilian von Österreich, den jüngeren Bruder Kaiser Franz Josephs erbaut. 1864 wird der Erzherzog mit Unterstützung des französischen Kaisers Napoleon III. gegen den Widerstand der mexikanischen Bevölkerung Kaiser in Mexiko. Doch schon 1867 erfolgt nach dem Scheitern der französischen Machtpolitik sein Sturz. Er kommt vors Kriegsgericht und wird von Revolutionären erschossen. Verheiratet ist Ferdinand Maximilian mit Erzherzogin Charlotte von Belgien.

Schloss Miramare mit seiner weißen Kalksteinfassade erhebt sich in blendend weißer Pracht auf einer Felsenklippe der Bucht von Grignano an der Adria, etwa 8 Kilometer nordwestlich der italienischen Hafenstadt Triest. Mehr als 20 Zimmer im Stil des romantischen Historismus stehen den Bewohnern zur Verfügung. Der weitläufige, 22 Hektar umfassende Park mit exotischen Pflanzen ist in Terrassen angelegt. Stufen führen hinunter zum Meer.

Am 18. Mai 1861 – das Erdgeschoss ist gerade fertiggestellt – besucht die 23-jährige Elisabeth, nach ihrem Madeira-Aufenthalt von Korfu kommend, erstmals dieses Schloss, das sie tief beeindruckt. Sie ist auf der Rückreise nach Wien und Franz Joseph kommt ihr bis Triest mit fünf Dampfern, darunter die Jacht »Fantasie«, entgegen. Mit einem Beiboot wird Elisabeth vom k.u.k.-Flaggschiff »Novara« in den kleinen Hafen gerudert und steigt dann die Steinstufen, an die Wellen schlagen, zum Schloss hinauf, wo sie von ihrer drei Jahre jüngeren Schwägerin, der Erzherzogin Charlotte, herzlich begrüßt wird, während alle Kriegsschiffe Salut schießen. Besonders gut leiden können sich beide Damen allerdings nicht. Während Sisi einer Wittelsbacher Nebenlinie entstammt, gilt Charlotte aus Belgien ihrer reichen Mitgift wegen als eine der besten Partien im europäischen Adel. Es wurmt sie, dass sie nur den jüngeren Bruder des Kaisers Franz Joseph zum Mann bekommen hat. Gleichwohl benimmt sie sich gegenüber Elisabeth, die sie für arrogant hält, sehr freundlich. Stolz ist sie, dass ihr Mann, Erzherzog Ferdinand Maximilian, hier nahe der aufstrebenden Hafenstadt Triest die pompöse Residenz »Miramare« errichtet hat.

Elisabeth zeigt ihre Distanz zu Charlotte dadurch, dass sie sich in die ihr zur Verfügung gestellten Räume zurückzieht und diese erst zum Ende des Besuchs wieder verlässt. Besonders peinlich ist es, als sich Sisis Dogge »Shadow«, die sie aus Madeira mitgebracht hat, nicht im Zwinger einschließen lässt. Sie greift Charlottes Schoßhündchen, ein Geschenk von Königin Victoria, an und beißt es tot. »Shadow liebt kleine Hunde ebenso wenig wie ich«[40], meint Elisabeth schnippisch. Die Gastgeberin ist froh, dass sie der unerfreuliche Besuch rasch verlässt. Schon am 25. Mai treffen Elisabeth und Franz Joseph wieder in der Residenzstadt Wien ein, wo der Kaiserin ein begeisterter Empfang bereitet wird.

Elisabeth, die in Triest viele ihrer Seereisen beginnt – Triest ist für sie sozusagen das »Sprungbrett« oder der »Brückenkopf« in den Süden –, wird natürlich immer wieder auch von Schloss Miramare angezogen. Zwischen 1861 und 1896 hält sie sich vor oder nach ihren Reisen übers Mittelmeer insgesamt 14 Mal hier auf. Besonders fasziniert sie unter den 21 Sälen der »Novara-Saal«, Maximilians aufwendig gestaltetes Arbeitszimmer, das sogenannte Schiffzimmer, das der erzherzoglichen Luxuskajüte auf seinem Flaggschiff nachgebaut ist und in dem sich Maximilian von allen Fenstern aus ein herrlicher Blick aufs Meer bietet. Dieses Gefühl, an Bord eines Schiffs zu sein, beeindruckt Elisabeth ganz besonders. Auch das Schlafzimmer erweckt den Eindruck, als wäre es eine Schiffskajüte. So ein Raum in einem ihrer Schlösser, eingerichtet wie eine Kajüte, würde ihr als begeisterter Seefahrerin auch gefallen. Die höheren Stockwerke und die Innenausstattung von Schloss Miramare werden übrigens erst 1870 fertiggestellt.

Schockiert ist Elisabeth, als sie hört, dass ihr Schwager Kaiser Maximilian von Mexiko 1866 im Kampf gegen die revolutionären Mächte Mexikos von Napoleon III. und seinen Truppen allein gelassen wird. Seine Frau, Kaiserin Charlotte, reist nach Europa, wo sie in Paris, Brüssel, Wien und sogar beim Papst – leider jedoch vergeblich – um finanzielle und militärische Unter-

Elisabeth auf dem Deck ihrer Jacht »Miramar« im Mittelmeer.

Schloss Miramare, 1875.

stützung bettelt. Sie erleidet einen Nervenzusammenbruch und verfällt dem »Wahnsinn«. Dieser Zustand verschlechtert sich rapide, nachdem ihr Mann 1867 von einem Kriegsgericht zum Tode verurteilt und erschossen wird. Unter bewachter Betreuung wird sie zunächst im Castelletto, dem kleinen Gartenhaus in Miramare, eingesperrt. Später wird sie auf Schloss Bouchout im belgischen Meise interniert, wo sie 1927 stirbt. Wie es heißt, lebte sie bis zu ihrem Tod in dem Wahn, sie sei noch immer Kaiserin von Mexiko. Nach Miramare kehrt sie nie wieder zurück und das Schloss wird zu einer Sommerresidenz der Habsburger.

Im September 1882 kommt Elisabeth in Begleitung Franz Josephs nach Miramare. Anlass ist die 500-Jahrfeier der Zugehörigkeit Triests zu Österreich, worüber sich allerdings nur Österreich freut, nicht aber die Italiener, von denen die Selbstständigkeit angestrebt wird. Sie wollen Triest für sich haben. Die politische Lage ist daher recht angespannt. Da ein Attentat auf Franz Joseph befürchtet wird, will er alleine reisen. Doch Elisabeth besteht darauf, ihn zu begleiten. Am 14. September wird ein Mann verhaftet, der ein Attentat auf den Kaiser geplant hat. Am 16. September trifft das Kaiserpaar deshalb unter strengsten Sicherheitsvorkehrungen in Triest ein. Elisabeth aber unternimmt trotz der Warnungen und trotz strömenden Regens mit ihrer Hofdame Marie Festetics einen zweieinhalbstündigen Fußmarsch in das etwa 8 Kilometer entfernte Triest und zurück. Die Eröffnung der Jubiläumsausstellung verläuft ohne Zwischenfall. Am nächsten Tag will Franz Joseph einer Kaserne und einem Spital allein einen Besuch abstatten, doch Elisabeth besteht darauf, ihn zu begleiten. Während der Fahrt dorthin setzt sie sich im Wagen bewusst auf die Landseite, wo am ehesten ein Attentat zu befürchten ist, um ihren Mann zu schützen, der auf der Meerseite Platz nehmen muss.

Abends ist ein Ball auf einem Loyd-Dampfer geplant. Obwohl es fürchterlich stürmt, wird das Kaiserpaar in einer beinahe kenternden Barke von Schloss Miramare zum Kanonenboot »Luzifer« gebracht. Der Umstieg bei stürmender See ist lebensgefährlich. Die »Luzifer« bringt die Gesellschaft dann zum Loyd-Dampfer »Berenice«. Ein gezündetes Feuerwerk vermischt sich mit Blitz und Donner und das Unwetter wird fortwährend schlimmer. Wegen der hoch aufpeitschenden See gelingt der Umstieg auf den Dampfer »Berenice« nicht, in dem man zu allem Verdruss auch noch ein Leck entdeckt. Daraufhin muss die ganze Gesellschaft auf dem Kanonenboot »Luzifer« völlig durchnässt und fröstelnd zum Schloss Miramare zurückkehren. Dieses Erlebnis ängstigt sogar Elisabeth, die sonst von Stürmen auf dem Meer nicht genug bekommen kann. Sie ist wütend auf den Empfang, wütend, dass man sie, ihren Mann und ihr Gefolge dieser lebensgefährlichen Situation ausgesetzt hat und außerdem »bös auf die falschen Italiener. Da schreien sie immer ›Eviva, eviva‹ und stoßen einem den Dolch in den Rücken«[41], tobt sie mit Tränen in den Augen. Ihre Tochter Marie Valerie hat sie noch nie so außer sich gesehen. Weitere Aufenthalte Elisabeths in Miramare finden im Januar und im November 1885, im Herbst und Winter 1888, 1889 und im Oktober 1890 statt.

Schloss Miramare.

Als sie 1885 von Miramare nach Gödöllő zurückkehrt, wo sie den Dezember verbringt, plagen sie in den Füßen heftige Ischiasschmerzen. Es sei eine Qual zu leben, klagt sie. Am liebsten wolle sie sich umbringen. »Dann kommst du in die Hölle«, erklärt ihr Franz Joseph, worauf Elisabeth sagt: »Die Hölle hat man ja so schon auf Erden.«[42] Auch in den folgenden Jahren wiederholt sie immer wieder, dass ihr das Leben eine Last sei.

Anfang Dezember 1888 stimmt sie gemeinsam mit Franz Joseph auf Schloss Miramare der Verlobung ihrer Lieblingstochter Marie Valerie mit Erzherzog Franz Salvator zu. Am Heiligen Abend, an ihrem 51. Geburtstag, findet die Verlobung statt, bei der auch Kronprinz Rudolf mit seiner Frau anwesend ist. Es ist das letzte Mal, dass die kaiserliche Familie ein harmonisches Zusammensein erlebt. Bei einer kleinen Feier wird hier auch Alexander von Warsberg offiziell mit der Planung und Bauleitung des »Achilleion« beauftragt, eines Schlosses auf der Insel Korfu, das sich Elisabeth sehnlichst wünscht.

1889 beginnen für die Kaiserin die neun bedrückendsten letzten Lebensjahre. Der Tod ihres Sohnes Rudolf im Januar 1889 erschüttert sie so sehr, dass sie keine Ruhe mehr findet. Das Weihnachtsfest 1889 – ohne Christbaum und Bescherung – verbringt sie mit ihrem Mann, mit Marie Valerie und deren Verlobten wieder auf Schloss Miramare. Es herrscht eine bedrückte Stimmung, die sie die folgenden Jahre bis zu ihrem eigenen Tod 1898 begleiten wird.

»VILLA MON REPOS« AUF DER INSEL KORFU

Sisis »Ruhepunkt«

Ein geschätzter Ort der Ruhe auf der griechischen Insel Korfu ist für Elisabeth die »Villa Mon Repos« – »Meine Ruhe«. Errichtet wurde das Haus im Jahr 1824 während des britischen Protektorats.

1861 erleidet sie in Wien einen schweren gesundheitlichen Rückfall. Besonders setzen ihr auch Gerüchte über Liebesaffären ihres Mannes zu. Ihr Befinden verschlechtert sich zusehends. Die Ärzte vermuten eine Lungenschwindsucht und befürchten sogar, dass sie bald sterben würde. Nur eine Luftveränderung könne eventuell Hilfe bringen. Für Elisabeth kommt nur ein Ort in Frage, wohin sie sich zurückziehen will: die zu Griechenland gehörende Insel Korfu. Schon am 23. Juni erfolgt die Abreise auf der englischen Jacht »Victoria and Albert« mit einem Gefolge von 33 Personen, darunter ihr Hof- und Leibarzt Dr. Skoda. Seine Betreuung ist jedoch schon wenige Tage später nicht mehr erforderlich, da Sisis Genesung mit zunehmendem Abstand von Wien erstaunliche Fortschritte macht.

Die Jacht »Victoria and Albert« läuft in der Kerkyra auf Korfu ein. Gouverneur Sir Henry Storks bietet der Kaiserin seine »Villa Mon Repos« am Rande der Inselhauptstadt als Unterkunft an. Hier gefällt es Elisabeth derart gut, dass sie vier Monate lang bis Mitte Oktober kurt. Sie unternimmt ausgiebige Wanderungen am Strand, badet in verborgenen Buchten und schwimmt regelmäßig im Meer. Sie gibt sich dem Nichtstun hin. Auch wenn sie sich, wie üblich, halb zu Tode hungert, verschlechtert sich ihr Gesundheitszustand nicht. Der Duft der Myrten-, Orangen- und Zitronenbäume ist ihr Nahrung genug. »Mein Leben ist hier noch stiller wie in Madeira«, schreibt sie ihrem Schwager Erzherzog Ludwig Viktor. »Am liebsten sitze ich am Strand, auf den großen Steinen, die Hunde legen sich ins Wasser und ich schaue mir den schönen Mondschein im Meer an.«[43]

»Villa Mon Repos«.

Manchmal besucht sie den Mönch Padre Simon in seiner Einsiedelei auf der Insel und genießt die von ihm ausstrahlende Ruhe. Doch mitunter befällt sie auch Sehnsucht nach ihren Kindern, denen sie dann Briefe schreibt. Am 23. August kommt ihre Schwester Helene zu Besuch und Sisi schüttet ihr ihr Herz aus. Am 13. Oktober trifft Franz Joseph bei ihr auf Korfu ein, doch zu einer Aussprache zwischen beiden kommt es nicht und der Kaiser reist kurz darauf wieder nach Wien zurück – allein. Elisabeth begibt sich lieber nach Venedig, wo sie den Winter verbringen will.

Der Aufenthalt in der »Villa Mon Repos« auf der Insel Korfu hat Elisabeth so gutgetan, dass Korfu ihre Lieblingsinsel wird und sie sich dort am liebsten für immer niederlassen würde. Doch erst 28 Jahre später, 1889, verwirklicht sie ihren Traum mit der Errichtung des »Achilleion« auf Korfu, auch wenn dieser Traum dann nur kurze Zeit Bestand haben wird.

RESIDENZEN IN DEN BERGEN

Es waren nicht nur Behausungen am Meer, in die sich Elisabeth immer wieder gerne zurückzieht. Als Kind ist sie von der im Süden des Starnberger Sees aufragenden Alpenkette hellauf begeistert. Diese Liebe überträgt sie auf die Hausberge bei Bad Ischl sowie die Schweizer und die Südtiroler Bergwelt. Hier übt das Hochgebirge in der Region von Meran und Bozen eine starke Anziehungskraft auf sie aus. Besonders beeindruckt ist sie vom Zauber der Dolomiten. Mit der Eröffnung der Brennerbahn 1867 erlebt der Fremdenverkehr in Südtirol einen beachtlichen Aufschwung. Alpenpässe und Alpenstraßen werden zunehmend ausgebaut. Es sind luxuriöse Alpenhotels in eindrucksvoller Lage, in die sie sich mehrfach einquartiert und die sie für einige Zeit zu ihren Wohnresidenzen macht. Oft liegen diese Häuser in beträchtlicher Höhe, wie etwa das 1670 Meter hoch gelegene »Grandhotel Karersee« oder das »Hotel in Madonna di Campiglio« am Brentagebirge in 1550 Metern Höhe. Bisweilen sind es aber auch ganz einfache Berg-, Senn- und Almhütten oder abgeschiedene, bescheiden eingerichtete Jagdhütten, in denen sie während ihrer Bergtouren übernachtet.

SCHLOSS TRAUTTMANSDORFF, SCHLOSS FRAGSBURG, SCHLOSS ROTTENSTEIN UND »HOTEL KAISERHOF« IN MERAN

Liebe auf den ersten Blick

Das im Stil der Romanik renovierte Schloss Trauttmansdorff, Aquarell von Karl Friedrich Harveng, 1870.

Die beeindruckende Bergwelt der Kurstadt Meran in Südtirol und die Umgebung vom Passeiertal bis ins Ultental mit den Ötztaler- und Sarntaler Alpen ist auch für Kaiserin Elisabeth sehens- und erlebenswert, weshalb sie gern in diese Gegend kommt, die sie durch ihre Aufenthalte ganz entscheidend prägt. Zwei von insgesamt fünf Aufenthalten in Meran verbringt sie auf Schloss Trauttmansdorff.

Das erste Mal kommt sie am 17. Oktober 1870 bis zum 5. Juni 1871 nach Meran, um hier den Winter zu verbringen. Sie reist mit der neu in Betrieb genommenen Brennerbahn in Begleitung ihrer 14-jährigen Tochter Gisela und der dreijährigen, kränkelnden Tochter Marie Valerie »in strengstem Inkognito«, aber mit einem Hofstaat von 106 Personen an. Der wird in den nahe gelegenen Ansitzen Rametz, Stadlerhof, Rubein und Pinzenau untergebracht. Erwartet wird sie von ganz Meran, von Tiroler Schützen und von Fähnchen winkenden Schulkindern. Endlich trifft die Wagenkolonne ein, an der Spitze ein einfacher Zweispänner, in dem zwei Frauen sitzen. Sie werden für Hofdamen gehalten und finden keine Beachtung. Erst als von der Auffahrt zum Schlosshof nach Trauttmansdorff die Landeshymne ertönt, wird den Wartenden klar: Die Kaiserin ist längst an ihnen vorbeigefahren, sie saß in der ersten Kutsche.

Wegen der sonnigen und windgeschützten Lage logiert Elisabeth in Schloss Trauttmansdorff, das für sie gemietet und eigens für sie mit wertvollen Kachelöfen, Fresken und kunstvoll verzierten Holzdecken für 23 000 Gulden prunkvoll eingerichtet und renoviert wird. Sogar ein neues Hoftelegrafenamt mit direkter Verbindung nach Wien installiert man. Elisabeth hält sich besonders in jenen wenigen Räumen des Schlosses auf, von denen aus sich ihr eine herrliche Aussicht auf das Etschtal bietet.

Die vier kleinen Zimmer der Kaiserin im zweiten Stock des Südwesttraktes »sind die schönsten im gesamten Schloss. Von ihrem Bett aus blickt Elisabeth auf Fresken aus dem 16. Jahrhundert, die Szenen aus dem Leben Christi darstellen. Nebenan liegt einige Stufen höher ihr Toiletten-

Vier der fünf Ansitze in Meran, in denen Sisis Hofstaat 1871 untergebracht wurde, Xylographie nach einer Originalzeichnung von Franz Kollarz, 1871.

zimmer. Vermutlich steht dort eine mobile Badewanne aus den Beständen des Hofs, denn ein eigenes Bad gibt es auf Trauttmansdorff für die Kaiserin noch nicht.«[44] Auch in der Wiener Hofburg bekommt sie erst 1876 ein eigenes Badezimmer. Während ihres acht Monate währenden Aufenthalts in Schloss Trauttmansdorff lebt sie sehr zurückgezogen. Sie flaniert zwischen den Blumenbeeten im Garten und durch die Laubengänge. Den Fußweg im Flaum-Eichenwald nahe dem Schloss lässt sie mit feinem Kies bestreuen, um hier »fern und ungestört vom Geräusch der Welt spazieren gehen zu können.«[45] Bei einem Schützenfestzug, der anlässlich ihres Namenstages am 18. November 1870 veranstaltet wird, lässt sie sich mit ihrer Tochter Gisela nur kurz blicken. Mehrfach unternimmt sie lange Wanderungen und besucht einige Ortschaften in der Umgebung. Dabei stößt sie auf das uralte Schloss Fragsburg, das ihr so gut gefällt, dass sie dort für ein paar Tage in einem kleinen Kabinett wohnt, das später »Elisabeth-Kämmerlein« genannt wird. Zu ihrem 33. Geburtstag am 24. Dezember kommt Franz Joseph mit Kronprinz Rudolf und beide bleiben über die Weihnachtstage. Gemeinsam besucht man Schloss Schenna, den Wohnsitz der Grafen von Meran. Auch die Karwoche und das Osterfest feiert das Kaiserpaar zusammen mit Elisabeths Schwester Sophie und deren Mann, dem Herzog von Alençon. Franz Joseph, der bemerkt, wie sehr Schloss Trauttmansdorff, das Klima und die Landschaft seiner Frau gefallen, überlegt, dieses Schloss oder ein anderes in der Gegend für sie zu erwerben. Doch der Plan wird aus finanziellen Gründen nicht realisiert. Elisabeths Aufenthalt und die rasche Genesung ihrer kränkelnden Lieblingstochter Marie Valerie machen Meran als Nobelkurort weithin bekannt. Bei ihrer Abreise betont sie, wie sehr sie sich in dieser Region wohlfühlte. Am 5. Juni 1871 kehrt sie nach Wien zurück.

Doch schon am 15. Oktober 1871 kommt sie mit ihrer Tochter Marie Valerie das zweite Mal nach Meran und bleibt bis zum 27. Dezember. Diesmal wohnt sie auf Schloss Rottenstein in Obermais, dem Schloss ihres Schwagers Erzherzog Karl Ludwig, des Bruders Franz Josephs. Dort gefällt es ihr jedoch nicht sonderlich. Schon am nächsten Tag nach der Anreise sucht sie deshalb den Schlosspark von Trauttmansdorff auf, um darin spazierenzugehen. Im selben Jahr wird der kleine Park in Meran-Obermais bereits in »Elisabeth-Anlage« umbenannt. In Begleitung ihrer Vorleserin Ida von Ferenczy und ihrer Hofdame Marie Festetics unternimmt sie wieder Wanderungen in die Berge. Am 27. Dezember 1872 kehrt sie nach Wien zurück und bleibt dort bis zum 21. Januar 1872.

Am 23. Januar 1872 reist sie zum dritten Mal nach Meran und bleibt bis zum 16. Mai. In dieser Zeit lässt sie mit einem Wagen die vier Zentner schwere Riesin Eugenie, die in einer Bude in Meran ausgestellt ist, abholen und zu sich ins Schloss Trauttmansdorff bringen, um sie dort in Ruhe besichtigen zu können.[46] Dies verwundert nicht, da Elisabeth an Menschen mit körperlichen oder geistigen Auffälligkeiten interessiert ist, unter anderem auch an schwarzhäutigen Menschen – so steht der Mohr Rustimo in ihren Diensten –, aber ebenso an geistig Behinderten, weshalb sie mehrfach Irrenanstalten aufsucht.

Den Aufenthalt in Meran unterbricht sie im März für einen Monat, um zur Verlobung ihrer 15-jährigen Tochter Gisela mit Prinz Leopold von Bayern nach Budapest zu fahren. Im April kommt sie zurück, doch bereits am 10. Mai ruft sie die Nachricht von der Erkrankung ihrer Schwiegermutter, der 67-jährigen Erzherzogin Sophie nach Wien zurück. Liebevoll kümmert sie sich um die einstige Widersacherin, die am 28. Mai 1872 stirbt. In Wien heißt es, »die Kaiserin«[47] sei gestorben, obwohl es doch nur Erzherzogin Sophie war. Dies zeigt, dass Elisabeth, mittlerweile schon 34 Jahre alt, in Wien noch immer nicht als Kaiserin akzeptiert wird. Auch dies ist ein Grund, dass sie sich mehr und mehr zurückzieht.

17 Jahre vergehen nun, bevor sich Elisabeth ab dem 16. Oktober 1889 zum vierten Mal in Begleitung ihrer Tochter Marie Valerie und ihres Leibarztes Dr. Widerhofer in Meran aufhält, doch nunmehr nicht als strahlende Kaiserin, sondern als eine vom Schicksal gezeichnete Mutter. Der Selbstmord ihres Sohnes, des Kronprinzen Rudolf, vor acht Monaten führt zu schweren Depressionen und treibt sie in die Einsamkeit. Ihrer Bitte, sie nicht zu beachten und sie mit ihrem Schmerz allein zu lassen, wird entsprochen. Die Kaiserin bewohnt dieselben Räumlichkeiten auf Schloss Trauttmansdorff wie bei den früheren Aufenthalten. Stundenlang spaziert sie einsam durch die Weinberge von Algund und Obermais, unternimmt in Begleitung des Bergführers Josef Buchsteiner Bergtouren, so etwa zu dem 1250 Meter hoch gelegenen Kirchlein St. Kathrein in der Scharte bei Hafling. Allen offiziellen Anlässen weicht sie jedoch aus. Die Leute machen einen Bogen um sie, auch die Kinder. Manche laufen vor der »schwarzen Frau« heulend davon. Schon nach knapp zwei Wochen muss sie am 29. Oktober 1889 wegen eines Unwetters mit Überschwemmung, von dem auch Schloss Trauttmansdorff bedroht ist, abreisen. Sie verbringt eine Nacht in ihrem Hofsalonwagen auf dem Bahnhof und begibt sich dann nach Korfu.

Das fünfte und letzte Mal verweilt die Kaiserin vom 14. bis zum 28. September 1897 zu einer Traubenkur in Meran und bezieht dieses Mal ein Appartement im »Hotel Kaiserhof«, dem späteren »Hotel Excelsior«. Ihre Stimmung ist sehr gedrückt. Am 28. September, ein Jahr vor ihrem Tod am 10. September 1898, reist sie wieder ab.

Heute steht an der Sommerpromenade eine »Sissi«-Statue und der sogenannte Sissi-Weg verbindet Schloss Trauttmansdorff mit der Meraner Altstadt.

Kaiserin Elisabeth (Zweite von links) in Wanderkleidung mit Hut und Stock auf einer Bergtour mit Gefolge, Meran, 1872.

Erzherzogin Marie Valerie von Österreich, mit dem Saurüden ihrer Mutter Elisabeth, im Alter ihrer zweiten Reise nach Meran, Fotografie von Ludwig Angerer, Wien, um 1871.

»HÔTEL BAUR AU LAC«, »HOTEL BELLEVUE« UND »HOTEL JUNGFRAUBLICK«

Elisabeths Schweizerreise

29 Jahre alt ist Elisabeth, als sie vom 24. Januar bis 8. Februar 1867 inkognito als »Gräfin Hohenems« erstmals das Züricher Nobelhotel »Baur au Lac« zwischen Schanzengraben und Bahnhofstraße auf kurze Zeit zu ihrer Residenz macht. Das Hotel wird trotz der Wintersaison extra für sie geöffnet. Hier gehen ihr viele Gedanken durch den Kopf. Am 22. Januar hat sich ihre Schwester Sophie mit König Ludwig II., Elisabeths Lieblingsvetter, verlobt. Auch in Ungarn ist viel passiert, wo eben der von ihr in die Wege geleitete »Ausgleich« vor dem Abschluss steht, was sie kaum noch erwarten kann. Zum Dritten besucht sie ihre Schwester Mathilde, die Gräfin Trani, die sich mit ihrem Mann im »Venedigli«, einer Dependance des Hotels »Baur au Lac«, eingemietet und dort am 15. Januar 1867 einer Tochter das Leben geschenkt hat. »Die Kleine ist mir am liebsten, wenn ich sie nicht sehe und höre, denn wie Du weißt, weiß ich kleine Kinder nicht zu schätzen«[48], schreibt sie ihrer Mutter Ludovika und ihrem neunjährigen Sohn Rudolf gesteht sie: »Im großen ganzen ist das Wickelkind nicht so abscheulich, wie solche Kinder zu sein pflegen, nur von der Nähe riecht es nicht sehr gut.«[49] Außerdem verrät sie Rudolf auch noch folgendes: »Mit einem zwölfjährigen, kranken, sehr schönem Mädchen, das prachtvolles Haar besitzt, sind wir bekannt geworden. Wir reden mit ihr, öfters sogar küßte ich sie auch!! Du kannst Dir vorstellen, wie schön und lieb sie sein muß.«[50] In Zürich gefällt es Elisabeth gut. Nur eines macht sie nervös, dass ihr auf den Spaziergängen immer Schulknaben scharenweise nachlaufen.

Nach ihrer Rückkehr aus Zürich erfährt sie am 18. Februar, dass in Ungarn das selbstständige Ministerium eingerichtet wird, zu dessen Chef Gyula Graf Andrássy berufen wird. Er leistet in Wien Franz Joseph, von dem er einst zum Tode verurteilt wurde, jetzt den Treueeid als ungarischer Ministerpräsident und Elisabeth weiß, dass die Aussöhnung mit Ungarn großenteils ihr Verdienst ist. Mit Freude vernimmt sie die Nachricht, dass sie zur Königin von Ungarn und ihr Mann zum ungarischen König gekrönt werden sollen.

Ein zweites Mal logiert sie vom 31. August bis zum 6. September 1892 im »Hôtel Baur au Lac« am Zürichsee und besucht anschließend Luzern, wo sie am 6. September neuneinhalb Stunden lang durch die Straßen der Stadt wandert. Tags darauf geht es weiter nach Rigi-Kaltbad, wo sie sich unter dem Pseudonym »Madame de Tolna« im »Hotel Bellevue« mit elf Personen einmietet. Dort befindet sich der Rigi, ein Bergmassiv zwischen dem Vierwaldstättersee, dem Zuger- und Lauerzersee. Höchster Gipfel ist der 1797 Meter hohe Rigi Kulm, der wohl bekannteste Aussichtsberg der Schweiz, der einen herrlichen Blick über die Berner Alpen und die anderen Berggruppen bietet.

Die nächste Station ist Interlaken, zwischen dem Brienzer- und Thunersee gelegen, wo Elisabeth vom 14. bis zum 23. September 1892 im »Hotel Jungfraublick« absteigt. Die Promenade auf dem Höhenweg bietet eine herrliche Aussicht auf den 4158 Meter hohen Gipfel des Jungfrau-Gletschers. Auf dem Rückweg von Interlaken kommt sie nach Bern, wo sie sich zu Fuß zum Palast des Bundesrats begibt. Außerdem besucht sie die Plattform, eine dem Berner Münster vorgelagerte rechteckige Terrasse, dann das Schanzli und den Bärengraben, in dem sie das Wappentier Berns, einen lebendigen Bären zu Gesicht bekommt. Ende September beendet die Kaiserin die einmonatige Schweizerreise und fährt nach Gödöllő. Ein letztes Mal kommt sie – diesmal aber nur, um ein Frühstück zu sich zu nehmen – im September 1895 ins »Hôtel Baur au Lac«.

»Für Elisabeth war die Schweiz der Staat der Zukunft. Sie investierte in der Schweiz nicht nur Teile ihres Privatvermögens, sondern sie wollte dort auch ihren literarischen Nachlass verwaltet wissen.«[51] Umso tragischer ist es, dass sie ausgerechnet in der Schweiz in Genf von einem Anarchisten ermordet wird.

»Hôtel Baur au Lac«, Zürich.

»Hotel Bellevue« in Rigi-Kaltbad, 1931.

»HOTEL AM MENDLPASS«, »HOTEL MADONNA DI CAMPIGLIO« UND »GRANDHOTEL KARERSEE«

Sommer in Südtirol

Angezogen von der Wunderwelt der Dolomiten reist Elisabeth zu Sommeraufenthalten mehrfach auch nach Südtirol. Dabei logiert sie abwechselnd in einigen luxuriösen Alpenhotels wie etwa dem »Hotel am Mendlpaß«. Bei ihren Spaziergängen dort genießt sie die gesunde Luft und die Ruhe auf dem 1363 Meter hoch gelegenen Pass sowie den Blick auf die umliegenden Gipfel, wie zum Beispiel den Roen, den Gantkofel, den Penegal sowie den Panoramablick über die Dolomiten, die Stadt Bozen und das Etschtal.

Im hochgelegenen »Hotel Madonna di Campiglio« am Brentagebirge hält sie sich im September 1889 zusammen mit ihrer Tochter Marie Valerie für eine Woche und im Juni und Juli 1894 für nahezu sechs Wochen auf. Da schönes Wetter herrscht, unternehmen die beiden täglich Ausflüge, unter anderem bis zum Grostèpass. Die 2557 Meter hoch gelegene Grostè-Spitze darf mit Erlaubnis der Kaiserin »Erzherzogin Marie-Valerie-Spitze« getauft werden.

Vom 10. August bis zum 14. September 1897 logiert Elisabeth inkognito im »Grandhotel Karersee« am Karerpass, einem der damals modernsten Hotels mit 150 Zimmern, das auf 1670 Metern Höhe in der Nähe des Karersees liegt und grandiose Blicke auf die umgebende Bergwelt der Dolomiten ermöglicht. Da das Wetter schön ist, unternimmt sie natürlich in gewohntem Tempo auch regelmäßig Wanderungen in die Berge und bis zu zehnstündige Bergtouren in Begleitung des Bergführers und Südtiroler Originals Georg Huck, der ihr sehr sympathisch ist. Am 18. August findet zum 67. Geburtstag Franz Josephs ein Festgottesdienst in der Kapelle St. Josef am Karersee statt, an dem Elisabeth teilnimmt. Außerdem wird der Kaiser auch mit einem prunkvollen Feuerwerk geehrt. Besonders fasziniert ist sie vom Sonnenaufgang an der Roten Wand des Rosengartens, wie Irma Gräfin Sztáray in ihren Erinnerungen notiert: »Es ist mir nicht möglich, die Wirkung zu schildern, die es auf die Seele der Kaiserin übte, wenn ihre Blicke an der ›Roten Wand‹ des Rosengartens hingen, während der Dolomit allmählich sich mit Rosenröte überzog und dann, wie von einem inneren Feuer erwärmt, zu glühen begann. Wenn die Stunde dieses Schauspieles nahte, begab sie sich auf den Hügel hinter dem Hotel, wo sie wie festgewurzelt, in stummer Bewunderung dieses herrlichen Naturschauspieles verweilte, bis es langsam verblaßt war. Die Zeit am Karersee verflog und umso verfrühter erschien uns dies, als damit Ende August auch der Sommer Abschied nahm. Die empfindliche Konstitution Ihrer Majestät empfand auch nur zu bald die jähe Abkühlung und wir mußten den schönen Ort verlassen. Ein teueres Andenken an den Karersee ist unter meinen Reliquien. Ein Sträußchen Alpenblumen, die mich an die schönen Tage in der Nähe der Dolomiten erinnern. Die Kaiserin hat sie für mich gepflückt, auf Spaziergängen, wo ich sie nicht begleitete. Die Blumen sagten mir, daß sie meiner auch gedachte, wenn sie nicht mit mir war. Von ihnen erfuhr ich es, daß ich ein Plätzchen in ihrem Herzen hatte.«[52]

»Hotel Madonna di Campiglio«.

»Grandhotel Karersee«.

»GRAND HOTEL IMPERIAL«

Wanderungen in Levico Terme bei Trient

Elisabeth liebt das Bergwandern südlich von Meran, wo das Dolomitendörfchen Madonna di Campiglio liegt. Wenige Kilometer von Trient entfernt befindet sich die Thermal- und Gartenstadt Levico Terme, eingebettet in der eindrucksvollen Atmosphäre eines 150000 Quadratmeter großen Parks. Elisabeth hält sich hier im schlossähnlichen »Grand Hotel Imperial« auf, das der kaiserlichen Familie als Sommerresidenz zur Verfügung steht. Levico Therme (zu Deutsch »Löweneck«) wird schon bald wegen seines arsen- und eisenhaltigen Heilwassers zu einem bekannten Kurort.

Überhaupt bekommt der Kaiserin und ihrer kränkelnden Tochter Marie Valerie das milde Klima Südtirols sehr gut. Mehrfach hält sie sich deshalb in den Wintermonaten in dieser Gegend auf, so etwa 1870, 1876, 1887, 1889 und 1892. Sie unternimmt ausgedehnte Spaziergänge und genießt die belebende Bergluft.

»HOTEL KAISERIN ELISABETH«

Besuch in Zell am See im Salzburger Land

Nach ihrem Sommeraufenthalt in Feldafing kommt Elisabeth am 7. August 1885 um 8 Uhr abends mit dem Separathofzug in Zell am See an. Quartier nimmt sie im damaligen »Hotel Kaiserin Elisabeth«, das heute nicht mehr besteht. Das Angebot, sie mit dem Schmitten-Wagerl, einem Pferdegespann, über einen Reitweg auf die Schmittenhöhe am östlichen Rand der Kitzbühler Alpen zu bringen, lehnt sie ab. Die Schmittenhöhebahn ist damals noch nicht gebaut. Da sie aber am Morgen auf der Schmittenhöhe den traumhaften Sonnenaufgang erleben will, wandert sie am 9. August um 1 Uhr nachts in Begleitung des Bergführers Anton Ulmann aus Zell am See auf die 1965 Meter hohe Schmittenhöhe. Der Aufstieg über den mäßig steil angelegten Reitweg dauert üblicherweise etwa drei Stunden. Elisabeth schafft ihn jedoch in nur zwei Stunden und 16 Minuten und genießt dort den herrlichen Ausblick. Um auch noch den Rundblick auf die Bergwelt und auf die Stadt zu erleben, unternimmt sie auf dem Zeller See eine Fahrt mit dem Dampfboot »Stephanie«.

Schon am 9. August verlässt sie Zell am See wieder und begibt sich nach Bad Ischl, wo sie ihre langen Spaziergänge in Begleitung ihrer Tochter Marie Valerie wieder aufnimmt. Unter anderem wandert sie auf ihren geliebten »Zauberberg Jainzen«, auf dem sie so gerne meditiert und dichtet und wo sie inzwischen an einer verborgenen Stelle eine kleine Marien-Kapelle für Marie Valerie errichten ließ.

Vom 1. bis 3. September 1888 kommt sie mit ihrer Tochter zum zweiten Mal nach Zell am See und logiert wieder im »Hotel Kaiserin Elisabeth«. Der etwa 2 Kilometer lange »Sisi Rundwanderweg« um den Gipfel der Schmitten, den heute Bergwan-

»Hotel Kaiserin Elisabeth« in Zell am See, um 1900.

derer begehen können, gab es zu Elisabeths Zeit zwar noch nicht, doch erinnert er an ihre beiden Aufenthalte in Zell am See. Zum Gedenken an sie wurde 1904/05 auf der Schmittenhöhe, einen Steinwurf von der Aussichtsterrasse entfernt, außerdem ein kleines Kirchlein errichtet. Diese »Elisabeth-Kapelle« bildet seither auch den Ausgangspunkt für den »Sisi-Rundweg«.

»GRANDHÔTEL DES ALPES« UND »GRANDHÔTEL DE CAUX«

Ausflüge in Territet und Caux

Besonders reizvoll findet Elisabeth das Ostufer des Genfer Sees mit den Gemeinden Territet, Montreux und Clarens, die heute längst zur Großgemeinde Montreux vereint sind. Fünfmal ist sie im Zeitraum von 1893 bis 1898 in Territet an den Gestaden des Genfer Sees zu Besuch. Mit ihrem zahlreichen Gefolge logiert sie in den Luxushotels von Territet und Caux.

Im Februar 1893 kommt sie unter dem Namen »Gräfin von Hohenems« in Begleitung von acht Bediensteten und 42 Koffern in diese Gegend und nimmt Quartier im »Grandhôtel des Alpes« in der Avenue de Chillon in Territet. Dort mietet sie gleich den ganzen ersten Stock, obwohl sie selbst nur zwei Zimmer bewohnt. Ihrem Mann, der am 28. Februar nachreist, stehen drei Zimmer zur Verfügung. Er bleibt bis zum 19. März. Zwischen beiden kommt es, wie es heißt, zu einem harmonischen Beisammensein.

Lieber als auf der übervölkerten Seepromenade hält sich Elisabeth in der Stille der Berge auf. Sie unternimmt mit ihrem Gemahl Spaziergänge, wandert bis nach Montfleury hinauf und sucht gerne einen einsam gelegenen Platz auf, von dem aus sich ein schöner Blick auf die Schlucht von Veutaux, auf den Genfer See und die Berge bietet. Bisweilen vergnügt sie sich bei Bootsfahren auf dem See oder bei Ausflügen zu Sehenswürdigkeiten der Umgebung. So besucht sie das nahe gelegene Schloss Chillon, eine Wasserburg fünf Kilometer südöstlich von Montreux, und das für seine historischen Villen bekannte Stadtviertel Clarens, da beide Orte mit dem von ihr verehrten Dichter Lord Byron verbunden sind. Bei den etwas extremeren Bergtouren begleitet sie ein Forsthüter, der sie »Gräfin von Montreux« nennen muss.

Ein weiteres Mal hält sie sich 1895 für einige Tage in dieser idyllischen Gegend auf und logiert wieder im »Grandhôtel des Alpes«. Zum ersten Mal fährt sie mit der Zahnradbahn auf den 2040 Meter hohen Rochers de Naye.

1897 kommt sie – ein Jahr vor ihrem Tod – zum dritten Mal zur Erholung nach Territet, wo sie Besuch von ihrem Neffen, Erzherzog Franz Ferdinand, erhält. Eines Tages laufen ihr zwei Kinder über den Weg: Fürst Alfons Clary-Aldringen und seine Schwester, die mit ihren Eltern damals im selben Hotel wie Elisabeth logieren. »Und siehe da, weil kein Erwachsener

»Grandôtel des Alpes« in Territet, um 1900.

Eine der letzten Fotografien von Kaiserin Elisabeth von Österreich (links) zusammen mit Hofdame Irma Gräfin Sztáray in Territet, Avenue de Chillon 82, vermutlich im März / April 1898.

»Grandhôtel de Caux«, oberhalb von Montreux, mit dem Rochers de Naye im Hintergrund, um 1895.

in der Nähe war, öffnete die Kaiserin diesmal nicht ihren , Fächer [um sich dahinter zu verstecken]! Meine Schwester machte einen Knicks und ich meinen schönsten Bückling; sie lächelte uns freundlich zu, aber ich war wie aus den Wolken gefallen, denn ich sah ein mir uralt vorkommendes Gesicht voller Runzeln.« Als die Kinder ihrer Großmutter von der Begegnung erzählen, sagt sie in feierlichem Ton: »Kinder, vergeßt nie diesen Tag, an dem ihr die schönste Frau der Welt gesehen habt!« – »Aber Großmama, ihr Gesicht ist ja voller Runzeln!«[53], entgegnet der kleine Alfons. Da schaut ihn die Großmama böse an und gibt ihm eine saftige Ohrfeige, da es für sie unvorstellbar ist, dass die Kaiserin ihre Schönheit eingebüßt hat.

Im März 1898 ist Elisabeth zum vierten Mal für zwei Wochen in Territet und obwohl es draußen kalt ist und schneit, lässt sie sich trotz Warnungen ihres griechischen Vorlesers Barker, der befürchtet, dass sie sich gesundheitliche Schäden zuzieht, nicht von Bergwanderungen und Ausflügen nach Caux abhalten. Wegen des schlechten Wetters reist sie dann jedoch am 18. April zur Kur nach Kissingen und einer Nachkur nach Bad Nauheim.

Am 30. August 1898 erscheint sie zum letzten Mal in Territet. Diesmal logiert sie im 1893 neu eröffneten, 1050 Meter hoch über dem See gelegenen »Grandhôtel de Caux«. Von dort ist sie mit ein paar Schritten mitten in den Bergen. In einem nahe gelegenen Bauernhof erhält sie frisch gemolkene Milch und legefrische Eier. Sie unternimmt Ausflüge, unter anderem nach Aix-les-Bains. Der Anblick des 3000 Meter hohen Dent du midi erinnert sie an den Dachstein. Mit der Zahnradbahn fährt sie am 3. September auf den 2042 Meter hohen Rochers de Naye. Am 5. September unternimmt sie einen Ausflug nach Évian-les-bains am Südufer des Genfer Sees. Zurück nach Territet geht es mit der Bahn. Auch Genf will sie besuchen, obwohl ihr der Obersthofmeister Graf Albert von Berzeviczy wegen des aufrührerischen Gesindels, das sich dort herumtreibt, dringend davon abrät. Doch Elisabeth findet seine Befürchtungen lächerlich und beschließt, Genf zu besuchen. Sie beauftragt ihre Hofdame Irma von Sztáray, im »Hôtel Beau-Rivage« in Genf Logis für drei Damen und einen Lakaien zu buchen. Doch für 9. September steht erst noch ein Besuch in Pregny auf ihrem Plan, bei Julie de Rothschild, von der sie schon des Öfteren eingeladen wurde und die sie deshalb nicht länger hinhalten will.

BERG-, SENN- UND JAGDHÜTTEN

Einfache Unterkünfte

Elisabeth hält sich in den Alpen nicht nur in luxuriösen Grandhotels auf, sondern wählt während ihrer oft zehnstündigen Bergtouren auch höchst einfache Unterkünfte. Dazu gehören schlichte Berg-, Senn- und Almhütten und abgeschiedene, bescheiden eingerichtete Jagdhütten. Solche Quartiere, in denen sie mehrfach nur auf Heu nächtigt, würdigt sie in etlichen ihrer Gedichte, Briefe und Tagebucheintragungen. Sie übernachtet etwa in der 1240 Meter hoch gelegenen Hütteneckalm bei Goisern, in der sich auf 1504 Meter hoch befindenden Loserhütte bei Bad Aussee sowie in der Almhütte auf dem 2476 Meter hohen Gamskarkogel. Aufenthalte gibt es auch in der Zwieselalmhütte in der Region Dachstein-West oder in der östlich des Traunsees gelegenen Karbach-Alm, in der sie vor den Bissen von »vermaledeiten Flöhen«[54] die Flucht ergreift. Auch auf dem von ihr besonders geschätzten 830 Meter hohen Berg Jainzen bei Bad Ischl steht eine Hütte, in der ein Bild des von ihr verehrten Helden Achill hängt, außerdem eine Fotografie von Heine und Ansichten von Hafenstädten. Von der Decke baumelt eine ausgestopfte Möwe herunter, die sie an das Meer erinnert. Immer wieder hält sich Elisabeth auch in kaiserlichen Jagdhäusern auf, so am Offensee und am Vorderen Langbathsee. Bei einer viertägigen Überquerung des Toten Gebirges im Ischler Land übernachtet sie im 1637 Meter hoch gelegenen Jagdhaus Elmgrub. Auch diesbezüglich besteht eine Ähnlichkeit mit ihrem Cousin Ludwig II., der die Ge-

Kaiserliches Jagdschloss Mürzsteg, Holzstich, 1883.

birgs- und Jagdhütten seines Vaters mehr schätzt als seine selbsterbauten prunkvollen Schlösser. Er bezeichnet die Jagdhütten als seine »heimlichen Residenzen« und besucht jährlich Monat für Monat eine nach der anderen.

Das kleine Jagdschloss Mürzsteg in der Steiermark hat sich Franz Joseph 1869 inmitten seines kaiserlichen Jagdgebiets am Lanauberg bei Neuberg an der Mürz im Schweizer Stil errichten lassen und aus seinem Privatvermögen finanziert. Das schlichte einstöckige Jagdschloss ist nicht für Repräsentationen, sondern nur für die Jagdgesellschaften gedacht, die im Frühjahr und Herbst zu den Hofjagden dorthin eingeladen werden. Im ersten Stock befinden sich der Salon des Kaisers, sein Arbeitszimmer, sein Schlafzimmer sowie einige Gästezimmer. Auch Elisabeth hält sich hier mehrfach auf, so am 5. Oktober 1870 zur Erstbesichtigung des neu errichteten Jagdhauses. Sie nimmt jedoch nicht an den Jagden teil, sondern nutzt das Quartier für Ausritte und Bergwanderungen. Sie nächtigt in einem einfachen Bett aus Fichtenholz und Nussbaum. Hier fühlt sie sich wohler als in Ischl. »Den ganzen Sommer mit Deiner Mama zuzubringen, wirst Du auch einsehen, daß ich lieber vermeiden möchte«[55], teilt sie einmal Franz Joseph mit. 1883 wird für sie vom Kuhhörndl zum Hocheck ein Reitsteg angelegt, auf dem sie am 26. August 1883 fast in die Schlucht stürzt, als ihr Pferd durch den Steg bricht. Zum Glück verhindern Holzleute das Unglück.

Hinsichtlich der Liebe zu den Bergen stimmt Elisabeth mit der Ansicht ihrs Cousins Ludwig II. überein, die er in Briefen an seine Erzieherin Sibylle von Leonrod zum Ausdruck bringt: »Nichts ist stärkender für Geist und Körper als viel in Gottes freier Natur sich zu bewegen; dort oben auf freier Bergeshöhe ist die Seele dem Schöpfer näher, schöner und erhabener ist es da als im Qualm der Städte, wo die wahren Freuden ihren Sitz wahrlich nicht haben.«[56] »[…] dort, im Anschauen jener großartigen Naturschönheiten wird dem Menschen die Heiligkeit, die ehrfurchterweckende Erhabenheit der Schöpfung klar, seine Seele fühlt sich dem Unendlichen näher, wird zur tiefsten Anbetung gestimmt, zum Lobpreisen des allmächtigen Geistes, der uns geschaffen …«[57]

Das funktional bis spartanisch eingerichtete Schlaf- und Speisezimmer im kaiserlichen Jagdschloss Mürzsteg, um 1910.

KAISERLICHE JACHTEN UND ANDERE SCHIFFE

Für ihre zahlreichen Reisen verwendet Elisabeth im Wesentlichen die Eisenbahn und Schiffe. Mehrfach fährt sie mit »Courierzügen« inkognito als »Gräfin Hohenems« in ihre bayerische Heimat oder zur Kur nach Bad Kissingen. Obwohl 1873/74 für sie ein eigener Salonzug mit einem komfortablen Hofsalonwagen und einem Schlafwagen hergestellt wird, fährt sie höchst ungern mit der Bahn. »Die Kaiserin liebte Eisenbahnfahrten überhaupt nicht«, erinnert sich Gräfin Sztáray, »weil sie der Bewegung und der reinen frischen Luft entbehren mußte. Sie schritt im Gange des Schlafwagens auf und nieder und blickte, unbekümmert um die Reisenden, durch die Fenster auf die vorüberziehenden, abwechslungsreichen Bilder.«[58]

Die Freiheit auf den Schiffen zieht sie den beengenden Räumlichkeiten im Zug vor. Am liebsten hält sie sich bei Meerfahrten am Schiffsdeck auf. Das Meer stellt für sie das absolut reine Element dar. An seiner endlosen Weite kann sie sich nicht sattsehen. Das Leben an Bord eines Schiffes ist für sie das wahre Leben. Und demzufolge empfindet sie Schiffe und Jachten auch als ihre wahren Schlösser, gleichsam als fahrbare Wohnungen, die sie von einem Ort zum anderen transportieren. Auf Schiffen

Rekonstruktion des Hofsalonwagens von Kaiserin Elisabeth nach dem Original im Technischen Museum Wien.

hat sie keine Wünsche und keine Zeitempfindung. Das Wasser übt auf sie eine unwiderstehliche Anziehungskraft aus. War es in der Kindheit der Starnberger See, der sie in ihren Bann zog, so sind es später die Weltmeere. Ihrem Vorleser Constantin Christomanos versichert sie: »Das Leben auf dem Schiffe ist viel schöner als jedes Ufer. Die Reiseziele sind nur deswegen begehrenswert, weil die Reise dazwischen liegt. Wenn ich irgendwo angekommen wäre und wüßte, daß ich nie mehr mich davon entfernen könnte, würde mir der Aufenthalt selbst in einem Paradies zur Hölle. Der Gedanke, einen Ort bald verlassen zu müssen, rührt mich und läßt mich ihn lieben.«[59]

An Bord benötigt Elisabeth nicht den Pomp und Prunk, der in ihren Schlössern herrscht, obwohl auch die kaiserlichen Jachten durchaus elegant ausgestattet sind. »Ihre Räume im Rumpf des Schiffes haben den Charakter einer Seemannswohnung; sie sind einfach und praktisch eingerichtet.«[60] Besonders schätzt sie es, dass sie hier auch ein Badezimmer hat. Ein Boot holt das Wasser in Fässern direkt aus dem Meer. Sonnenzelte auf dem Achterdeck bieten Schutz vor der Hitze. Ein runder Glaspavillon auf dem Deck mit Rundumsicht bietet ihr die Möglichkeit, bei jedem Wetter, auch bei stürmischer See, das Meer beobachten zu können. Hier lässt sie sich jeden Morgen auch ihre Frisur richten. Während sie sich selbst bei hohem Wellengang möglichst lange an Deck aufhält, um das grandiose Naturschauspiel genießen zu können, ziehen sich ihre Begleiter ängstlich und oft von Seekrankheit gepeinigt in ihre Kajüten zurück, darunter auch ihr Vorleser Christomanos, der berichtet: »Ihre Hauptdomäne ist aber, wie sie mir sagte, das Hinterdeck und die eine Kommandobrücke, welche sie durch Segeltücher derart abschließen lässt, daß vom Schiffe gar nichts und nur das Meer sichtbar bleibt.«[61] Auf Staatsbesuche oder offizielle Diners auf ihren Schiffen legt die Kaiserin absolut keinen Wert. An kaum einem Ort hält sie sich länger als vier Wochen auf. Wenn es nach ihr geht, müssten die Schiffe überhaupt nie anlegen.

Für ihre Seefahrten stehen ihr mehrere Jachtdampfschiffe zur Verfügung. Als erstes Schiff lernt Sisi die kaiserliche Jacht »Adler« kennen. Außerdem wird ihr von der englischen Königin Victoria einmal deren Jacht »Victoria and Albert« zur Verfügung gestellt. Gelegentlich sticht sie auch mit dem Segelkutter »Chazalie« in See. Vor allem sind es jedoch die Jachtdampfschiffe »Miramar«, die »Greif« und die »Fantasie«, die von ihr genutzt werden, wobei es sich eigentlich um Staatsschiffe der k. und k. Kriegsmarine handelt. Das letzte Schiff, das sie betritt, ist der Salonraddampfer »Genève« auf dem Genfer See.

DIE »ADLER«

Auf Grund gesetzt

Schiffe lernt Sisi als junge Braut schon bei ihrer Anreise zur Hochzeit kennen. Von München aus geht es am 20. April 1854 im sechsspännigen Reisewagen über Landshut nach Straubing an der Donau. Dort besteigt sie den kleinen Raddampfer »Stadt Regensburg«, der sie bis nach Passau zur bayerischen Grenze bringt. Von dort geht es mit dem größeren Raddampfer »Kaiser Franz Josef« weiter nach Linz, wo sie am 21. April eintrifft. Am Nachmittag des 22. Aprils legt das Schiff in Nußdorf an, dem Hafen am Rand von Wien. Eine Prachtkutsche bringt sie zum Schloss Schönbrunn. Von dort fährt sie am 23. April in die Wiener Hofburg. Tags darauf findet am 24. April gegen 19 Uhr die Hochzeit in der Augustinerkirche statt und anschließend der triumphale Einzug in die Hofburg.

Den Sommer verbringt das jung verheiratete Kaiserpaar in Bad Ischl. Die Rückreise nach Wien erfolgt trotz verschiedener Bedenken wegen des niedrigen Wasserstandes auf der kaiserlichen Jacht »Adler«. Am Morgen des 20. Septembers 1854 gehen Kaiser Franz Joseph, mit seiner 16-jährigen Gemahlin und dem Hofstaat, erstmals an Bord dieser neuen Donaujacht. Der Wasserstand hat sich etwas gehoben und das Wetter ist schön. Der Kaiser observiert sein Schiff und lässt sich alles genau erklären. Bis Grein verläuft die Fahrt ohne Zwischenfälle. Nachdem das Schiff die Strudenstrecke passiert hat, gibt es plötzlich einen heftigen Stoß, den alle Passagiere bemerken. Wie sich herausstellt, hat das Schiff am Hausstein den Grund berührt. Bei der sofort eingeleiteten Untersuchung wird festgestellt, dass in den hinteren Teil des Schiffes Wasser eindringt. Man beschließt, die »Adler« auf der Sandbank beim »Seiler im Sand« gegenüber von St. Nikola auf Grund zu setzen, auch wenn keine Gefahr besteht, dass das Schiff untergeht. Es ist nämlich in acht wasserdichte Bereiche unterteilt. Lediglich für den hinteren Salon besteht Gefahr, dass dieser mit Wasser vollläuft. Dennoch werden die Hoheiten gebeten, auf das Reserveschiff umzusteigen, das vorsorglich mitgeführt wird und mit dem die Fahrt dann fortgesetzt werden kann.

Sisi macht dieses Erlebnis keine Angst. In späteren Jahren wird sie auf dem Meer ganz andere Gefahren erleben, genauer gesagt genießen.

DIE »VICTORIA AND ALBERT«

Die königlich-britische Jacht

Mit der königlich-britischen Motorjacht »Victoria and Albert« reist Elisabeth 1860 für knapp sechs Monate auf die Blumeninsel Madeira. Das Schiff, das 1843 vom Stapel lief, wird ihr freundlicherweise von der englischen Königin, Queen Victoria, zur Verfügung gestellt, da gerade kein Schiff der österreichischen Marine greifbar ist. Die Dienerschaft reist auf der englischen Jacht »Osborn«. Elisabeth ist froh, der ungeliebten Schwiegermutter zu entkommen und ihre angegriffene Gesundheit kurieren zu können. Die Überfahrt gestaltet sich recht stürmisch. Während ihre Begleitung seekrank wird, bereitet ihr, die ja eigentlich krank ist, der hohe Wellengang keinerlei Probleme. Alle verweigern die Nahrungsaufnahme, doch ihr mundet das Essen.

Nach dem Aufenthalt in Madeira, der ihr gut bekommt, geht es am 28. April 1861 mit der bequemen englischen Jacht über Cadiz, Sevilla, Gibraltar, Mallorca und Malta weiter nach Korfu, wo sie im Mai eintrifft. Sie unternimmt ausgedehnte Spaziergänge und lernt Land und Leute kennen. Die üppige Vegetation, die Blütenpracht dieser grünen Insel im Mittelmeer wirken positiv auf ihre angeschlagene Stimmung. Aus der anfänglichen Begeisterung für die Insel entwickelt sich schon bald eine tiefe Liebe, die den Rest ihres Lebens anhält, sodass der Wunsch, sich hier anzusiedeln, immer größer wird. Die Jacht »Victoria and Albert«, weckt in ihr den Wunsch, baldmöglichst selbst über Schiffe zu verfügen, um diese jederzeit für ihre Meerfahrten nutzen zu können.

Die Jacht »Victoria and Albert II«, Lithografie von William Frederick Mitchell, um 1881.

Die kaiserlichen Jachten »Miramar« und »Fantasie« und der Dampfer »Gargnano« in Küstengewässern, Aquarell von Anton Perko, 1875.

DIE »MIRAMAR«

Sisis Lieblingsjacht

Die Raddampfjacht »Miramar« war das berühmteste Schiff unter den kaiserlichen Jachten. 1872 läuft sie in England vom Stapel. Angetrieben wird das 82,5 Meter lange und 10 Meter breite Schiff von einer 2900 PS starken Maschine. An Bord befinden sich 14 Offiziere und eine 144-köpfige Besatzung. Das Deck der »Miramar« wird für die Kaiserin zur zweiten Heimat.

Am 13. September 1874 reist Elisabeth auf der »Miramar« von Korfu nach Miramare und 1876 erneut nach Korfu und Piräus. Einer der vielen Ticks der Kaiserin besteht darin, dass für sie ständig Frischmilch griffbereit sein muss. An Bord der »Miramar« befinden sich deshalb Ziegen und Kühe. Die Versorgung dieser wenig seefesten Tiere bedeutet für die Crew eine enorme Herausforderung. Wenn die Kaiserin an Bord baden möchte, müssen die Maschinen stoppen, damit das Wasser nicht aus der Wanne schwappt.

Vom 5. bis zum 30. Oktober 1885 unternimmt Elisabeth als »Gräfin von Hohenems« auf der »Miramar« eine fast einmonatige Orientreise, vielleicht in Erinnerung an ihren Vater Herzog Max, der schon 1838, kurz nach Sisis Geburt, eine ausgedehnte Orientreise unternommen hatte. Seine Fahrt dauerte fast ein Jahr und Max verfasste darüber höchstpersönlich das Buch »Wanderungen nach dem Orient 1838«. Auch über Elisabeths Orientreise gibt es eine 172 Seiten umfangreiche Niederschrift, aber nicht von ihr verfasst, sondern von August von Almstein, dem Kapitän der »Miramar«. Die Schrift erscheint 1887 unter dem Titel »Ein flüchtiger Zug nach dem Orient«.[62] Zumindest der erste Teil der Reiseroute der Kaiserin ist nahezu identisch mit der ihres Vaters. Wie er startet auch sie in Triest bei schönem Wetter. Über die Insel Lacroma, der sie einen Besuch abstattet, und vorbei an der Insel Lissa erreicht das Schiff Korfu, wo die Kaiserin das königliche Schloss von Castrades besichtigt und

»Marine Solitude«,
Gemälde von Anton Melbye, 1852.

Salons der Jacht »Miramar«, 1887.

am Eingang zur Lagune Chalikiopoulou die sogenannte Ulysses-Insel besucht, die wegen ihrer Kleinheit von nur etwa 100 mal 100 Metern auch »Mäuseinsel« heißt und auf der eine kleine Kirche steht. Der Sage nach handelt es sich bei dem Inselchen um das verwandelte Schiff des Odysseus.

Weitere Stationen der Reise sind Santa Maura, Patras und Korinth. Auf der Insel Zante wohnt die Kaiserin einer heiligen Messe bei und schenkt einer Bäuerin, deren körperbehinderter Sohn ihr leidtut, ein paar Goldstücke. Vorbei an Milo erreicht die »Miramar« die Vulkaninsel Santorin, wo Elisabeth die kleine Kraterinsel Neo-Kaimeni besichtigt. Die Meerenge der Dardanellen wird am 21. Oktober erreicht und weiter geht es nach Troja, Smyrna, Rhodos, Zypern und von Port Said nach Alexandria, wo sie am 24. Oktober den weißen Palast des Vizekönigs und dessen prachtvolle Jacht »Mahrussa« in Augenschein nimmt. Am 25. Oktober erfolgt die Heimkehr über Ithaka, Zante, Cephalonia, Korfu vorbei an den Inseln Meleda und Lagosta. Während eines Gewittersturms passiert die »Miramar« die Insel Pola und trifft dann am 29. Oktober wieder im Schloss Miramar bei Triest ein, wo sich die Kaiserin am 1. November bei der Schiffsmannschaft mit einer Hoftafel bedankt.

Es verwundert nicht, dass die »Miramar«, die eine elegante und durchaus komfortable Ausstattung aufweist, Sisis Lieblingsjacht ist. Oberhalb des noblen Decksalons befindet sich das offene Promenadendeck. »Über eine leicht geschwungene Treppe, über der eine prächtige weiße Seemöwe mit weit entfalteten Flügeln schwebt, gelangt man in den großen Speisesaal, welcher die ganze Schiffsbreite einnimmt. Weiß und Gold herrschen in der zierlichen Ornamentierung dieses freundlichen Raumes vor.«[63] Elisabeths Gemächer sind mit hellen Damastmöbeln ausgestattet.

Im Oktober 1888 bricht die Kaiserin erneut mit der »Miramar« nach Korfu und zu den benachbarten griechischen Inseln auf. Die Reise wird im Herbst 1889 wiederholt. Danach fährt sie weiter nach Sizilien, Tunis und Malta. Im November 1890 geht es erneut nach Korfu, ebenso im März bis April 1891, dann im November 1891 und im Frühling 1892 zu den Inseln des ägäischen Meeres. Zwischen Triest und Korfu verkehrt die »Miramar« übrigens regelmäßig, um das »Achilleion« mit Nahrungsmitteln zu versorgen.

Anfang 1893 rettet ein Matrose bei Cadiz einen Mann aus dem Wasser und erhält von der Kaiserin ein Geldgeschenk. Später bekommt zudem jedes Mitglied der Bootsmannschaft eine Rettungsmedaille. Weitere Fahrten mit ihrer Lieblingsjacht gehen nach Mallorca, Barcelona, Genua, Portofino, Neapel, und immer wieder nach Triest und auf die Insel Korfu. Im Februar 1895 unternimmt sie in Begleitung von Carl Theodor in Bayern und dessen Gemahlin eine Kreuzfahrt entlang der Küste von Korsika. 1897 befindet sie sich das letzte Mal an Bord der »Miramar«, die noch 23 Jahre in Betrieb ist und erst nach 1920 abgewrackt wird.

DIE »GREIF«

Versenkt und wieder gehoben

Als zweite Raddampfjacht wird die »Greif« von Elisabeth häufiger genutzt. Diese 73 Meter lange Jacht wird 1857 gebaut und zunächst auf den Namen »Jupiter« getauft. 1859 kauft die österreichische Marine das Schiff. Am 20. Juli 1866 nimmt es an der Seeschlacht von Lissa teil und wird vor der Einfahrt von Malamocco versenkt, um den Zugang zur Lagune von Venedig zu sperren. Zwei Wochen später wird es von der österreichischen Marine wieder gehoben, zur kaiserlichen Jacht umgebaut und unter dem Namen »Greif« mit 102 Mann Besatzung erneut in Dienst gestellt. Die 1400 Tonnen schwere Jacht verfügt über 1400 PS.

1869 reiste Kaiser Franz Joseph mit der »Greif« zur Eröffnung des Suezkanals. Am 14. November muss er trotz stürmischen Wetters mit einem Ruderboot auf die »Greif« gebracht werden, was ziemlich ungemütlich ist, da er arg durchnässt wird und durchfroren ankommt. Seither soll er im Gegensatz zu seiner Frau Elisabeth ein gestörtes Verhältnis zur Seefahrt besessen haben.

Mehrfach nutzt Elisabeth die »Greif« für ihre Fahrten, so am 6. Februar 1886, als sie von Wien nach Miramare reist. 1887 fährt sie vom 21. Oktober bis 15. November in Begleitung des Griechenland-Experten Freiherrn Alexander von Warsberg auf der »Greif« nach Korfu mit Ausflügen nach Albanien, Leuka und Ithaka, der Insel des Odysseus. Die Kreuzfahrten auf der »Greif« bei schlechtestem Wetter um Ithaka herum fordern von der Schiffsbesatzung vollen Einsatz. Am 4. November geht es mit diesem »Alten Kasten« – auf *Österreichisch* auch als »Alte Hutschn« bezeichnet – endlich zurück nach Korfu. Am 24. Dezember 1887 feiert Elisabeth ihren 50. Geburtstag. Es ist kein froher Tag. Mehr als das halbe Leben ist nun verronnen, resignierend dichtet sie:

Ich fliehe vor der Welt samt ihren Freuden,
und ihre Menschen stehen mir heut fern;
es sind ihr Glück mir fremd und ihre Leiden;
ich steh einsam, wie auf and'rem Stern …

Die Jacht »Greif«, die am wenigsten seetüchtige aller kaiserlichen Jachten, wird 1899 – obwohl erst 30 Jahre alt – ein Jahr nach dem Tod der Kaiserin, als mittlerweile veraltetes Schiff aus der aktiven Flotte entfernt.

Raddampfjacht »Greif«, 1885.

DIE »FANTASIE«

Fahrt zur Insel Korfu

Nur einige wenige Male nutzt Elisabeth auch die 60 Meter lange und fast 6 Meter breite Raddampfjacht »Fantasie«, die älteste und kleinste ihrer Jachten. Das Schiff mit 490 PS läuft 1858 vom Stapel und steht seither der kaiserlichen Familie zur Verfügung, aber auch dem Marinekommando bei privaten und offiziellen Reisen sowie als Admiralsschiff bei Marinemanövern. Zwei Offiziere und bis zu 45 Mann Besatzung sind an Bord des Schiffes.

Am 18. Mai 1861 fährt Kaiser Franz Joseph mit der »Fantasie« von Triest aus Elisabeth entgegen, die an Bord der britischen Jacht »Victoria and Albert« nach Österreich zurückkehrt. Vor Pirano begegnen sich die beiden Schiffe. Franz Joseph steigt auf das britische Schiff um und erreicht zusammen mit der Kaiserin Miramare. Nach kurzem Aufenthalt geht es zurück nach Wien, wo sich das Befinden Elisabeths sofort wieder verschlechtert. Die Ärzte empfehlen dringend einen Aufenthalt auf der Insel Korfu, wohin sie einige Male auch mit der Jacht »Fantasie« fährt. 55 Jahre bleibt diese Raddampfjacht in Betrieb. 1913 erfolgt ihre letzte Fahrt.

DIE »CHAZALIE«

Ein englischer Segelkutter

Wie so oft nach dem Tod ihres Sohnes Rudolfs von innerer Unruhe getrieben, unternimmt die Kaiserin im August 1890 von Dover aus eine Reise mit dem englischen Segelkutter »Chazalie«, was so viel wie »Stern des Meeres« bedeutet. Dieses Schiff scheint sie so zu lieben, dass sie sich mit einem ihrer Pseudonyme »Mrs. Elisabeth Nicholson-Chazalie« nennt. Gleich zu Beginn der Fahrt kommt ein furchtbarer Sturm auf, das kleine Schiff wird wie eine Nussschale hin- und hergeworfen. Hochauf schlagen die Wogen aufs Deck. Elisabeth lässt sich an einen Mast binden, um von den peitschenden Wellen nicht ins tosende Meer geschleudert zu werden. Völlig durchnässt schaut sie begeistert dem Wüten der entfesselten Elemente zu.

Die Hofdamen der Kaiserin stehen hingegen Todesängste aus. Marie Festetics schreibt am 27. August 1890 an Ida Ferenczy: »Über die Fahrt kann ich nur sagen, es war entsetzlich, ein Wunder, daß wir das Ufer erreichten. Niemand kann sich vorstellen, wie es war … Was ich in den ersten achtzehn Stunden gelitten habe, ist unbeschreiblich … Der Gedanke, wieder auf das Schiff zurückzukehren, ist entsetzlich. Ich bete, daß ich die Kraft nicht verliere; … das alles ist auch mir zuviel.«[64] Die Kaiserin hingegen genießt dieses Schauspiel.

Ohnehin wäre es ihr am liebsten, im Meer zu sterben. »Du willst mich wiegen schaukeln«, heißt es in einem ihrer Gedichte ans Meer, »Dein Arm ist ja so weich, / Bis endlich Du mich dennoch, / ziehst in dein nasses Reich.«[65]

Nur mühsam kann sich die »Chazalie« zurück in den Hafen kämpfen. Der Kutter hat etliche Sturmschäden erlitten und muss ausgebessert werden, bevor die Fahrt mit ihr nach Portugal fortgesetzt werden kann. Der Ozean ist noch immer heftig aufgewühlt. Die Hofdamen sind seekrank und die Passagiere »halbkrepiert«, wie Marie Festetics klagt. Nicht so Elisabeth. Kaum ist der Segelkutter im Hafen von Oporto angekommen, rennt sie zwei Tage lang bei größter Hitze von morgens bis abends durch die Stadt und die schöne Umgebung, ebenso in Lissabon, wo sie der Königinwitwe Maria einen Besuch abstattet. Am 15. September geht es weiter nach Gibraltar, wo sie erneut achtstündige Fußmärsche absolviert. Doch damit ist das Ende der Tour noch nicht erreicht. Abermals bei unruhiger See geht es weiter nach Tanger in Afrika. Am 25. September muss das Schiff bei aufgewühlter See in Tenéz Schutz suchen. Nächste Stationen sind Oran, Algier und Ajaccio auf Korsika, Marseille, Toulon, Cannes, Monaco, Mentone und schließlich Italien mit Livorno, Florenz, Pompeji, Capri und Neapel. Dort steigt sie Ende November von der arg mitgenommenen »Chazalie« auf das Schiff »Miramar« um, das ihr entgegenkommt. Am 25. November landet sie endlich auf der Insel Korfu und am 1. Dezember 1890 auf Schloss Miramar, wo sie mit Franz Joseph zusammentrifft, der froh ist sie endlich wieder einmal zu sehen. Mit ihm kehrt sie nach Wien zurück zu einem Weihnachtsfest ohne Christbaum.

DIE »GENÈVE«

Elisabeths letztes Schiff

1896 wird der 63 Meter lange Salonraddampfer »Genève« aus dem Hause der Gebrüder Sulzer aus Winterthur in Betrieb genommen und erregt in der Fachwelt großes Aufsehen. Die »Genève« ist das letzte Schiff, das die 60-jährige Kaiserin in ihrem Leben betritt und auf dem ihr Sterben beginnt.

Am 10. September 1898, gegen 13.30 Uhr, macht sie sich in Begleitung ihrer Hofdame Irma von Sztáray vom »Hotel Beau-Rivage« auf den Weg zur Schiffsanlegestelle, wo die »Genève«, mit der sie nach Caux weiterreisen will, auf sie wartet. Da stürzt sich am Quai du Mont Blanc, der Uferpromenade am Genfer See, der italienische Anarchist Luigi Lucheni auf sie und rammt ihr eine von ihm selbst zugespitzte Feile ins Herz. Elisabeth stürzt zu Boden, bemerkt die schwere Wunde jedoch nicht, da der Einstich sehr klein ist. Sie glaubt, nur einen Faustschlag auf die Brust erhalten zu haben und erhebt sich wieder. Was denn geschehen sei, will sie von ihrer ungarischen Hofdame Irma von Sztáray wissen, die das aber auch nicht weiß und folgendes weiter berichtet: »Nach einer Weile wendete sie [die Kaiserin] sich zu mir. ›Nicht wahr, jetzt bin ich blaß?‹ ›Ein wenig‹, antwortete ich, ›vielleicht vom Schrecken.‹ […] ›Ich glaube, die Brust schmerzt mich ein wenig‹, sagte sie, ›doch bin ich dessen nicht sicher.‹ Wir gelangten in den Hafen. Auf der Schiffsbrücke ging sie noch leichten Schrittes vor mir her, doch kaum hatte sie das Schiff betreten, als ihr plötzlich schwindelte. ›Jetzt Ihren Arm‹, stammelte sie mit erstickender Stimme. Ich umfing sie, konnte sie aber nicht halten und, ihren Kopf an meine Brust pressend, sank ich ins Knie. – ›Einen Arzt! Einen Arzt! Wasser!‹ schrie ich dem zu Hilfe eilenden Lakai entgegen. Die Kaiserin lag totenbleich mit geschlossenen Augen in meinen Armen. Der Lakai und andere stürzten mit Wasser herbei. Als ich ihr Antlitz und Schläfe besprengte, öffneten sich ihre Augenlider und mit Entsetzen erblickte ich hinter ihnen den Tod. […] Ich dachte an Herzschlag. Ein Herr machte mich aufmerksam, daß wir uns in der Nähe der Maschine befänden und es besser wäre, die Dame aufs Verdeck zu bringen, wo sie rascher zu sich kommen würde. Mit Hilfe zweier Herren trugen wir sie also aufs Verdeck und legten sie auf eine Bank. ›Einen Arzt! Einen Arzt! Ist kein Arzt auf dem Schiffe?‹ rief ich den Umstehenden zu, worauf ein Herr hervortrat und mir die Hilfe seiner Gattin anbot, die halb und halb Ärztin sei und sich auf die Krankenpflege verstehe. Madame Dardelle ließ Wasser und Eau de Cologne bringen und machte sich sogleich an die Wiederbelebung der Kaiserin. Sie ordnete an; ich schnitt ihre Miederschnüre auf, während eine barmherzige Schwester ihre Stirne mit Eau de Cologne rieb.

Inzwischen war das Schiff abgefahren, aber trotz seiner Bewegung nahm ich wahr, wie die Kaiserin bemüht war, sich zu erheben, damit ich das Mieder unter ihr hervorziehen könnte. Dann schob ich ein in Äther getauchtes Stückchen Zucker zwischen ihre Zähne und ein Hoffnungsstrahl durchzuckte mich, als ich hörte, daß sie ein- oder zweimal darauf biß. Auf dem in Bewegung befindlichen Schiffe wehte kühle Seeluft und trug dazu bei, daß die unter den peinlichsten Zweifeln unternommenen Belebungsversuche Erfolg hatten. Die Kaiserin öffnete langsam ihre Augen und lag einige Minuten mit umherirrenden Blicken da, als wollte sie sich orientieren, wo sie sei und was mit ihr geschehen war. Dann erhob sie sich langsam und setzte sich auf. Wir halfen ihr dabei und sie hauchte, gegen die fremde Dame gewendet: ›Merci.‹ […] Vor der Kaiserin kniend, beobachtete ich mit Spannung ihre Züge und flehte zum Himmel um Barmherzigkeit. […] ›Was ist denn jetzt mit mir geschehen?‹ Das waren ihre letzten Worte, dann sank sie bewußtlos zurück.

Die Kaiserin trug ein kleines schwarzes Seidenfigaro, das ich, um ihr auch diese Erleichterung zu verschaffen, über der Brust öffnen wollte. […] Das Hemd beiseite schiebend, entdeckte ich in der Herzgegend eine kleine, dreieckige Wunde, an der ein Tropfen gestockten Blutes klebte. – Luccheni hat die Kaiserin erdolcht […] Ich mußte handeln. Ich ließ den Schiffskapitän zu

Salonraddampfer »Genève« am Pont du Mont-Blanc in Genf..

mir bitten. ›Mein Herr‹, sagte ich zu ihm, ›auf Ihrem Schiffe liegt tödlich verwundet die Kaiserin Elisabeth von Österreich, Königin von Ungarn. Man darf sie nicht ohne ärztlichen und kirchlichen Beistand sterben lassen, bitte kehren Sie sofort um.‹ Der Kapitän gehorchte stumm und nahm die Richtung gegen Genf.«[66]

Elisabeth wird auf einer provisorisch gezimmerten Bahre zurück in ihre Hotelsuite gebracht. Der eilends herbeigerufene Arzt stellt fest, dass es keine Hoffnung mehr gibt, da der Stich die Herzkammer getroffen. Ein Geistlicher spendet der Kaiserin die letzte Ölung. Um 14.10 Uhr wird im »Hôtel Beau-Rivage« in Genf offiziell der Tod erklärt.

Der Dampfer »Genève«, das letzte Schiff, das Elisabeth in ihrem Leben betritt, bleibt bis 1974 in Betrieb und wird dann außer Dienst gestellt. Zwei Pastoren retten die »Genève« vor der vorgesehenen Verschrottung, indem sie vorschlagen, aus dem Schiff einen sozialen Treffpunkt für randständige Menschen zu schaffen. Die Kaufsumme von 75 000 Franken wird von einem edlen Spender bezahlt. 1976 unterstützt der Genfer Staatsrat das Vorhaben und bewilligt am Quai von Eaux-Vives den Standplatz für das Schiff. Die Verwaltung obliegt der »Association pour le Bateau Genève«.

Quai du Mont Blanc in Genf, auf dem Kaiserin Elisabeth von Österreich einem Mordanschlag zum Opfer fiel; das rote Kreuz markiert den Tatort an der Anlegestelle des Salonraddampfers »Genève«.

JAGDSCHLÖSSER

Schon lange träumt Kaiserin Elisabeth als hervorragende Reiterin davon, einmal in die europäischen Reiterparadiese zu reisen. Neben Ungarn und der Normandie sind das vor allem England und Irland, wo die exzellentesten Jagdreiter anzutreffen sind. Und so entschließt sie sich, in den Jahren 1875 bis 1882 in der Normandie und danach zur Jagdsaison mehrmals nach England und Irland zu reisen, wo sie in Schlössern und Herrenhäusern logiert und Bekanntschaft mit den besten dort lebenden Reitern macht, von denen sie als »Königin hinter der Meute« außerordentlich bewundert wird. Ihre Aufenthalte dort zählen zu den Höhepunkten in ihrem Leben.

Stets logiert sie in prachtvollen Landsitzen. Doch nicht die architektonische Schönheit dieser Häuser verzaubert sie, sondern die großen Stallungen daneben mit den edlen Reitpferden und die Tatsache, dass ihr für die Jagd mehrere Meuten zur Verfügung stehen. Dazu ausgedehnte, weich federnde Parklandschaften, die zu Ausritten in strengstem Galopp einladen und zu waghalsigen Sprüngen über Gräben, Mauern und Hecken. Es sind die oft lebensgefährlichen Reitjagden, die sie reizen. Die daran beteiligten Reiter, aber auch Pferde tragen bei den häufigen Stürzen nicht nur erhebliche Verletzungen davon, darunter Arm-, Bein- und Schädelbrüche, sondern brechen sich bisweilen sogar das Genick. Das schreckt Elisabeth jedoch nicht davon ab, bei besonders gefährlichen Sprüngen auch ihr eigenes Leben zu riskieren.

Die Ausritte der Kaiserin dauern oft den ganzen Tag, sodass sie sich in den Jagdschlössern häufig nur morgens, abends und nachts aufhält. Deshalb ist es auch verständlich, dass sie »nicht gerade eine vorbildliche Mieterin war; bei dem Hinauf- und Hinuntertragen der riesigen Schrankkoffer wurden in der schönen Halle und im Treppenhaus des Schlosses [in Sassetot] erhebliche Schäden angerichtet, und in den Schränken blieb so viel Schmutz liegen, daß auf die Abreise der Kaiserin eine wahre Mäuse-Invasion folgte. Niemand scheint die zahllosen Bediensteten beaufsichtigt zu haben, denn die Sekretäre und Hofmeister kamen sich viel zu vornehm vor, als daß sie sich um solche Kleinigkeiten gekümmert hätten«[67], und Elisabeth selbst war von morgens bis abends viel zu sehr mit dem Reiten beschäftigt. Finden abendliche Dinnerpartys statt, ist stets sie der Mittelpunkt der Gesellschaft und genießt die lockere Konversation in behaglicher Atmosphäre ohne die anödende Steifheit und den lästigen Protokollzwang bei Banketten am Wiener Hof.

»SCHLOSS SASSETOT-LE-MAUCONDUIT« IN DER NORMANDIE

Von Bauern geschockt und vom Pferd gestürzt

Im Frühjahr 1875 will Elisabeth an die Küste der Normandie, um Bäder zu nehmen. Dr. Widerhofer empfiehlt das jodhaltige Meer nicht nur ihr, sondern auch ihrer kränkelnden Tochter, der Erzherzogin Marie Valerie. Doch Franz Joseph rät wegen der politischen Lage in Frankreich und möglicher Attentatsgefahren dringend davon ab und warnt sie, dass ihr in Frankreich ein Unglück begegnen würde. Sisi macht vorsichtshalber ihr Testament, aber von der Reise abbringen lässt sie sich nicht. Franz Joseph gibt ihr 2 Millionen Gulden aus dem Erbe seines eben verstorbenen Onkels, des Ex-Kaisers Ferdinand I., was Elisabeth freut, denn ihre Reisen verschlingen Unsummen.

Am 31. Juli 1875 reist sie inkognito unter dem Namen »Gräfin Hohenems« von Wien über Stuttgart, Straßburg und Paris nach Fécamp. Nur wenige Kilometer vom Bahnhof entfernt liegt an der felsigen, sturmzerklüfteten Küste der Normandie das abgeschiedene Schloss Sas-

Schloss Sassetot-les-Mauconduit, Aquarell von Anton Romako, 1878.

setot-le-Mauconduit, ein komfortabel eingerichtetes Gebäude mit geräumigen Stallungen und einem schönen waldigen Park. Jean Deschamps Boishébert, der Sohn des früheren Schlossbesitzers, überlässt es ihr während ihres zweimonatigen Aufenthalts zur Miete für 30 000 Goldfranken. In der Nähe nur ein paar Bauerndörfer. Zur Reisegruppe gehören neben ihrer Tochter Marie Valerie, der Mohr Rudolph Rustimo, ihre beiden Lieblingshunde Shadow und Mohamed, drei ihrer Pferde, englische Vollblüter, dazu ihre Hofdamen und ein 70-köpfiges Personal. Die Zimmer der Kaiserin liegen im Erdgeschoß des Südflügels, ihre Tochter wird im Obergeschoß einquartiert.

Elisabeth will allein bleiben und lehnt deshalb alle Einladungen ab. Wenn sie nicht liest, badet sie mit Valerie ihm Meer bei Les Petites Dalles. Zu diesem Zweck hat man für sie ein eigenes geräumiges Badehaus errichtet, von dem aus ein mit Leinen überspannter Gang direkt ins Meer führt, sodass sie vor den Blicken neugieriger Badegäste geschützt ist.

An den Nachmittagen jagt die Kaiserin auf langen und schnellen Ritten durch die waldreiche, malerisch-schöne Umgebung und besucht hier einen Bauernhof, dort eine Kirche oder ein kleines Schloss. Die Bauern und Fischer begegnen ihr nicht besonders freundlich, ja sind bisweilen sogar furchtbar grob zu ihr, obwohl sie für alle Schäden aufkommt, die sie bei ihren ungestümen Ritten über die Felder anrichtet. Sie spendet auch Geld für die Armen der Gemeinden Sassetot, St. Martin und Fécamp und finanziert die Errichtung eines Schutzwalls am Strand. Nach dem Untergang eines Boots im Meer gibt sie dem Besitzer so viel Geld, dass er sich ein neues kaufen kann. Aufsehen erregen die abendlichen Ausritte der Kaiserin in Männerkleidung und bisweilen sogar ohne Sattel, ausgestreckt auf dem Rücken des Pferdes.

Am 11. September 1875 reitet Elisabeth ein Pferd, das erst vor Kurzem eingetroffen ist und das Gelände noch nicht kennt. Begleitet wird sie bei dem Ritt über die Felder von ihrem Reitlehrer Mr. Allan, der aus England stammt und ein kühner Reiter ist. Bei einem Sprung über eine Hecke überschlägt sich ihr Pferd und sie wird aus dem Sattel geschleudert. Bewusstlos bleibt sie liegen, wird sofort ins Schloss getragen und von dem aus Wien mitgereisten Arzt, Dr. Widerhofer, sowie dem Dorfarzt Dr. Renaud betreut. Als sie wieder zu Bewusstsein kommt, fragt sie verwirrt: »Bin ich nun ein Trottli?« Zum Glück hat sie außer ein paar Quetschungen nur eine leichte Gehirnerschütterung, die nach einigen Tagen Ruhe vorübergeht, sodass ihr geliebtes Haar nicht abgeschnitten werden muss, wie dies bei einer schweren Kopfverletzung erforderlich gewesen wäre. Franz Joseph will sofort in die Normandie reisen, unterlässt dies aber, um aus der Angelegenheit keine Sensation zu machen. Elisabeth beruhigt ihn, dass sie »eines solchen Rumplers wegen nicht das Herz verloren«[68] hat. Sicherheitshalber wird jedoch ein kaiserlicher Leibarzt geschickt, was in Wien sofort das Gerücht entstehen lässt, die Kaiserin habe in der Normandie in aller Stille ein uneheliches Kind zur Welt gebracht. Fast 40 Jahre später ist dieses Gerücht noch immer nicht aus der Welt. 1914 behauptet nämlich eine Gräfin Zanardi-Landi, dieses »heimliche Kind« der Kaiserin zu sein, was sich aber rasch als frecher Schwindel entpuppt, da sie als ihr Geburtsjahr 1882 angibt.

Dr. Widerhofer verschreibt ihr nach dem Reitunfall vor allem Ruhe und Bäder. Doch ausgerechnet ein Bad im Meer nahe beim Dorf Les Petites Dalles soll ihr, wie es heißt, fast zum Verhängnis geworden sein, als sie nicht auf die gefährlichen Strömungen an der Alabasterküste im Atlantik achtet. Zum Glück wird sie gerettet. In Wahrheit war es jedoch Mr. Allan, der fast ertrunken wäre, als er sein Pferd in die Brandung treibt, wo beide in den Fluten untergehen, aber mit dem Schrecken davonkommen. Der Bademeister rettet Mr. Allen und wird von der Kaiserin dafür fürstlich belohnt.[69]

Am 27. September 1875 verlässt Sisi nach knapp zweimonatigem Aufenthalt die Normandie und kehrt dorthin nie mehr zurück. Vor der Abreise lädt sie die Bürgermeister der umgebenden Dörfer, den Pfarrer und verschiedene andere Leute zu sich auf Schloss Mauconduit ein. Sie dankt ihnen für ihren angenehmen Aufenthalt und verteilt großzügige Geldgeschenke.

Die Reise geht weiter nach Paris, wo sie im »Hôtel du Rhin« an der Place Vendôme absteigt. Sie besucht den Louvre und im Invalidendom das Grab von Kaiser Napoleon Bonaparte, vor dessen Sarkophag sie niederkniet. Auch hier ist sie ruhelos zu Kirchen und Schlössern, Museen und anderen Sehenswürdigkeiten der Stadt unterwegs, unternimmt aber auch ausgedehnte Einkaufsbummel. Während sie ihre Tochter Marie Valerie mit ihrem Gefolge nach Wien zurückschickt, fährt sie nach München zu ihrer Tochter Gisela und kehrt dann nach Wien zurück. Doch schon einen Tag später fährt sie nach Gödöllő zum Herbstaufenthalt. Franz Joseph »ist so glücklich, daß die Kaiserin wieder da und ganz ist, daß er sich vor Heiterkeit nicht auskennt!«[70], notiert Marie Festetics in ihr Tagebuch.

Was Elisabeth nicht weiß, ist die Tatsache, dass der 45-jährige Kaiser, der sich wohl durch die fortwährenden Abwesenheiten seiner Frau vernachlässigt fühlt, 1875 die erst 15-jährige Anna Nahowski kennengelernt hat. Anna ist ebenso jung wie Sisi gewesen ist, als Franz Joseph sich in sie verliebt hat. Das blutjunge Wiener Mädel läuft dem Kaiser während eines morgendlichen Spaziergangs im Schönbrunner Schlosspark 1875 zufällig über den Weg. »Sie gehen aber fleißig spazieren«[71], sagt Franz Joseph zu ihr, die diese Begegnung später als den glücklichsten Tag in ihrem Leben bezeichnet. Obwohl erst 15 Jahre alt, ist sie schon mit einem Seidenfabrikanten verheiratet, einem spielsüchtigen Alkoholiker, von dem sie sich 1878 scheiden lässt. In zweiter Ehe heiratet sie den Schürzenjäger Franz Nahowski. Der scheint nichts gegen das Verhältnis seiner Frau mit dem Kaiser zu haben, zumal Anna stattliche Geldgeschenke – die Rede ist von insgesamt 100 000 bis 200 000 Gulden – vom Kaiser erhält, von denen sie auch die Schulden ihres Mannes bezahlt. 1885 wird Annas Tochter Helene geboren, von der es bis heute heißt, sie sei eine Tochter des Kaisers. Insgesamt 14 Jahre dauert diese Beziehung bis 1889, obwohl Franz Joseph schon 1885 den Kontakt zu Katharina Schratt aufnimmt, den Elisabeth nicht nur billigt, sondern sogar fördert. Anfang 1889 wird Anna in die Hofburg bestellt, wo ihr eine Abfindung von 200 000 Gulden für die nun endende Liaison mit dem Kaiser ausbezahlt wird. Im Gegenzug muss sie eidlich versichern, über ihren Kontakt zu Franz Joseph für immer zu schweigen. Doch 1976 gibt Annas Tochter Helene, die mit dem Komponisten Alban Berg verheiratet ist, das Tagebuch ihrer Mutter zur Veröffentlichung frei. Wie es heißt, bleibt Elisabeth dieser 14 Jahre währende Ehebruch ihres Mannes verborgen.

LANDSITZ »EASTON NESTON« IN ENGLAND

Herrenhaus mit schönen Pferdeställen

Im Frühjahr 1876 entschließt sich Elisabeth, nach England zu reisen, um dort hemmungslos ihrer Reitlust zu frönen. In Wien findet man das gar nicht gut, dass die Kaiserin schon wieder verreist. Man plant sogar einen Demonstrationszug zum Bahnhof, der jedoch von der Polizei rechtzeitig aufgelöst wird, sodass die Kaiserin davon nichts bemerkt.

Anfang März trifft sie in England ein. Während eines Kurzaufenthalts in London reitet sie täglich im Hydepark, begleitet von ihrem Gefolge, aber auch von Mitgliedern des englischen Hochadels. Dann geht es weiter auf den in der Nähe von Towcester gelegenen Landsitz Easton Neston in der Grafschaft Northamptonshire, wo sie am 6. März eintrifft. Das Haus, das dem Earl of Pomfret gehört, ist mit wertvollen Gemälden, Wandteppichen und Möbeln aus dem 18. Jahrhundert ausgestattet. Dazu gehören schöne Stallungen für ihre Pferde. Sie mietet sich in diesem alten Herrensitz mit dem weitläufigen Park eine Wohnung, in der sie sich aber kaum aufhält, denn ihre Zeit verbringt sie vor allem mit dem Reiten an frischer Luft, durchquert in gestrecktem Galopp Teiche und bricht quer durch Gehölze. Bis zu sechs Stunden täglich sitzt sie im Sattel und legt dabei bis zu 100 Meilen zurück. Ihre Freude an den herrlichen Pferden führt dazu, dass sie in Kunstausstellungen vorrangig Gemälde schöner Pferde erwirbt. Ganz in der Nähe, in Altrop,

William George »Bay« Middleton, Karrikatur von Théobald Chartran, 1883.

»Eaton Neston« bei Twocester.

besitzt auch ihre Schwester Marie ein Jagdhaus, das sie 1874 gekauft hat und wohin sie Elisabeth mehrfach einlädt.

Es wird nun auch Zeit, dass sich die Kaiserin von einem sogenannten Piloten begleiten lässt. Darunter versteht man einen besonders herausragenden Reiter, der nicht nur das Gelände bestens kennt und sie sicher zu führen versteht, sondern der ihr auch bei Problemen, so etwa nach eventuellen Stürzen, behilflich ist. Doch für eine Dame, die sich einbildet, reiten zu können, will sich zunächst keiner der exzellenten Jagdreiter hergeben, die es gewohnt sind auf schwierigstem Gelände dahin zu jagen. Eine Frau würde dabei ja doch nur hinderlich sein und auf der Strecke bleiben. Schließlich stellen sich Oberst Hunt und Captain William George »Bay« Middleton (1846–1892), einer der besten Steeplechase-Reiter, wie die intelligentesten Jagdreiter heißen, zur Verfügung. Als Middleton – nicht gerade begeistert – zum ersten Mal mit Elisabeth ausreitet, bleibt ihm jedoch die Sprache weg, so sehr ist er von ihrer Reitkunst hingerissen. Er verliebt sich in die Kaiserin und ist sofort ihrem Können verfallen. Zwischen beiden entsteht auf Anhieb eine so enge Verbindung, dass manche sogar an ein Liebesverhältnis glauben. Elisabeths Schwester Marie, die selbst gerne so eine hervorragende Reiterin wie Sisi wäre, reagiert höchst eifersüchtig, was zwei Jahre später zu einem unerfreulichen und aufsehenerregenden Vorfall führt, von dem im nächsten Kapitel die Rede ist.

Die Reitererlebnisse in »Easton Neston« auf schwierigstem Gelände zählen zu Sisis schönsten Erfahrungen. Hier ist sie wie verwandelt. Vergessen sind alle ihre psychischen und physischen Probleme. Nervosität, Melancholie und sämtliche Wehwehchen sind wie weggeblasen. Anstelle des sturen Spanischen Hofprotokolls und der in ihren Augen lächerlichen Etikette in Wien begeistert sie hier der von jeder steifen Förmlichkeit losgelöste Umgang mit exzellenten Reitern. Alle liegen ihr als »Königin hinter der Meute« zu Füßen.

In Wien hingegen geht schon wieder das große Seufzen los: Gefährdet die Kaiserin nicht Leben und Gesundheit mit ihrer dreisten Reiterei? Und erst die Kosten! Auf 106 516 Gulden und 93 Kreuzer beläuft sich am Ende der ganze Spaß.

Man kann sich gut vorstellen, wie Elisabeth zumute ist, als sie am 5. April 1876 nach Wien zurückkehrt und an der Fronleichnamsprozession teilnehmen muss. Den Sommer verbringt sie in Bad Ischl, aber anschließend viel lieber am Starnberger See, wo sie im Feldafinger »Hotel Strauch« logiert. Bei ihren Ausritten am See träumt sie von ihrem unvergesslichen Aufenthalt in England, den sie bald wiederholen möchte.

»COTTESBROOKE HALL« IN ENGLAND

Ein Reiterparadies

Die Verschlechterung der Beziehungen zwischen Österreich und England machen die Hoffnung Elisabeths auf eine baldige Rückkehr nach England zunichte. Ihre Nervosität und Melancholie nehmen wieder zu. Doch mit aller Macht will sie die nächste Jagdsaison wieder in England verbringen. Sie beauftragt Middleton, nach einem passenden Jagdhaus zu suchen und neue Pferde zu kaufen.

Anfang Januar 1878 reist sie, diesmal mit ihrem Sohn, dem Kronprinzen Rudolf, und ihrem Gefolge erneut nach England und quartiert sich in »Cottesbrooke Hall« in Northamptonshire ein, das ihr Sekretär, ein Herr Linger, für sie mietet. Das hübsche Landhaus im georgianischen Stil liegt in einer großen Parklandschaft mit Weitblick auf die umliegende Gegend. Empfangen wird sie vom fünften Earl of Spencer, dem ungekrönten König von Northamptonshire und ehemaligen Vizekönig von Irland. Zum »roten Earl«, wie er wegen seines roten Bartes genannt wird, und zu dessen hübscher Ehefrau, »Spencer's Fairy Queen«, findet Elisabeth rasch Kontakt. Sie lädt die beiden nicht nur 1878 in die kaiserliche Sommerfrische nach Bad Ischl ein, sondern auch zu Reitjagden nach Gödöllő.

»Der rote Earl« stellt ihr seine beiden besten Reiter als Piloten zur Verfügung. Es sind dies Oberst Hunt und Captain George Middleton. Die Jagdtage in Cottesbrooke verbringt sie in einem wahren Rausch der Geschwindigkeit und reitet an manchen Tagen drei Pferde müde. Auf ihren Ritten begleitet sie vor allem »Bay« Middleton, wie ihn seine Freunde nennen dürfen. Es bleibt daher nicht aus, dass über die Beziehung der beiden so manches gemunkelt wird, doch es handelt sich lediglich um eine intensive Reiterfreundschaft. Auch Sisis Sohn Rudolf vernimmt diverse Gerüchte, die ihm unter anderem von Ex-Königin Marie, der Schwester seiner Mutter, zugetragen werden, die sich auch hier aufhält. Auf einem Ballfest, das der deutsche Botschafter in Carlton House Terrace in London gibt, kommt es zu einem Affront. Rudolf begegnet erstmals Bay Middleton und wird ihm vorgestellt. Doch der Kronprinz starrt den Engländer nur böse an, ohne ein Wort mit ihm zu wechseln, dann dreht er sich um und verlässt den Saal. Diese Szene macht überall die Runde.

Elisabeth ist über Rudolfs Verhalten höchst erzürnt, noch mehr aber über die boshaften Tratschereien ihrer Schwester Marie. Sie nimmt zwar noch an ein paar Veranstaltungen und einigen Rennen teil, weil sie zwei Pokale dafür gestiftet hat. Doch für den Rest der Woche zieht sie sich zurück. Ein letztes Treffen mit Bay Middleton findet in Hannington statt. Auch Rudolf ist anwesend. Allein sein Anblick und das Gefühl, dass über des-

Das Haupthaus von »Cottesbrooke Hall«, Northamptonshire, 2008.

sen Verhalten beim Ball getratscht würde, vergällen Elisabeth den festlichen Tag. Bay Middleton gewinnt den Pokal. Doch unmittelbar nach dem Rennen reist die Kaiserin über Paris zurück nach Wien, wo sie am 23. Februar 1878 von Franz Joseph erfreut begrüßt wird. Erst ein Jahr später nimmt sie wieder an einer Jagdsaison teil, diesmal in Irland.

Wegen der Tratschereien kommt es zum Zerwürfnis zwischen Elisabeth und ihren beiden Schwester Marie und Mathilde, die auf Maries Seite steht. In einem ihrer Gedichte von 1886 verdeutlicht sie ihre tiefe Enttäuschung über das Verhalten der beiden:

Sie haben mein Dasein verbittert,
Sie haben mein Leben vergällt.
Und endlich den Glauben erschüttert
An allem, was gut auf der Welt.
Es haben zwei Schwestern betrogen
Mich einst auf die schändlichste Art
Und Schwüre, noch falsche, gelogen
Mit Herzen, so frech und so hart.[72]

Mit Mathilde kommt es in den 1880er-Jahren wieder zu einer gewissen Annäherung, mit Marie aber nicht, die konsequenterweise auch der Bestattung Elisabeths fern bleibt.

Die Schwestern von Kaiserin Elisabeth: Mathilde Gräfin von Trani und Marie Königin beider Sizilien, um 1861.

Die Ruine von »Summerhill House«. 1970 komplett abgetragen zählte es zu den größten und schönsten Herrenhäusern Europas.

»SUMMERHILL HOUSE« IN IRLAND

Zwei schwierige Jagden

Nach den Hofbällen im Januar 1879 verlässt Elisabeth Wien in Richtung Irland, wo das wahre Eldorado der Jagdreiterei liegt, und nimmt als Hauptquartier Lord Hercules Langfords »Summerhill House« im County Meath (Provinz Leinster). Das mit 100 Zimmern großzügigst angelegte stattliche Herrenhaus verfügt über eine ausreichende Anzahl an Stallungen, in denen ihre berühmten Jagdpferde Domino, Easton, St. Patrick und Hard Times Platz finden. Wieder ist der schnittige Parforcereiter Bay Middleton ihr Pilot. In Irland knien die katholischen Bauern, die sich in ihrem Widerstand gegen England bestätigt fühlen, devot vor der Kaiserin und errichten ihr kleine Triumphbögen. Königin Victoria missbilligt hingegen den Besuch dieses Landes, das sich gegen Englands Herrschaft aufzulehnen wagt. Doch Elisabeth bekümmert das wenig.

Bei der Umschulung der neuen hochgezüchteten, an das leichte Gewicht der Kaiserin gewöhnten Pferde durch irische Reiter, verenden drei. Bay Middleton muss drei neue sündteure Rennpferde kaufen. In Irland ist die Reitjagd noch gefährlicher als in England, weil dort nicht hohe Gatter, sondern Wälle übersprungen werden müssen. Die Kaiserin gehört zu den wenigen, denen es glückt, die Jagden sturzfrei zu überstehen, obwohl sie sich nicht davon abhalten lässt, wahllos querfeldein zu jagen und über unbekanntes Gelände zu galoppieren. Als sie mit ihrem Pferd bei einer Fuchsjagd eine im Wege stehende hohe Mauer überspringt, landet sie mitten im Hof des katholischen Klosters von Maynooth. Fast hätte sie den Abt über den Haufen geritten, der vor Schrecken beinahe in Ohnmacht fällt. Elisabeth, der dies sehr unangenehm ist, bittet um Verzeihung und erscheint ein paar Tage später mit einer Statue des Heiligen Georg, die sie dem Abt als Wiedergutmachungsgeschenk überreicht. Der reagiert jedoch nicht sehr erfreut und Sisi erfährt auch, weshalb. St. Georg ist ausgerechnet der Schutzheilige Englands, was bei den problematischen Beziehungen Irlands zu England keine besonders gelungene Gabe darstellt. Hätte sich Elisabeth informiert, hätte sie erfahren, dass St. Patrick Irlands Schutzheiliger ist. Doch die Kaiserin macht ihren Fehler wieder gut und lässt wenig später den irischen Mönchen ein kostbar besticktes Messgewand überbringen.

Noch ein Nachspiel hat Sisis mehrmaliger Besuch dieses Klosters, das der anti-englischen Agitation verdächtigt wurde. Nationalistische irische Zeitungen greifen das britische Königshaus an, da sich dessen Mitglieder im Gegensatz zur österreichischen Kaiserin niemals auf der Grünen Insel sehen lassen.

Als Anfang März 1879 Elisabeth die Hiobsbotschaft überbracht wird, dass es im ungarischen Szegedin zu einer Hochwasserkatastrophe gekommen ist, bricht sie ihren Irlandaufenthalt Mitte März sofort ab, der diesmal die stolze Summe von 158 337 Gulden und 48 Kreuzer gekostet hat. Die Summe, mit der sie die Opfer der Flutkatastrophe aus ihrer Privatkasse unterstützt, ist nicht so hoch.

Im Februar 1880 reist die 42-jährige Kaiserin abermals über Bayern zur Jagdsaison nach »Summerhill House«. Da die Pferde bereits in Irland sind, genügt ein dem Sonderzug mit Salonreisewaggon folgender Güterzug mit 40 Tonnen Gepäck. Die Jagden sind auch in diesem Jahr derart schwierig, dass selbst Bay Middleton mehrmals stürzt. Ihre Reiteraufenthalte in Irland bezeichnet Elisabeth später als die »beste Zeit ihres Lebens«. »Summerhill«, versichert sie Lord Langford beim Abschied, »ist der einzige Ort auf Erden, wo es mir vergönnt war, mein Leben auf meine Weise zu führen«.[73]

Am 7. März 1880 reist sie mit dem Dampfer »Shamrock« von Irland ab, nicht ohne vorher alle Bediensteten auf »Summerhill« reich zu beschenken. Sie ahnt, dass es ein Abschied für immer ist, dennoch gibt sie Anweisung, aus Österreich vier weitere Pferde nach Irland zu bringen und für die nächste Jagdsaison zuzureiten. Auf der Rückreise macht sie Zugeständnisse an die Wünsche des Wiener Hofs und trifft in London Premierminister Benjamin Disraeli Earl of Baconsfield, den österreichischen Botschafter sowie den Prince of Wales und sogar Queen Victoria, »die Kleine, die Dicke«, die sich ihr gegenüber herablassend benimmt, »als wäre ein indischer Götz' sie schier ...«, wie Elisabeth in einem ihrer Gedichte spöttelt.[74]

Innenansicht von »Summerhill House«, um 1900.

»COMBERMERE ABBEY« IN ENGLAND

Letzte Reitsaison für die Kaiserin

Da an eine neuerliche Irlandreise aus politischen Gründen nicht zu denken ist, reist Elisabeth im Februar 1881 nach England in den äußersten Süden der Grafschaft Cheshire. Dort bezieht sie am 15. Februar »Combermere Abbey«, eine ehemalige Zisterziensermönchsabtei, deren Besitzer sich auf einer Westindienreise befindet. Auch wenn die Räumlichkeiten dieses Landsitzes etwas beengt sind, fühlt sich Elisabeth darin wohl, da sie an Schloss Possenhofen erinnert wird, wo die Zimmer auch nicht übermäßig groß sind. Zu ihrer Suite gehören ein Wohnzimmer mit Erker, ein Schlafzimmer mit Ankleideraum sowie ein Badezimmer und ein Warteraum für die Bediensteten. Von österreichischen Handwerkern werden in das 1692 erbaute Herrenhaus eine Kapelle, ein Turnzimmer und elektrische Klingeln zum Herbeirufen des Personals eingebaut. Eine eigene Wendeltreppe bietet der Kaiserin Zugang zur Küche, in der sie gern allein ihre bescheidenen Mahlzeiten zu sich nimmt. Der Bahnhof erhält einen zusätzlichen Wartesaal für die Jagdgesellschaft und ein Rangiergleis für die Pferdetransporte. Alle Pferde der Kaiserin werden von Wien, Gödöllő und Irland hierher gebracht.

Mittlerweile machen der 44-jährigen Kaiserin vermehrt gesundheitliche Probleme zu schaffen. Nicht nur rheumatische Beschwerden plagen sie, sondern auch erhebliche Stimmungsschwankungen. Die Nachricht, dass Bay Middleton bei einem Reitunfall einen Schädelbruch erlitten hat, erschüttert sie. Zum Glück geht es ihm rasch besser und er sitzt auch bald wieder im Sattel.

Mehrfach erscheinen in der englischen Presse kritische Artikel über die Kaiserin, die sie jedoch mit den Worten, »mich überrascht nur mehr, wenn jemand schön schreibt oder redet über mich«[75] beiseiteschiebt. Nach der Jagdsaison, die 28 Tage dauert, besucht Elisabeth noch die Liverpooler Steeplechase (Hindernisrennen), den Herzog von Westminster und die Queen in Windsor. Am 28. März 1881 geht es weiter nach Paris.

Ein Jahr später, im Februar 1882, reist Elisabeth noch ein letztes Mal zur Jagd nach Cheshire in die Combermere Abbey.

»Combermere Abbey«, 1879.

Doch diesmal steht ihr Bay Middleton, der bislang ihr Pilot war, nicht mehr zur Verfügung. An seiner statt pilotiert sie nun Captain Rivers-Bulkeley. Der Grund ist, dass Middletons langjährige Braut, Charlotte Baird, die ständige Verehrung ihres Bräutigams für die Kaiserin von Österreich und seine gemeinsamen Ausritte mit ihr nicht mehr duldet. Sie will endlich heiraten und nötigt Bay, sich zu entscheiden. Der unterbricht daraufhin die Kontakte zu Elisabeth und heiratet am 26. Oktober 1882 seine Charlotte.

Ohne Bay verliert Sisi die Freude an ihren Reiturlauben. An einen neuen Piloten will sie sich nicht mehr gewöhnen. »Warum kann ich mir nicht alle Knochen brechen, damit ein Ende ist mit allem?«[76], äußert sie verzweifelt, als sie von Bay Middleton Abschied nimmt. Nach einem Besuch in Windsor reist sie am 6. März 1882 nach Paris und entschließt sich, die Reiterei in England und Irland aufzugeben. Sie lässt alle ihre Pferde aus ihren englischen Ställen verkaufen und verabschiedet sich von ihren Reitrevieren in England und Irland. Sämtliche Reitaufenthalte der Kaiserin verschlangen zwischen 800 000 und 1,2 Millionen Gulden. In den späten 1880er-Jahren hält sie sich in diesen Gegenden nur noch zur Kur auf, um Seebäder zu nehmen.

Zehn Jahre nach ihrem letzten Aufenthalt in England, erfährt Elisabeth bestürzt, dass sich Bay Middleton am 9. April 1892 bei einem Rennen das Genick gebrochen hat. Auch wenn sie die Nachricht schwer trifft, so findet sie diesen Tod doch eines Reiters würdig. Am 26. August 1883 überlebt sie selbst einen gefährlichen Sturz in der Nähe des sogenannten Toten Weibes bei Mürzsteg im Nordosten der Steiermark. Bei einem Ritt auf dem für sie angelegten Reitsteg vom Kuhhörndl zum Hocheck tritt ihr Pferd in ein Brückenloch. Holzleute können sie gerade noch vor dem Absturz in den darunter liegenden reißenden Bergbach bewahren, sonst hätte sie sich wohl auch das Genick gebrochen und ihr einst ausgesprochener Wunsch wäre damit in Erfüllung gegangen.

»Kaiserin Elisabeth von Österreich zu Pferde«, Stahlstich nach einem Gemälde von John Charlton, 1882.

TRAUMSCHLÖSSER

Wie viele Schlösser gehören Kaiserin Elisabeth eigentlich? Die Wiener Hofburg, die »Kaiservilla« in Bad Ischl, die Schlösser Schönbrunn und Laxenburg sind Häuser ihres Gemahls Franz Joseph. Natürlich stehen sie nach der Hochzeit auch ihr zur Verfügung, aber als ihren Besitz lassen sie sich nicht bezeichnen. Auch von ihrem Vater, Herzog Max in Bayern, erbt sie weder ihr geliebtes »Possi« noch eines der anderen Schlösser oder Palais. Als bestens versorgte Kaiserin von Österreich steht ihr das auch nicht zu.

Nur drei Schlösser gibt es, die zumindest ansatzweise ihr gehören. Schloss Gödöllő in Ungarn ist zwar ein Krönungsgeschenk an Franz Joseph und sie, doch als man erfährt, dass sie es ist, die sich dieses Schloss wünscht, ist es vorrangig eine Liebesgabe Ungarns an sie, mit der man ihr huldigen möchte. In der Zirkusmanege bei Gödöllő hält sie sich als begeisterte Reiterin besonders gerne auf. Die »Hermesvilla« in Lainz ist ein Geschenk Franz Josephs an sie, auch wenn der Kaiser besonders gerne selbst darin wohnt. Somit steht es nicht allein ihr zur Verfügung. Ihm gefällt die »Hermesvilla« sehr gut, ihr hingegen nicht allzu sehr. Das »Achilleion«, das sie für sich auf ihrer Lieblingsinsel Korfu errichten lässt, darf wirklich als ihr Eigentum bezeichnet werden, auch wenn sie schon kurz nach der Fertigstellung ihre Freude daran verliert.

Erfüllte Wünsche büßen für Elisabeth bekanntlich rasch ihren Reiz ein. Wie viele Schlösser gehören der Kaiserin also wirklich? Überhaupt, hat sich Elisabeth jemals ernsthaft danach gesehnt, ein Schloss zu besitzen?

SCHLOSS GÖDÖLLŐ

Das ungarische Geschenk

Im Alter von 29 Jahren kommt Elisabeth im August 1866 erstmals in den kleinen Ort Gödöllő, der etwa 25 Kilometer entfernt von Budapest in nordöstlicher Richtung liegt. Dass sie während des Deutschen Kriegs zwischen Österreich und Preußen mit ihren Kindern, Rudolf und Gisela, ausgerechnet in Ungarn Zuflucht sucht, wird in Wien mit Befremden zur Kenntnis genommen. Da sie die gemietete Villa in Buda zu beengend findet und es in der Budaer Burg während des Sommers zu heiß ist, logiert Elisabeth diesmal im ländlichen Schloss Gödöllő. Dort dient der Reithof nach der entscheidenden Schlacht von Königsgrätz am 3. Juli 1866, bei der die Preußen siegreich sind, als Lazarett für die vielen verwundeten Soldaten. Ihnen stattet die Kaiserin einen Besuch ab. Dabei ist sie von der Schlossanlage derart beeindruckt, dass sie den Wunsch äußert, Schloss Gödöllő zu erwerben. Doch ihr Gemahl Franz Joseph winkt ab: »Wenn du willst«, schreibt er ihr im August 1866, »kannst du zu den Verletzten nach Gödöllő gehen. Aber bitte nicht mit der inneren Einstellung, dass wir es kaufen wollen, denn ich habe im Moment kein Geld, und in diesen schweren Zeiten müssen wir wirklich streng sparen. Die Preußen haben auch auf unseren Familiengütern schwere Verwüstungen angerichtet, es wird Jahre dauern, das wieder in Ordnung zu bringen. […] Fast die Hälfte der Pferde musste verkauft werden, und wir werden sehr bescheiden leben müssen.«[77] Doch Elisabeths Wunsch bleibt der neuen ungarischen Regierung nicht verborgen.

Ein Jahr später, am 8. Juni 1867, werden Franz Joseph und Elisabeth in Budapest zu König und Königin von Ungarn gekrönt. Als ungarischer König ist Franz Joseph zu einem regelmäßigen Aufenthalt in Ungarn verpflichtet. Da die ungarische Regierung Kenntnis von Elisabeths Begeisterung für Schloss Gödöllő hat, bietet sie auf Rat des Grafen Gyula Andrássy dem Herrscherpaar kurzerhand Schloss Gödöllő als Geschenk an, die-

Schloss Gödöllő, Gemälde von Sandor Brodsky, 1869.

Salon der Kaiserin Elisabeth auf Schloss Gödöllő, um 1901.

ses romantische, barocke Juwel, das Antal Grassalkovich I., ein enger Vertrauter Maria Theresias, seit 1741 hier errichten ließ und das seit 1867 dem ungarischen Staat gehört. Mit dem dazugehörigen Schlosspark stellt es eine beachtliche Krönungsgabe dar, die Elisabeth und ihr Gemahl erfreut annehmen.

Von den 136 Räumen des Schlosses sind 103 Wohnräume. 67 davon sind für das Personal reserviert. Die restlichen Räume im Hauptgebäude des Schlosses, nördlich und südlich des Prunksaals, stehen Franz Joseph und seiner Gemahlin als königliche Suiten zur Verfügung. Während die Räume des Kaisers mit imperialen roten Textiltapeten ausgestattet sind, weisen die Polstermöbel, Tapeten, Vorhänge und Wandbespannungen in allen Räumen Elisabeths ihre Lieblingsfarbe Veilchenblau auf oder »Mauve«, wie der Farbton damals hieß. Die Kaiserin benutzt übrigens auch mauvefarbene Tinte, mit der sie auf schwarz umrandetes Briefpapier schreibt und zu ihren Lieblingsnachspeisen gehört Veilchensorbet. »Eine Handvoll Veilchenblüten wird im Mörser zerstoßen. Dazu werden etwas warmes Wasser und 125 Gramm Zucker gegeben. Nach einer Stunde kommt die Masse ins Gefrierfach, um dann serviert zu werden.«[78]

Elisabeths Vorliebe für Veilchenblau oder Mauve ist äußerst bemerkenswert, da diese Farbe, die schon der antiken Dichterin Sappho als Ausdruck von Frauenliebe und Unabhängigkeit galt, auch ihr Wesen in einem interessanten Licht erscheinen lässt. Der Dichterfürst Johann Wolfgang von Goethe bezeichnete Lila in seiner Farbenlehre als unruhig, weich und sehnend. Lila verbindet das Blau des Himmels mit dem Feuer der Erde und stellt damit eine Verbindung zwischen Geist (blau) und Körper (rot) her. Liebhaber der Farbe Violett gelten als besonders sensibel und fantasievoll, haben künstlerische Interessen und Sinn für Spiritualität und Witz. Sie fallen als Sinnsucher mit philosophischer Neigung auf und sind oft unkonventionell und individuell, aber auch leicht verletzbar und extrem liebesbedürftig. Der volkstümliche Spruch »Lila, der letzte Versuch …« weist darauf hin, dass nicht mehr ganz so junge Damen mit einem zarten Lila-Ton signalisieren: Trotz meines fortgeschrittenen Alters bin ich noch immer begehrenswert. Nach dem Urteil von Psychologen gilt Lila als Farbe sexuell frustrierter Frauen und unterdrückter Erotik. Mit lilafarbener Kleidung versuchen vor allem Frauen in reiferen Jahren, die Aufmerksamkeit von Männern zu erregen. Im 19. Jahrhundert ist Lila aber auch die Farbe der Frauenbewegung und ein Signal für die Gleichstellung der Geschlechter. Später wählen in manchen Ländern Homosexuelle und Transvestiten bewusst Violett als Erkennungsfarbe, da das Geschlechtliche von Rot und Blau im Violett aufgehoben wird. In diesem Sinn nennen sich Homosexuelle in Frankreich auch »les violets«. Im Volksmund wird der Farbton Lila aber auch als »Leichenflieder« bezeichnet. In französischen und englischen Höfen war die Trauerkleidung in dieser Farbe gehalten. Somit gilt Lila auch als Zeichen für Morbidität, Melancholie, als Farbe fliehender Jugend und des nahenden Todes.

Zu Elisabeths veilchenblau dekorierten Wohnräumen in Schloss Gödöllő gehören ein Salon, ein Schreib- und Vorlesezimmer sowie ein Schlaf- und Ankleidezimmer. Neben der Wohnung der Kaiserin liegen die Suite von Ida Ferenczy, ihrer Vorleserin, sowie die Kinderzimmer. Eine Wendeltreppe führt ins Erdgeschoss. In den Nebengebäuden befinden sich die Stallungen für ihre geliebten Pferde, mit denen sie im Englischen Landschaftsgarten ausreiten kann, der das Schloss umgibt und in dem sich vor der Hauptfassade zwei Schwanenteiche befinden. Am Schloss vorbei führt eine Bahnlinie und am Bahnhof ist für die königliche Familie ein eigener Wartesalon eingerichtet.

Nach der Krönung zur ungarischen Königin und zum ungarischen König am 8. Juni 1867 halten sich Elisabeth und Franz Joseph zusammen mit den Kindern Gisela und Rudolf im Gödöllőer Schloss auf, wo jenes Kind gezeugt wird, das später das »ungarische Kind« heißen und Sisis Lieblingskind werden wird. Es ist ihr Geschenk an die Magyaren. Am 22. April 1868 kommt Marie Valerie in der Budaer Burg zur Welt. Nach der Taufe erfolgt der Umzug ins Schloss Gödöllő. Von dort reist die Kaiserin mit ihrer sechs Wochen alten Tochter nach Bad Ischl und am 9. August nach Schloss Garatshausen am Starnberger See. Von dort bringt sie ihr Lieblingskind nach Possenhofen, um es stolz ihrer Mutter Ludovika zu präsentieren.

Schloss Gödöllő bleibt für Elisabeth nun einer ihrer Lieblingsaufenthaltsorte in den Herbst- und Frühlingsmonaten. »Hier hat man seine Ruhe«, schreibt sie an ihre Mutter, »keine Verwandten, niemand sekkiert dich, im Gegensatz zu Wien,

Kaiser Franz Joseph I. und Kaiserin Elisabeth mit Jagdgesellschaft in Ungarn, Gemälde von Wilhelm Richter, 1876.

wo die ganze kaiserliche Bagage ist! Hier bedrückt mich gar nichts, ich lebe hier wie im Dorf, ich kann allein spazieren gehen oder Kutschfahrten machen!«[79] In Gödöllő kann sie in der Tat allen ihren Leidenschaften ungestört nachgehen. Keiner stört sie, wenn sie ein Buch lesen will. Sie kann sich auch konzentriert dem Erlernen von Sprachen widmen. Und natürlich kann sie weite Spaziergänge unternehmen, ohne von der Landbevölkerung behelligt zu werden. Die Bauern weichen ihr respektvoll aus, wenn sie ihr begegnen. Außerdem gibt es in Gödöllő »einen Baum, der mein bester Freund in dieser Welt ist«, gesteht sie ihrem Vorleser Constantin Christomanos. »Jedesmal, wenn ich hinkomme, und bevor ich abreise, gehe ich zu ihm, und wir blicken uns einige Minuten schweigend an. Er ist der Vertraute meines Lebens. Er weiß alles, was in mir ist und was in der Zwischenzeit geschieht, solange wir uns entfernt sind. Er wird es auch niemand sagen.«[80]

Auch Festtage werden in Gödöllő gefeiert, so Elisabeths Namenstag am 19. November, an dem ihr die Einheimischen mit Fackelumzügen und fröhlichen Serenaden Freude bereiten. Bisweilen findet auch das Weihnachtsfest, Silvester und Neujahr in Gödöllő statt. Aufsehen erregt der Mohr Rustimo, der ihre Tochter Marie Valerie begleitet und ihr als Spielgefährte zur Verfügung steht. Wie es heißt, hat die Kaiserin diesen schwarzhäutigen Knaben vom Schah von Persien geschenkt bekommen. Vor allem die Kinder erschrecken vor ihm, der auch noch etwas missgebildet ist, wenn sie seiner ansichtig werden.

Natürlich kommen auch Ausritte nicht zu kurz. Gerne nimmt die Kaiserin im Kreis der ungarischen Pferdesportelite an Reiterwettkämpfen, Taubenjagden und Jagden auf Hochwild teil, wie die Trophäen zeigen, die in ihrer Suite und im Treppenhaus zu sehen sind. Auch Windhundrennen sind eine beliebte Unterhaltung. Im September 1876 kommt Bay Middleton auf Elisabeths Einladung zu Besuch nach Gödöllő und wetteifert vor allem mit Graf Niki Esterházy, aber auch anderen Spitzenreitern um die Gunst der Kaiserin. Franz Joseph, der kein Englisch spricht, weiß mit dem Gast nichts anzufangen. Als Middelton abreist, bricht Elisabeth in Tränen aus: »Ich benehme mich wie ein dummes Kind«, gesteht sie ihrer Nichte Marie Wallersee, »aber es ist so schwer, einen ehrlichen, treuen Freund zu vermissen.«[81] Trost sucht sie nun bei Niki Esterházy und bei der Lektüre von Büchern. Ihre Freude an Zigeunermusik befriedigt sie dadurch, dass sie des Öfteren Zigeunermusikkapellen ins Schloss einlädt und deren temperamentvolle Musik genießt.

Seit 1886 verbringt Elisabeth jedes Jahr mehrere Monate in Gödöllő, vorrangig im Frühjahr und Herbst, oft auch zusammen mit Franz Joseph und den Kindern. Zählt man alle ihre

Kaiser Franz Joseph I. und Kaiserin Elisabeth mit ihren Kindern Erzherzog Rudolf, Marie Valerie und Gisela (rechts) im Schlosspark von Gödöllő, Lithografie von Vinzenz Katzler, 1871.

Aufenthalte in Ungarn zusammen, so ergibt sich ein Zeitraum von insgesamt 2663 Tagen, also 7,3 Jahren, davon knapp sechs Jahre in Budapest und Gödöllő. Dass sie dort mehr Zeit verbringt als in Wien, erzeugt auf Seite der Österreicher eifersüchtige Reaktionen. Gödöllő erlebt hingegen durch die regelmäßigen Besuche des Kaiserpaars einen wirtschaftlichen Aufschwung und entwickelt sich für die Budapester Oberschicht zu einer beliebten Sommerfrische.

Auch ihren 50. Geburtstag am 24. Dezember 1887 feiert Elisabeth in Gödöllő in Anwesenheit ihrer Geschwister, darunter ihre jüngste Schwester Mathilde, deren Mann, Graf Ludwig von Trani, sich 1886 in einem Pariser Hotelzimmer erhängt hatte. Ebenso ist Sophie anwesend, die eben aus einer Heilanstalt entlassen wurde, wohin sie wegen ihrer Affäre mit einem Arzt eingeliefert worden war, des Weiteren Marie, deren uneheliche Tochter 1881 im Alter von 19 Jahren an Schwindsucht starb. Néné, die nach dem Tod ihres Sohnes Max todunglücklich ist, kommt nicht. Ebenso fehlen die Eltern Herzog Max und seine Frau Ludovika, die für die lange Reise zu alt sind. Hingegen erscheinen Ludwig und Carl Theodor mit ihren Frauen, außerdem die Nichte Marie Larisch mit ihrem Mann und die Kinder und Enkel der Kaiserin mit ihrem Anhang. Doch eine fröhliche Stimmung kommt nicht auf, denn für Elisabeth ist der 50. Geburtstag kein Grund zum Feiern. Franz Salvators Liebe zu ihrem Herzenskind Marie Valerie droht die innige Mutter-Tochter-Beziehung zu zerstören, weiß sie doch, dass eine Heirat beider nicht mehr zu verhindern ist.

Bei ihren Aufenthalten in den folgenden Jahren in Gödöllő und Budapest zeigt sie sich, vor allem nach dem Suizid ihres Sohnes Rudolf (1889) und der Heirat ihrer Tochter Marie Valerie (1890) als schwarz gekleidete, trauernde Schmerzensmutter. Zum letzten Mal kommt sie vom 2. bis 24. Oktober 1897 nach Gödöllő. Nach diesem Aufenthalt und der Rückkehr nach Wien ist sie »müde und verstimmt«, wie ihre Hofdame Irma Sztáray notiert. »Daß angegriffene Nerven auf die nun eingetretene feuchte Herbstluft empfindlich reagieren, habe ich schon an mir selbst erfahren, doch ihr jetziges Aussehen war ganz der Art, als ob irgendeine Krankheit sich in ihr vorbereitete. Dafür sprach auch ihre nervöse Unruhe.«[82]

Nach dem Tod der Kaiserin ein Jahr später im September 1898 lässt sich Franz Joseph immer seltener in Ungarn blicken. Doch ihre Königin vergessen die Ungarn nicht und lassen sie in 40 Denkmälern und in 100 Gedenkanlagen und -parks weiterleben, die sie ihr zu Ehren in den folgenden Jahrzehnten nach und nach errichten.

MANEGE UND »REITKAPELLE« IN GÖDÖLLŐ

Meditations- und Andachtsräume

Bei Schloss Gödöllő lässt sich Elisabeth auch eine eigene Manege errichten. Dieser Anbau in Form einer Zirkusmanege ist mit Spiegeln verkleidet, damit sie sich beim Dressurreiten selbst beobachten kann. Grundsätzlich reitet sie im Damensattel, der noch heute auf Gödöllő ausgestellt ist. Bei ihren Aufenthalten finden hier fast jeden Abend auch Zirkusvorstellungen mit Zigeunermusikbegleitung statt, wobei die Kaiserin selbst als Kunstreiterin auftritt. Dies tut sie sicher in Erinnerung an die Reiterkunststücke ihres Vaters, des Herzogs Max, der sich in seinem Münchner Palais einen Zirkus einrichten ließ, in dem sie selbst als Kind schon gelegentlich auftreten durfte. Später als junge Braut empfängt sie, auch wenn dies gegen die Etikette verstößt, den Zirkusdirektor Ernst Renz auf seinem schneeweißen Araberhengst. Er begeisterte die junge Kaiserin schon während der Hochzeitsfeierlichkeiten 1854 beim Volksfest im Wiener Prater mit Dressuren seiner 60 Pferde und berät sie seither beim Pferdekauf.

Später gelingt es Elisabeth, Franz Joseph immer wieder einmal zu einem Besuch des Zirkus Renz zu überreden, wo sie die Reitkünste und die Vorführungen der Hohen Schule atemlos verfolgt. So etwas will sie auch selbst machen. Sie nimmt Unterricht bei den berühmten Kunstreiterinnen des Zirkus Renz, Emilie Loiset und Elise Pezold, um ihre Reitkünste zu vervollkommnen und erwirbt sogar einige richtige Zirkuspferde, darunter den weißen Araberwallach Whaleson, mit dem sie gewagte Sprünge ausführt und die schwierigsten Hindernisse nehmen kann. Das Zirkuspferd Avolo lässt sich mit der Kaiserin im Sattel auf beide Knie nieder. »Pferde nimmt sie auch nach Ischl mit, wo sie sie täglich dressiert, und will dort eine kleine Spring- und Dressurschule ›ganz hinten im Garten, wo man es nicht sieht‹, errichten.«[83] In Wien steht ihr als Trainingsgebäude eine an die Hofstallungen angebaute Manege zur Verfügung sowie die Winterreitschule, die spätere »Spanische Hofreitschule«. Auch in Schönbrunn widmet sie sich dem Training in der Kunst der »Hohen Schule«. Ihr ehrgeiziges Ziel ist es, die beste Reiterin der Welt zu werden.

Hält sie sich in Gödöllő auf, ist sie meist von 11 Uhr vormittags bis halb 6 Uhr abends in der Manege der Reitschule zu finden, wo sie auch Besuche empfängt. Sie lässt sich im Voltigieren unterweisen und übt so lange, bis es ihr gelingt, mit ihrem Pferd durch zwei Reifen zu springen. »Hier hat sie herrliche Schimmel, ›Flick‹ und ›Flock‹ heißen zwei, die sie dressiert. Sie steht in der Mitte der kleinen Reitschule mit Zucker und Brot, da werden die Pferde plötzlich von verschiedenen Seiten ledig hereingelassen und rasen auf ihre Herrin zu, von der sie immer etwas Gutes bekommen. Sie parieren stets knapp vor Elisabeth, und es macht ihr Spaß, Fremde in die Reitschule mitzunehmen und sie ein wenig zusammenschrecken zu sehen, wenn die Pferde so plötzlich hereinstürmen.«[84]

Regelmäßig »studiert sie ihre Fehler, um ihr Können immer noch mehr zu vervollkommnen. Sie hat da eine kleines rotes Notizbuch, in dem sie täglich ihre Eintragungen macht: Beim Anreiten mitgehen, steter Sitz, stete Hand, Fußspitzen zum Pferd! Da steht, was zu tun ist bei der Pirouette, bei der Volte, daß das ›Galoppchangement um die Sesseln herum‹ nicht gelungen ist usw. Auf dem herrlichen Lippizaner ›Majestoso‹ macht die Kaiserin ›Lancaden‹ und ›Ruaden‹, es ist die hohe Schule der Reiterei. Nicht nur praktisch, auch theoretisch bildet sich die Kaiserin in der Reiterei fort. Ihre Bibliothek wird in dieser Zeit mit zahllosen Büchern über Pferde und Reiten, mit Rennkalendern und dergleichen vermehrt.«[85]

Elisabeths Passion für Pferde nimmt mit der Zeit fast religiöse Züge an im Sinne von »religare« – »zurückverbinden«. So wie sich gottgläubige Menschen durch ein persönliches Band mit Gott verbunden fühlen, so fühlt sie sich auf Engste mit ihren Pferden verbunden. Ein besonderes Kuriosum stellt ein Salon dar, der an unterschiedlichen Orten zu finden ist. Wie es heißt, habe sich dieser Raum einmal in

Flick und Flock: Sisis Zirkusreitpferde in der Manege von Gödöllő, Gemälde von Wilhelm Richter, 1877.

Schloss Gödöllő, aber auch in der »Kaiservilla Ischl« und im Schloss Schönbrunn befunden. Darin hängen dicht aneinander gereiht wie Votivtafeln in einer Wallfahrtskapelle die Gemälde von 24 Pferden, die sie besonders liebt. Diesen Raum bezeichnet sie als »Reitkapelle«. Maler der Pferdeporträts, entstanden zwischen 1865 und 1876, ist Wilhelm Richter. Auch von Franz Zeller werden weitere Pferdebilder gefertigt. In ihrer »Reitkapelle« gewährt sie nur jenen auserwählten Personen Zutritt, die edle Pferde ebenso verehren wie sie. Einige der Bilder begleiten sie sogar auf Reisen, sodass sie auch unterwegs vor diesen Ikonen meditieren kann. »Sehen Sie, so viele Freunde habe ich schon verloren und keinen einzigen gewonnen«, sagt sie zu ihrem griechischen Vorleser Christomanos, dem sie die »Reitkapelle« im Februar 1892 im Schloss Schönbrunn zeigt. »Viele davon sind für mich in den Tod gegangen, was kein Mensch je getan haben würde; eher würden sie mich ermorden.«[86] Die Pferdebilder aus der nicht mehr existenten »Reitkapelle« sind heute in der sogenannten Wagenburg, der ehemaligen Winterreitschule von Schloss Schönbrunn, zu sehen.

In der Reitschule und der Manege in Gödöllő und in ihrer »Reitkapelle« vergisst Elisabeth die Welt um sich herum und alle ihre Probleme, Krankheiten und Sorgen. Mit dem Tod Bay Middletons, ihres favorisierten Begleiters bei den Jagdritten in England und Irland – er bricht sich, wie erwähnt, am 9. April 1892 bei einem Rennen das Genick –, stirbt auch Elisabeths Pferdeleidenschaft ganz plötzlich. Mit tiefer Trauer erlebt sie im September 1892 die endgültige Auflösung ihres Reitstalls in Gödöllő.

»HERMESVILLA« IM LAINZER TIERGARTEN IN WIEN

Ein missglücktes Geschenk des Kaisers

Die Wiener Hofburg, Schloss Schönbrunn und Schloss Laxenburg bedeuten Elisabeth nicht besonders viel, wie ihre zahlreichen Reisen zeigen, die sie oft fluchtartig antritt. 1881 – Elisabeth ist jetzt 44 Jahre alt und Franz Joseph 51 – wünscht sich ihr Gemahl, dass sie sich mehr als bisher in Österreich aufhält. Deshalb entschließt er sich, ein alternatives Schloss für sie bauen zu lassen, das nur ihr gehört und in dem sie sich – hoffentlich – lieber und häufiger aufhält als in allen kaiserlichen Schlössern und Villen bisher. 1881 teilt er ihr brieflich mit, dass er für sie bei Hietzing im Lainzer »Thier- und Saugarten« im nahen Wiener Wald, der als Jagdareal genutzt wird, eine Sommervilla errichten lassen möchte. Insgeheim denkt er daran, diese Villa auch selbst als Jagdhaus in den Wiener Jagdgebieten zu nutzen, nachdem das alte Forsthaus beim Auhof im Wiental zu klein geworden ist. Vorrangig aber soll es für seine Sisi ein Ort sein, wo sie, vor fremden Blicken geschützt, zur Ruhe kommen und sich bei ausgedehnten Spaziergängen erholen kann. Zunächst soll das Gebäude den Namen »Villa Waldruh« erhalten. Außerdem könnten sie sich beide, so Franz Josephs Überlegung, dorthin zurückziehen, wenn sie einmal alt geworden sind.

Beauftragt mit dem Bau wird der Architekt Carl Freiherr von Hasenauer. Es entsteht ein Haus in französisch-italienischem Stil mit farbenfrohem Prunk und dem Barock nachempfundenen Möbeln. Ob Elisabeth an der Gestaltung der Villa wesentlich mitwirkt, wird heute bezweifelt. Sie wählt lediglich einige Bilder und Plastiken aus. In ihrem freskengeschmückten Schlafzimmer fallen gemalte Szenen aus Shakespeares »Sommernachtstraum«, ihrem Lieblingsstück, ins Auge. Das Prunkbett aus der Zeit Maria Theresias benutzt sie nie, denn sie bevorzugt eine einfache Schlafstatt in der Nähe des in der Nacht stets geöffneten Fensters. Durch eine kaum sichtbare Tür kann sie aus ihrem Schlafzimmer über eine Wendeltreppe gleichsam unsichtbar kommen und gehen. Natürlich darf auch ein Turnzimmer nicht fehlen, ausgestattet mit einem Turnapparat aus Eichenholz, einem Schwebebalken, Strebestangen und Ringen sowie einer Personenwaage zur regelmäßigen Gewichtskontrolle. Im Stiegenhaus kommt die Statue des »Sterbenden Achill«, ihres Lieblingshelden, zur Aufstellung, der schon 1890 allerdings auf die Insel Korfu in ihr »Achilleion« gebracht wird. Den Balkon ziert die Büste ihres Lieblingsdichters Heinrich Heine und hinter dem Haus wacht die aus Stein gemeißelte Statue des Götterboten Hermes. Nach ihm wird das Haus auf Elisabeths Wunsch später als »Villa Hermes« oder »Hermesvilla« bezeichnet.

1886 ist die Fertigstellung des Hauses inklusive aller Nebengebäude abgeschlossen. Zu ihnen gehören eine eigene Reitschule, großzügige Stallungen und diverse Wirtschaftsgebäude. Elisabeths Wohntrakt befindet sich im ersten Stock des Südtrakts, die Räume des Kaisers im Nordtrakt.

Am 24. Mai 1886 kommt sie mit Franz Joseph erstmals in das neue 2 Millionen Gulden teure Domizil, »eine Kreuzung

»Hermesvilla« im Lainzer Tiergarten, Aquarell von Carl von Hasenauer, 1881.

zwischen einem französischen Schloss und einem Luxushotel«[87], ist aber mit dem Ergebnis nicht recht zufrieden, was ihr Mann, dem das Ganze sehr gut gefällt, enttäuscht zur Kenntnis nimmt. Statt eines bequemen Hauses betritt sie eine nicht recht komfortable, von einer viele Kilometer langen Mauer umgebene Sommervilla, in der die heiztechnischen und sanitären Einrichtungen zu wünschen übrig lassen. Eingebettet in die waldige Gegend ist die Villa oft kalt und feucht, was Elisabeth wegen ihrer rheumatischen Beschwerden nicht gerade zuträglich ist. Beheizt wird der zweigeschossige Bau über Kohle- und Holzöfen sowie mit einem zentralen Heizkessel im Keller. Ein ordentliches Badezimmer existiert nicht. Gebadet wird in einer transportierbaren Wanne und das Badewasser muss in großen Zubern erwärmt werden. Erst Mitte der 1890er-Jahre werden auf Betreiben der Kaiserin in der Hermesvilla endlich richtige Badewannen aufgestellt und Klosetts mit Wasserspülung installiert. Und 1897 wird zur Linderung ihrer rheumatischen Beschwerden schließlich sogar noch ein Dampfbad eingerichtet, das sie aber kaum mehr nutzt.

Bei ihrem Einzug im Mai 1887 kommt Elisabeth mit ihrem Mann und Marie Valerie zum zweiten Mal hierher. Auch ihre Tochter fühlt sich nicht besonders wohl. Ihre Reaktion lautet: »Diese Marmorreliefs, diese üppigen Teppiche, Kamine in getriebener Bronze, diese zahllosen Engel und Amoretten, das Schnitzwerk an allen Ecken und Enden, dieser manierierte Rokokostil! Ich wollte, wir wären wieder daheim [in Ischl].«[88] Dem Urteil ihrer Tochter kann Elisabeth nur zustimmen. Vor allem über die Malereien Hans Makarts soll sie den Kopf geschüttelt haben. Dennoch verbringt sie von 1887 bis 1897, ein Jahr vor ihrem Tod, jedes Frühjahr ab Mai, einige Zeit in der »Hermesvilla«, doch sesshaft wird sie hier nicht. Anfang Juli findet dann jeweils der Sommeraufenthalt in Bad Ischl statt.

Auch wenn sie die Villa als »Titanias Zauberschloss« oder »Schloss der Träume« bezeichnet, bedrückt sie die ausgeprägte melancholische Stimmung, insbesondere an regnerischen Tagen, doch erheblich. Vor allem aber kann sie auch hier ihre Unrast nicht ablegen und so zieht es sie bei Aufenthalten meist ins Freie, wo sie oft stundenlang rastlos durch das 36 Hektar große Parkgelände marschiert, das nahtlos in den Lainzer Tiergarten, ein 2500 Hektar großes Waldareal, übergeht. Bei günstigem Wetter badet sie mitunter im großen Teich. Längere Ausritte unternimmt sie hier kaum. Im Grunde schätzt sie das Haus also nur deshalb, weil es abgelegener und unzugänglicher ist als die anderen kaiserlichen Schlösser.

Bemerkenswert ist, dass Hermes, nach dem die Villa benannt ist, nicht nur ein Bote der Götter und Schutzgott der Reisenden, sondern auch ein Seelenführer ist, der die Seelen der Verstorbenen zu Charon, den Fährmann ins Totenreich, geleitet. Hermes als Personifikation des Todes ist auch Elisabeth nicht fremd. Auf altgriechischen Vasenbildern oder Grabstelen sind oft Frauen dargestellt, die von Hermes in die Unterwelt begleitet werden. Es ist gewissermaßen also der Tod in Gestalt des jungen Gottes Hermes, von dem alle in dieses Haus Eintretenden begrüßt werden. Auch andere Hinweise auf den Tod sind in der Villa zu finden, so eine Bronzeskulptur in Form einer Schüssel, auf der das abgetrennte Haupt Johannes des Täufers liegt. Unter dem von Josef Arpád Koppay gefertigten berühmten Porträt »Ludwig II. auf dem Totenbett« liegt die für sie angefertigte Totenmaske des Königs, dazu der Abdruck von seiner rechten Hand und – eine besondere Rarität – sogar der Abdruck der linken Hand des Königs. Ein weiteres Bild von Angelo de Courten, auf dem sich ein Engel, den Zeigefinger auf den Mund gelegt, aus den Fluten des Starnberger Sees erhebt, erinnert die Kaiserin bei jedem Blick darauf an den rätselhaften Tod ihres seelenverwandten Cousins. An der Decke befinden sich weitere Todesbilder, so Darstellungen von aasfressenden Geiern und eines kleinen Engels, der mit zerplatzenden Seifenblasen, dem Symbol für die Nichtigkeit des Lebens, spielt. Im Schlafzimmer hängt das Gemälde »Madonna mit Kind«, auf dem eine schwarz gekleidete, düster blickende Frau, ein wie tot wirkendes Kind in den Armen hält. Im selben Raum steht außerdem die dunkelgrau bronzierte Statue der Niobe, die um ihre toten Kinder trauert, auch »Melancholia« genannt, eine starre, hagere Frauengestalt, die an eine der stehenden Mumien in den Katakomben von Palermo erinnert und dem Raum eine bedrückende Aura verleiht.

In die »Hermesvilla« zieht sich Elisabeth nach dem Selbstmord ihres Sohnes Rudolf 1889 zurück. Hier leidet sie darunter, dass ihre Lieblingstochter Marie Valerie 1890 heiratet, ihr auf diese Weise entgleitet und für sie dadurch gleichsam stirbt. Hier unterzeichnet sie 1896 ihr Testament mit dem Wunsch, in Korfu begraben zu werden. Hier erhält sie 1897 die entsetzliche Nachricht, dass ihre Schwester Sophie beim Brand eines Wohltätigkeitsbasars in den Flammen starb. So wird die »Hermesvilla«, in der sie auch etliche Poeme mit Ergüssen zu Tod, Selbstmord, Verwesen und Vergessen verfasst, eher zu einem Haus düsterer Erinnerungen als zu einem Traumschloss für sie, das es nach Franz Josephs Vorstellung eigentlich werden sollte. In Wahrheit aber wurde es zu einem »architekturgewordenen Psychogramm des Kaisers und seiner Beziehung zu Elisabeth«.[89] Schließlich wird ihm klar, dass ihm schon wieder einmal eine von ihm gut gemeinte Absicht, völlig danebengegangen ist.

Nach Elisabeths Tod erbt das Haus seltsamerweise Marie Valerie, die sich trotz ihrer kritischen Einstellung gegen diese Villa von 1903 bis 1906 immer wieder in den ehemaligen Räumen ihrer Mutter aufhält und diese nach ihren Vorstellungen einrichtet. Für ihre elf Kinder sind Zimmer im Erdgeschoss reserviert. Kaiser Franz Joseph kommt seit dem Tod seiner Frau regelmäßig in die von ihm geliebte Wohnstatt, wo er sich in seinem sehr konservativ mit dunklem Holz eingerichteten Arbeitszimmer aufhält, um weiterhin seine kaiserlichen Pflichten zu erledigen.

»VILLA BRAILA« AUF KORFU

»Der schönste Punkt der Welt«

Am 15. Mai 1861 streift Elisabeth auf ihrer Rückreise von der Insel Madeira, wo sie wegen ihrer Lungenprobleme zur Kur war, mit der Jacht »Victoria and Albert« erstmals die Insel Korfu, die grüne Perle unter den griechischen Eilanden. Bei diesem kurzen Aufenthalt entzündet sich in ihr der Funke der Begeisterung für diesen Ort. Kaum in Wien verschlechtert sich ihr gesundheitlicher Zustand so rapide, dass ihr dringend erneut eine Kur empfohlen wird, die sie auf Korfu verbringt. Vom 27. Juni bis zum 26. Oktober 1861 erlebt sie ein Vierteljahr lang die Insel in ihrer ganzen Schönheit. »Hier ist der schönste Punkt der Welt«[90], so äußert sie später angesichts der atemberaubenden Ausblicke. Überall bewaldete Landzungen mit Kiefern und dunkelgrünen Zypressen, idyllische Strände neben senkrecht ins Meer abfallenden Felswänden, kristallklares Wasser in Schattierungen von Türkis bis Tintenblau. Dazu kommt der positive Einfluss des milden Klimas auf ihre Gesundheit.

Viele Jahre später kehrt sie Anfang September 1876 auf die Insel zurück. Bevor sie mit dem Schiff dorthin reist, ist nach ihren Aussagen ihre Seele bereits in Griechenland. Sie entwickelt eine immer tiefere Zuneigung zu Korfu, ebenso aber auch zur griechischen Geschichte und Mythologie. Fasziniert von den Ausgrabungen und Publikationen des deutschen Archäologen Heinrich Schliemann, dem Entdecker Trojas, lernt sie begeistert Alt- und Neugriechisch bei vier Griechisch-Lehrern, die Franz Joseph nach deren Eigenschaften und Aussehen spöttisch nur den »schreienden Griechen«, den »Buckeligen«, den »Parfümierten« und den »Großhaxerten« bezeichnet.

»Villa Braila« auf Korfu.

Ab dem 5. Oktober 1885 unternimmt sie mit dem Schiff »Miramar« eine einmonatige Orientreise, die sie nach Lacroma, Lissa, und erneut auf die Insel Korfu führt. Weitere ausgedehnte Erkundungstouren gehen nach Santa Maura, Patras, Korinth, Zante, Milo, Santorin und am 21. Oktober zu den Dardanellen. Über Troja, Smyrna, Rhodos Zypern, Port Said, Alexandria, Ithaka kommt sie abermals nach Korfu und von dort am 1. November zum Schloss Miramare, von wo sie nach Wien zurückkehrt.

1885 beginnt Franz Josephs Beziehung zur 32-jährigen attraktiven und lebensfrohen Hofschauspielerin Katharina Schratt, die von Elisabeth höchstpersönlich eingefädelt und aktiv gefördert wird. Dies geschieht wohl aus schlechtem Gewissen gegenüber ihrem 55-jährigen Mann, der das Jahr über meist allein ist, da sie sich ständig auf Reisen befindet. Gemeinsam mit ihm lädt sie die Schratt in die Hofburg ein und erteilt damit der Beziehung ihre Zustimmung. Die Schauspielerin wird zu einer lieben und guten Freundin des Kaisers, mit der er bei Gugelhupf und leichtem Geplauder gemütliche Stunden verlebt. Trotz gelegentlicher Auseinandersetzungen und Eifersuchtsszenen wegen der vielen Verehrer und Bewunderer, die der Burgschauspielerin den Hof machen, kommen die beiden auch nach kurzzeitiger Trennung immer wieder zusammen. Die Verbindung bleibt selbst nach Elisabeths Tod bestehen, insgesamt 30 Jahre bis zu Franz Josephs Tod 1916. Da die Schratt höchst loyal ist, lässt sie sich ihre Memoiren trotz eines hohen Angebots nie abkaufen. Über ihre Beziehung zum Kaiser, so betont sie immer wieder, werde von ihr nie jemand etwas erfahren.

Elisabeth setzt ihre Reisetätigkeit auch 1886 fort. Der rätselhafte Tod König Ludwigs II. im Starnberger See am 13. Juni 1886 erschüttert sie sehr und macht vom 1. bis 4. Juli einen Kuraufenthalt in Bad Gastein erforderlich. Auch 1887 ist die Kaiserin rastlos unterwegs. Vom 21. Oktober bis zum 15. November zieht es sie wiederum auf die Insel Korfu, die sie zunehmend als ihr wahres Königreich betrachtet. Von dort unternimmt sie Ausflüge nach Albanien, Leuka und Ithaka. Der Abschied von Korfu fällt ihr immer schwerer. Über Triest kehrt sie am 19. November nach Wien zurück.

Anfang Oktober 1888 logiert sie etwa 7 Kilometer südlich der Inselhauptstadt Korfu bei Gastouri in der halb verfallenen »Villa Braila«, die dem bekannten Korfioten Petros Brailas-Armenis gehörte, der bereits 1884 starb. Seither ist die rosa gestrichene, mit Kolonnaden geschmückte Villa im Besitz eines nahen Verwandten der Familie Brailas-Armenis. Aufmerksam auf das halb zerfallene Haus, das nur über einige kleine Zimmer verfügt, wird Elisabeth bei der Lektüre des bereits 1878 erschienenen Buchs »Odyseeische Landschaften« ihres

Reisebegleiters Alexander Freiherr von Warsberg, in dem das Areal mit der alten »Villa Braila« eindrucksvoll beschrieben ist. »Dort oben«, so schwärmt Alexander von Warsberg, »hielt ich bei der Villa Braila. Der Garten und das Haus sind einfach, beinahe ärmlich, für unsere Begriffe in einem Culturzustande, der bei uns Jahrhunderte zurückliegt. Aber was die Menschen nicht dazutaten, das gab der Himmel, und so wie das Haus und der Garten wildert, möchte ich mein Leben lieber dort als in allen Palästen Wiens' und Paris' verbringen; nie weggehen, nur immer schauen, ausblicken und genießen, die Luft einatmen und die Augen weiden. Es steht ein Baum mit einer runden Bank um seinen Stamm wie auf einem Balkone dort, über dem Abhange zum See hin, der in der ganzen Herrlichkeit seiner Rundschau mein Lieblingssitz wurde. Den Musen nach dem Parnasse und den Göttern selbst zum Olympe hinauf kann die Welt nie schöner erschienen sein als mir nach diesem Aussichtspunkte der Villa Braila. Mit solchen Bildern muß der Teufel unseren Herren in der Wüste nach dem vierzigtägigen Fasten versucht haben.«[91] Mit dieser Beschreibung Warsbergs kann sich Elisabeth vollkommen identifizieren. Sie will dieses alte Haus am liebsten sofort erwerben und begibt sich deshalb 1888 zu einem zweimonatigen Aufenthalt nach Korfu, wo ihr in der »Villa Braila« unter anderem ein Salon und ein Balkonzimmer zur Verfügung stehen.

Am 16. November 1888 schreibt sie von dort ihrer Tochter Marie Valerie: »Vorgestern ging ich zu Fuß in einem fort durch Ölwälder und am Meeresufer bis zur Villa ›Capodistria‹, zwei Stunden weit. Sie liegt in der größten Wildnis, wie ein verzaubertes Feenschloß, aber ganz baufällig, mitten unter großen Orangen-, Mandarinen- und Zitronenbäumen, die im verwahrlosten Garten wild durcheinander gewachsen sind. Am schönsten waren die Kamelienbäume. Kaum kann man in Madeira so herrliche finden. [...] Ich habe schon viel Schönes gesehen, doch gibt's nichts Schöneres auf der Welt als dieses Scheria [der Homerische Name für Korfu]. Beim Sternenhimmel ist es noch schöner. Gestern Abend schimmerte diese Wunderwelt vor mir auf, und mein Herz kann sich gar nicht fassen vor so viel ewiger Herrlichkeit.«[92]

Ende 1888 kommt Elisabeth ein fataler Gedanke in den Sinn, den sie noch bereuen wird. Sie überrascht Franz Joseph mit dem Wunsch, sie wolle sich auf dem Grundstück der »Villa Braila« gerne eine eigene Villa errichten. Dieses Bauvorhaben stellt für ihren Gemahl eine erhebliche finanzielle Belastung dar, sodass er von den Plänen seiner Frau nicht gerade angetan ist. Außerdem ist er auch nicht begeistert, als sie ihn wissen lässt, dass sie sich hier dauerhaft niederlassen möchte, um in diesem privaten Refugium künftig ein Leben »stillem Sinnen nur geweiht« zu führen. Nach einigem Zögern unterstützt er sie jedoch bei der Realisierung ihres Wunsches und besiegelt damit das Ende der »Villa Braila«, die einem schwerfälligen

Kaiser Franz Joseph mit der Schauspielerin Katharina Schratt.

Bauwerk, dem »Achilleion«, weichen soll. Elisabeth beauftragt Alexander von Warsberg, für sie auf der Insel Korfu den neuen Palast im Stil griechisch-antiker Architektur zu planen und das Bauvorhaben zu starten. Doch erst Mitte 1889 kann die »Villa Braila« erworben und das Areal durch Zukäufe auf 220 000 Quadratmeter erweitert werden. Im Juni 1889 liegen die Pläne vor und der Bau kann begonnen werden. Zunächst ist von einem Umbau der desolaten und baufälligen »Villa Braila« die Rede, doch es wird ein Abriss, nach dem der Bau einer prachtvollen Villa nach Elisabeths Vorstellungen erfolgt. Es soll ein in den Berg hineingebauter Palast werden, an der Vorderseite dreistöckig und an der Rückseite einstöckig mit einer weiten Gartenterrasse und zwei weiteren Terrassen gegen Norden, alles vor neugierigen Blicken geschützt durch eine hohe weiße Gartenmauer. Die »Villa Braila«, für Elisabeth »der schönste Punkt der Welt«, ist damit aber für immer zerstört.

Das »Achilleion« auf Korfu, Aquarell von Angelos Giallinas, 1895.

»ACHILLEION« AUF DER INSEL KORFU

Das griechische Tusculum

Als Vorbild für die neue Villa dienen den Architekten Raffaele Carito und Giuseppe Antonio Landi aus Neapel archäologische Funde, von denen auch die Kaiserin begeistert ist. Veranden, Statuen und Säulenhallen prägen das äußere Bild des Palastes mit 128 Zimmern. Die Möbel im pompejanischen Stil sind antiken Vorbildern nachempfunden, was allerdings der Bequemlichkeit nicht gerade dienlich ist.

Mehrfach überzeugt sich Elisabeth von den Baufortschritten, so Ende 1889 und 1890. Bald ist auch der Name für die Traumvilla gefunden: »Achilleion«, nach dem griechischen Helden Achilles, den Elisabeth nicht nur verehrt, sondern mit dem sie sich geradezu identifiziert. Von 1889 bis 1891 wächst an Stelle der abgerissenen »Villa Braila« ein neoantiker Traumpalast aus dem Boden. In einem Säulengang stehen 13 Büsten der von Elisabeth verehrten griechischen Philosophen und Dichter, darunter Homer und William Shakespeare, dem einzigen Dichter, der kein Grieche ist. Weitere Standbilder überall im Haus, so von Hermes, der Venus, der Artemis, der neun Musen. Im Inneren auch Fresken mit Szenen, die von Odysseus, Apoll und Daphne, von Homer, Theseus und Ariadne erzählen.

Auch sich selbst scheint Elisabeth in der Marmorstatue der »Peri« ein Denkmal setzen zu wollen. Sie hat das von dem englischen Bildhauer Charles Francis Fuller geschaffene Kunstwerk 1890 während einer Reise durch Italien ankauft und lässt es im Peristyl des »Achilleion« aufstellen, das sich vom Empfangssaal aus betreten lässt. »Das Peristyl! Es ist der Stolz des Achilleion«, erinnert sich die Hofdame Sztáray. Es ist »der stumme Zeuge der einsamen Spaziergänge der Kaiserin. Hier stört sie niemand; hier wagt sich niemand her, ohne gerufen zu sein«.[93] Täglich hält sie sich hier morgens und abends auf, seit dem Tod ihres Sohnes Rudolf stets schwarz gekleidet. Sie will von niemandem gestört werden, wenn sie sich in den Anblick der Lichtfee »Peri« versenkt. Bei dieser Gestalt aus der persischen Mythologie handelt es sich um eine junge Frau mit Schmetterlingsflügeln, ein Symbol für die Flüchtigkeit und Vergänglichkeit des Lebens. Sie liegt ausgesteckt auf dem Rücken eines Schwans, der durch die Meeresfluten schwerelos ins Ungewisse gleitet. Im Arm hält sie ein schlafendes Kind. Der einzige Halt auf der Fahrt durch die Meere ist der Anker, an den sich Peri lehnt. Stellt die Lichtfee womöglich ein Traum- und Wunschbild Elisabeths dar? Werden in ihr beim Blick auf Peri mit dem Kind im Arm Erinnerungen an ihren Sohn Rudolf wach, den sie vernachlässigt hat oder an ihre Lieblingstochter Marie Valerie, die von ihr überängstlich behütet und mit maßloser Liebe verwöhnt wird? Seit Rudolfs Tod und Marie Valeries Heirat, sieht sie sich wie Peri einem ungewissen Ziel entgegentreiben. Wie die Lichtfee hat auch sie, eingebrannt als Tattoo, einen Anker im Rücken als Symbol für die letzte Reise und den Tod, den sie ersehnt und dem sie entgegentreibt. Im ganzen Haus ist zudem überall der Delfin zu sehen, das der Thetis, der Mutter Achills, heilige Tier. Der Delfin als Symbol für die Verbindung zwischen Wasser und Erde, Leben und Tod. Er findet sich eingraviert auf Gläsern und Vasen, als Malerei auf dem Porzellan und sogar als Stickerei auf dem Bademantel der Kaiserin.

Mitte März 1891 besucht Elisabeth mit ihrer Tochter Marie Valerie und deren Ehemann das fast fertige »Achilleion«. Sie führt ihre Gäste durch den großen Empfangs- und Speisesaal, und durch das Spielzimmer. Auch eine kleine Hauskapelle, geweiht der Madonna der Seefahrer, ist vorhanden. In der ersten Etage sind für Marie Valerie und ihren Mann Franz Salvator Wohnräume eingerichtet, auch das Appartement für Franz Joseph ist hier untergebracht, der sich aber nie darin aufhält, da er das letzte Mal 1869 auf Korfu weilte. Im zweiten Stock befinden sich Elisabeths Gemächer mit einem grandiosen Meerblick. Vom Empfangssaal öffnen sich die Türen in das Schreib-, Ankleide- und Schlafzimmer mit dem niedrigen, römischen Bett, bedeckt mit einem Eisbärenfell. Von hier gelangt man ins marmorne Bad, in dem aus vergoldeten Wasserhähnen warmes Meerwasser sprudelt, und anschließend in das unverzichtbare Turnzimmer der Kaiserin. Um den Palast breiten sich ausgedehnte blumen- und baumreiche Gärten mit Statuen antiker Satyren, Waldnymphen und Mänaden, dazwischen Springbrunnen und Grotten mit leise murmelnden Quellen. Besonders beeindruckend ist die elektrische Beleuchtung der Villa – der Strom dafür wird in einem eigenen Kraftwerk erzeugt –, wodurch das »Achilleion« in den Augen der einfachen Bauern von Korfu in der Nacht wie ein Zauberschloss erstrahlt. Mit ihren beiden Gästen unternimmt Elisabeth auch Ausflüge nach Korinth und Athen. Da sich weder Franz Salvator noch Marie Valerie für das »Achilleion« und die Gegend so recht begeistern können, beschließt Elisabeth, dass sie es auch nicht erben sollen. Kurz darauf ist das Traumschloss endlich fertiggestellt, »mein Asyl«, wie es die Kaiserin nennt, »wo ich ganz mir angehören darf, hier beschränken mich keine weltlichen Rücksichten«.[94] Hier hält sie sich mehrfach auf, so Ende des Jahres 1891 bis Januar 1892, Mitte 1893, im September 1894, im April 1895, und das letzte Mal im März und Oktober 1896. Vor allem die frühen Morgenstunden auf der dem Meer zugewandten Terrasse sind ihr heilig und niemand darf sie in diesen stillen Stunden stören.

Lichtfee Peri, »Achilleion«, Korfu.

Musen der griechischen Mythologie auf der Terrasse des »Achilleion« auf Korfu.

Treppenhaus im »Achilleion«.

Stumm lustwandelt die Frau in Schwarz vor ihrem Traum in Weiß und lässt die Blicke vom oberen Garten ihres auf einem Hügel gelegenen Palastes über das friedlich daliegende tiefblaue Meer schweifen bis hin zum griechischen Festland. Nach Norden streift ihr Blick die Küste entlang zum höchsten Berg der Insel, dem Pantokrator.

Gerne meditiert sie auch auf einer Marmorbank am Rand des Parks in einem Olivenhain.

Doch mit der Zeit vermisst sie immer häufiger die bescheidene Vorgängervilla »Braila« und denkt mehr und mehr daran, den Palast wieder aufzugeben. Lapidar stellt sie fest: »Als ich das erstemal in Korfu war, habe ich die Villa Braila oft besucht; sie war herrlich, weil sie inmitten ihrer großen Bäume ganz verlassen war. Das hat mich so zu ihr hingezogen, daß ich aus ihr das Achilleion gemacht habe. Ich habe aber die alte Wehmut zerstört. Eigentlich bereue ich es jetzt. Unsere Träume sind immer schöner, wenn wir sie nicht verwirklichen.«[95] Zu sehr plagt sie auch ihre Rastlosigkeit, die ihr kein sesshaftes Leben erlaubt. Nur in ständiger Bewegung kommt sie zur Ruhe. Irgendwo anzukommen und dortbleiben zu müssen ist für sie die Hölle.

Schon zwei Jahre nach dem Abschluss der Bauarbeiten will sie 1893 das Gebäude verkaufen, das die stolze Summe von 9 Millionen Goldfrancs kostete, die Franz Joseph aus seiner Privatschatulle bezahlte. Er ist geschockt und rät ihr entschieden davon ab. Diese Sprunghaftigkeit seiner Frau geht ihm dann doch zu weit, und was würde die Öffentlichkeit dazu sagen? Doch sie lässt der Gedanke an den Verkauf nicht mehr los. Im Frühjahr 1896 besucht sie zum letzten Mal Korfu. Wieder ist einer ihrer Träume geplatzt. In einem Gedicht benennt sie auch den Grund: Wie die Liebe, die »frei sein muss und kommen und gehen darf«, wie sie will, so ist auch »ein Schloss wie ein Ehering«, weshalb die Liebe zu einem solchen Bauwerk ebenfalls »kein Besteh'n«[96] haben kann.

Nach ihrem Tod 1898 steht der Palast einige Jahre leer. Ihre Tochter Gisela, die das Anwesen erbt, hat kein Interesse daran und verkauft es 1907 an den deutschen Kaiser Wilhelm II., der durch Entfernung der von Elisabeth errichteten Statue des von ihr so hochverehrten Heinrich Heine das »Achilleion« quasi entweiht. Seit 2003 ist der gesamte Komplex ein Museum und Denkmal für die einstige Hausherrin, das von Touristen gern besucht wird.

Kaiserin Elisabeth auf Korfu, Pastell von Friedrich August von Kaulbach, 1898.

ELISABETHS WOHNGENOSSEN

Achill, Odysseus, Heine & Co

In den Behausungen, in denen sich Kaiserin Elisabeth einigermaßen wohlfühlt, wünscht sie die Nähe zu toten Idolen, die sie besonders verehrt. Sie verhält sich diesbezüglich ähnlich wie ihr Cousin Ludwig II., der auch mit verehrten toten Personen verkehrt und zu speisen pflegt, so mit Ludwig XIV., Ludwig XV., den Damen Pompadour, Maintenon und Dubarry oder mit der von ihm verehrten Königin Marie Antoinette. So wie er kann auch Elisabeth mit ihren toten Idolen in geistigen Kontakt treten, wann immer es ihr beliebt. Mit ihnen spricht sie und vertraut ihnen ihre intimsten Gedanken an in dem Wissen, nie von ihnen verraten zu werden. Sie fühlen und denken wie sie, weil das, was sie ihr kundtun, Elisabeths eigene Gedanken und Worte sind. Sie sind immer da, wenn sie Sehnsucht nach ihnen hat, ziehen sich aber auch sofort zurück, wenn sie das wünscht. Sie sieht sie als Bilder an den Wänden und als Skulpturen, sie liest über sie in Büchern oder studiert ihre Werke, ist von ihrem Geist durchdrungen und versucht, in spiritistischen Sitzungen zu ihnen Kontakt aufzunehmen. Besonders wichtig sind ihr dabei die griechischen Helden Achill und Odysseus, die Schriftsteller Heinrich Heine und Lord Byron, ihr Cousin König Ludwig II. von Bayern nach dessen Tod 1886 und ihr Sohn Kronprinz Rudolf, nachdem er 1889 durch Suizid aus dem Leben schied. Sie erschafft sich gleichsam einen privaten Friedhof, in dem sie ihre Toten jederzeit besuchen und mit ihnen in Kontakt treten kann.

GELIEBTER ACHILL

Von Achilles, dem Helden der griechischen Mythologie ist Elisabeth begeistert. Mit ihm fühlt sie sich verbunden, mit ihm identifiziert sie sich. »Er hat nur seinen eigenen Willen heilig gehalten und nur seinen Träumen gelebt, und seine Trauer war ihm wertvoller als das ganze Leben«[97], zitiert ihr Griechischlehrer Constantin Christomanos die Kaiserin in seinem Tagebuch. Und wie Achill, so denkt und fühlt auch sie. Achill ist es auch, der ihre Liebe zu Griechenland, zur griechischen Mythologie und Geschichte und zur Insel Korfu vertieft. Seinetwegen lernt sie Alt- und Neugriechisch und übersetzt Epen ins Neugriechische.

Ihm zu Ehren tauft sie ihr prunkvolles Schloss auf Korfu »Achilleion«. An zentraler Stelle, im Park am Aufgang zur Villa, lässt sie eine überlebensgroße Marmorskulptur aufstellen, die Achill als sterbenden Krieger mit dem vergifteten Pfeil in seiner Ferse darstellt und die vom Berliner Bildhauer Ernst Gustav Herter geschaffen wurde. Eine zweite 5,5 Meter aufragende Bronzestatue des Potsdamer Bildhauers Johannes Götz führt den siegreichen Achill vor Augen mit Schild und Speer auf einem Podest zwischen Palmen. Das große Fresko des österreichischen Malers Franz Matsch im Obergeschoss des Treppenhauses zeigt Achill, wie er vor den Toren von Troja den besiegten Hektor mit seinem Streitwagen hinter sich herschleift.

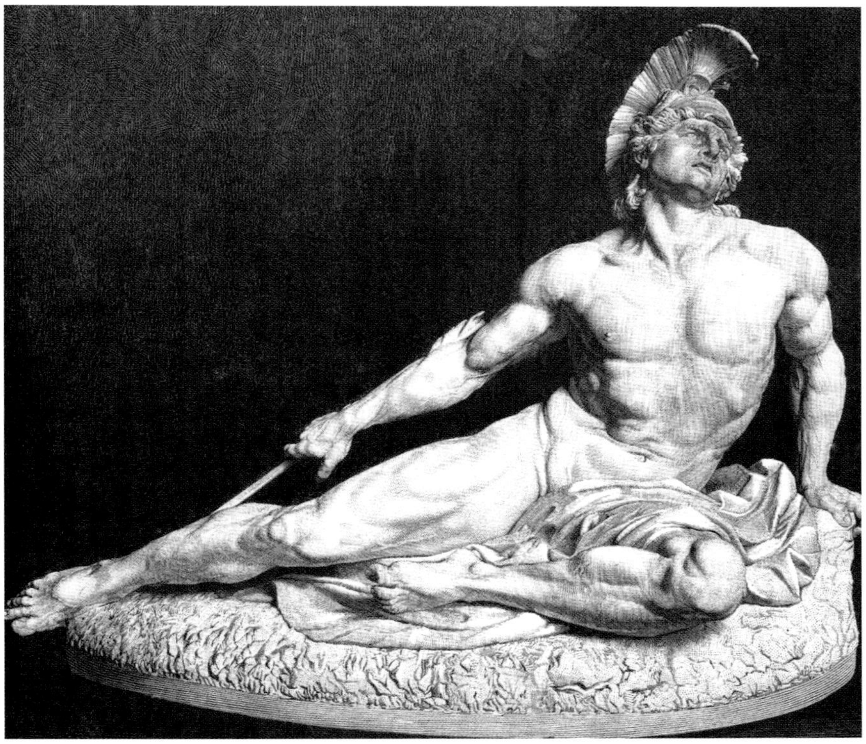

»Der sterbende Achilles«, Holzstich nach der Skulptur von Ernst Herter, 1886.

VEREHRTER ODYSSEUS

In ähnlicher Weise verehrt Elisabeth auch den griechischen Helden Odysseus und liebt Homers »Sirenen-Sage«, in der Odysseus eine Rolle spielt. In dieser Erzählung locken die beiden auf einer Insel wohnenden Sirenen durch ihre bezaubernde Stimme Seefahrer ins Verderben. Lassen sich die Seeleute durch deren Gesang auf die Insel locken, sind sie verloren und dem Tod geweiht. Trotz dieser tödlichen Gefahr entschließt sich Odysseus aus Neugier, dem Sirenen-Gesang zu lauschen. Auf den Rat der Zauberin Kirke lässt er sich von den Gefährten seine Ohren mit geschmolzenem Wachs verschließen und sich an den Mast des Schiffes binden. So kann er den Gesang der Sirenen fühlen, ist durch die Seile aber daran gehindert, auf die Sirenen-Insel zu gelangen. Als das Schiff außer Hörweite kommt, verliert der Zauber seine Wirkung.

Nach dem Vorbild Odysseus lässt sich Elisabeth bei stürmischer See ebenfalls an Deck an den Schiffsmast binden, um nicht von den Wellen in die Tiefe gerissen zu werden. »Ich thue dies wie Odysseus, weil mich die Wellen locken«[98], erklärt sie ihrem Vorleser und Vertrauten Constantin Christomanos. In Ithaka pflückt sie an der Stelle Blumen, wo einst Odysseus an Land gegangen war. Und im »Achilleion« lässt sie eine Seitenwand mit Fresken schmücken, auf denen Szenen aus dem Leben Odysseus dargestellt sind. Seine Abenteuer auf der langen Fahrt, geschildert in Homers »Odyssee« verdeutlichen ihr, wie Menschen durch übermäßige Bemühungen und die Bereitschaft zu harten Opfern Visionen realisieren und hochgesteckte Ziele erreichen können.

MEISTER HEINRICH HEINE

Ein dichterisches Vorbild der Kaiserin ist Heinrich Heine (1797–1856). Von ihm lässt sie im »Achilleion« eine von dem dänischen Bildhauer Louis Hasselriis 1879 geschaffene Marmorstatue in einem Rundtempel platzieren.

Zu Lebzeiten sorgt dieser Dichter für Aufregung und das nicht nur wegen seiner scharfzüngigen Deutschlandlieder. 19 Jahre ist Sisi alt, als der umstrittene Satiriker stirbt, aber sie verkehrt weiterhin mit ihm wie mit einem Lebenden und wird zu seiner ergebenen Jüngerin. Sie ist von Heines Eigenwilligkeit fasziniert, bewundert ihn für sein unangepasstes Leben und sieht in ihm einen Seelenverwandten. Sie nennt ihn ihren »Meister«. Während Franz Joseph Sisis Hang zum Dichten als »Wolkenkraxelei« abtut, fühlt sie sich von Heines Geist tagtäglich aufgerufen, in seiner Nachfolge selbst Poesie zu produzieren und ist sogar überzeugt, des Meisters Hand führe die ihre beim Verfassen von Gedichten: »Der Meister hat sie mir dictiert«, erklärt sie 1890 in ihrem Tagebuch. Testamentarisch verfügt Elisabeth, dass ihr poetisches Werk erst 60 Jahre nach ihrem Tod veröffentlicht werden darf, wenn niemand ihrer Zeitgenossen mehr am Leben ist. Dies ist mittlerweile auch geschehen. Der Ertrag der Veröffentlichung soll zum Wohl politisch Verurteilter der österreichisch-ungarischen Monarchie und deren Familien verwendet werden.

Ihrem Idol Heine begegnet sie auch in spiritistischen Sitzungen und setzt sich vehement für die Errichtung eines Heine-Denkmals ein, wozu sie finanzielle Unterstützung leistet, auch wenn dieses Vorhaben dann letztendlich scheitert.

IDOL LORD BYRON

Elisabeth ist von den Protagonisten im Werk dieses britischen Dichters fasziniert. Die Helden von Lord Byrons Epen »Childe Harold« (1816) und »Manfred« (1817) sind auf sich selbst fixierte intelligente, mutige und leidenschaftliche Außenseiter und Rebellen. Es sind rastlose, verletzliche und einsame Antihelden, denen ein glückliches Leben versagt ist. Sie gehören alle dem höheren Stand an, verfügen über Wohlstand und leisten sich einen luxuriösen Lebensstil. Sie verachten soziale Regeln und zeigen selbstzerstörerische Tendenzen. Mit all diesen Eigenschaften kann sich Elisabeth identifizieren. Auch mit seinem unsteten Wanderleben. Wie er ist auch sie bis zu ihrem Tod auf der Suche nach dem tieferen Sinn des Lebens. Noch mehr fasziniert sie Byrons Engagement für den griechischen Freiheitskampf, den er seit 1822 mit erheblichen Geldbeträgen unterstützt. Doch er will das auch aktiv tun und segelt Ende Juli 1823 zur Insel Kephallenia. Er bringt Waffen, Geld und Medikamente mit. Anfang des Jahres 1824 erscheint er mit zwei Schiffen und 500 Soldaten und schwört, Griechenland befreien oder sterben zu wollen. Drei Monate später bringt ihm am 19. April 1824 eine Lungenentzündung den Tod. Danach kommt es zur kurzzeitigen Einigung der Griechen. Entschieden wird der griechische Freiheitskampf aber erst 1827, zehn Jahre vor Sisis Geburt. Seit 1830 ist

Griechenland wieder ein freier und unabhängiger Staat, womit Lord Byron sein Ziel posthum erreicht hat.

Seine Statue darf im »Achilleion« natürlich nicht fehlen. Sitzend in nachdenklicher Pose ist der Dichter dargestellt, den rechten Arm auf ein Buch gestützt, das auf seinem Schoß liegt. Sisis Bruder Carl Theodor, mit dem sie eine gemeinsame Liebe zu Byrons Poesie verbindet, schenkt seiner Schwester eine Bronzebüste des romantischen Dichters in griechischer Nationaltracht. Eines ihrer Lieblingspferde trägt den Namen »Lord Byron«. Sisi schenkt dieses Pferd der von ihr verehrten Kunstreiterin Elise Petzold vom Zirkus Renz. Und noch eines fasziniert sie an Byron. Wie sie, so schätzt auch er es, schlank zu sein, weshalb er sich zeitweise nur von Mineralwasser und in Essig getränkten Kartoffeln ernährt.

SEELENVERWANDTER LUDWIG II.

Schon als Kinder spielen sie gelegentlich miteinander, auch wenn Elisabeth immerhin acht Jahre älter als Kronprinz Ludwig ist. Dieser Altersunterschied bringt zunächst eher eine gewisse Distanz als Nähe mit sich, allerdings weniger vonseiten Ludwigs, der später behauptet, Sisi schon im Knabenalter verehrt zu haben, zumindest seit 1860, worauf eine Eintragung in seinem Tagebuch hinweist.

Als Ludwig neun Jahre alt ist, heiratet die inzwischen 16-jährige Sisi 1854 den österreichischen Kaiser Franz Joseph. 1864 wird ihr 18-jähriger Cousin Ludwig König von Bayern und in diesem Jahr trifft er die inzwischen 26 Jahre alte Elisabeth in Bad Kissingen, wo sie sich zur Kur aufhält. Ludwig ist von ihrer Schönheit und ihrem Wesen geblendet und bezeichnete sie als »Götterbild, erhaben, engelgleich«. Aus seinem geplanten Aufenthalt von zwei Tagen werden vier Wochen. Danach bleiben die beiden einander lebenslang in Freundschaft verbunden. Betroffen stellen sie fest, dass sie sich in ihrem Wesen und in vielen Ansichten sehr ähnlich sind. Auch die Zeitgenossen registrieren zahlreiche Gemeinsamkeiten in den oft exzentrischen Verhaltensweisen.

Elisabeth huldigt einem exzessiven Schönheitskult. Die Pflege ihrer Haare ist für sie ein täglicher Gottesdienst. Auch am jungen Ludwig II. bewundert man seine Schönheit, auf die er selbst großen Wert legt, indem er sich beispielsweise sein Haupthaar täglich kunstvoll legen lässt. Beide lieben die Einsamkeit, sind menschenscheu und haben einen Hang zur Weltflucht. Beide haben eine Abneigung gegen das strenge Hofzeremoniell, gegen Audienzen und sind Meister im Ausweichen offizieller Termine. Beide hassen ihre Residenzstadt, Ludwig München, Sisi Wien. Elisabeth schreibt kritische Gedichte über den Adel und bezeichnet die Monarchie als brüchige Ruine. Damit erweist sie sich als Rebellin auf dem Kaiserthron. Ludwig rebelliert auf andere Art gegen die konstitutionelle Monarchie, von der er seine Rechte beschnitten fühlt. Er sehnt sich nach einer absolutistischen Regierungsform mit uneingeschränkter Macht zurück. Beide empfinden Abscheu gegen Kriege und Gewalt. Beide sind sehr belesen und bildungsbeflissen. Beide fühlen sich am wohlsten in abgeschiedener Natur, die sie mehr als Menschen lieben. Zieht sich der König in die bayerischen Alpen und in seine »heimlichen Residenzen«, die Berghütten, zurück, so die Kaiserin aufs Meer und auf abgelegene Inseln. Vielleicht, so wird behauptet, regt die Kaiserin ihren Cousin sogar an, sich ebenfalls außerhalb Bayerns niederzulassen. 1873 lässt Ludwig durch Franz von Löher nach einem solchen Land Ausschau halten. Beide haben auch Freude am Bauen: Ludwig an seinen anachronistischen Schlössern, Elisabeth am »antiken« Palastneubau in Korfu, dem »Achilleion«.

Der König spricht mit Bäumen und auch Elisabeth hat in Gödöllő einen Lieblingsbaum, mit dem sie Zwiesprache hält. Beide sind ausgezeichnete Reiter und lieben scharfe Ritte. Beide wollen alles, was sie lieben und was ihnen wertvoll ist, allein besitzen und genießen. Beide leben ohne Rücksicht auf die Neigungen anderer. Sowohl Elisabeth als auch Ludwig ist es wichtig, dass niemand Zugang zu ihren Schlössern hat, da ungebetene Gäste sie entweihen. Beide sind von einer permanenten melancholischen Grundstimmung durchdrungen. Beide bauen »geistige Beziehungen« zu Toten auf, Elisabeth, wie erwähnt, zu Achill, Odysseus und dem Dichter Heinrich Heine, mit dem sie in spiritistischem Kontakt zu stehen glaubt. Immer wieder blickt sie zur Statue des »Sterbenden Achill« auf, die vor ihrem Schloss auf Korfu steht. Ludwig II. fühlt sich zu toten Frauen hingezogen, so zu Maria Stuart oder Marie Antoinette, mit denen er ebenso Zwiesprache führt wie mit bourbonischen Monarchen und ihren Mätressen. Beide fühlen sich von Geisteskrankheit bedroht, glauben aber, dass Menschen, die man für wahnsinnig hält, die wahren Klugen sind.

Als Elisabeth in der Mitte ihres Lebens ihre Schönheit schwinden sieht, verweigert sie sich der Öffentlichkeit, versteckt ihr faltiges Gesicht hinter Schleiern, Schirmen und Fächern. Auch Ludwig zieht sich in den letzten Lebensjahren wegen seines extremen Zahnverfalls und seiner zunehmenden Leibesfülle zurück und will sich nicht mehr dem Volk zeigen. Gegen Ende ihres Lebens befällt beide Lebensüberdruss und Todesverlangen. Elisabeth irrt nach dem Tod ihres Sohnes Rudolf nur noch als stets schwarz gekleidete Dame inkognito durch Europa und endet als depressive einsame Frau, in sich versponnen, ähnlich wie ihr Vetter Ludwig. Sogar der Tod beider weist gewisse Ähnlichkeiten auf. Erleidet die Kaiserin am 10. September 1898 einen gewaltsamen Tod durch einen anarchistischen Mörder in Genf, so findet der König sein bis heute ungeklärtes Ende am 13. Juni 1886 nach einem Staatsstreich im Starnberger See bei Schloss Berg, womöglich sogar durch eine Mordtat, wie bis heute zumindest vermutet wird.

Zweifelsfrei besteht eine Wesensähnlichkeit, ausgeprägte Sympathie und tiefe Freundschaft zwischen Elisabeth und Ludwig. Sie fühlen sich als Seelenverwandte, was den Kaiser Franz Joseph sogar eifersüchtig gemacht haben soll. »Er [Ludwig] solle doch seiner Frau nicht so die Cour machen.«[99] Es verwundert nicht, dass man am Wiener Hof tuschelt, die beiden hätten womöglich ein gemeinsames Kind. Doch für das heute nach wie vor populäre Bild einer Liebesbeziehung zwischen Ludwig und Sisi gibt es keine historischen Anhaltspunkte. Sexualität spielt zwischen beiden sicher nicht die geringste Rolle, ist doch Elisabeth der Ansicht: »Für mich keine Liebe, für mich keinen Wein. Die eine macht übel, der and're macht spei'n!«[100] Mehrfach spricht sie Vertrauten gegenüber von der »vergiftenden« Wirkung körperlicher Liebe. Und Ludwig ruft aus: »Nur psychische Liebe allein ist gestattet, die sinnliche dagegen verflucht. Ich rufe feierlich ›Anathema‹ über sie aus!«[101] Die acht Jahre ältere Cousine ist für Ludwig zunächst eine Respektsperson, danach empfindet er für sie zwar eine tiefe emotionale, aber rein platonische Zuneigung, bei der allenfalls eine sublime und nur ansatzweise erotische Empfindung eine Rolle spielt.

Zu ihrem Cousin Ludwig hat Elisabeth zeitlebens eine tiefe seelische Verbindung, auch wenn die Kontakte mit zunehmendem Alter abnehmen. Wie eng diese ist, zeigt sich, als ihr die Nachricht von Ludwigs Tod überbracht wird. Mit einem Schrei der Verzweiflung wirft sie sich zu Boden, will es nicht glauben, dass er wirklich tot ist, und ebenso wenig, dass er an einer Geisteskrankheit litt. Vielleicht ist Kaiserin Elisabeth tatsächlich die einzige, die Ludwig II. zutiefst verstanden hat, weil sie in ihrer Exzentrik und Weltflucht ähnlich verschroben ist wie er. Beide sind zwei lebenslang Suchende, voneinander immer wieder angezogen, aber letztlich ohne sich wirklich finden zu können. Nach seinem Tod 1886 bewahrt Elisabeth Ludwigs Totenmaske in der Lainzer Hermesvilla auf, dazu Abdrücke seiner rechten und linken Hand, von der nur sie ein Exemplar ihr Eigen nennt.

VERNACHLÄSSIGTER SOHN RUDOLF

Nach Rudolfs Tod 1889 peinigen die Kaiserin Schulgefühle, dass sie sich zu wenig um ihren Sohn gekümmert hat. Schon wenige Tage nach seiner Beisetzung versucht sie Kontakt mit dem Toten aufzunehmen und geht eines Abends heimlich in die Kapuzinergruft. Erzherzogin Marie Valerie erinnert sich: »Die Gruft ist ihr unsympathisch, und sie hatte gar keine Lust hinabzugehen, aber ihr war's, als riefe sie eine innere Stimme, und sie tat es in der Hoffnung, Rudolf könne ihr erscheinen und ihr sagen, ob er dort nicht begraben sein wolle. [...] Der Wind stöhnte und die von den welken Kränzen herabfallenden Blumen knisterten wie leise Schritte, so dass sie sich öfter umsah – aber es kam nichts.«[102] Elisabeth ist enttäuscht, dass Rudolfs Geist sich nicht meldet. Sie vermutet, dass Geister nur erscheinen dürfen, wenn »der große Jehova sie lässt«.[103] Mehrfach bemüht sie sich, mit ihrem toten Sohn auch in spiritistischen Sitzungen in Verbindung zu treten, um von ihm die Gründe für seinen Suizid zu erfahren.

Am 22. April 1895 lässt sie im »Achilleion« die von dem Schweizer Bildhauer Antonio Chiattone gemeißelte Bildsäule Rudolfs aufstellen. »Der mächtige graue Granitsockel hat auf glatter Fläche ein medaillonförmiges Relief mit dem Brustbilde des Kronprinzen Rudolf«, berichtet Gräfin Sztáray. »Über dem Relief, auf dem Rande des Blockes, sitzt, auf eine gebrochene Säule gelehnt, der Engel des Todes. Seine Fittiche sind ausgebreitet, sein Blick ernst und unerbittlich, und während er mit der Linken auf Rudolf weist, hat sich in seiner Rechten die Lebensfackel bereits erdwärts geneigt. Hoch aufgerichtet, die Blicke in die Ferne verloren, stand die Kaiserin da und ihr Schatten fiel auf das Denkmal. Als wollte sie ihren Sohn umarmen; und mir war's, als hörte ich durch die Stille das qualvolle Schluchzen ihrer Seele.«[104] Lange bleibt sie stehen. »Kein Wort kommt über ihre Lippen, langsam füllen sich ihre Augen mit Tränen. Das Ganze ergreift die Kaiserin so, daß sie schon am nächsten Tag förmlich fluchtartig Korfu verläßt und nach Venedig fährt.«[105]

Auch mit anderen Toten, so etwa mit ihrem Schwager Max, der als Kaiser Maximilian in Mexiko hingerichtet wurde, und mit ihrem Neffen »Bubi«, dem Fürsten Maximilian von Thurn und Taxis, Sohn ihrer Schwester Helene, der im Alter von nur 23 Jahren stirbt, glaubt sie Verbindung ins Jenseits zu haben.

Kronprinz Rudolf im Alter von ungefähr 14 Jahren.

SOMMERRESIDENZEN AM STARNBERGER SEE

Bei ihren Aufenthalten am Starnberger See sucht Kaiserin Elisabeth nicht nur das elterliche Schloss Possenhofen gerne auf, sondern ebenso Ludwigs II. Lieblingsschloss Berg und Schloss Garatshausen sowie das Casino auf der Roseninsel. Als regelmäßig frequentierter Sommersitz steht ihr außerdem das »Hotel Strauch« in Feldafing zur Verfügung, das rasch zu ihrem Privathotel wird.

SCHLOSS BERG

Das Lieblingsschloss König Ludwigs II.

Schloss Berg ist seit dem Regierungsantritt Ludwigs II. 1864 neben den Schlössern Linderhof und Hohenschwangau das Lieblingsschloss des Königs, in dem er sich jedes Jahr vom 11. Mai bis Oktober aufhält, um von hier aus seine Ausritte um den Starnberger See aber auch zu seinen Berghütten zu unternehmen. Von Berg aus kommt Ludwig II. auch häufig nach Possenhofen, Garatshausen oder nach Feldafing ins »Hotel Strauch«, um Elisabeth zu besuchen. So erscheint er beispielsweise im Sommer 1877 in Feldafing. »Zuerst sah man nur eine dichte Staubwolke«, erinnert sich Marie Louise von Wallersee-Larisch, Elisabeths Nichte, »dann erschien der Vorreiter, gleich darauf der offene Wagen mit vier Pferden à la Daumont, für eine Visite auf dem Land etwas zeremoniell. Allein König Ludwig liebte es, sich mit Pracht zu umgeben. Er saß allein im Fond und war in Zivil. Rasch und mit unmerklichem Kopfnicken für die Umstehenden entstieg er dem Wagen. Der Besuch dauerte zwei Stunden. Nie werde ich vergessen, wie König Ludwig dann vom Wagen aus die auf dem Balkon stehende Kaiserin grüßte, indem er mit unnachahmlicher Grandezza den Hut zog.«[106]

Natürlich besucht Elisabeth im Gegenzug auch ihren Cousin Ludwig in seinem Schloss Berg, das auf der gegenüberliegenden Seite des Starnberger Sees liegt und von Feldafing aus in zwei Stunden zu Pferd erreichbar ist. Dieses Schloss, das sie an ihre Kindheit erinnert, scheint Elisabeth zu gefallen, sodass sie gerne zu Besuch kommt. In dieser Behausung kann man sich vom Trubel der Welt zurückziehen.

Von einem solchen Besuch im Sommer 1877 berichtet Marie Louise von Wallersee-Larisch, die diesmal ihre kaiserliche Tante nach Berg begleiten darf, folgendes: "Ich hatte [...] mein einfaches graues Reitkleid angezogen, während die Kaiserin ein schwarz-weißes trug, bei dessen Anblick Kaiser Franz Joseph gesagt haben soll: ›Sissi, du siehst ja aus wie ein Zebra.‹ Schön war dieser Ausflug auf der staubigen Landstraße nach Schloß Berg gerade nicht. Die Kaiserin hielt den ganzen Weg ihren Lederfächer vorm Gesicht und ermahnte mich des öftern, das gleiche zu tun, denn auch ich hatte einen solchen Fächer bekommen. Das Futteral hierzu war am Sattel wie ein Pistolenhalfter angebracht. Ich war froh, als ich mich im Park [von Schloss Berg] in den Schatten setzen konnte.

Doch es dauerte nicht lange, da wurde ich von einem Lakai geholt. Mein Schrecken war unbeschreiblich. Sollte ich vor dem König erscheinen, staubig, wie ich war und in meinem grauen Kleid? Verzagt folgte ich dem Mann, der mich schnurstracks zu dem Salon führte, in welchem Kaiserin Elisabeth mit dem König saß. Ludwig lag auf einer Chaiselongue, den Kopf in Binden und Bandagen. Den königlichen Dulder quälten Zahnschmerzen, die ihn periodisch als Folge seines Übergenusses von Zucker heimsuchten.

Schloss Berg von Nordosten, Zeichnung von Eduard von Riedel.

Neben ihm stand ein kleiner Tisch voller Flaschen in allen Größen. In dem kurzen, engen Reitkleid ein Hofkompliment zu machen war ein Kunststück, dessen ich mich mit zweifelhafter Grazie entledigte. Im Bewußtsein meiner Unbeholfenheit stand ich an der Türe. Meine Tante winkte mir mit ermutigendem Lächeln, heranzukommen. ›Der König möchte dich singen hören.‹ Hätte meine Tante gesagt, ich sollte jetzt vor Seiner Majestät einen Purzelbaum schlagen, wäre es mir nicht ungeheuerlicher erschienen. Indessen der König neigte freundlich das Haupt und streckte mir die Hand entgegen."[107] Marie Valerie bewältigt trotz ihres immensen Lampenfiebers das Vorsingen bravourös.

Schloss Berg wird für Elisabeth nach dem Tod König Ludwigs II. am 13. Juni 1886 zu einem Ort der Trauer. Nachricht von dem Unglück erhält sie im »Hotel Strauch«. Wie nah ihr diese Tragödie geht, zeigen die neun Trauergedichte in ihrem Poetischen Tagebuch[108], in denen sie sich mit dem Ende ihres Königsvetters befasst.

SCHLOSS POSSENHOFEN

Erinnerungen an die Kindheit

Ludwig II. und seine Verlobte Sophie in Bayern, Fotografie von Joseph Albrecht, 1862.

Schloss Possenhofen, von Sisi seit Kindertagen liebevoll »Possi« genannt, ist für sie auch als Kaiserin immer wieder einen Besuch wert, verbindet sie mit diesem Haus doch viele schöne Erinnerungen an ihre Kindheit. Sie liebt dieses Paradies von Blumen, Bäumen, einer wildromantischen Parklandschaft, die blauen Fluten des Starnberger Sees und den Blick auf die faszinierende Bergkette.

Das erste Mal nach ihrer Hochzeit kommt sie mit Zustimmung Franz Josephs am 21. Juni 1855 nach Possenhofen, wo sie und ihr erstes Kind, die vier Monate alte Tochter Sophie, von der Familie herzlich empfangen werden. Hier kann sie endlich ihren Kummer loswerden, den ihr vor allem die Schwiegermutter mit ihren ständigen Nörgeleien bereitet. Regelmäßig unternimmt sie, auch bei Regen, Spaziergänge oder Ausritte um den See. Bisweilen besucht sie gemeinsam mit ihrer Mutter die Frühmesse in der Possenhofener Hauskapelle. Die Rückkehr nach Wien fällt ihr besonders schwer.

Zum zweiten Mal kommt sie im Sommer 1860 nach Possenhofen, vom mehreren dicht aufeinander folgenden Ereignissen völlig entkräftet, so von der Geburt ihrer zweiten Tochter Gisela (1856), dem Tod ihrer ersten Tochter Sophie (1857) und der Geburt des Kronprinzen Rudolf (1858). Dazu bedrücken sie die flehentlichen Hilferufe ihrer Schwester Marie und deren Mannes, die ihr Königreich Neapel-Sizilien zu verlieren drohen, aber von Franz Joseph keine Hilfe erhalten, der 1859 gerade den Krieg Österreichs mit Sardinien-Piemont verloren hat. Außerdem quälen sie Gerüchte, Franz Joseph sei ihr untreu gewesen und immer wieder auch die Erinnerung an die regelmäßigen Auseinandersetzungen mit der Schwiegermutter. Elisabeth ist am Ende ihrer Kräfte und flieht Anfang Juli bis Anfang August 1860 deshalb nach Possenhofen. Der einmonatige Aufenthalt trägt nur unzureichend zur Erholung bei, sodass sie nach ihrer Rückkehr nach Wien ernsthaft erkrankt und von den Ärzten im November 1860 zur Erholung auf die Insel Madeira geschickt wird.

Nach Possenhofen kommt sie erst wieder im Juli 1862 und trifft hier ihre beiden Schwestern Marie und Mathilde. Marie und deren Mann haben mittlerweile ihr Königreich Neapel-Sizilien verloren und Mathilde ist seit 1861 nicht besonders glücklich mit dem Grafen Ludwig von Trani verheiratet. Die drei Schwestern tauschen ihre Sorgen aus, bevor Elisabeth am 14. August nach Wien zurückkehrt, wo sie nach fast zweijähriger Abwesenheit auf den Inseln Madeira und Korfu begeistert empfangen wird.

Zwei Jahre später, im Juli 1864 kommt sie zu einem kurzen Sommeraufenthalt wieder nach Possenhofen. Kurz zuvor begegnet ihr in Kissingen König Ludwig II., der gerade im März

1864 König von Bayern wurde. Sie ist von der stattlichen Erscheinung ihres acht Jahre jüngeren Cousins beeindruckt und Ludwig verfällt ihrem Zauber. Die Zuneigung zwischen beiden hält bis zum Tod Ludwigs II. im Juni 1886.

Im Januar 1867 findet die Verlobung von Elisabeths Schwester Sophie mit König Ludwig II. statt, von der Elisabeth bei einem kurzen Besuch in Possenhofen und München erfährt.

Ab 1868 beginnen dann die regelmäßigen jährlichen Sommeraufenthalte der Kaiserin am Starnberger See, die vorrangig in den Monaten Juni bis August stattfinden. Da sie als österreichische Kaiserin aus protokollarischen Gründen nicht im elterlichen Schloss Possenhofen wohnen darf, erhält sie ihr Sommerquartier 1868/69 zunächst in Schloss Garatshausen. Wenn sie in ihrem Sonderzug mit Salonwagen am Bahnhof Feldafing-Possenhofen ankommt, wird sie stets von einer großen Menschenmenge begrüßt. An die Kinder, die ihr Blumen überreichen, verteilt sie dann gerne Bonbons. Einmal lässt König Ludwig II. ihr zu Ehren das gesamte Bahnhofsgebäude mit Lilien, ihren Lieblingsblumen, schmücken. Vom Bahnhof sind Schloss Possenhofen aus nur etwa zehn und Garatshausen ca. 50 Gehminuten entfernt. Beide Wege sind für die wanderbegeisterte Kaiserin kein Problem. Heute ist im Bahnhof Possenhofen das »Kaiserin Elisabeth Museum« untergebracht.

Das Kinderzimmer in Schloss Possenhofen.

SCHLOSS GARATSHAUSEN

Sommerurlaubsschlösschen

Elisabeths Vater, Herzog Max in Bayern, erwirbt 1834 vom Grafen de La Rosée das kleine Hofmarkschloss Garatshausen am Westufer des Starnberger Sees südlich von Possenhofen. 1867 überlässt er es seinem ältesten Sohn Ludwig. Auf dessen Einladung nutzt seine Schwester Elisabeth das Schloss in den Jahren 1868 und 1869 für ihre Sommeraufenthalte am Starnberger See.

Das erste Mal logiert sie dort ab dem 9. August 1868 mit ihrer im April geborenen Tochter Marie Valerie, um die sie übermäßig besorgt ist. Wegen meist nichtiger Anlässe gerät sie in Panik. So entlässt sie etwa wegen eines geringfügigen Verdauungsproblems Valeries deren Amme, von der sie irrtümlich glaubt, deren Milch sei verdorben und stellt sofort eine neue Amme ein.

Am 13. August stattet ihr König Ludwig II. einen Besuch ab. Dabei trifft er die ganze herzogliche Familie. Es ist die erste Begegnung seit der gescheiterten Verlobung mit Herzogin Sophie Ende 1867, die ihm von der Herzogsfamilie, auch von Elisabeth, sehr übel genommen wurde. Das Treffen ist, dank der Vermittlung seiner kaiserlichen Cousine, ein erster Schritt zur Beseitigung der dadurch entstandenen Spannungen. Nach fast sechswöchigem Aufenthalt reist die Kaiserin über Wien nach Ungarn, wo sie sich bis zum Weihnachtsabend aufhält.

Im Juli 1869 logiert Elisabeth zum zweiten Mal in Garatshausen. Ihr Sommerurlaub zieht sich vom 4. Juli bis zum 17. August hin, ein Zeichen dafür, dass sie sich hier wirklich wohl fühlt. »Ganz gedankenlos lebe ich hier, so wie ich es liebe.«[109] Sie vermisst hier nur ihre Pferde und bittet ihre Hofdame Ida Ferenczy brieflich, »Ballerina«, ihr Lieblingspferd, »vom Kopf bis zum Fuß zu küssen. Doch gib acht, daß sie Dich nicht in den Bauch schlägt, da sie hie und da ein falsches Tier ist.«[110]

Unerhört empfindet es Elisabeths Verwandtschaft, dass sie ihren ältesten Bruder Ludwig mit seiner bürgerlichen Frau, der Freiin Henriette von Wallersee, geborene Mendel, zum Essen einlädt. Die Verbindung mit der Schauspielerin gilt als nicht standesgemäß. Doch Elisabeth empfängt die beiden demonstrativ und amüsiert sich über die Aufregung ihrer Verwandten, die nicht eingeladen sind, da sich diese mit einer solchen Frau nicht an einen Tisch setzen würden. Natürlich erscheint auch König Ludwig II. wieder zu Besuch. Ein Ritt von Schloss Berg zum Schloss Garatshausen am südlichen Rand der Gemeinde Feldafing auf der Westseite des Starnberger Sees bereitet dem reitbegeisterten König keine Anstrengung. Die Begegnungen mit Elisabeth zählt er zu den glücklichsten Momenten in seinem Leben. Sie sind für ihn »der Himmel auf Erden«[111].

Die Urlaubstage auf Schloss Garatshausen verbringt Elisabeth mit regelmäßigen Ausritten, Wanderungen und Spazierfahrten mit ihrer Tochter Marie Valerie, mit Baden und Bootsfahrten im See sowie der Lektüre von Büchern. Einmal mietet sie für ihre Angehörigen und Gäste einen Salondampfer für eine Rundfahrt auf dem See, wobei beim Diner eine Münchner Militärkapelle aufspielt. Mitunter empfängt sie umherziehende Jahrmarktssän-

Schloss Garatshausen, Farbradierung von F. Wolf, 1854.

ger und Wanderschausteller und lässt sich von ihnen einen zahmen Bären präsentieren. »Du bist schon ganz wie dein Papa mit deiner Passion für Bänkelsänger«[112], seufzt ihre Mutter Ludovika.

Mehrfach kommt es auch zu Begegnungen mit ihren Geschwistern. 1872 trifft sie ihre Schwester Marie, ehemalige Königin von Neapel-Sizilien und bekannt geworden als »Heldin von Gaeta«, dann die Fürstin Helene Taxis, genannt Néné, mit ihren vier Kindern, des Weiteren Mathilde Gräfin Trani, den »Spatz«. Unter den Brüdern ist Ludwig Wilhelm, genannt Louis, anwesend, dazu der zweitälteste Bruder Herzog Carl Theodor und »Mapperl« der jüngste Bruder Maximilian Emanuel. Bisweilen ist auch ihre jüngste Schwester Sophie Charlotte, ehemalige Braut Ludwigs II., inzwischen aber mit dem Herzog von Alençon verheiratet, zugegen. Mit ihr unterhält sie sich gerne bis in die Nacht hinein, wenn die anderen schon schlafen. Manchmal scheint es ihr mit der anwesenden »bayerischen Sippschaft« jedoch zu viel zu werden, wie sie das in dem folgenden Gedicht zum Ausdruck bringt:

Die Kinder schrei'n, die Spitze bellen
Aus jedem Fenster tönt Clavier;
Und extra noch mein Ohr zu quälen,
Singt eine Dame Skalen hier.
Nun hab' ins Thal ich mich verkrochen;
Bin ich erlöst? O point du tout!
Die Sippschaft kommt mir nachgezogen
Und stört auch dort noch meine Ruh![113]

Bei ihrem Sommeraufenthalt 1872 in Possenhofen erscheint am 21. September König Ludwig II. in österreichischer Uniform und wünscht, entgegen der protokollarischen Regeln, die Kaiserin alleine zu sehen. Er besteht darauf, dass die Hofdamen, Geschwister und Eltern das Zimmer verlassen. Doch Sisi empfängt ihn in Anwesenheit des Obersthofmeisters Franz Freiherr von Nopcsa und der Hofdame Marie Gräfin Festetics, was den König verärgert. Marie Festetics irritieren die Stimmungen im Blick des Königs mit seinen »wundervollen dunklen Augen, die schnell im Ausdruck wechseln, schwärmerisch sanft, dann wieder wie ein Blitz ein Aufleuchten wie von Schadenfreude, – und daß ich alles sage – das glühende, sprühende Auge wird kalt und ein Blick, ein Leuchten mehr wie von Grausamkeit zuckt darin! Dann blickt es wieder schwermütig und sanft; was er sagt, zeigt Geist; er spricht gut und selbstbewußt.«[114] Bei diesem Treffen sitzt Ludwig, wie so oft, der verehrten Cousine stumm gegenüber, um sie nur anzusehen oder ihr die Hand zu küssen. Schon im März 1865 teilt sie ihrem Sohn, dem Kronprinzen Rudolf, mit, wie sie sich bei einem solchen Besuch mitunter fühlt: »Gestern hat mir der König eine lange Visite gemacht, und wäre nicht endlich die Großmama dazugekommen, so wäre er noch da. Er ist ganz versöhnt, ich war sehr artig, er hat mir die Hand so viel geküßt, daß Tante Sofie, die durch die Tür schaute, mich nachher fragte, ob ich sie noch habe! Er war wieder in österreichischer Uniform und ganz mit Chypre parfümiert.«[115]

Einmal erscheint Ludwig wie üblich in Uniform. Da es regnet, als er aus seinem Dampfboot steigt, trägt er in der einen Hand seinen großen Regenschirm, was für uniformierte Personen höchst unüblich ist, und in der anderen den Helm. Bei diesem Anblick bricht Sisi, die am Fenster steht, in lautes Gelächter aus, in das auch Ludwigs Begleiter einstimmen. »Ich werde mir doch meine Frisur nicht verderben!«[116], äußert der König höchst verärgert.

Ab 1870 nutzt die Kaiserin bei ihren Sommeraufenthalten am Starnberger See Schloss Garatshausen nicht mehr, da ihr nun das umgebaute und modernisierte »Hotel Strauch« in Feldafing zur Verfügung steht, das näher bei Schloss Possenhofen liegt und genügend Räumlichkeiten für ihren großen Hofstaat von 50 bis 70 Bediensteten vorhält.

»HOTEL STRAUCH« IN FELDAFING

Sisis Privathotel

Von 1870 bis 1894 logiert Elisabeth insgesamt 21 Mal während ihres Sommerurlaubs im Feldafinger »Hotel Strauch«, das erst 1900 den Namen »Golf Hotel Kaiserin Elisabeth« erhält und von Joseph Anton Ritter von Maffei, dem Gründer der ältesten deutschen Lokomotivfabrik, errichtet wurde. Sie kommt jeweils mit dem Extrazug und einem 50-köpfigen Gefolge sowie mehreren Equipagen und 15 bis 20 Pferden. Von der luftigen Hotelterrasse bietet sich ihr ein herrlicher Blick auf den Starnberger See und bis in die Berge. Während ihrer Anwesenheit ist das Hotel für andere Gäste gesperrt. Es werden für sie sogar einige Umbauten vorgenommen, um ihren Ansprüchen gerecht zu werden. So wird für sie ein Turnzimmer eingerichtet. 1882 stattet man das südöstliche Zimmer im ersten Stock für die sportbegeisterte Kaiserin mit Bodenmatten, Ringen und einer Sprossenwand als Fitnessraum aus. Im Hof befinden sich Remisen für alle ihre mitgebrachten Kutschen und in einem eigenen Kuhstall stehen bestens gepflegte Kühe, damit stets kuhwarme Milch für den hohen Gast zur Verfügung steht. Das Trinkwasser lässt sich Elisabeth aus einer gefassten Quelle bei der Seepromenade bringen, während ihr Waschwasser täglich mit Eimern aus Possenhofen geholt werden muss. Hat sie Gäste, müssen im Park kleine Villen für sie errichtet werden.

Da Hotelier Max Strauch um Elisabeths Angst vor dem Feuer weiß, lässt er zu ihren Gemächern im ersten Stock eine Feuertreppe einbauen, die bei einem eventuellen Brand als Fluchtweg dienen soll. Über diese Wendeltreppe kann Sisi auch zu ihren Stallungen in den Hof gelangen, in dem ihre zwei Dutzend mitgebrachten Pferde stehen, mit denen sie gerne Ausritte unternimmt. Der Stall ist heute noch im Originalzustand erhalten. Ebenso kann Ludwig II. über diese Treppe, ohne großes Aufsehen zu verursachen, zu seiner angebeteten Cousine eilen, wenn er sie von Berg aus besuchen will. In seiner »Feldafinger Chronik« berichtet Oberlehrer Ferdinand Kistler, dass es zwischen der Kaiserin und dem König »oft im Hotel Strauch um Mitternacht ein Wiedersehen [gab]. Mit einem Schiffe landete er am jetzigen Stege zur Insel-Überfahrt. Dort wurde er von einem Zweispänner erwartet und im scharfen Galopp ging es durch die Anlagen zum Hotel. Es war diese späte Stunde gewählt worden, damit niemand unterwegs war. Von der Ankunft des Königs durfte ja niemand etwas erfahren, nur Herr Strauch, um die erforderlichen Anordnungen zu treffen. Der König weilte regelmäßig etwa eine halbe Stunde bei der Kaiserin, bei Tee in angeregter Unterhaltung. In rasendem Tempo brachten ihn die Pferde dann wieder zurück zur Landungsstelle, wo das Schiff schon seiner harrte.«[117] Die

»Hotel Kaiserin Elisabeth« in Feldafing.

besagte Wendeltreppe befindet sich heute nicht mehr im Hotel. Nach dem Abbau wurde sie an die kleine Traubinger Pfarrkirche Mariä Geburt verschenkt, »wo sie noch heute in die Ministranten-Sakristei hinaufführt«.[118]

Gerne hält sich Elisabeth auch im nahe gelegenen Pfarrhof auf, wo sie Räume angemietet hat, in denen sie besondere Ruhe sucht und findet. Dort lässt sie sich ihre Haare waschen und frisieren und absolviert gelegentlich ihre Fechtübungen, bei schönem Wetter auch im Freien. Der Pfarrer findet in dieser Zeit anderswo Unterkunft. Im vor neugierigen Blicken geschützten Pfarrgarten widmet sie sich, in einer Hängematte liegend, der Lektüre. Wünscht sie im See ein Bad zu nehmen, wird das »Strauchsche Damenbad« für sie reserviert und gegen Schaulustige abgesperrt und von Gendarmen bewacht. Regelmäßig unternimmt sie auch ihre temporeichen Fußmärsche um den See. Für den etwa 10 Kilometer langen Weg von Feldafing bis zur Wallfahrtskirche nach Andechs benötigt sie hin und zurück nur etwa vier Stunden und die 28 Kilometer lange Strecke von München-Pasing nach Feldafing legt sie in etwa sechs Stunden zurück.

Aber das »Hotel Strauch« wird für sie auch zu einer Stätte des Leids, als am 13. Juni 1886 der ihr nahestehende König Ludwig II. auf rätselhafte Weise den Tod im See findet. Sie weilt im Juni in Feldafing und ist in die Planung seiner Flucht verwickelt. Wenn es heißt, dass es dafür in den Quellen keine Bestätigung gebe, so ist dies nicht korrekt. Eine besonders zuverlässige Quelle ist nämlich die höchst glaubwürdige Prinzessin Therese von Bayern, die Tochter des Prinzregenten Luitpold, die 1920 in ihren biografischen Aufzeichnungen, ein 33 Jahre lang gehütetes Geheimnis zum Tod Ludwigs II. lüftet. Sie habe »unter dem Siegel der strengsten Verschwiegenheit« aus dem Mund der Kaiserin Elisabeth erfahren, dass diese »im Geheimen einen Befreiungsplan in's Werk gesetzt u. hievon den König verständigen« ließ. »Ein Kahn wartete den 13ten Juni Abends nicht weit vom Gartengitter von Berg, seeaufwärts, den Fliehenden aufzunehmen«, so ihre schriftliche Aussage. »Der König hatte nur beim Gitter in das Wasser zu treten, das Gitter im Wasser zu umgehen, jenseits desselben das Ufer wieder zu gewinnen oder im seichten See mit der Zeit den Kahn zu erwarten. Die weitere Flucht, dem Gebirge zu, sollte zu Wagen erfolgen. Augenscheinlich drängte der König auf seinem Spaziergang deshalb zum Gitter, augenscheinlich wollte er daselbst nicht die Begleitung der Wärter, weil er richtig dachte, beim Fluchtversuch mit dem Arzt allein leichter fertig zu werden. Und so kam das Unglück. Sei es, daß der Arzt dachte, der König wolle in den Wellen den Tod suchen, sei es, daß er gewahr wurde, sein Schützling wolle fliehen, es kam zum zeugenlosen Kampf, in welchem Beide das ungewollte Ende fanden. Der Kahn wartete u. wartete ... Als der angesagte hohe Flüchtling nicht erschien, suchte endlich der Kahn das Weite; die Schiffer glaubten, der Plan habe sich zerschlagen. Ja, er hatte sich zerschlagen, aber nicht in dem Sinn, den sie meinten. So endete ein einfacher Befreiungsversuch, von dem man zwar zur damaligen Zeit bald da, bald dort etwas munkelte, über den aber nie etwas Sicheres zu erfahren war. Dieser Versuch, statt die Freiheit zu bringen, brachte unbeabsichtigt, aber nach einigem Rathschluß, den Tod.«[119]

Als Elisabeth von der Königskatastrophe erfährt, ist sie verzweifelt. »Als ich abends [am 14. Juni] zum Beten bei Mama war«, notiert Marie Valerie in ihr Tagebuch, »warf sie sich allerlängst auf den Boden –, ich schrie laut auf, denn ich dachte, sie hätte etwas gesehen und krampelte mich in solcher Angst an sie, dass wir schließlich lachen mussten. Mama sagte, sie wolle nur in Reue und Demut für ihre rebellischen Gedanken Gott um Verzeihung bitten, sie hatte sich ihren Verstand wund gedacht über den unergründlichen Ratschluß Gottes, über Zeit und Ewigkeit, Vergeltung im Jenseits [...].«[120]

Dem in Berg aufgebahrten Leichnam des Königs lässt sie ein selbst gebundenes »Sträußchen aus duftendem weißen Jasmin [...] aufs Herz legen.«[121] Wie es heißt, sei sie vor dem Katafalk Ludwigs in der Hofkapelle der Residenz in tiefe Ohnmacht gesunken. »Als sie aber die Augen aufschlug und die Sprache wiedergewonnen hatte, da verlangte sie kategorisch, man möge den König aus der Kapelle holen – er sei gar nicht todt, sondern ›stelle sich nur so, um vor der Welt und den unausstehlichen Menschen für immer Ruhe zu bekommen‹«[122]. Ludwigs Tod vertieft Elisabeths ohnehin schon vorhandene Melancholie und lässt sie gemütskrank werden. Man macht sich sogar ernsthaft Sorgen um ihren Geisteszustand. Die Schuld an dem schrecklichen Ereignis schiebt sie allein Prinzregent Luitpold und seinen Helfern zu und sie schwört, nie mehr nach Bayern zu kommen, wo so etwas Schreckliches geschehen ist, was sie aber dann doch nicht wahr macht. Nach Ludwigs Bestattung bringt sie in die Fürstengruft der Münchener St. Michaelskirche einen Kranz aus Rosen und »drückte noch leise zum Schluss, / Mein unvergesslicher König, /Auf Deinen Sarg einen Kuss.«[123]

21 Sommer, in denen Elisabeth regelmäßig nach Feldafing kommt, reichen, um das »Hotel Strauch« berühmt zu machen, aber ebenso den kleinen Ort, der daraufhin immer mehr Touristen anlockt. Zu einem letzten Kurzaufenthalt kommt die Kaiserin im Mai 1894 ins Hotel Strauch. Hotelier Max Strauch bedauert es, dass sie am 9. Juni nach Bad Vöslau und dann weiter nach Madonna di Campiglio in Südtirol reist. Im Juli kehrt sie nach Bad Ischl zurück, wo Marie Valerie mit ihren Kindern zu Besuch kommt.

CASINO AUF DER ROSENINSEL

Treffpunkt von »Adler« und »Möwe«

Wenn sich Elisabeth in den Sommermonaten in Feldafing aufhält, kommt es zwischen ihr und Ludwig auch zu Treffen auf der Roseninsel, letztmals im Jahr 1881. Vielleicht lässt Ludwig die Roseninsel deshalb so aufwendig pflegen, weil Sisi sich so gern hier aufhält, wo im Juni Tausende von Rosen blühen. Wenn vom Isoldenturm des Schlosses Berg die Königsflagge hoch im Winde flattert, ist dies stets das Zeichen für die Anwesenheit des Königs und Elisabeth kann es vom anderen Ufer aus deutlich sehen. Wenn dann Ludwig mit seinem Dampfschiff »Tristan« zur Roseninsel fährt, steigt auch Elisabeth in ihren Kahn und erreicht vom Feldafinger Ufer aus in wenigen Minuten die nahe Insel. Auf der Terrasse des Casinos treffen sich dann die beiden und führen lange Gespräche.

Bei einer gemeinsamen Kahnfahrt im Juni 1881 zur Roseninsel wird Sisi von ihrem Mohrenknaben Rudolph Rustimo begleitet, angeblich ein Geschenk des Schahs von Persien[124] oder aber des osmanischen Sultans Abdul Asis. Vor zwölf Jahren, am 16. November 1869, schrieb Elisabeth an Franz Joseph, der sich anlässlich der Eröffnung des Suezkanals beim Sultan Abdul Asis aufhält: »Ich beneide den Sultan [Abdul Asis] um seine wilden Tiere. Aber noch lieber möchte ich einen Mohren. Vielleicht bringst Du mir doch einen als Überraschung mit, wofür ich Dich im voraus schon vielmals küsse.«[125] Es ist allerdings nicht überliefert, ob der Kaiser den Wunsch seiner Frau erfüllt hat.

Bei der Fahrt zur Roseninsel singt Rustimo afrikanische Volkslieder und spielt dazu auf der Gitarre. Ludwig erheitert die Darbietung des schwarzen Knaben derart, dass er ihm einen wertvollen Ring schenkt. Nach Ludwigs Tod erinnert sich Elisabeth in einem Gedicht an diese romantische Kahnfahrt:

Auf der spiegelglatten Fläche
Zogen wir im leichten Nachen;
Und ein Schwarzer sang so drollig.
Ach! wie herzlich klang Dein Lachen!
Von der kleinen Roseninsel
Kamen tausend süße Düfte
Des Jasmines Wohlgerüche
Würzten hold die Abendlüfte
Und am fernsten Seesrande
Deine Berge, Deine Wonne,
Wie sie rosenrot erglänzten
In der gold'nen Abendsonne.[126]

Am 20. Juni 1885 begibt sich die Kaiserin in Begleitung ihrer 17-jährigenTochter Marie Valerie, deren 23-jährigen Schwester Gisela und mit ihrem Neffen Albert von Thurn und Taxis auf die Roseninsel im Starnberger See. Doch diesmal ist Ludwig nicht anwesend. Sie verfasst ein Gedicht für Ludwig mit dem Titel »Gruß von der Nordsee«, das dieser erst im September 1885 im Geheimfach eines Sekretärs findet, wozu nur sie beide einen Schlüssel besitzen. Sisis Gedicht lautet:

Du Adler, dort hoch auf den Bergen,
Dir schickt die Möve der See
Einen Gruss von schäumenden Wogen
Hinauf zum ewigen Schnee.
Einst sind wir einander begegnet
Vor urgrauer Ewigkeit
Am Spiegel des lieblichsten Sees,
Zur blühenden Rosenzeit.
Stumm zogen wir nebeneinander
Versunken in tiefer Ruh ...
Ein Schwarzer nur sang seine Lieder
Im kleinen Kahne dazu.[127]

Darauf verfasst der »Adler« Ludwig folgende »Antwort von den Alpen«:

Der Möve Gruß vom fernen Strand
Zu Adlers Horst den Weg wohl fand,
Er trug auf leisen Fittig-Schwung
Der alten Zeit Erinnerung.
Da Rosenduft umwehte Buchten
Möve und Adler zugleich besuchten,
Und sich begegnend in stolzem Bogen
Grüßend aneinander vorüberzogen.
Zur Bergeshöh' zurückgewandt,
Denkt Aar der Möve am Dünenstrand,
Und rauschend entsenden seine Flügel
Fröhlichen Gruß zum Meeresspiegel.[128]

In den letzten Lebensjahren nehmen die persönlichen Begegnungen, zwischen Ludwig und Elisabeth ab und damit auch die Treffen auf der Roseninsel. »Man ging sich aus dem Wege, vielleicht, weil einer vor dem Geistes- und Gemütszustand des anderen zurückschreckte und die Veränderungen, die das Alter mit sich brachte, nicht wahrhaben wollte. So wie Elisabeth Entsetzen empfand, wenn sie in das aufgedunsene Gesicht des Bayernkönigs schaute, aus dem die einstmals so faszinierenden Augen wie Irrlichter blitzten und im nächsten Moment den starren Ausdruck eines Toten annahmen, so erfasste Ludwig jedesmal aufs Neue eine große Traurigkeit, wenn er sehen musste, wie die einstmals so bezaubernd schöne Frau immer mehr abmagerte und ihr Gesicht zusehends von tiefen Falten zerfurcht wurde.«[129]

Nordansicht des Casinos auf der Roseninsel, Aquarell, um 1853.

Südterrasse des Casinos auf der Roseninsel mit Freitreppe und Eingang, Aquarell von Albert Emil, um 1853.

FREMDE SCHLÖSSER UND VILLEN

Kaiserin Elisabeth hält sich in ihrem Leben auch in Schlössern und Villen auf, die weder im Besitz ihres Mannes sind noch ihr gehören. Sie wird dorthin eingeladen und als Ehrengast regelrecht verwöhnt. Mitunter müssen in den Räumen, die ihr zur Verfügung gestellt werden, nach ihren Wünschen Um- oder Einbauten vorgenommen werden, da sie sich in diesen Unterkünften, umgeben von ihrem Hofstaat, zu Hause fühlen möchte. Die Gastgeber legen höchsten Wert darauf, dass es ihr, während der Zeit ihres Aufenthalts, nicht nur an nichts fehlt, sondern dass sie den Eindruck hat, als sei die Behausung ihr Eigentum. Dies führt in späteren Jahren gelegentlich dazu, dass sie ohne Anmeldung oder Einladung in völlig fremde Häuser eindringt und sich in ihnen aufhält, als wäre sie dort zu Hause. Mitunter führen derartige »Hausbesetzungen« allerdings zu unerfreulichen Komplikationen.

KÖNIGSBURG HRADSCHIN IN PRAG

Zwei Wochen in Böhmen und Mähren

Eineinhalb Monate nach der Hochzeit reist das Kaiserpaar Mitte Mai 1854 von Wien in die Steiermark nach Mürzzuschlag zur Eröffnung der Semmeringbahn. Am 9. Juni 1854 geht es weiter zu einem Staatsbesuch in die Kronländer Böhmens und Mährens. Es ist Elisabeths erste offizielle Reise, die sie aber eher als Hochzeitsreise empfindet. Vor allem ist sie erleichtert, für zwei Wochen dem strengen Zeremoniell des Hoflebens und der sie bevormundenden Schwiegermutter entfliehen zu können. Das Kaiserpaar wird von der Prager Bevölkerung mit aufrichtiger Freude empfangen und im Hradschin, der alten böhmischen Königsburg auf dem 70 Meter hohen Berg Hradschin, einquartiert. Elisabeth fühlt sich in der größten geschlossenen Burganlage der Welt sichtlich wohler als in der Wiener Hofburg.

Zusammen mit Franz Joseph besucht sie dessen Onkel, den abgedankten, aber ungeheuer reichen Kaiser Ferdinand und seine Frau, die kinderlos sind. Von ihm erbt Franz Joseph nach dessen Tod 1875 das gesamte Vermögen, wozu riesige Güter und mehrere Millionen Gulden gehören. Dadurch verbessern sich seine finanziellen Verhältnisse auf einen Schlag. Auch Elisabeth profitiert davon, denn der Kaiser erhöht ihre jährliche Apanage von 100 000 auf 300 000 Gulden und beglückt sie obendrein mit zwei Millionen. Für sie und ihren Mann gilt es, in den Junitagen 1854 in Böhmen und Mähren ein dichtgedrängtes Programm mit Audienzen, Besuchen, Diners, Theateraufführungen und Besichtigungen zu bewältigen. So nehmen beide im Prager Stadtteil Karlin/Karolinenthal an der Grundsteinlegung der orthodoxen St.-Cyrill-und-Method-Kirche teil. Während der Kaiser jedoch lieber die Truppen inspiziert und Paraden und Feldmanöver genießt, besucht Elisabeth Klöster, Kirchen, Waisen- und Armenhäusern. Besonders die Prager Bevölkerung ist von der jungen Kaiserin, ihrer Schönheit und ihrem Charme derart verzaubert, dass man ihr alle positiven Entwicklungen im Land zuschreibt. Auch der böhmisch-mährische Adel macht ihr artig den Hof. Weniger behagt ihr hingegen der Dünkel der böhmischen Hocharistokratie, den sie schon am Kaiserhof in Wien als tonangebend erlebt hat und der ihrer ungeliebten Schwiegermutter Sophie zugetan ist. Zwar erweisen ihr die Nostitz und Kynsky, die Auersperg und Kaunitz, die Thun und Sternberg und

Kaiserin Elisabeth mit aus zeremoniellem Anlass angelegter Rubinschmuckgarnitur, Lithografie um 1880.

wer sonst noch alles aus dem Hochadel ihre Reverenz, doch unter der Fassade spürt sie den Hochmut und das Misstrauen. Es verwundert nicht, dass sie sich nach ihrem Besuch 1854 in Böhmen erst sechs Jahre vor ihrem Tod noch einmal blicken lässt, als sie sich im Kurort Karlsbad aufhält. Während Franz Joseph in Galizien noch an Manövern teilnimmt, kehrt Elisabeth Ende Juni 1854 allein nach Laxenburg zurück, nachdem der Hofarzt Dr. Seeburger festgestellt hat, dass sie schwanger ist. Sie erschrickt über diese eigentlich freudige Nachricht, da sie weiß, dass ihre Freiheit als werdende Mutter nach der Rückkehr unter dem Regiment ihrer Schwiegermutter nun noch mehr eingeengt sein wird.

KLAGENFURTER BURG, SCHLOSS PORCIA UND PFARRHAUS HEILIGENBLUT

Zwei Wochen in Kärnten und der Steiermark

Eineinhalb Monate nach der Geburt ihrer Tochter Gisela am 15. Juli 1856 reist Elisabeth mit Franz Joseph vom 2. bis zum 14. September über Semmering und das Städtchen Mürzzuschlag in Richtung Steiermark und Kärnten. Überall werden sie mit Jubel empfangen und zu ihren Ehren Triumphpforten errichtet. Am 3. September treffen sie in Klagenfurt am Wörthersee ein, wo sie bis 5. September verweilen. Sie nehmen Quartier im ersten Stock der sogenannten Burg und laden dort Ehrengäste zur Hoftafel, des Weiteren besucht man zwei Festvorstellungen im Theater. Die »Burg« im Stadtzentrum von Klagenfurt, eine große, dreigeschossige Anlage, wurde im 16. Jahrhundert errichtet und beherbergte zunächst eine protestantische Adelsschule, später war sie dann Sitz des Burggrafen.

Schon am 5. September setzen sie ihren Weg fort bis nach Villach, wo sie im Schloss des Fürsten Alfons von Porcia Gäste sind. Schloss Porcia in Spittal an der Drau, umgeben von einem schönen Park, erinnert an einen italienischen Palazzo und gehört zu den schönsten Renaissancebauten nördlich der Alpen. Es wurde Mitte des 16. Jahrhunderts errichtet.

Am 6. September setzt das Kaiserpaar seine Reise in die Großglocknerregion fort und will im Pfarrhaus der Pfarrei Heiligenblut übernachten, was dort große Aufregung verursacht, da man in keiner Weise darauf vorbereitet ist. Nur mit höchster Anstrengung wird das Quartier für die hohen Gäste gerichtet, das den Pfarrhof für sich und die Begleitung völlig in Beschlag nimmt, sodass der Pfarrer während des Aufenthalts des Kaiserpaars ausquartiert wird.

Zum Empfang der Majestäten in Heiligen Blut läuten die Kirchglocken und krachen Böllerschüsse. Zum Diner um 17 Uhr wird der Pfarrer eingeladen und unterhält sich mit dem Kaiser. Anschließend überreicht er Elisabeth ein Alpenblumenalbum, die sich darüber sehr freut.

Am 7. September brechen die hohen Gäste in die Pasterze, den mit etwas mehr als 8 Kilometer Länge größten Gletscher Österreichs am Fuß des Großglockners auf, Franz Joseph zu Fuß, »Ihre Majestät die Kaiserin zu Pferde (über die sogenannte ›Böse Platte‹ wurde Kaiserin Elisabeth auf einem Tragsessel befördert und nahm den weiteren Weg wieder zu Pferde. Sie war neunzehn Jahre alt und offensichtlich noch nicht so gebirgstüchtig wie in späteren Jahren, wo sie denselben Weg im Laufschritt genommen hätte. Vielleicht war sie auch noch von der im Juni stattgefundenen zweiten Entbindung zu geschwächt, oder sie schonte sich auf ärztliches Anraten). Der Kaiser bestieg den Hohen Sattel (in Höhe von 2536 Metern), [...] die Kaiserin blieb am Laretterboden (auf 2127 Metern Höhe) zurück.«[130] Nach fast achtstündiger Bergtour kommen die Majestäten wie-

Supraporte des Portals der ehemaligen »Burg« in Klagenfurt, Burggasse 8, heute Museum Moderne Kunst Kärnten.

Schloss Pocia in Spittal an der Drau.

der nach Heiligenblut zurück, erfrischen sich und überreichen dann dem Pfarrer ein wertvolles Messgewand als Geschenk. Zu Ehren der hohen Gäste hissen Männer aus Heiligenblut auf Österreichs höchstem Berg, dem 3797 Meter hohen Großglockner, die schwarz-gelbe Kaiserfahne.

Letzte Station ist Winklern am Fuß des Großglocknermassivs, wo sie logieren und am Nachmittag ausgewählte Gäste zur Hoftafel laden. An etliche notleidende Bauern, die durch Überschwemmungen einen Großteil der Ernte verloren haben, verteilt das Kaiserpaar Geldgeschenke in Höhe von 12000 Gulden. Tags darauf wird mit dem Hofzug die Rückfahrt nach Wien angetreten, wo das Kaiserpaar am 14. September eintrifft. Dort kommen Elisabeths Mutter Ludovika und Schwester Helene zu Besuch, was die junge Kaiserin ebenso freut, wie die Tatsache, dass ihr Franz Joseph nun endlich verspricht, die Kinderzimmer in die Nähe ihrer Räume verlegen zu lassen. Die Schwiegermutter lässt dies aber nur unter Protest geschehen.

KÖNIGSPALAST AM MARKUSPLATZ IN VENEDIG, »HÔTEL DE L'EUROPE« AM CANALE GRANDE, »PALAZZO REALE« IN MAILAND

Orte der Ablehnung und Einsamkeit

Zweimal weilt Elisabeth in der Lagunenstadt Venedig, das erste Mal 1856/57 und zum zweiten Mal 1861/62. Insgesamt beträgt die Aufenthaltsdauer mehr als acht Monate. Die Besuche in Italien gestalten sich nicht einfach, da die Lombardei, Mailand, Mantua und Venedig seit den Revolutionsjahren 1848/49 unter der österreichischen Fremdherrschaft leiden und auf die Habsburger nicht gut zu sprechen sind.

Der erste zweimonatige Aufenthalt des österreichischen Kaiserpaares in Venedig vom 25. November 1856 bis 10. Januar 1857 soll die ungute Stimmung in Venedig, Mailand und Mantua ins Positive wenden. Die stolzen und traditionsbewussten Venezianer empfinden die sechs Jahrzehnte währende Fremdherrschaft der Habsburger als schmählich, weshalb der Besuch des österreichischen Kaiserpaares hier nicht gerade begrüßt wird. Da die Unabhängigkeitsbestrebungen fortwährend zunehmen, könnten die sich verstärkenden Unruhen, so hofft man jedenfalls, durch die Anwesenheit des österreichischen Kaiserpaars eventuell etwas eingedämmt werden.

Elisabeth und Franz Joseph logieren mit ihrer kleinen Tochter Sophie im Palazzo Reale, dem Königspalast am Markusplatz, der Residenz des österreichischen Gouverneurs. Heute befindet sich darin das Museum Correr, in dem man die neun Zimmer des Kaiserpaares besichtigen kann. Von den kleinen Balkonen vor den Appartements bietet sich ein eindrucksvoller Blick auf die Königlichen Gärten in Richtung des Bacino von San Marco und der Insel San Giorgio. Auch den Markusdom kann man von hier aus sehen und seine Glocken hören. Angrenzend an den großen Ehrensaal liegt der Speisesaal, der auch das Vorzimmer für den lombardisch-venetischen Thronsaal ist. Wird der anschließende größere Saal für Privataudienzen genutzt, dient der Thronsaal als Warteraum. Das Audienzzimmer mit seinen großen venezianischen vergoldeten Sesseln grenzt unmittelbar an Elisabeths Privatgemächer an. Hier empfängt sie

Markusplatz mit Königspalast, Venedig, 1870.

angemeldete Persönlichkeiten. Durch ein Vorzimmer gelangt man zu den Appartements des Kaiserpaares. Im sogenannten Ovalen Zimmer nehmen Elisabeth und Franz Joseph die privaten Mahlzeiten ein. Dieser neoklassizistische Raum ist zugleich Durchgangsbereich von den Privatgemächern zu den öffentlichen Sälen des Königspalastes mit Blick auf die Piazza San Marco. Das Arbeitszimmer, in dem ein großer Sekretär im Stil des Neubarocks ins Auge fällt, wird von Elisabeth als Lese- und Schreibkabinett genutzt. In ihrem großzügigen Schlafzimmer mit einer neubarocken Tapete in blauem und hellem Gold dient ein großer Ofen als Heizung. Das Bett ist von Vorhängen umgeben, die von einem metallenen Baldachin gehalten werden. Das Boudoir der Kaiserin ist ein kleines »Toilettezimmer«. Auch ein Badezimmer steht ihr zur Verfügung, in dem in den Boden eine Badewanne aus grauem Marmor eingelassen ist.

Dennoch findet sich Sisi in dem Labyrinth dieses Palastes nur schwer zurecht, ebenso auf den Straßen, wo die Bevölkerung dem Kaiserpaar meist nur mit eisigem Schweigen begegnet. Die Stimmung in der Stadt der Gondolieri ist in der Tat nicht gerade freundlich. Vor allem der venezianische Adel boykottiert die öffentlichen Auftritte des kaiserlichen Besuchs. Der Festvorstellung im Teatro La Fenice bleiben die vornehmsten Familien fern. Als das Kaiserpaar mit der kleinen Sophie über den Markusplatz schreitet, herrscht eine feindselige Atmosphäre. Das Eis etwas zu schmelzen gelingt schließlich auf dreifache Weise:

Zum einen werden am 3. Dezember 1857 auf kaiserlichen Erlass 70 verurteilte Hochverräter amnestiert. Zum anderen erhalten zahlreiche politische Flüchtlinge ihre beschlagnahmten Güter zurück und dürfen in die Heimat zurückkehren. Dieses Weihnachtsgeschenk wird in Venedig mit Jubel begrüßt. Vor allem ist es aber der Auftritt der schönen 19-jährigen jungen Kaiserin, von der sich die venezianische Bevölkerung begeistern lässt. Elisabeths Erscheinen stimmt die Menschen nach und nach versöhnlicher. Das Gerücht, die Kaiserin sympathisiere mit den italienischen Nationalisten und setze sich bei ihrem Gemahl für sie ein, erhöht die Zuneigung zusätzlich. Und so kann Elisabeth mit Ihrem Mann und ihrer Tochter den Heiligen Abend am 24. Dezember 1857, der zugleich ihr Geburtstag ist, in gelöster Stimmung feiern, vor allem auch deshalb, weil die Schwiegermutter nicht anwesend ist, weshalb sich endlich einmal selbstständig fühlt. Am 10. Januar 1857 endet der Aufenthalt in Venedig und das Kaiserpaar reist weiter nach Brescia und Mailand und wohnt auch dort im Palazzo Reale, dem königlichen Palast. Hier fällt der Empfang allerdings noch erheblich kühler aus als

Kaiserin Elisabeth mit ihren Kindern Rudolf und Gisela mit Erzieherin Freifrau von Welden in einer Gondel in Venedig, Fotografie nach einer Zeichnung von Emil von Hartitzsch, um 1862.

in Venedig. Zum Begrüßungsjubel werden Tausende von Bauern aus den umliegenden Dörfern nach Mailand gezwungen. Sie heucheln mit »Eviva«-Rufen Willkommensfreude. Was geringfügig zur Entspannung beiträgt, ist abermals das Erscheinen der jungen Kaiserin, doch wirklich zufrieden mit dem zweimonatigen Aufenthalt in Italien ist das österreichische Kaiserpaar nicht. Erst Österreichs Niederlage gegen Preußen bei Königgrätz 1866 bringt Venedig die ersehnte Freiheit. Am 8. Oktober 1866 räumt Österreich Venedig für immer.

Fünf Jahre später beginnt Ende Oktober 1861 Elisabeths zweiter siebenmonatiger Aufenthalt in Venedig, vom 26. Oktober 1861 bis Mai 1862. Sie kommt von Korfu, wo sie seit Ende Juni zur Kur weilt, die ihr gut bekommt. Da sie Sehnsucht nach ihren Kindern hat, bittet sie Franz Joseph, ihr diese nach Korfu zu senden. Er lehnt die Bitte seiner Frau jedoch ab und wünscht, dass sie nach Hause zurückzukehrt. Doch sie weigert sich mit der Begründung, dass Wien für sie zu kalt und nass sei. In Wahrheit will sie nicht in die ungeliebte Stadt zurück. Mit dem Vorschlag, sich mit den Kindern auf halber Strecke in Venedig zu treffen, ist Franz Joseph einverstanden, und so reist Elisabeth nach Venedig, wo sie am 26. Oktober mit der Dampferfregatte »Lucia« eintrifft. Am 3. November sieht sie endlich ihre Kinder, die fünfjährige Gisela und den dreijährigen Rudolf, wieder.

Diesmal wohnt sie im »Hôtel de l'Europe« am Canal Grande. Elisabeth könnte hier endlich tun, was ihr in Wien Etikette und Protokoll verbieten. Doch das Winterwetter und die Feuchtigkeit in der Lagunenstadt bekommen ihr nicht gut. Ödeme, Blutarmut und Wassersucht verstärken sich. Ihre sonst geliebten Spaziergänge kann sie wegen ihres aufgedunsenen Gesichts und geschwollener Füße nicht unternehmen, sodass sie unter Langeweile leidet und bald in eine melancholische Stimmung verfällt. Notgedrungen verbringt sie die Zeit mit Lesen, Kartenspielen und dem Sammeln von Fotografien, vor allem von Bildern schöner Frauen, die sie sich von den österreichischen Botschaftern aus aller Welt zusenden lässt.

Zum Glück kommt Franz Joseph dreimal zu Besuch, Ende November 1861, sowie im März und im Mai 1862. Wie es heißt, habe sich in dieser Zeit das Kaiserpaar neu ineinander verliebt. Im Februar 1862 kehren die Kinder, die ihre Mutter etwas aufgemuntert haben, nach Wien zurück. Doch Elisabeths Befinden verschlechtert sich erneut. Am 17. April treffen ihre besorgte Mutter Ludovika und ihr Bruder Carl Theodor in Venedig ein. Begleitet werden sie vom kaiserlichen Leibarzt Dr. Fischer, der die ärztliche Betreuung der 24-jährigen Kaiserin übernimmt. Sie wünscht sich in ihrer Melancholie mittlerweile sogar den Tod herbei. Dann könne der Kaiser bald wieder heiraten, so äußert sie, und mit einer gesunden Frau endlich glücklich werden. Dr. Fischer verschreibt ihr dringend eine Kur in Bad Kissingen, die sie am 2. Juni 1862 antritt.

Burgpalast in Budapest.

BURGPALAST IM UNGARISCHEN BUDA

Haus der Trauer und des Glücks

Am 4. Mai 1857 reisen Elisabeth und Franz Joseph mit dem Dampfschiff »Adler« von Wien nach Budapest. Sie nimmt ihre beiden kleinen Töchter, die zehn Monate alte Gisela und die zweijährige Sophie mit auf die Reise, obwohl ihre Schwiegermutter wegen gemeldeter Typhusfälle gegen die Mitnahme der Kinder ist. Die Reise ist keine einfache Angelegenheit, denn die Ungarn haben es Kaiser Franz Joseph noch nicht verziehen, dass er 1848 ihre Unabhängigkeitsbestrebungen und die Revolution blutig niederschlagen ließ. Fast drohend ragt der Burgpalast auf dem Budaer Berg hoch auf. Es ist das höchstgelegene Gebäude über der Stadt und nimmt mit seiner mittelalterlichen Befestigungsmauer den größten Teil des Berges ein. Die im klassizistischen Stil rekonstruierte Palastkuppel ist von Weitem zu erkennen.

Der Empfang durch den ungarischen Adel, der die erlittene Schmach nicht vergessen kann, ist erwartungsgemäß äußerst kühl, der Ball im Deutschen Theater auffallend trist. Bei weiteren Festen auf der Königsburg zu Buda – zu Deutsch: Ofen –, wie der am rechten Donauufer liegende Stadtteil der ungarischen Hauptstadt Budapest heißt, ist es wie schon in Venedig wieder Elisabeth, die nicht nur durch ihre Schönheit die Zuneigung der Ungarn gewinnt. Sie trägt ein ungarisches Galakleid und bemüht sich außerdem, ungarisch zu sprechen. Auf diese Weise versteht sie es, die Herzen der Ungarn zu öffnen und mit jedem Tag gefällt es der Kaiserin hier besser. Das spürt auch die Bevölkerung.

Da erkrankt am 13. Mai die zehn Monate alte Gisela an Durchfall und Fieber. Doch sie wird bald wieder gesund. Am 19. Mai zeigen sich bei der älteren, zweijährigen Sophie die gleichen Krankheitssymptome. Der Hofarzt Dr. Johann Seeburger diagnostiziert zunächst »Zahnen«, weshalb das Kaiserpaar auch auf baldige Genesung der kleinen Sophie hofft und am 23. Mai eine Rundreise durch die ungarische Provinz beginnt, wo noch immer Unruhen herrschen. Die Kinder bleiben in der Ofener Burg zurück. Am 28. Mai erreicht die Eltern in Debrecen die Schreckensnachricht, dass sich Sophies Gesundheitszustand massiv verschlechtert hat. Sofort kehrt das Kaiserpaar nach Buda zurück und Elisabeth weicht nicht mehr vom Bett der kleinen Sophie, die aber nicht mehr zu retten ist und am 29. Mai stirbt – wahrscheinlich an Typhus. Elisabeth ist verzweifelt und macht vor allem dem Hofarzt und ihrer Tochter Gisela, von der Sophie doch sicher angesteckt wurde, bittere Vorwürfe. Natürlich fragt sie sich auch selbst, warum sie ihre beiden Töchter auf die Reise mitgenommen hat? Zwar äußert ihre Schwiegermutter offen kein Wort des Tadels, aber insgeheim gibt sie Elisabeth an Sophies Tod

Julius »Gyula« Graf Andrássy von Csik-Szent-Király und Kraszna-Horka, um 1880.

doch die Schuld. Die Budaer Burg wird für die junge Kaiserin als das Sterbehaus ihres ersten Kindes für immer in Erinnerung bleiben. Am 30. Mai kehren die Eltern mit dem Sonderzug nach Wien zurück.

Kaiserin Elisabeth als ungarische Königin, Gemälde von Georg Raab, 1867.

Erst etwa neun Jahre später kommt Elisabeth mit ihrem Mann im Frühjahr 1866 wieder nach Ungarn, wo das Kaiserpaar von den Politikern Franz von Deák und Gyula Graf Andrássy sowie der ungarischen Bevölkerung sehnlichst erwartet wird. Das seit 1859 herrschende Problem zwischen Österreich-Ungarn soll endlich dadurch gelöst werden, dass in Ungarn die alten historischen Rechte und die Verfassung von 1848 wieder hergestellt werden. Deák und Andrássy stehen an der Spitze dieser Bewegung.

Mit einem ganz besonderen Erlebnis beginnt das Jahr 1866 im Marmorsaal der Wiener Hofburg. Am 8. Januar steht dort der 28-jährigen Kaiserin bei einem Neujahrsempfang erstmals der blendend aussehende 43-jährige Gyula Graf Andrássy Auge in Auge gegenüber. An diesem Tag beginnt die Freundschaft zwischen beiden, die 24 Jahre bis zum Tod Andrássys im Februar 1890 andauert. Der ungarische Magnat wird zu einem wichtigen Vertrauten Elisabeths und ihr glühendster Verehrer.

Ende Januar 1866 wird das österreichische Kaiserpaar in Budapest zu einem Besuch erwartet und hält sich dort vom 29. Januar bis 5. März 1866 auf. Die etwa achteinhalbstündige Anreise von Wien erfolgt im Sonderzug. Vom Pester Bahnhof, dem heutigen Budapester Westbahnhof, begibt sich das Kaiserpaar im vierspännigen Galawagen zur Burg in Ofen. Besondere Begeisterung erweckt Elisabeth beim Empfang der Landtags- und Ständedeputationen mit ihrer Rede in ungarischer Sprache, in der sie ihre tiefe Zuneigung zu Ungarn betont. Am 30. Januar 1866 erleben die hohen Gäste in der Pester Oper die Aufführung der Oper »Erzsébet«, in der die Ereignisse beim Besuch des Kaiserpaars 1857 thematisiert sind. Am Hofball, der am 15. Februar stattfindet, kann sie wegen »Unwohlseins« zum Bedauern aller allerdings nicht teilnehmen. Am 5. März 1866 kehrt das Kaiserpaar mit dem Sonderzug nach Wien zurück. Mit den Worten: »Ich hoffe bald wieder in mein geliebtes, geliebtes Ungarn zurückkehren zu können«[131] rührt Elisabeth alle am Bahnhof Anwesenden zu Tränen.

Nun wird sie das einzige Mal in ihrem Leben politisch aktiv. Mit ganzer Kraft setzt sie sich gegen den Willen ihrer Schwiegermutter und großer Teile des Hofes für den Ausgleich mit Ungarn ein sowohl als Diplomatin im Dienste Österreichs und ihres Mannes als auch als Sprachrohr Andrássys. Damit wird sie gleichsam zur Geburtshelferin bei der Entstehung des Zusammenschlusses von Österreich-Ungarn. Andrássy gelingt es, Elisabeth zu überzeugen, die ungarischen Belange in Wien voranzubringen. Bereits im November 1864 hat sie auf seine Empfehlung die Ungarin Ida Ferenczy als Vorleserin und Konversationspartnerin in ihre Dienste genommen. Ida versteht es, Elisabeth für die ungarische Sache zu begeistern. Sie vertieft sich noch mehr als bisher in das Erlernen der ungarischen Sprache und wünscht, dass Ungarn im Habsburger Reich eine besondere Stellung erhält, weshalb sie auf Franz Joseph einwirkt, endlich den Ausgleich mit Ungarn herbeizuführen. Ida Ferenczy wird zu einer ihrer wichtigsten Vertrauten, der sie sogar das »Du« anbietet. »Die privaten Briefe zwischen der Kaiserin und Andrássy wandern nicht über die offizielle Korrespondenz hin und her, sondern über Idas Adresse, deren Wohnung gegenüber der Hofburg zu einem geheimen Postfach wird.«[132] Mit Ernennung von weiteren 14 ungarischen Palastdamen nach und nach macht sie – sehr zum Unwillen ihrer Schwiegermutter und des Hofs – ihr Gefolge fortwährend ungarischer.

Da trifft am 19. Juni 1866 Preußens Kriegserklärung in Österreich ein. Im sogenannten Deutschen Krieg von 1866 kämpfen der Deutsche Bund unter der Führung der Präsidialmacht Österreich gegen Preußen und dessen Verbündete um die Vorherrschaft in Deutschland. Da sich die preußischen Truppen rasch der Stadt Wien nähern, wird die Verlagerung der Regierungsgeschäfte nach Ofen erwogen. Am 9. Juli reist zumindest Elisabeth mit dem Zug nach Pest, holt aber am 12. Juli aus Wien ihre beiden Kinder nach Ofen. Am 15. Juli drängt sie Franz Joseph in einem Brief, wegen des Ausgleichs mit Ungarn doch endlich den Grafen Andrássy zu empfangen und anzuhören. Wegen der Sommerhitze logiert sie nicht in der Ofener Burg, sondern in der »Villa Kochmeister« in den Budaer Bergen. In einem Brief schildert sie ihrem Mann diese Unterkunft, worauf ihr Franz Joseph am 18. Juli schreibt: »Sehr dankbar bin ich Dir für Deine genau Beschreibung der Unterkunft in der Villa Kochmeister, die sehr hübsch sein muß. Nur freut mich die Glasthüre an Deinem Zimmer gar nicht, denn da kann man gewiß hineinsehen, wenn Du deine Waschungen vornimmst und das ängstigt mich. Lasse doch einen Vorhang vor die ganze Thüre machen.«[133]

Nachdem der Krieg gegen Preußen bereits nach wenigen Wochen am 26. Juli mit dem »Vorfrieden von Nikolsburg« endet, kehrt Elisabeth vier Tage später, am 30. Juli, nach Wien zurück, wo sie sich bei Franz Joseph erneut für den Ausgleich mit Ungarn einsetzt, der jetzt notwendiger denn je sei. Am 2. August reist die Kaiserin wieder nach Ofen und besucht das im Grassalkovich-Schloss eingerichtete Spital für die Verwundeten des Kriegs. Dabei wird sie auf Schloss Gödöllő aufmerksam, für das sie sich sofort begeistert und das sie am liebsten sofort erworben hätte, was ihr Franz Joseph jedoch nicht gestattet, da es mit den Finanzen nicht zum Besten steht. Nach ihrer Rückkehr nach Wien am 13. August, hält sie sich dort nur kurz auf und kommt am 19. August erneut nach Ofen. Nachdem am 23. August der Friedensvertrag mit Preußen unterzeichnet ist, kehrt sie mit den Kindern nach Wien zurück, wo sie am 2. September 1866 eintrifft.

Endlich zeigen ihre Bemühungen um den Ausgleich mit Ungarn Erfolg. Aber auch Franz Joseph ist nach den bitteren Niederlagen in den Schlachten von Solferino (1859) und Königgrätz (1866) endlich dazu bereit, da er erkennt, dass das Habsburger-Imperium in eine existenzielle Krise geraten ist. Solferino bedeutete den Verlust des reichen Oberitaliens und das militärische Desaster gegen Preußen zog die Verdrängung der Habsburger aus Deutschland nach sich. Franz Joseph kann somit der Frage nach einer Neuordnung seines Reiches nun nicht mehr ausweichen.

Im Februar 1867 tritt die alte ungarische Verfassung von 1848 wieder in Kraft. Damit steht der Krönung des österreichischen Kaiserpaares zum König und zur Königin von Ungarn nichts mehr im Weg. Die Monate Mai und Juni 1867 werden für Elisabeth und Franz Joseph zu einer Zeit des Triumphs. Als sie am 8. Mai 1867 ihren Mann nach Ungarn begleitet, wird sie als politische Fürsprecherin und »Ungarns Engel« mit unbeschreiblichem Jubel empfangen. Am 11. Mai besichtigen beide Schloss Gödöllő, in das sich Elisabeth verliebt hat, und das als Krönungsgeschenk für das Kaiserpaar vorgesehen ist. Am 8. Juni werden Elisabeth und Franz Joseph in der Matthiaskirche auf dem Ofener Burgberg zur Königin und zum König von Ungarn gekrönt und Österreich zur Doppelmonarchie mit den Hauptstädten Wien und Budapest erhoben. In der Folge kann Ungarn mit eigenem Parlament und Regierung – ausgenommen sind die Finanzen, das Militärwesen und die Außenpolitik – auf seinem Gebiet selbst wieder frei entscheiden. Andrássy, der als Revolutionär einst schon zum Tode verurteilt war, wird jetzt zum ungarischen Ministerpräsidenten ernannt.

»Kochmeister-Villa« bei Buda, 1890.

Das Festbankett zur Krönung findet in der königlichen Burg in Buda statt. Nach der Krönung reist das Kaiserpaar am 12. Juni mit dem Zug von Pest nach Schönbrunn und am 16. Juni weiter nach Bad Ischl.

Das wohl glücklichste Ereignis für Elisabeth findet ein Jahr später im Burgpalast in Buda mit der Geburt ihrer Tochter Marie Valerie am 22. April 1868 statt. Ausführlicheres dazu im folgenden Kapitel.

Das nächste außerordentliche Ereignis im Budaer Burgpalast findet erst 28 Jahre später, am 30. April 1896, statt. An diesem Tag kommt Elisabeth anlässlich der 1000-jährigen Feier Ungarns zur Milleniumsausstellung nach Budapest. Doch diesmal, zwei Jahre vor ihrem Tod, erscheint nicht eine froh gestimmte Kaiserin, sondern eine gramgebeugte alte Frau in schwarzer Kleidung, die sie seit dem Tod ihres Sohnes Rudolf, 1889, und nach verschiedenen anderen Schicksalsschlägen Tag für Tag trägt. Sie meidet alle öffentlichen Veranstaltungen. Am feierlichen Milleniumsempfang, am 6. Juni in der Budapester Burg, nimmt sie zwar teil, erschüttert aber alle Anwesenden durch ihren Auftritt in schwarzer Trauerkleidung und durch ihre von Leid gezeichnete Mimik. Als der Reichstagspräsident in seiner Rede ihre Verdienste für Ungarn erwähnt, braust minutenlang unbeschreiblicher Jubel auf. Erst jetzt kommt Bewegung in ihr versteinertes Gesicht. Ihre Wangen röten sich, Tränen treten ihr in die Augen und dankend nickt sie mit dem Kopf. »Für einen Augenblick durchbricht die Sympathie der ungarischen Nation die düstere Mauer, die sie zwischen sich und der übrigen Welt, Ungarn nicht ausgenommen, aufgerichtet hat.«[134] Nach der Feier kehrt sie nach Wien zurück und vergräbt sich in die Abgeschlossenheit der Lainzer Villa.

SCHLOSS TÖKETEREBES IN DER SLOWAKEI

Elisabeths Besuch bei Graf Gyula Andrássy

Graf Gyula Andrássy gehört zu den angesehensten Fürsten Ungarns, über dessen abenteuerliches Vorleben Elisabeth Bescheid weiß. Während der Revolutionswirren 1849 hat der Graf gegen Franz Josephs Truppen gekämpft und war danach in Abwesenheit wegen Hochverrats zum Tod verurteilt worden. Davor rettet ihn nur die Flucht nach England und Frankreich, wo er als geistreicher Gesellschafter auffällt. Er spricht perfekt Ungarisch, Deutsch, Französisch und Englisch. In Paris lernt Andrássy seine spätere Frau, Comtesse Katinka Kendéffy, eine Ungarin, kennen. Mit ihr kehrt er 1858 nach Budapest zurück und tritt zusammen mit Franz Deák und anderen vehement für die Einigung Österreichs-Ungarns ein. Er ist froh, dass ihn seit Ende 1865 dabei auch Kaiserin Elisabeth tatkräftig unterstützt. Sie sucht Franz Joseph von Andrássys Ideen zu überzeugen, während der Wiener Hof, allen voran Elisabeths Schwiegermutter, eine Einigung strikt ablehnt. Erst eineinhalb Jahre später erfolgt mit der Gründung des Doppelstaates Österreich-Ungarn der ersehnte Ausgleich, der am 8. Juni 1867 mit der Krönung des Kaiserpaares zum König und zur Königin von Ungarn seinen erfolgreichen Abschluss findet.

Gegen Ende Juni 1867 wird Elisabeth schwanger. Ihre tiefe Zuneigung zu Ungarn zeigt sie dadurch, dass sie das Kind, das sie erwartet, in Ungarn zur Welt bringen will. Am 5. Februar 1868 reist sie nach Ofen und am 22. April 1868 wird ihr viertes und letztes Kind, in der Budaer Burg geboren. Zehn Jahre zuvor starb am 20. Mai 1857 unerwartet ihr erstes Kind, die kleine Sophie. Jetzt ist es wieder eine Tochter, die das Licht der Welt erblickt. Sicher ist es auch dieser Zusammenhang – der Tod der ersten Tochter und die Geburt der letzten Tochter –, der Marie Valerie, gleichsam als Inkarnation der verstorbenen Tochter, für die 30-jährige Kaiserin zu ihrem Lieblingskind werden lässt. Dieses Mädchen, das sie als »Einzige« bezeichnet, gehört ihr außerdem endlich ganz allein und wird von ihr mit ängstlicher Fürsorge erzogen. In der Ofener Burg findet auch Marie Valeries Taufe statt, bei der Elisabeths Schwestern, Marie von Neapel und Mathilde Trani, als Taufpatinnen auftreten. Alle Ungarn sind über die Geburt hocherfreut und bezeichnen das Mädchen als »ungarisches Kind«, das natürlich auch eine ungarische Amme erhält, die mit tiefer Männerstimme alle möglichen Csárdás singt, worüber sich die Kaiserin köstlich amüsiert. Ebenso wird die übrige Umgebung der Kaiserin zunehmend von ungarischen Personen geprägt. Nicht nur Ammen, Kindermädchen und Pflegerinnen sind Damen aus Ungarn, auch ein aus Siebenbürgen stammender Obersthofmeister, Franz Freiherr von Nopcsa, leitet jetzt die Hofhaltung der Kaiserin. Diese »Ungarnisierung« brüskiert den Wiener Hof zutiefst.

Elisabeth (Bildmitte) mit ihrer Familie und der kaiserlichen Verwandtschaft. Auf ihrem Schoß die 1968 geborene Marie Valerie, um 1869.

Am 9. Juni fährt Elisabeth mit ihrer eineinhalbjährigen Tochter nach Bad Ischl, reist aber bereits am 28. September schon wieder nach Gödöllő und kommt erst zum Weihnachtsfest 1868 nach Wien zurück. Die Ungarn freuen sich, dass sich ihre Königin 1868 insgesamt 220 Tage in Ungarn aufhält, während die Wiener darauf fortwährend erboster reagieren. Von 1870 bis 1884 verbringt sie jeweils über ein Drittel des Jahres – vorrangig im Herbst und in der Vorweihnachtszeit – im geliebten Ungarnland, wo sie weit weg vom Wiener Hof tun und lassen kann, was ihr gefällt.

Wegen Elisabeths auffallender Liebe zu Ungarn und ihren ständigen Aufenthalten dort, aber auch wegen der Tatsache, dass Marie Valerie in Ungarn das Licht der Welt erblickt, tauchen rasch Gerüchte auf, dass nicht Franz Joseph, sondern der von der Kaiserin verehrte Graf Andrássy der Vater sei. Zu dieser Mutmaßung tragen Treffen zwischen den beiden bei – so bei Elisabeths Obersthofmeisterin Pauline von Königsegg und andernorts –, bei denen im Geheimen und unter vier Augen die Ungarische Frage besprochen wird. Vom 8. Mai bis zum 12. Juni 1867 wohnt sie als Gast in Andrássys Schloss in Töketerebes in Tiszadob, einer malerisch gelegenen ostslowakischen Gemeinde. Das Schloss mit den markanten vier Türmen liegt 169 Kilometer nordöstlich von Budapest und hatte sich offensichtlich die französischen Loire-Schlösser zum Architekturvorbild genommen. Andrássys Gemahlin Katinka Kendéffy ist bei diesem Treffen, wie es heißt, nicht anwesend, was sofort Gerüchte von einer intimen Beziehung zwischen der Kaiserin und dem Grafen entstehen lässt.

Doch Franz Josephs Vaterschaft belegen zum einen einige intime, ja geradezu zärtliche Briefe Elisabeths an ihn, zum zweiten Marie Valeries große äußerliche und charakterliche Ähnlichkeit mit dem Kaiser, zum dritten, dass niemand trotz intensiver Spurensuche der Kaiserin einen Fehltritt mit Andrássy nachweisen konnte. Aber auch wenn der Graf nicht der Vater Marie Valeries sei, so betonen anderslautende Spekulationen, so könne Elisabeth dennoch zumindest ein Verhältnis mit Andrássy gehabt haben, nachdem sie von Franz Joseph schwanger geworden sei. In diesem Fall wäre eine Nacht mit dem Ungarn nicht ins Gewicht gefallen. Doch Elisabeth hätte sich auch dazu aus zwei Gründen sicher nicht bereitgefunden. Bekanntlich lehnte sie, wie mehrere Äußerungen belegen, körperliche Liebe seit der Geburt Rudolfs mehr und mehr ab, zum anderen scheute sie das Wagnis einer körperlichen Beziehung auch deshalb, da sie von der Hofkamarilla, die nur zu gerne einen Fehltritt von ihr aufgedeckt hätte, ständig überwacht wurde. Belege für eine Liebesbeziehung zu Andrássy hätten die fatalsten politischen Verwicklungen zur Folge gehabt. Ein solches Risiko wäre die Kaiserin niemals eingegangen. Nach Andrássys Tod 1890 bemerkt sie zu ihrer Nichte Amalie: »Ja, das war eine treue Freundschaft, und sie war nie durch Liebe vergiftet.«[135] Und zu ihrer Tochter Marie Valerie sagt sie: »Jetzt erst weiß ich, was ich an Andrássy gehabt habe. Zum ersten Male fühle ich mich ganz verlassen, ohne jeden Ratgeber und Freund.«[136]

Interessant ist in diesem Zusammenhang Elisabeths bereits erwähntes Gedicht »Das Kabinet« [sic!], in dem sie leicht spöttisch jene fünf Männer charakterisiert, die sie verehrten und mit denen sie wohl auch ein wenig flirtete. Sie sieht sich darin als »Frau Ritter Blaubart«, die diese »armen Tröpfe« mit Eseln vergleicht und ihre Köpfe und Häute als Trophäen in ihrem Männer-Kabinett verwahrt.

Den ersten nennt sie »ein hübsches Tier«[137]. Gemeint ist Graf Imre Hunyády, der ihr »Ehrenkavalier« während ihres Aufenthaltes auf Madeira 1860 war und der sie anhimmelte. Dieser Esel habe ihr »Bananen aus der Hand« gefressen, doch bald wurde sie seiner »satt« und überdrüssig, wie sie betont.

Auch wenn sie den zweiten »Esel«, den Grafen Andrássy »lieb« nennt und bestätigt, er habe ihr »treu gedient«, so war der Kontakt zu ihm lediglich »innig und vertraut«, aber nicht mehr. Wohl nur im Geiste »streichelte« sie seine »alte Haut« bei dem einen oder anderen Flirt, was sie als »Verkosen« bezeichnet.

Den dritten »Esel«, eine »missglückte Bekanntschaft« nennt sie ein »Viech!« Dabei handelte es sich um Friedrich Pacher von Theinburg, »einen kahlköpfigen Herrn«, mit dem sie auf einem Maskenball 1874 unerkannt flirtete. Doch letzten Endes, so schreibt Elisabeth, war er nur »ein ganz gemeines Beast … kahl … schiech [hässlich], der ihrer Ansicht nach «nur auf den Mist gehört« und im Grunde nicht erwähnenswert ist.

Schloss Andrássy in Tiszadob.

Der vierte »Esel«, »ein drolliger Gesell'!«, war Elisabeths Reiterpilot bei den englischen und irischen Jagden, Captain Bay Middleton, den sie als Freund betrachtete. Er hatte »rostfarbene« Haare, wie sie in ihrem Gedicht erwähnt und war ein selbstbewusster Mann, der nie krank und verletzt war und dessen reiterisches Können sie bewunderte.

Das letzte »Vollblut-Eselein«, wie sie schreibt, ist ihr Gemahl Franz Joseph, den sie »nur winzig klein« nennt. Er war nicht nur körperlich kleiner als sie, sondern bezeichnete sich in seinen Briefen auch als ihr »Kleiner«, der ihr letztlich trotz aller ihrer Eigenheiten verfallen war. Mit ihm habe sie, so Elisabeth »das ärgste Kreuz« zu tragen. Er sei »voll Eigensinn und Laun', / Benahm er sich auch artig fein, / War ihm doch nicht zu trau'n. // Voll Mucken stack's im grossen Kopf/Und hinterm Ohr faustdick; / Zog ich ihn an dem grauen Schopf/Ward steifer nur‹s Genick. // Wie oft hat er mich abgebockt, / Wenn ich mich fest gewähnt! / Nachgiebigkeit nur abgelockt, / Wenn ich ihn hübsch versöhnt. // Schliesslich war er ein lieber Schatz/Trotz alle dem Gefrett: – / Drum hat er auch den Ehrenplatz In meinem Kabinet!«

»Eisabeth war in die Liebe verliebt«, urteilt ihre Nichte Marie Louise von Larisch-Wallersee, »weil sie ihr das Lebensfeuer bedeutete. Sie betrachtete die Sensation, angebetet zu werden, als einen Tribut, der ihrer Schönheit zukam. Doch ihre Begeisterungen dauerten nie lange, offenbar, weil sie zu künstlerisch empfand, um ihre Sinne gefangen zu geben. Und der Geliebte, der den Glauben an seine Idealgestalt erschütterte, erhielt so den Laufpaß.«[138] Letztlich bleibt, was Elisabeth in einem ihrer Gedichte sagte: »Für mich keine Liebe, / Für mich keinen Wein, / Die eine macht übel, / Der andre macht spei'n!«[139]

SCHLOSS REICHENAU AN DER RAX UND »VILLA WARRENS«

Zur Sommerfrische mit den Kindern in Niederösterreich

Schloss Reichenau an der Rax, auch »Hubertusvilla« genannt, 1912.

Die Rax, auch Raxalpe genannt, liegt etwa 85 Kilometer südwestlich von Wien und gehört zu den Wiener Hausbergen an der steirisch-niederösterreichischen Grenze. Einer der Talorte ist Reichenau, wo 1857 von dem Ringstraßenarchitekten Anton Hefft eine schlossartige Villa erbaut wird, die 1859 Kaiser Franz Joseph mietet und als Ausgangspunkt für seine Jagden im Raxgebiet nützt. Die Villa erhält nach ihm den Namen »Kaiservilla«, wird aber wegen ihres schlossartigen Aussehens bald auch schon Schloss Reichenau genannt.

Kennengelernt hat Elisabeth Reichenau bereits 1854 beim Festbankett anlässlich der Eröffnung der Semmeringbahn. Doch erstmals begleitet sie ihre beiden Kinder am 23. Juli 1859 in die Reichenauer Sommerfrische. Wie es heißt, lässt sich der kleine Rudolf mit seiner Schwester Gisela dort gern in einem von zwei weißen Ziegenböcken gezogenen Wagerl im Park spazieren fahren. Beide Kinder halten sich auch in einer kleinen Jagdhütte auf, die Rudolf zum dritten Geburtstag von der örtlichen Jägerschaft geschenkt bekommt. Die Bezeichnung »Rudolfsvilla« für Schloss Reichenau entsteht erst nach Rudolfs Tod 1889. Der Name »Sisi-Schloss« kommt dann in jüngerer Zeit auf – wohl aus Marketinggründen, denn Elisabeth hält sich hier wesentlich seltener auf als ihr Mann. Meist taucht sie in Begleitung der Kinder oder ihrer Schwester Néné auf, zeigt aber niemals eine besondere Vorliebe für diesen Ort.

Da sie sich in den Jahren 1860 bis 1862 aufgrund ihrer körperlichen und seelischen Leiden fast ständig außerhalb Österreichs aufhält, besucht sie Reichenau erst im Mai und August 1862 erneut. Am 15. Mai ist ihre körperliche Verfassung derart schlecht, dass sie auf einer Tragbahre in die »Rudolfsvilla« gebracht werden muss. 1862 bleibt sie – unterbrochen von einer kurzen Kur – mit den Kindern auch noch vom 15. bis 25. September dort. Die Zeit verbringt sie mit Ausfahrten, Promenaden und Ausritten. Zu weiteren Kurzvisiten kommt sie gelegentlich nachts an, reist jedoch schon am frühen Morgen wieder ab. Längere Zeit verweilt sie nur dann, wenn ihr der Druck am Wiener Hof zu groß wird. Am 23. Dezember 1865 feiert sie ihren Geburtstag gemeinsam mit der Familie bei einer Vokalmesse in der St. Barbara-Kirche. Ab 1865 enden die Sommeraufenthalte der Kaiserkinder in Schloss Reichenau und der Mietvertrag wird aufgelöst.

In späteren Jahren kommt Elisabeth nur noch selten in die Gegend von Reichenau, so im Juli 1873, wo sie für einige Tage nach Payerbach bei Reichenau flüchtet, um dem Trubel der Wiener Weltausstellung zu entgehen. Frische Gebirgsluft zu atmen, ist ihr weitaus lieber. Quartier nimmt sie in der »Villa Warrens«, die mit dem von Zinnen gekrönten Turm einem kleinen Schlösschen gleicht. Im August kehrt sie nach Wien zurück, weil der aufdringliche Schah Nasr-es-Din von Persien seine Abreise erst dann antreten will, wenn er die Kaiserin höchstpersönlich gesehen hat. Bei ihrem Anblick schwärmt er von der »schönsten Herrscherin von all den Frauen an den europäischen Höfen [...] Sie hat eine wunderschöne weiße Haut und die Gestalt einer Zypresse, eine Majestät vom Scheitel einer prächtigen Haarfülle bis zur Sohle.«[140]

KÖNIGLICHE RESIDENZ IN DRESDEN

Elisabeths Auftritt im Sternenkleid

1865 reist Elisabeth vom 10. bis 17. Februar zur Hochzeit ihres Lieblingsbruders Carl Theodor mit der 20-jährigen Prinzessin Sophie von Sachsen nach Dresden, ohne zu ahnen, dass sie mit ihrem sternenbestickten weißen Tüllkleid die Stadt an der Elbe auf den Kopf stellt. Vorbild ist das Sternenkleid von Contessa Virginia di Castiglione, der Mätresse Napoleons III., das Elisabeth auf einem Bild sieht, das sich in ihrem Schönheitsalbum befindet, einer Sammlung von Fotografien schöner Tänzerinnen, Schauspielerinnen und Halbweltdamen. Sie ist von diesem Kleid derart fasziniert, dass sie sich nicht scheut, den Stil der Kurtisane zu kopieren und sich vom Pariser Couturier Charles Worth ein solches weißes Tüllkleid in leicht abgeänderter Form mit Sternen besticken zu lassen. Die Contessa trägt zu ihrem Kleid Sternendiamanten im Haar, das zu dicken Zöpfen geflochten und um den Kopf gewickelt ist. Auch die Haartracht kopiert Elisabeth, ebenso wie die ins Haar geflochtenen Diamantsterne, die von den Kaiserlich Königlichen Hofjuwelieren Pioté & Köchert gefertigt werden und die ihr Franz Joseph zum Geschenk macht.

Am 11. Februar 1865 erscheint die 27-jährige Kaiserin zum Hochzeitsball in der Dresdner Residenz, in diesem weißen Sternenkleid, an der Brust ein Camelienbouquet und im Haar funkelende Sternendiamanten. Damit erregt sie erhebliches Aufsehen, jedenfalls mehr, als die von ihr geschätzte Braut und auch mehr, als ihre Schwester Néné, die ebenfalls in einem Sternenkleid erscheint. Königin Marie von Sachsen teilt einer Freundin mit: »Von der Begeisterung, welche die Schönheit und Liebenswürdigkeit der Kaiserin erregte, kannst Du Dir keine Vorstellung machen; noch nie sah ich meine ruhigen Sachsen in solcher Aufregung! Man dachte, sprach, hörte nur ihr Lob.«[141]

Zur Hochzeit selbst erscheint Elisabeth dann in einem lila Kleid mit silbernen Kleeblättern bestickt, mit einem Manteau aus Silberspitzen, eine Diamantkrone auf dem kunstvoll verflochtenen Haar. »Die Leute sind hier so paff über unsere Souveränin!!! Haben recht«[142], freut sich Erzherzog Ludwig Viktor. In der Folge versuchen etliche Damen von Welt, den Stil der Kaiserin nachzuahmen. 1865 lässt sich Elisabeth von dem Maler Franz Xaver Winterhalter im Sternenkleid malen, wodurch Kleid und Trägerin unsterblich werden. Das legendäre Gemälde befindet sich heute in der Wiener Hofburg.

Trotz der Begeisterung der Bevölkerung fühlt sich Elisabeth in Dresden wegen der Hitze und Langeweile der Festlichkeiten bei Hof nicht sonderlich wohl. In einem Brief an ihren Sohn Rudolf vom 14. Februar aus Dresden klagt sie: »Ich ließ mir abends ein Gefrorenes holen, aber nicht vom Hof, zum Papa seiner Beruhigung, das war aber so schlecht, und in einem grausligen Schüsserl wie dem Horse Guard [Sisis irischer Wolfshund] sein Fressen [...]. Ich bin schon ganz traurig, weil ich so gern nach Hause möchte und noch vier Tage bleiben muß.«[143] Doch auch diese Tage gehen vorüber und am 18. Februar 1865 kehrt die Kaiserin nach Wien zurück.

Durch die Heirat mit Carl Theodor wurde Prinzessin Sophie Herzogin in Bayern. Doch ihr Leben währt nur kurz. Am 24. Dezember 1865, also am selben Tag, an dem auch Elisabeth Geburtstag feiert, kommt ihre einzige Tochter Amélie zur Welt. Danach leidet Sophie wiederholt an Schwächezuständen und stirbt kurz vor ihrem 22. Geburtstag am 9. März 1867 an einer Grippe.

Kaiserin Elisabeth als 25-Jährige im sternenbestickten Tüllkleid und mit Diamantsternen im Haar, Gemälde von Franz Xaver Winterhalter, 1865.

HOFBURG IN INNSBRUCK

Eine bedeutende, aber kaum genutzte Unterkunft

Blick auf die Innsbrucker Hofburg von Süden, im Hintergrund die Nordkette des Karwendelgebirges.

Während Kaiser Franz Joseph regelmäßig in Tirol weilt und insgesamt 30 Mal in der Innsbrucker Hofburg logiert, kommt Elisabeth lediglich dreimal nach Innsbruck und ein viertes Mal als Tote bei der Überführung ihres Leichnams von Genf nach Wien.

Das erste Mal hält sie sich als elfjähriges Kind in dieser Stadt auf. Im Juni 1848 darf sie in Begleitung ihrer Mutter Ludovika und ihrer Schwester Néné die kaiserlichen Verwandten in Innsbruck besuchen. Auch der 18-jährige Franz Joseph ist anwesend, schenkt seinem kindlichen Cousinchen aber kaum Beachtung. Ihn beschäftigen wichtigere Dinge, da 1848 auch in Österreich die Revolution tobt und er sich auf die Thronübernahme vorbereiten muss. Ganz anders sein Bruder, der 15-jährige Erzherzog Karl Ludwig, der sich in Sisi geradezu verliebt und ihr als Zeichen seiner Zuneigung Blumen und Früchte überreicht. Noch nach ihrer Rückkehr aus Innsbruck erhält Sisi von ihm Briefe, die von Komplimenten nur so strotzen. Aber auch Geschenke schickt er ihr, neben Blumen und Süßigkeiten eine Uhr mit Kette, die sie sich sehnlich wünscht und sogar einen Ring. Sisi nimmt Karl Ludwigs Verehrung gelassen hin, bedankt sich höflich für die Präsente, zeigt aber keine besondere Gegenliebe. Karl Ludwig hingegen schwärmt weiterhin für sie und überrascht sie zum Neujahrstag 1850 mit einem Armband. Auch als Sisi 1854 Franz Josephs Frau wird, bleibt er seiner Schwägerin herzlich verbunden und lässt als Innsbrucker Statthalter in der Hofburg das Innere Appartement extra für sie mit aufwendig hergestellten Seidenstoffen und Tapeten sowie mit Möbeln im Stil des Zweiten Rokokos ausstatten. Auch ein Schönheitssalon, ein Schreib- und ein Schlafzimmer, aus dem Elisabeth das Ehebett entfernen lässt, steht ihr zur Verfügung. Die Innsbrucker Hofburg, erbaut von Herzog Sigmund dem Münzreichen, gehört neben der Wiener Hofburg und dem Schloss Schönbrunn in Wien zu den drei bedeutendsten Kulturbauten Österreichs. Besonders beeindrucken darin der Riesensaal, der Gardesaal, die Ahnengalerie im Prunkstiegenhaus, aber auch die Lothringer-Zimmer und die Kapelle.

Viele Jahre später, im Oktober 1870, stattet Elisabeth – nunmehr schon seit 16 Jahren Kaiserin und inzwischen Mutter von vier Kindern – auf ihrer Reise nach Meran der Tiroler Landeshauptstadt Innsbruck zum zweiten Mal einen Kurzbesuch ab. Bereits am 1. September endete der Deutsch-Französische Krieg mit der Niederlage Napoleons bei Sedan und die Kaiserin war sich sicher, dass Österreich in dieser Auseinandersetzung keine Rolle mehr spielen würde. Die Anreise über Salzburg und Kufstein erfolgt mit der nagelneuen Brenner-Bahn. Am Innsbrucker Bahnhof erblickt Elisabeth »einen großen Hund. Sofort gilt ihre ganze Aufmerksamkeit dem Mann, der ihn führt. Sie macht ihm ein Zeichen und am nächsten Tag ist der Hund in ihrem Besitz.«[144] Das Tier begleitet sie nach Meran.

Quartier nimmt Elisabeth in der Innsbrucker Hofburg in dem für sie eingerichteten Appartement. Die Innsbrucker Bevölkerung und die Tiroler sind völlig aus dem Häuschen und verwandeln ihre Stadt in einen Festsaal. Doch die Kaiserin ignoriert das für sie entworfene Festprogramm, wozu auch Bergfeuer auf den Anhöhen ringsum gehören. Sie zieht sich mit ihren Kindern lieber zurück und brüskiert damit die Tiroler. Sie versäumt es jedoch nicht, die Innsbrucker Hofkirche zu besuchen, in der einst ihr Lieblingsdichter Heinrich Heine folgende köstliche Episode erlebte. Vier Engländer kamen in die Kirche und einer von ihnen wollte anhand einer Beschreibung die dort stehenden Standbilder der Fürsten und Fürstinnen aus dem Hause Österreich erklären. Er begann jedoch am falschen Ende der Reihe, weshalb er alles durcheinander brachte. So hielt er eine Frauenstatue für einen Mann und umgekehrt. Der Englishman begriff nicht, warum man Rudolf von Habsburg in Weibskleidern dargestellt hatte, dagegen Königin Maria mit Hosen und einem Bart. Heine erklärte spöttisch, dies sei wohl der Wille der hohen Herrschaften gewesen. So könne es dem jetzigen Kaiser auch einfallen, sich in einem Reifrock oder gar in Windeln gießen zu lassen. »A fine exhibition, very fine indeed!« meinte eine Dame der Gruppe anerkennend.

Ein Jahr später, im Oktober 1871, kommt Elisabeth zum dritten Mal nach Innsbruck, abermals auf dem Weg nach Meran. Fast scheint es, als wolle die Kaiserin ihre Brüskierung der Tiroler vom letzten Jahr wieder gut machen, indem sie als »Alpenkaiserin« auftritt. Sie besucht zu Fuß die Bildungsanstalt für arme Mädchen in Hötting. Als sie aber am Abend zu einem festlichen Empfang, der ihr zu Ehren gegeben wird, in einem schulterfreien weißen Ballkleid erscheint, dazu mit offenem Haar, das bis zum Boden reicht, sind die biederen und konservativen Innsbrucker entsetzt. Elisabeth kümmert das wenig. Ihre Abneigung gegen Innsbruck könnte durchaus von ihrem Lieblingsdichter Heinrich Heine beeinflusst worden sein, der sich im August 1828 auf der Reise nach Italien auch einige Tage in Innsbruck aufhielt und im »Hotel Goldener Adler« logierte. Es war sicher auch das schlechte Wetter, das Heines Urteil über diese Stadt beeinflusste. »Innsbruck selbst ist eine unwohnliche, blöde Stadt«, notierte er in seinen Reisebildern. »Vielleicht mag sie im Winter etwas geistiger und behaglicher aussehen, wenn die hohen Berge, wovon sie eingeschlossen, mit Schnee bedeckt sind, und die Lawinen dröhnen und überall das Eis kracht und blitzt.«[145] Diese Bemerkung verziehen ihm die Tiroler nie.

27 Jahre vergehen, bis die Kaiserin im September 1898 zum letzten Mal nach Innsbruck kommt, aber nicht mehr als Lebende, sondern bei der Überführung ihres Leichnams von Genf nach Wien. Geplant ist, dass sich der Sonderzug am 15. September in Innsbruck nur 10 Minuten aufhält. Der Bahnsteig des Bahnhofs ist für die Bevölkerung abgesperrt. Zutritt haben nur die zum offiziellen Empfang bestimmten Persönlichkeiten und Gruppen. Doch die von Elisabeth zu Lebzeiten stiefmütterlich behandelten Tiroler halten den Leichenzug einfach an und bezeugen mit Blumen, Musik und Gedichten, die sie der Kaiserin zu Lebzeiten nie vortragen durften, doch noch ihre Verehrung. Fünf Kränze werden im Kranzwagen für sie abgelegt.

FÜRSTBISCHÖFLICHE RESIDENZ IN SALZBURG UND SCHLOSS HELLBRUNN

Die Salzburger »Waden-Konferenz«

Jahrhunderte residierten die Salzburger Fürsterzbischöfe in der Salzburger Residenz, die im Herzen der Stadt liegt, einem weitläufigen Baukomplex mit 180 Räumen und drei großen Innenhöfen. Hier hielten sie Hof und von hier aus lenkten sie bis ins 19. Jahrhundert die Geschicke des Landes.

Elisabeth hält sich mehrfach in Salzburg auf, allerdings meist nur auf der Durchreise. Etwas länger ist sie hier nur einmal, im August 1867, als Franz Joseph zusammen mit ihr den französischen Kaiser Napoleon III. und dessen Gemahlin Eugénie zu einem mehrtägigen Staatsbesuch empfängt. Am 18. August 1867 treffen die hohen Gäste am Salzburger Hauptbahnhof ein. Napoleon III. will zum einen Franz Joseph sein Beileid zum Tod von dessen Bruder Maximilian ausdrücken, der als Kaiser in Mexiko von den Rebellen dort erschossen worden war. Napoleons Beileidskundgebung empfinden Franz Joseph, seine Mutter Sophie und Elisabeth allerdings als Heuchelei, war der französische Kaiser doch für das bittere Ende Maximilians mitverantwortlich. Aber wegen der angestrebten französisch-österreichischen Einigung gegen Preußen, zu der es allerdings nicht kommt, unterdrücken Franz Joseph und seine Frau ihren Groll gegen den Franzosenkaiser. Elisabeth möchte dem Treffen zunächst fernbleiben und nennt als Grund, sie sei womöglich schwanger. Doch Franz Joseph lässt diese Ausrede nicht gelten.

Salzburger Residenzplatz mit Neuer Residenz, Residenzbrunnen und Dom (links).

Eugénie, Kaiserin der Franzosen, geb. Gräfin von Montijo und Teba, Gemälde von Pierre Désiré Guillemet nach Franz Xaver Winterhalter, 1853.

Am 20. August besichtigen Napoleon III. und Franz Joseph I. gemeinsam die Festung Hohensalzburg. Am 21. August fahren beide Kaiserpaare an den südlichen Stadtrand von Salzburg zum Renaissanceschloss Hellbrunn, einem reizenden Lustschloss mit Wasserspielen und einem weitläufigen Park und jausen in der dortigen Schlossrestauration auf dem Schlossgelände von Hellbrunn. Anwesend sind auch der Ex-König Ludwig I. sowie Don Carlos von Spanien.

Vor allem aber ziehen bei diesem Salzburger Treffen die beiden Kaiserinnen, Elisabeth und Eugénie, die Aufmerksamkeit auf sich. Wer von beiden ist die schönere Frau, fragen sich viele. Die um 13 Jahre ältere Eugénie habe zwar ebenmäßigere Gesichtszüge, aber Elisabeth sei anmutiger. Während Elisabeth bodenlange Kleider trägt, was ihrer Stellung angemessen ist, macht Eugénie mit kurzen Röcken von sich reden, die damals gerade in Mode kommen. Viele sind schockiert, weil die Knöchel zu sehen sind.

Auch wenn beide Monarchinnen nicht befreundet sind, so scheint sich Elisabeth mit Eugénie zumindest in einem Punkt zu verstehen, wie der folgende Vorfall beweist. Eines Mittags besucht sie in der Alten Residenz ganz privat die französische Kaiserin. Johann Nepomuk Graf von Wilczek, Polarforscher, Kunstmäzen und Eugénies Kämmerer, muss auf ihren Befehl vor der Tür Wache stehen und alle Besucher fernhalten. Da erscheint Napoleon III. und begehrt Einlass. Graf Wilczek entfernt sich, um ihn anzumelden. »Ich öffnete ganz still die Türe«, so erinnert sich Wilczek später, »und mußte durch zwei leere Zimmer des Appartements gehen, sogar durch das Schlafzimmer bis zum Toilettenkabinett, dessen Türe halb offen stand. Ihr gegenüber befand sich ein großer Spiegel, und mit dem Rücken gegen die Tür gewendet, hinter welcher ich stand, waren die beiden Kaiserinnen damit beschäftigt, sich mit zwei Zentimetermaßen die schönsten Wadenbeine, die damals wohl in ganz Europa zu finden waren, abzumessen. Der Anblick war unbeschreiblich und ich werde ihn mein Leben nicht vergessen.«[146] Die Begegnung Napoleons III. mit Franz Joseph geht infolge dieses Ereignisses, das schon bald die Runde macht, als Salzburger »Waden-Konferenz« in die Geschichte ein.

»STEEPHILL CASTLE« IN VENTNOR

Auf der englischen Insel Wight

Schon im Winter 1860 lernt Elisabeth kurz das wohltuende Klima der Insel Wight kennen, die Englands Südküste vorgelagert ist. Damals fährt sie mit der Jacht der englischen Königin Viktoria von Antwerpen nach Madeira zur Kur.

14 Jahre später kommt sie am 2. August 1874 wieder auf diese Insel, da die Ärzte ihrer kränkelnden Tochter Marie Valerie dringend zu einem Seeaufenthalt raten. Auf der Insel Wight begeben sich die beiden in den Kurort Ventnor, wo die Sommerhitze durch den frischen Seewind erträglich ist und die Winter mild sind. Dort wohnen sie auf Steephill Castle, einem Schloss, das der österreichische Botschafter in London, Graf Friedrich von Beust, für die Kaiserin und ihr Gefolge mietet. Für den sechswöchigen Aufenthalt muss nicht nur ein Badezimmer eingerichtet, sondern auch der Billardsalon in ein

Steephill Castle, Isle of Wight, England.

Turnzimmer umgewandelt werden. Elisabeth ist von dem gotischen Stil des Schlosses, das sie ein wenig an Possenhofen erinnert, entzückt.

Weniger erfreulich für Elisabeth sind die Besuche der englischen Königin Viktoria, die sich in Wight auf ihrem Landsitz Osborne aufhält. Die großgewachsene, schlanke und anmutige Elisabeth bildet den schärfsten Gegensatz zur kleinen, korpulenten und eher hässlichen Queen Viktoria. Die beiden sind sich auch nicht sonderlich sympathisch. Von Wight aus begibt sich die Kaiserin lieber nach London und logiert im »White Lodge«, einem Herrenhaus auf dem Gelände des Richmond Parks. Sie reitet mit Graf Beust durch den Hydepark und besucht das Wachsfigurenkabinett der Madame Tussaud, in dem auch Franz Josephs Wachsfigur ausgestellt ist, die sie »ungeheuer amüsant, aber doch teilweise sehr grauslich« findet. Grauslig findet sie auch die Leibesfülle der Herzogin Marie, Gemahlin von Victorias Sohn Alfred, des Herzogs von Edinburgh. Über Marie, eine Tochter Kaiser Alexanders III., teilt sie Franz Joseph mit: »Sie ist so kollosal dick, ich habe so etwas noch nie gesehen. Ich dachte mir die ganze Zeit: Wie muß sie im Bett ausschauen?«[147]

Natürlich darf auch ein Besuch der weltweit größten Irrenanstalt Bedlam nicht fehlen, wo sich die Kaiserin über die Behandlung der Kranken informiert. Besonders fasziniert sie ein Patient, der behauptet, der »Heilige Petrus« zu sein. In Belmore Castle bestaunt sie die Jagdhunde des Herzogs von Rutland und nimmt an ihrer ersten englischen Fuchsjagd teil, die in ihr die Lust an weiteren Jagdaufenthalten in England weckt. Sie übernachtet im Alten Schloss von Melton, wo in den Ställen rassige Rennpferde stehen. Durch ihre Schwester Marie, die sich in London aufhält, macht sie die Bekanntschaft mit den besten Jagd- und Rennreitern, mit denen sie bald ihre Reiterkünste messen kann. Lady Dudley überrascht die Kaiserin mit einem stattlichen Reitpferd, das sie ihr zum Geschenk macht.

Danach geht es zurück auf die Insel Wight, wo Elisabeth im Meer badet. Damit die Gaffer sie nicht erkennen, müssen Marie Festetics und eine Kammerfrau gemeinsam mit ihr in einem genau gleichfarbigen Badeanzug ins Wasser steigen. Spontan lädt sie ihren Gemahl Franz Joseph ein, sie in London zu besuchen und in Schottland ein paar Tage auf die Jagd zu gehen, wozu der jedoch arbeitsbedingt nicht bereit ist.

Am 26. September erfolgt die Überfahrt von der Insel Wight an die Nordküste Frankreichs nach Boulogne. Dort macht Elisabeth bei heftigem Wind in Begleitung von Marie Festetics einen Strandspaziergang. Mit Begeisterung genießt sie im Gegensatz zu ihrer Hofdame den immer heftiger tobenden Sturm, der den beiden ihre Schirme umdreht. Sie können kaum noch aufrecht gehen und schließlich werden sie sogar in den Sand

Herrenhaus »White Lodge« im Londoner Richmond Park.

geschleudert, sodass sie nicht mehr hochkommen. Zum Glück eilt ein Strandwächter herbei und zerrt die Kaiserin und ihre Hofdame in ein schützendes Haus. Wütend schimpft er, dass bei einem solchen Unwetter Wanderungen am Strand doch verboten sind und es ihn seine Stelle kosten würde, hätte die Polizei das gesehen. Da schenkt ihm Elisabeth ein Goldstück, was ihn beruhigt.

Weiter geht die Reise nach Baden-Baden, wo Kaiser Wilhelm und seine Tochter, die Großherzogin von Baden, die Kaiserin auf dem Bahnhof begrüßen. Die Großherzogin ist von Elisabeths Schönheit höchst entzückt und Kaiser Wilhelm meint: »Es ist besser, nicht zuviel hinzusehen. Es wird einem gar zu warm ums Herz.«[148] Warm um Herz wird es auch König Ludwig II., der seiner Cousine Elisabeth sofort nach ihrem Eintreffen in Possenhofen einen Besuch abstattet und ihr nachts um 2 Uhr von seinem Flügeladjutanten ein riesiges Rosenbukett überbringen lässt.

PALAZZO FARNESE IN ROM

Geburtshilfe und Papstbesuch

Anfang Dezember 1869 kommt Kaiser Franz Joseph auf der Rückreise von Ägypten, wo er sich zur Eröffnung des Suezkanals aufgehalten hat, nach Miramar und trifft dort Elisabeth. Während er nach Wien zurückkehrt, begibt sie sich nach Rom, wo sie am 8. Dezember 1869 eintrifft und sich bis Januar 1870 im Palazzo Farnese aufhält, dem Wohnsitz Franz II., des Ex-Königs von Neapel, und seiner Frau Marie. Ihrer Schwester Marie will Elisabeth bei der kurz bevorstehenden Entbindung beistehen.

Da am 8. Dezember 1869 in Rom das Erste Vatikanische Konzil eröffnet wird, verfolgt sie im Petersdom auf der Tribüne, die für die regierenden Herrscher reserviert ist, auch einmal stundenlange Feierlichkeiten. Amüsiert und respektlos kommentiert sie in Briefen an Franz Joseph diese »schrecklichen Zeremonien«. »Man blickte über ein Meer von Bischofsmützen«, schreibt sie ihm, »aber ein Besuch war mehr als genug«. Auch zu einem Treffen mit Papst Pius IX. kommt es, der liebenswürdig und gesprächig ist, wobei sie jedoch kaum etwas versteht, da er nur italienisch spricht. »Recht spaßig« findet sie das ständige »auf-den-Knien-Herumrutschen«. Als der Heilige Vater zu einem Gegenbesuch im Palazzo Farnese erscheint, versammeln sich alle am Fuß der Palazzo-Treppen, um kniend das Kommen des Papstes abzuwarten. »Neben der Stiege«, spöttelt Elisabeth in einem Brief an ihren Mann, »zog der Papst eine Scharlachmütze über die Ohren und nahm einen Hermelinscharlachmantel um, da erinnerte er mich an die Kaiserin Karoline Augusta«.[149] Viel lieber ist es der Kaiserin, wenn sie in Begleitung des sympathischen jungen Freiherrn Visconti aus ihrem Gefolge durch die Straßen Roms wandern und die diversen Museen besuchen kann.

Am 24. Dezember, also an Elisabeths Geburtstag, bringt ihre Schwester Marie ein Mädchen – Maria Sophie – zur Welt, wobei ihr Elisabeth bei der langwierigen und komplizierten Entbindung zur Seite steht. Schon im folgenden Jahr am 28. März 1870 stirbt das Kind.

In dem zugigen Palazzo mit seinen kalten Mosaikböden findet es die Kaiserin nicht besonders behaglich. Sie erkältet sich und versucht den Husten durch Trinken von Eselsmilch zu lindern. Doch die Einladung des Grafen Malatesta zu einer großen Jagd in der Campagna lässt sie sofort wieder gesunden,

Palazzo Farnese, Stich von Giuseppe Vasi, Mitte des 18. Jahrhunderts.

denn dabei kann sie sich einmal mehr dem römischen Adel als hervorragende Reiterin präsentieren.

Von Rom aus reist die Kaiserin sehr zum Ärger des Wiener Hofs nach Budapest, wo sie sich von Januar 1870 bis Mai aufhält. Nach einem Blitzbesuch in Wien geht es mit ihren beiden Töchtern Gisela und Marie Valerie schon wieder nach Meran, wo sie in einem von Graf Trauttmansdorff gemieteten Schloss den Winter verbringen.

KARPATENSCHLOSS PELEȘ IN RUMÄNIEN

Bei der Dichterin »Carmen Sylva«

Am 11. November 1884 wird Sisi in Ofen von Elisabeth zu Wied, seit 1869 Gemahlin des rumänischen Königs Carol, besucht. Unter ihrem Künstlernamen »Carmen Sylva« ist diese selbstbewusste Frau einer größeren Öffentlichkeit bekannt und ermutigt seither auch andere Frauen zum Schreiben und zur Veröffentlichung ihrer Werke.

Sisi und »Carmen Sylva« unterhalten sich ausführlich über Heinrich Heine und zwischen beiden entwickelt sich eine Freundschaft. Offensichtlich fühlen sich die beiden auch durch den Verlust ihrer Kinder verbunden. Sisi hatte ihre zweijährige Tochter Sophie bereits 1854 verloren und Carmen Sylvas Tochter Maria war 1874 mit nur drei Jahren gestorben. Der Schmerz über deren Tod, den Carmen Sylva ein Leben lang nicht verkraftet, kommt in vielen ihrer Lieder und Gedichte zum Ausdruck. Die königliche Dichterin, die ihre Lyrik schon erfolgreich veröffentlichte, fordert die Kaiserin auf, doch ebenfalls Gedichte zu schreiben und in einem Buch zu publizieren. Doch Elisabeth lehnt dies vorerst ab, sie will ihre geheimsten Gedanken nicht vor der Öffentlichkeit ausbreiten. »Erst wenn ich längst gestorben bin«, sagt sie, »soll es die Welt wissen, was ich geschrieben habe«.[150]

Auch in ihren Anschauungen sind sich beide Frauen sehr ähnlich, so in ihrer »Distanz zu Amt und Würde, zur Monarchie, Ablehnung des zeremoniellen Lebens, Bekenntnis zur Außenseiterschaft, Interesse an spiritistischen Erscheinungen«.[151]

Bald ergeht an Sisi eine Einladung des rumänischen Königspaares Carol I. und seiner Gemahlin Elisabeth, sie doch auf deren Sommerschloss Peleș zu besuchen. Im Mai 1887 folgt Elisabeth der Einladung in dieses Prachtschloss, das in den tiefen Wäldern der Karpaten liegt, etwa 1,5 Kilometer nordwestlich der rumänischen Stadt Sinaia und drei Eisenbahnstunden von Bukarest entfernt. Vor allem freut sich Sisi bei diesem Besuch auf die Begegnung mit der Königin von Rumänien, genauer gesagt auf das Gespräch mit ihr als Dichterin »Carmen Sylva«.

Eigentlich soll ihr Aufenthalt deshalb privat bleiben und ganz ohne höfische Zeremonien stattfinden. Am liebsten will sie sich allein mit der Königin über das Leben, die Philosophie und Dichtkunst unterhalten, was ihr bei einem Aufenthalt in einer Holzhütte im Wald auch gelingt. Doch so völlig entkommt sie dem höfischen Protokoll nicht. Und so lässt sie sich auch von König Carol I. das Schloss zeigen, das nach Plänen des Wiener Architekten Carl Wilhelm Christian Ritter von Doderer im Stil der deutschen Renaissance erbaut und 1883 fertiggestellt worden war. Vor allem wegen seiner elektrischen Installationen im Inneren des Schlosses, aber auch außen, erregte es weltweit großes Aufsehen. Schloss Peleș ist nämlich das erste völlig elektrifizierte Schloss Europas. Besonders faszinieren Sisi auch die reichhaltige Gemälde- und Büchersammlung. Über diesen Besuch verfasst sie ein euphorisches Gedicht mit 99 Strophen, das den Titel trägt: »Titanias Besuch bei Carmen Sylva und Rückkehr in ihr Feenschloss, genannt Villa Her-

Prinzessin Elisabeth Pauline Ottilie Luise zu Wied,
spätere Königin von Rumänien, alias »Carmen Sylva«.

Schloss Peleș in Sinaia, Rumänien.

mes.«[152] Darin schwärmt sie von der prachtvollen Einrichtung des Palastes und vergleicht ihn mit ihrem 1886 fertiggestellten Privatschloss im Lainzer Tiergarten, der »Hermesvilla«. Mit »Titania« meint sich Elisabeth übrigens selbst, die sich, wie sie dies in ihren Verszeilen betont, weniger für das zweifellos prachtvolle Schloss Peleș interessiert, sondern vorrangig für den Gedankenaustausch mit der Poetin »Carmen Sylva«:

Nicht den Hof wollt' ich besuchen,
Auch zur Königin nicht gehen;
Nur die Dichterin zu sehen
Kam ich, Carmen Sylva suchen.
So Titania; und es sanken
In die Arme sich die beiden
Und gestanden sich beim Scheiden,
Wie verwandt sie in Gedanken.[153]

»Carmen Sylva« bleibt mit ihren Gedichten, Erzählungen und Märchensammlungen ein bewundertes Vorbild für Elisabeth, die der Dichterkollegin nachzueifern sucht. Und auch Carmen Sylva ist von der österreichischen Kaiserin sehr angetan. Noch 20 Jahre nach dem Treffen erinnert sie sich in einem Beitrag für die Weihnachtsausgabe 1906 der »Neuen Freien Presse« an Elisabeths Besuch bei ihr: »Mit ihren wunderbaren Märchenaugen, die aussahen wie Edelsteine, wie das Meer, sah sie mir so gerade ins Gesicht, daß ich nicht im Stande gewesen wäre, der Wahrheit auch nur das leiseste Mäntelchen der Konvention umzuhängen. Sie dachte so kühn und so frei und sagte, was sie dachte, in so reizender Form, daß man oft nicht gleich den Humor und den Schalk entdeckte, weil es so trocken herausgekommen war. [...] Sie haßte Etikette und all das Zeug, das man im Laufe der Zeiten unserer Würde hat umhängen wollen, als wäre sie schon so nicht schwer genug. Und als ich zu ihr sagte: ›Deine große Schönheit hilft dir nicht und nimmt dir keine Schüchternheit fort!‹ antwortete sie: ›Ich bin nicht schüchtern, es langweilt mich nur! Da hängt man mir schöne Kleider um und vielen Schmuck, und dann trete ich hinaus und sage den Leuten ein paar Worte, und dann eile ich in mein Zimmer, reiße das alles ab und schreibe, und Heine diktiert mir!‹ [...]

Es war sehr natürlich, daß sie unter allen Dichtern Heine am liebsten haben mußte, weil er eben auch so verzweifelt ist über alle Unwahrheit der Welt und gar nicht genug Worte findet, um das Hohle darin zu geißeln! Sie konnte es unserer Stellung nicht verzeihen, daß wir so viel mit Schein und Unwahrheit zu tun haben und so schwer auf den Kern durchdringen können [...]. Es war eine so ungeheure Kraft in ihr. Es war, als müßte sie austoben, was zu viel da war, mit Reiten und Gehen und Reisen und Schreiben, alles so viel als irgend möglich, nur um dem Druck der Verhältnisse zu entrinnen. Sie wollte nicht Pegasus im Joch sein, sie wollte zeigen, daß sie Flügel hatte, und das haben ihr viele verargt. [...] Es war alles groß an dieser Frau, ihr Gang, ihr Haar, ihre Gedanken, ihr Blick, der Klang der tiefen, weichen Stimme, die so verhalten war, als wären Wellen von Leidenschaft dahinter.«[154]

SCHLOSS ST. EMMERAM IN REGENSBURG

Vier Todesfälle im Haus der Schwester und einstigen Konkurrentin

Helene – in der Familie nur Néné genannt –, die ältere Schwester der Kaiserin Elisabeth, ist ursprünglich als künftige Ehefrau für Kaiser Franz Joseph vorgesehen, der sich dann jedoch für Elisabeth entscheidet. Vier Jahre später heiratet Helene im August 1858 den Erbprinzen Maximilian von Thurn und Taxis, einen der reichsten Fürsten des Landes. Aus der glücklichen Ehe gehen vier Kinder hervor, zwei Söhne und zwei Töchter. Néné lebt mit ihrem Mann in Regensburg in Schloss St. Emmeram – bis heute die Hauptresidenz der Thurn und Taxis – wo sie Verwaltungsaufgaben übernimmt und auch in der Stadt Regensburg ihre Spuren hinterlässt.

Sisi besucht Néné, an der sie sehr hängt, mehrmals und wohnt dabei im Schloss. Die engen Beziehungen zeigen sich auch in mehrfachen Jagd- und Sommeraufenthalten, die Sisi mit ihrem Mann Franz Joseph und dem Erbprinzenpaar Helene und Maximilian verbringt. Doch dieses Schloss ist für Sisi auch mit vier Todesfällen verbunden, die ihr sehr nahe gehen. 1867 stirbt als erster Nénés Mann Maximilian im Alter von erst 36 Jahren an einem Nierenleiden. Elisabeth steht ihrer gramgebeugten Schwester bei, die mit vier kleinen Kindern nun alleine ist. Ein weiterer Schicksalsschlag trifft Néné am 7. Februar 1881. An diesem Tag stirbt ihre Tochter Elisabeth, die mit dem Prinzen Miguel von Braganza verheiratet ist. Néné sucht in ihrem Schmerz nicht nur im Glauben Trost und Hilfe, sondern erneut auch bei ihrer Schwester Sisi.

Am 2. Juni 1885 – Sisi hält sich mit ihrer Tochter Marie Valerie gerade in Feldafing auf – erhält sie die Nachricht, dass Nénés ältester Sohn Maximilian Maria, genannt »Bubi«, schwer erkrankt ist. Ihn hat die Kaiserin besonders ins Herz geschlossen. Sofort eilt sie nach Regensburg, trifft »Bubi« aber nicht mehr lebend an. Der Tod des erst 23-Jährigen – er stirbt an einem Lungeninfarkt – trifft Sisi schwer. Wieder muss sie ihre völlig verzweifelte Schwester trösten, die den Tod ihres Sohnes nicht wahrhaben will und die sich von diesem Schicksalsschlag auch nicht mehr erholt.

1890 erkrankt Helene selbst. Für die Fieberschübe und die Herzschwäche seien, wie es heißt, ein Unterleibsleiden und eine Halsgeschwulst verantwortlich. Helenes Sohn Albert benachrichtigt Sisi, die sofort nach Regensburg reist und als letzte noch mit Néné sprechen kann. Marie Valerie erinnert sich an folgenden Dialog: »›We two have had hard puffs in our lives‹, sagte Mama. ›Yes but we had hearts‹, antwortete Tante Néné. – [»Wir beide hatten harte Schläge in unserem Leben.« – »Ja, aber wir hatten Gefühle.«][155]

Am 16. Mai 1890 stirbt Helene »ohne besonderen Todeskampf« im Alter von 56 Jahren im Regensburger Schloss St.Emmeram. Elisabeth schmerzt der Tod ihrer Schwester und einstigen Konkurrentin sehr. Das Schloss bleibt ihr als Stätte des vierfachen Todes lebenslang in Erinnerung.

Schloss St. Emmeram in Regensburg.

SCHLOSS TEGERNSEE UND »VILLA VALERIE« IN ROTTACH-EGERN

Der Fluch des Mönchs vom Tegernsee

Dem Tegernseer Tal, wo ihre Mutter Ludovika von ihrem Vater, König Maximilian I. Joseph, das Kloster Tegernsee und das Wildbad Kreuth geerbt hat, stattet Elisabeth mehrmals einen Besuch ab. 1876 erbt ihr Lieblingsbruder Carl Theodor, Chef des Hauses der Herzöge in Bayern, von der Mutter das kleine Schloss Tegernsee, das dadurch zum Familientreffpunkt der herzoglichen Familie wird.

Das erste Mal kommt Elisabeth am 9. September 1878 zur Feier der Goldenen Hochzeit ihrer Eltern in dieses Schloss. Das Wort »feiern« ist allerdings übertrieben, denn ihr eigenbrötlerischer Vater Herzog Max muss an diesem Tag, wie es spöttisch heißt, wieder einmal zu seiner Frau Ludovika fahren, die er im letzten Jahrzehnt kaum gesehen hat. Obwohl miteinander verheiratet, ist die Beziehung des Herzogpaars doch eine sehr lose, da Herzog Max, keine besonders häusliche Natur, häufig unterwegs ist. Die ersten 50 Ehejahre seien unglücklich gewesen, gesteht Ludovika ihren Kindern, erst ab der Goldenen Hochzeit habe sich Max »nett« zu ihr verhalten. Elisabeth schätzt die Familientreffen am Tegernsee nicht besonders. Entschädigt fühlt sie sich dadurch, dass sie dort die unberührte Landschaft bei ihren Spaziergängen genießen kann. Sie schwärmt von den am See liegenden Hütten armer Fischer, die ihr lieber sind als »das Heer Aristokraten, das auf fauler Haut hier liegt«.[156]

Helene von Thurn und Taxis, Gemälde von Erich Correns, 1859.

Neun Jahre später lässt sich die Kaiserin, vom Nordseebad Cromer kommend, im August 1887 wieder in Tegernsee blicken, diesmal zusammen mit Marie Valerie. Sie zeigt ihrer Tochter in der dortigen Kirche, in der vor fast 60 Jahren, 1828, ihre Eltern Herzog Max und Ludovika getraut wurden, eine Inschrift über dem Altarbild: »Vater, verzeih ihnen, denn sie wissen nicht, was sie tun«, steht dort zu lesen. Dieser Spruch, so meint Elisabeth, sei für die Ehe der Eltern doch recht zutreffend und ein böses Omen gewesen. Meist seien sich die beiden nämlich aus dem Weg gegangen, was vor allem Ludovika geschmerzt habe und was Elisabeth ihrem Vater mittlerweile auch übel nimmt. Bei diesem Teegernseer Aufenthalt unternimmt Elisabeth mit Marie Valerie Ausflüge zum Achenpass und zur Achenseestraße und beide genießen die herrliche Landschaft. Auch im Alten Bad und auf der Königsalm hielt sie sich mehrfach auf.

Am 28. August 1888 besucht die Kaiserin ihre Nichte Marie Louise Wallersee-Larisch in der »Villa Valerie« – seit 1927 Rathaus von Rottach-Egern, wo heute eine Gedenktafel an sie erinnert. Damals vertraut sie ihrer Nichte ein schreckliches Geheimnis an, das aufs Engste mit Tegernsee verbunden ist. Keine 100 Jahre werde es mehr dauern, so betont sie, bis die ganze Linie der Herzöge in Bayern ausgestorben sei. Schuld sei ein Fluch der Mutter, die 1828 gegen ihren Willen mit Herzog Max verheiratet worden sei. Nach der Vermählung in Tegernsee soll sie ihren Brautkranz von sich geschleudert und gerufen haben: »Dieser Ehe und alles, was daraus hervorgeht, soll der Segen Gottes fehlen bis ans Ende.«[157] Diesen Fluch habe die arme Seele des legendären Mönchs vom Tegernsee gehört, den man einst im Kloster Tegernsee eingemauert habe als Strafe für dessen verbotene Beziehung zu seiner Geliebten. Ihretwegen habe er das Ordensgelübde der Keuschheit gebrochen. Wie es heißt, werde der Mönch erst dann erlöst, wenn in 100 Jahren die ganz Linie der Herzöge in Bayern ausgestorben sei. Der letzte Nachkomme der Herzöge in Bayern, Herzog Ludwig Wilhelm in Bayern, starb übrigens Ende 1968. Marie Louise Wallersee-Larisch ist von der Erzählung ihrer Tante geschockt

Schloss Tegernsee, Stahlstich von Henry Winkles, nach 1845.

und vertraut sie ihren Erinnerungen an.[158] Es ist übrigens eine der letzten Begegnungen Elisabeths mit ihrer Nichte, zu der sie nach dem Suizid ihres Sohnes Rudolf am 30. Januar 1889, wofür ihr die Kaiserin eine wesentliche Mitschuld zuschiebt, jeglichen Kontakt abbricht.

Am 29. August 1888 gratuliert Sisi ihrer Mutter zum 80. Geburtstag mit dem folgenden Gedicht:

Ich bitte Gott, Er möge gnädig senden
Dir manchen Sommer noch, wie Du ihn liebst,
Wo Frische Dir die Sonnenstrahlen spenden
Und Stunden Du im Buchenhain verbliebst.
Nachts aber soll der Mond sein Antlitz wenden
Dir zu, wie Du entzückt mir jüngst beschriebst.
Wem die Natur so lieblich weiss zu blühen,
vor dem wird lange noch das Alter fliehen![159]

Sogar die Diamantene Hochzeit erleben Sisis Eltern am 9. September 1888 noch, auch wenn die Feier in größter Zurückgezogenheit und in kleinstem Kreis stattfindet. Herzog Max, der am 2. Juni 1888 einen leichten Schlaganfall erlitten hat, ist sehr geschwächt. Am 10. November 1888 folgt ein zweiter Schlaganfall und am 15. November 1888 stirbt Sisis Vater, in seinem Münchner Palais in der Ludwigstraße 13, drei Wochen vor seinem 80. Geburtstag. Elisabeth fehlt bei der Beerdigung, da sie sich wegen ihres angegriffenen Gesundheitszustands, wie es offiziell heißt, zur Erholung auf der Insel Korfu aufhält.

Zum letzten Mal kommt sie im Juli 1897 ins Schloss Tegernsee. Empfangen wird sie von ihrem Lieblingsbruder Carl Theodor und dessen Tochter Sophie Adelheid, die erstaunt ist, als sie ihre Tante erblickt. Elisabeth ist grauhaarig, abgemagert, mit Falten im Gesicht und ihr Gang schwerfällig. Dennoch unternimmt sie in Begleitung eine Wanderung zur Königsalm und wagt sogar bei einem Diner, das sie gibt, ein Tänzchen. Am 16. Juli wird sie von der Nachricht aufgeschreckt, dass Franz Joseph auf einem Schiff in Norwegen von einem Seil im Auge verletzt wurde. Doch zum Glück hat die Verletzung keine üblen Folgen. Einen Tag nach der Geburtstagsfeier für ihre Nichte Elisabeth Gabriele am 25. Juli, der sie ein Goldarmband mit Saphiren schenkt, reist die Kaiserin wieder ab.

SCHLOSS LICHTENEGG

Marie Valeries Schwalbennest

Einige Male besucht Elisabeth ihre Lieblingstochter Marie Valerie auf Schloss Lichtenegg bei Wels, wo diese in den Jahren von 1890 bis 1897 zusammen mit ihrem Mann Franz Salvator von Österreich-Toskana lebt. Marie Valerie liebt das Schloss.

Die Hochzeit ihrer Lieblingstochter am 31. Juli 1890 in der Pfarrkirche St. Nikolaus in Bad Ischl bedeutet für Elisabeth die Trennung von ihrem Herzenskind und ist für sie ein schmerzliches Ereignis. Aufgrund eigener Erfahrungen findet sie die Ehe »widernatürlich, von der man nichts Gutes erwarten kann«.[160]

Für Marie Valerie, die sich auf die Heirat freut, ist die Trennung von der Mutter die Chance, sich endlich aus deren Umklammerung zu lösen, auch wenn sie weiterhin an ihr hängt. Elisabeth scheut sich nicht, Valeries Schwiegermutter, Erzherzogin Marie Immaculata, zu bitten, das junge Paar keinesfalls in den Flitterwochen zu besuchen und sich in die Ehe einzumischen, wie das einst ihre Schwiegermutter gemacht hat. Auch sie selbst will sich daran halten und bleibt deshalb vorrangig nur in brieflichem Kontakt mit ihrem »geliebten Täubchen«, wie sie Marie Valerie zärtlich nennt, und wünscht ihr, dass ihr »Jehova zur rechten Zeit kleine Täubchen schenken möge«.[161] Dieser Wunsch geht in Erfüllung. Nach und nach schenkt Marie Valerie neun Kindern das Leben.

Schon im Dezember 1890 lädt das Herzenskind ihre Mama ein, den Heiligen Abend doch gemeinsam in Lichtenegg zu feiern. Elisabeth, die nach dem Tod ihres Sohnes Rudolf nie mehr einen Christbaum sehen will, lehnt ab: »Den 24. Dezember muß man zu Hause feiern, im Nest mit Baum, wie schön und gemütlich man es nur kann. Meine Freude wird es sein, an diesem Abend aus der Ferne an Euch zu denken. Glück lebt ja nur in der Phantasie.«[162]

Doch bereits am 26. und 27. Januar 1891 besucht Elisabeth ihre Tochter auf Schloss Lichtenegg. Sie sprechen über

Schloss Lichtenegg bei Wels, Gemälde von Ferdinand Lepie, 1862.

Eingangsturm von Schloss Wallsee mit historisierendem Schmuck aus dem 19. Jahrhundert.

frühere Ereignisse und Marie Valerie gelingt es sogar, ihre Mutter dazu zu bringen, dass sie ganz normal und für ihre Verhältnisse sogar reichlich speist. Als sie die Mutter bittet, doch länger zu bleiben, winkt Elisabeth ab: »Gerade, weil es mir hier so gut gefällt«, sagt sie, »darf ich mich nicht daran gewöhnen. Die Seemöve passt nicht ins Schwalbennest. Ich nehme die Photographie eures Heimes von Lichtenegg mit mir, damit bin ich glücklich, und empfehle das Schwalbenpaar mit seinem Nest in den Schutz des großen Jehova.«[163] Beim Abschied lädt sie das junge Paar ein, sie im März auf Korfu zu besuchen.

Die Jacht »Miramar« trifft am 18. März auf Korfu ein und Elisabeth zeigt ihrer Tochter die Insel und das im Bau schon fortgeschrittene »Achilleion«. »Von wo immer ich zurückkomme«, betont sie, »hier ist der schönste Punkt der Welt«. Beim Blick von der schon fertiggestellten Schlossterrasse durch zwei hohe Zypressen aufs freie Meer, gesteht sie: »Ich möchte an dieser Stelle gerne begraben sein.«[164] Gemeinsam mit dem jungen Paar unternimmt sie Ausflüge nach Korinth und Athen. Abends bei Mondschein geht es hinauf zur Akropolis. Nach der Abreise des jungen Paars fährt Elisabeth nach Sizilien weiter.

Weitere Kurzbesuche in Schloss Lichtenegg folgen im Mai 1892 und im Herbst 1895. Elisabeth, begleitet von Gräfin Irma Sztáray, überraschen Marie Valerie und ihre drei Kinder Elisabeth (*1892), Franz Karl (*1883) und Hubert (*1894) in ihrem »Schwalbennest«. »Die Kaiserin«, erinnert sich Gräfin Sztáray, »war hier nur Mutter und Großmutter: die ›Omama‹, wie ihre Enkel sie nannten. Und ich entdeckte in der ›Omama‹ wieder neue, glänzende Eigenschaften ihrer bewunderungswürdigen Persönlichkeit. Hier fiel von ihrer Seele auch die letzte Hülle jenes Geheimnisvollen, von dem der Welt gegenüber ihre erhabene Gestalt so treu begleitet war wie der Mond von seinem Lichtkreise. In dieser kleinen Welt trat sie gleichsam aus diesem schimmernden Nebelschleier heraus und vor mir stand in herzergreifender neuer Schönheit und edler Einfachheit die ›Omama‹. In diesem Augenblicke verschwand vor meinen Blicken die Kaiserin und ich sah nur die mild lächelnde, liebestrahlende Seele; ich sah nicht die Erzherzogin, bloß die Tochter, die ihre Mutter anbetete; und sah nicht Erzherzöge und Erzherzöginnen, sondern eine blühende, reizende Kinderschar, die die ›Omama‹ umschwärmte, während diese wieder die Kleinen herzte, küßte und belehrte. Dies Haus war vom Geiste der Kaiserin erfüllt. Hier spiegelte sich das innerste Wesen ihrer Seele.«[165]

1895 enden Elisabeths Besuche in Schloss Lichtenegg. Marie Valerie und Franz Salvator erwerben im Juni dieses Jahres das an der Donau gelegene Schloss Wallsee und ziehen zwei Jahre später, im September 1897, dort ein. Gleich am 29. September erscheint Elisabeth, von Meran kommend, im neuen Heim ihrer Tochter, das sie »mit größtem Interesse und auf das eingehendste besichtigte«, wie Gräfin Sztáray notiert. »Wallsee übertraf alle unsere Erwartungen« und die Kaiserin »war heiter, frisch und guter Dinge«.[166]

Marie Valerie erweist sich gegenüber der Bevölkerung äußerst mildtätig und erwirbt sich als »Engel von Wallsee« einen guten Ruf. Außerdem widmet sie sich mit ganzer Hingabe ihren neun Kindern. Ihre Mutter startet hingegen zum »Mövenflug« und durchzieht auf Reisen die ganze Welt. Nach der Heirat ihrer Tochter fühlt sie sich endlich ungebunden.

Im Park von Schloss Lichtenegg erinnert heute noch ein ursprünglich barocker Tee-Pavillon an Kaiserin Elisabeth, der nach ihrem Tod im Gedenken an ihre Aufenthalte »Sisi-Pavillon« genannt und 2014 renoviert wurde.

»ÜBERFÄLLE« IN FREMDEN HÄUSERN UND SCHLÖSSERN

Gegen die Etikette

In späteren Jahren zeigt sich bei Elisabeth ein weiteres eigenartiges Verhalten. Sie scheut sich nicht, ohne Einladung und unangemeldet in fremde Häuser, Privatgärten und Schlösser einzudringen. Wie Marie Festetics berichtet, »macht sie Dinge, dass dem Menschen nicht nur das Herz, sondern auch der Verstand stehen bleibt«. Bei einer Segeltour im strömenden Regen und Blitz und Donner wird sie patschnass. »Dann stieg sie irgendwo aus, bestellte ihren Wagen hin und wollte in einer fremden Villa übernachten.«[167]

Diese Angewohnheit, spontan in fremde Häuser zu gehen, wird in den 1890er-Jahren zu einer regelrechten Manie von ihr. Die Bewohner eines solchen Hauses erschrecken und sind irritiert, weil Elisabeth nicht sagt, was sie will oder erklärt, warum sie hier – ohne anzuklopfen – eingedrungen ist. Auch Franz Joseph erfährt davon. 1894 ereignet sich in Nizza ein peinlicher Zwischenfall. Wieder dringt die Kaiserin in ein fremdes Haus ein und erschreckt eine alte Frau, die sie sofort davonjagt. »Ich bin froh«, schreibt ihr daraufhin Franz Joseph, »daß Deine Nizzaer Indigestion so rasch vorüber gegangen ist und daß Du dort von der alten Hexe nicht auch Prügel bekommen hast, aber es wird doch noch einmal dazu kommen, denn man dringt den Leuten nicht so uneingeladen in die Häuser«.[168]

Ohne Einladung und unangemeldet taucht Elisabeth auch an verschiedenen europäischen Höfen auf, was gegen die Etikette verstößt. 1891 fährt sie etwa in Athen von der Bahn aus in Reisekleidung und mit ihrer Tochter Marie Valerie zum königlichen Schloss und fragt den erstbesten Diener, der ihr entgegenkommt, auf Griechisch, ob die Majestäten zu Hause seien. Der Diener, der die beiden nicht erkennt, erklärt ihnen, dass sie sich beim Obersthofmeister anmelden müssten, wenn sie eine Audienz wünschten. Daraufhin gibt sich die Kaiserin zu erkennen. Da aber König Georg I. und seine Gemahlin nicht anwesend sind, fahren beide kurzerhand ins benachbarte Palais und überfallen dort die Kronprinzessin Sophie. Obwohl diese der neugriechischen Sprache nicht mächtig ist, spricht Elisabeth mit ihr nicht Deutsch, sondern Griechisch, sodass ihr Sophie nicht folgen kann.

Auch andere gekrönte Häupter werden von Elisabeth in ähnlicher Weise überfallen, darunter der König der Niederlande und Kaiserin Friedrich, die Mutter Kaiser Wilhelms II., die zurückgezogen auf einem Schloss nahe Bad Homburg wohnt. Dorthin begibt sich Elisabeth Anfang September 1898 unangesagt und ohne Begleitung einer Hofdame an einem heißen Sommertag. Der Wachposten allerdings verhaftet die ihm fremde Dame, die angibt, die Kaiserin von Österreich zu sein. Dann benachrichtigt er die Kaiserin Friedrich, dass er eine Frau arretiert habe, die behauptet, die österreichische Kaiserin zu sein. Natürlich wird sie von dem völlig verstörten Hofmarschall sofort aus ihrer misslichen Lage befreit und allen ist dieser Zwischenfall höchst unangenehm, nur Elisabeth nicht. Sie findet das höchst spaßig und amüsiert sich köstlich darüber.

»CHÂTEAU DE ROTHSCHILD« IN PREGNY AM GENFER SEE

Die letzte Villa vor dem Tod

Im Frühherbst 1898 fährt Elisabeth allein, nur in Begleitung ihrer Hofdame Gräfin Irma Sztáray von Bad Ischl nach Montreux und logiert im Grandhotel in Caux. Schon in früheren Jahren hat sie sich in der Gegend um Montreux, in Territet, aufgehalten, wo sie die Stille der Bergwelt genießt.

Julie de Rothschild, Gattin von Adolph Carl de Rothschild aus Paris und Schwester der Wiener Rothschilds Nataniel und Albert, hat schon des Öfteren Kaiserin Elisabeth durch ihre Schwestern zu einem Besuch ihres prachtvollen Châteaus in Pregny am Genfer See eingeladen, sodass die Kaiserin nun endlich ihren Besuch der 58-jährigen Bankiersgattin ankündigt. Diese bietet Elisabeth ihre Jacht zur Fahrt nach Pregny an, was Elisabeth jedoch ablehnt, da sie ein solches Angebot nur von einer Person annehmen darf, die ihr ebenbürtig ist.

Ihr Besuch beginnt am Morgen des 9. September, einem schönen Herbsttag. Die Überfahrt im Salonraddampfer von Montreux nach Genf zum südlichen Ende des Sees beginnt gegen 9 Uhr und dauert vier Stunden. Um 1 Uhr mittags kommt das Schiff in Genf an und sofort geht es weiter zum Château Rothschild, wo sie von Julie de Rothschild herzlich begrüßt wird. Im luxuriös ausgestatten Speisesaal findet bei leiser Tafelmusik eines italienischen Orchesters das »déjeuner à trois« statt. Störend findet Elisabeth nur die große Schar der ständig herumeilenden Lakaien, durch die sie sich bei der Unterhaltung gestört fühlt, die auf Französisch geführt wird. Eine erlesene Speise nach der anderen wird serviert. Die Kaiserin ist von dem festlichen Mahl so angetan, dass Gräfin Sztáray die Menükarte einem Schreiben an Franz Joseph beifügen muss. Auf der Speisekarte lässt Elisabeth die »petites timbales«, die »mousse de volaille« und die »crème glacée à la hongroise«, die ihr am besten gemundet haben, zweimal unterstreichen. Am Ende des Festmahles trinkt sie der Hausherrin mit Champagner zu. Diese ersucht die Kaise-

Gartenseite des Château de Rothschild in Pregny am Genfer See, um 1900.

rin, sich von einem anwesenden Fotografen ablichten zu lassen. Elisabeth überlegt ein paar Sekunden, lehnt dann jedoch ab. Hätte sie zugestimmt, wäre einen Tag vor ihrem Tod das letzte Foto von ihr entstanden.

Anschließend bittet Julie den hohen Gast zu einem Rundgang durch ihr mit Kostbarkeiten und Kunstschätzen ausgestattetes Schloss. Besonders begeistert Elisabeth der Anblick der fremdartigen Vögel aus aller Welt in den Volieren, ebenso die mit seltensten Fischarten gefüllten Aquarien und zwei kleine zahme Stachelschweinchen aus Java sowie das zauberhafte Blumenmeer in den Gewächshäusern. Bei der Besichtigung der weltberühmten Orchideenzucht der Baronin sagt Elisabeth plötzlich zur Gastgeberin: »Je voudrais que mon âme s'envolât vers le ciel par une toute petite ouverture de mon coeur.« [»Ich wünschte, meine Seele könnte durch eine ganz kleine Öffnung in meinem Herzen in den Himmel entgleiten.«][169] Gräfin Sztáray deutet dies später als Vorahnung der Kaiserin auf ihren am folgenden Tag sich ereignenden Tod. Einige der Orchideen will Elisabeth in Lainz setzen lassen, weshalb Gräfin Sztáray deren Namen notieren muss.

Nach einem Spaziergang durch den Park mit eindrucksvollen Libanonzedern und künstlich angelegten Felspartien möchte die Hausherrin der Kaiserin eine Ruhepause gönnen, doch diese lehnt ab, da sie unbedingt noch das Schweizerhäuschen und den zum Schloss gehörenden Hafen mit den Segel- und Dampfjachten besichtigen möchte. Zum Abschluss des Besuchs trägt die Kaiserin ihren Namen ins Gästebuch ein, in dem sich auch schon ihr Sohn Rudolf verewigt hat.

Dem Wunsch von Julie de Rothschild, Elisabeth auch einmal in Caux besuchen zu dürfen, stimmt die Kaiserin gerne zu, ohne zu ahnen, dass es eine Rückkehr nach Montreux ins Grandhotel in Caux nicht mehr geben wird. Nach einem herzlichen Abschied der beiden Frauen fährt die Kaiserin zurück nach Genf ins »Hôtel Beau-Rivage«, wo sie sich in ihre Gemächer im ersten Stock – Suite Nr. 34–36 – zurückzieht, um etwas auszuruhen. Doch schon eine Stunde später unternimmt sie gegen halb 7 Uhr mit Gräfin Sztáray einen längeren Stadtbummel, ohne zu ahnen, dass sie nur noch etwa 20 Stunden am Leben sein wird. Am nächsten Tag, den 10. September 1898, wird Elisabeth 20 Minuten nach 14 Uhr für tot erklärt

FANTASIEBURGEN UND LUFTSCHLÖSSER

Bisweilen hat Kaiserin Elisabeth recht eigenartige Ideen und sie kreiert dann in ihrer Fantasie höchst ungewöhnliche Unterkünfte, in denen sie sich aufhalten will. Darunter sind Behausungen, die bei vernünftiger Betrachtung nicht realistisch sind, die sie sich aber ersehnt, erträumt und herbeiwünscht. »Der große Wunsch dem größern weicht«, so erkennt sie in einem ihrer Gedichte. »Nie zieht ins Herz Genügen ein. / Und wenn du je dein Glück erreicht, / So hört es auf, dein Glück zu sein.«[170] Selbst real existierende Burgen wie eine Burgruine, von der sie fasziniert ist, entsprechen nicht der Vorstellung, die man üblicherweise von einer Unterkunft hat, die einer Kaiserin angemessen ist. Auch der Gedanke an ein märchenhaftes Traumreich mit ihr als Herrscherin oder der Rückzug auf eine ferne Insel am Rand der Welt lösen helle Begeisterung in ihr aus. Zu ihren Fantasieburgen und Luftschlössern gehören neben einer Irrenanstalt groteskerweise auch Stätten, in denen sich ihre extreme Ruhelosigkeit lindern lässt oder, was ihr noch lieber wäre, die ihr für immer eine ewige Ruhe ermöglichen sollen.

»EIN VOLLSTÄNDIG EINGERICHTETES NARRENHAUS«

Ein Namenstagwunsch

Elisabeth ist zeitlebens von Menschen fasziniert, die die Grenze zwischen Normalität und Irrsinn überschritten haben. Auf ihren Reisen besucht sie deshalb immer wieder auch Irrenhäuser im In- und Ausland und erkundigt sich eingehend nach den Schicksalen und der Pflege der Insassen. Entsetzt über die oft schlimmen Zustände dieser Einrichtungen, spendet sie aus ihrer Privatschatulle Geld für deren Sanierung. Auch an neuen Therapiemethoden zeigt sie großes Interesse, wie etwa an der Hypnose von Patienten.

1871 irritiert Elisabeth ihren Gemahl Franz Joseph, der sie fragt, was sie sich zu ihrem Namenstag am 19. November wünscht. Sie antwortet ihm am 29. November 1871: »Nachdem Du mich fragt, was mich freuen würde, so bitte ich Dich entweder um einen jungen Königstiger (Zoologischer Garten in Berlin, drei Junge) oder ein Medaillon. Am allerliebsten aber wäre mir ein vollständig eingerichtetes Narrenhaus. Nun hast Du Auswahl genug.«[171]

Wer glaubt, diese Antwort der Kaiserin sei nur einer ihrer üblichen Scherze, der irrt. Elisabeths Interesse für Irrenanstalten, das allenthalben Verwunderung erregt, ist durchaus verständlich. In der Familie Wittelsbach sind diverse Fälle von Geisteskrankheiten bekannt. So war »Elisabeths Großvater, Herzog Pius in Bayern, geistesgestört und verlebte seine letzten Lebensjahre in völliger Abgeschiedenheit von der menschlichen Gesellschaft als Einsiedler. Einige von Elisabeths Geschwistern waren zumindest labil, zeigten jedenfalls starke melancholische Züge. Schwester Helene zum Beispiel hatte nach dem Tod eines Sohnes 1885 schwere geistige Störungen und war laut Erzherzogin Valerie ›in ihrer furchtbaren Leidenschaftlichkeit oft wie wahnsinnig‹«[172], ganz ähnlich wie die jüngste Schwester Sophie. Sie wurde 1886 wegen vorübergehender Nervenschwäche – in Wahrheit jedoch wegen Ehebruchs – in Prof. Krafft-Ebings private Irrenanstalt Maria Grün bei Graz eingeliefert. Auch

Besuch einer Irrenanstalt durch Kaiserin Elisabeth während einer Hypnosetherapie.

»Die k. k. Irrenanstalt« in Wien-Alsergrund, 1858.

Elisabeths »›italienische‹ Schwestern, Marie und Mathilde, waren im Alter melancholisch«.[173] Ebenso hat sie die geistigen Zustände von König Ludwig II. von Bayern und von dessen Bruder Otto, der an einer »paranoid-halluzinatorischen Psychose aus dem schizophrenen Formenkreis«[174] litt, ständig vor Augen.

1874 bei ihrem Besuch in München stattet Elisabeth der Mutter Ludwigs II. in der Residenz einen Besuch ab. Während Marie ihr vom Wintergarten Ludwigs erzählt, aus dem es zu ihr durchtropfe, » [...] poltert ein schöner junger Mensch herein mit dunklem Haar und dunklen Augen, Prinz Otto, dessen Geisteszustand sich mehr und mehr verschlechtert. Der Prinz gibt ihr den Arm und führt sie zum Wagen. Ängstlich sagt die Kaiserin zu ihrer Hofdame Gräfin Marie Festetics: ›Bitte geben Sie auf ihn acht, ich habe das Gefühl, daß er mich die Treppe hinunterreißt.‹«[175] Der Kaiserin flößt Ottos »irrer Blick« Angst ein und sie befürchtet einen Anfall des Kranken. Am 18. Januar stattet sie der Oberbayerischen Kreisirrenanstalt einen Besuch ab, wobei sie sich von der Königinmutter Marie begleiten lässt. Das Gekreische der Kranken setzt Elisabeth sehr zu. Marie Gräfin Festetics erinnert sich: »Die Kaiserin war bleich und ernst, die Königin aber – o Gnade Gottes –, die zwei verrückte Söhne hat, sie amüsierte sich und lachte«[176] beim Anblick der seltsamen Verhaltensweisen der Geisterkranken.

1878, als die Niederösterreichische Landesirrenanstalt am Bründlfeld (auch Brünnlfeld) in Wien einen neuen Erweiterungsbau erhält, bekommt Elisabeth gleichsam dann doch noch ihr Narrenhaus, das sie sich vor sieben Jahren wünschte. Ihre Faszination für Geisteskranke rührt sicher daher, dass sie Angst hat, selbst einmal in eine solche Anstalt eingeliefert zu werden. Als ein Zeichen für ihre geistige Erkrankung könnte man etwa ihre republikanische Einstellung halten. Sie hält die Monarchie nämlich für überlebt und ist der hochverräterischen Auffassung, dass sich die Völker nach Abschaffung der Monarchie durchaus selbst regieren könnten und das auch noch erheblich besser. Solche Gedanken thematisiert sie etwa in diesem Gedicht:

Mein Traum
Wer weiß! gäb's keine Fürsten
Gäb' es auch keinen Krieg
Aus wär' das teure Dürsten
Nach Schlachten und nach Sieg
[...]
Den Traum, als ich erwachte
Hab' keinem ich erzählt
Sonst sperren sie mich sachte
Noch gar ins Bründlfeld.[177]

Beim Besuch der Landesirrenanstalt am Bründlfeld am 11. Dezember 1886 besteht Elisabeth darauf, auch zu gefährlichen Geisteskranken geführt zu werden. Eine sonst ruhige Patientin, das 28-jährige Fräulein Windisch, stößt beim Anblick der Kaiserin »plötzlich einen gellenden Schrei aus, stürzt, ihre Gefährtinnen rechts und links zur Seite stoßend, auf die Kaiserin zu und reißt ihr, bevor noch irgendjemand dazwischentreten kann, den kleinen schwarzen Strohhut vom Kopf. Elisabeth erblaßt, tritt erschrocken zurück, doch der Arzt hat sich schon auf die Patientin gestürzt und ihre Hand mit eisernem Griff umklammert: ›Aber Fräulein Windisch, um Gottes willen, Sie sind doch sonst so brav.‹ ›Was‹, schreit die Kranke, ›die da will die Kaiserin von Österreich sein? Das ist doch eine unerhörte Frechheit. Ich bin doch die Kaiserin.‹«[178] Während die Kaiserin das Zimmer verlässt, beruhigt der Arzt die Kranke. Er sagt ihr, wenn sie die Kaiserin sei, müsse sie sich aber auch dementsprechend verhalten. Wenig später will Elisabeth trotz Warnung der Ärzte Fräulein Windisch nochmals sehen. »Als die Kaiserin eintritt, springt die Kranke auf und stürzt neuerdings auf Elisabeth zu, so daß man schon das Schlimmste befürchtet. Aber diesmal wirft sie sich auf die Knie, bittet mit aufgehobenen Händen um Verzeihung und fragt, ob sie die Tat von früher anders als durch ihren Tod sühnen könnte. Elisabeth laufen die Tränen nur so über die Wangen, sie wehrt den Ärzten und Wärtern, die einen schützenden Ring zwischen der Kranken und ihr bilden, hebt das Mädchen auf, gibt ihr die Hand und tröstet sie in unbeschreiblichem Liebreiz.«[179]

In den 1880er-Jahren nehmen bei Elisabeth eigenartige Verhaltensweisen, darunter ihre ausgeprägte Melancholie, ihr Hang zur Einsamkeit und ihr Misstrauen gegenüber Menschen fast krankhafte Züge an. Ihre Überzeugung, mit dem Dichter Heinrich Heine in einem »Seelenverkehr« zu stehen, beanstandet selbst Elisabeths Lieblingsbruder Carl Theodor, der sie warnt, »sich zu intensiv in die überspannten Ideen zu bohren, in denen sie lebt, denn er meint, durch diesen eingebildeten Seelenverkehr mit Heine könne sie ihre Nerven so überreizen, dass sie am Ende noch ›umschnappe‹.«[180]

Als Freiherr Alexander von Warsberg ihr 1887 erstmals begegnet, glaubt er »nicht eine Närrin, sondern eine Wahnsinnige vor sich«[181] zu haben. In der Öffentlichkeit rätselt man, ob die Kaiserin nicht wie etliche aus dem Kreis der Wittelsbacher auch geisteskrank sein könnte, da sie sich immer mehr abkapselt. Die Presse trägt nach dem Tod des Kronprinzen Rudolf zu den Gerüchten über sie erheblich bei, indem behauptet wird, sie sei »von der sogenannten Folie raissonante [moralischem Wahnsinn] erfasst, wiege ständig ein Polsterkissen in den Armen und frage ihre Hofdamen, ob der neue Kronprinz von Österreich schön sei«.[182] Andere vermuten, dass ihr hochgradiges Nervenleiden früher oder später in eine geistige Erkrankung münden würde.

Elisabeth befasst sich mit den Vorwürfen, interpretiert Geisteskrankheit jedoch ganz anders. »Haben Sie nicht bemerkt«, sagt sie zu ihrem griechischen Vorleser Christomanos, »daß bei Shakespeare die Wahnsinnigen die einzig Verständigen sind. So weiß man auch im Leben nicht, wo die Vernunft und wo der Wahnsinn sich findet, sowie man auch nicht weiß, ob die Realität der Traum oder der Traum die Wirklichkeit ist. Ich neige dazu, jene Menschen für vernünftig zu halten, die man wahnsinnig nennt. Die eigentliche Vernunft hält man für ›gefährliche Verrücktheit‹.«[183] Mit dieser Erklärung und ähnlichen Behauptungen sucht sie sich im Hinblick auf ihre eigenen ungewöhnlichen Verhaltensweisen selbst zu beschwichtigen. Fast hat es den Anschein, als ob sie bei ihren Besuchen von Irrenanstalten den Stand bei der Behandlung und Pflege der Kranken für den Fall überprüft, dass sie einmal selbst verrückt wird und psychiatrischer Betreuung bedarf. Dass sie dies durchaus für möglich hält, registriert auch ihre Tochter Marie Valerie: »Mir wird wirklich oft bang für Mama, wenn sie vor lauter Aufregung zu lachen anfängt, vom Narrenhaus spricht usf.«[184] Sollte einmal auch bei ihr, wie schon bei anderen ihrer Verwandten eine Internierung in einer Anstalt erforderlich werden, ersehnt sie zumindest eine sorgfältige Pflege nach den neuesten Erkenntnissen der Psychiatrie und natürlich stünde ihr in diesem Fall als Kaiserin auch ein eigenes vollständig eingerichtetes Narrenhaus zu.

HERRSCHERIN IN OBERONS SOMMERREICH

Feenkönigin Titania

Mit zunehmendem Alter nimmt Elisabeths Einsamkeit und Menschenscheu zu und sie beginnt sich immer mehr in eine Fantasiewelt einzuspinnen und sich ein Traumreich zu schaffen, in dem sie Herrscherin ist. Die von einer hohen Mauer umgebene Villa Hermes ist trotz der geäußerten Vorbehalte zumindest in ihren Gedichten ihr »Zauberschloss«, von dem aus sie in ihrem Reich, dem weitläufigen Schlosspark, unter hohen Bäumen lustwandeln kann und, wo sie sich wie in »einem Dom durchweht von märchenhaften Träumen«[185] fühlt, wo niemand außer ihr Zugang erhält.

Sie sieht sich als unnahbare »Feenkönigin Titania« aus Wilhelm Shakespeares »Sommernachtstraum«. In diesem Schauspiel gebietet Titania über das Sommerreich und die Natur. Sie ist überirdisch schön, gertenschlank und hat langes Haar. Sie ist sehr eitel und selbstverliebt und demonstriert ihre Stärke, indem sie Höflinge und Untertanen zur Strafe in Tiere, zum Beispiel in Esel oder Affen verwandelt und sie mit Spott und Hohn überschüttet. Verheiratet ist sie mit Oberon, aber die Ehe ist ähnlich wie Elisabeths Ehe mit Franz Joseph nicht besonders glücklich.

Shakespeares »Sommernachtstraum« kennt Elisabeth auswendig und genießt das Schauspiel stets aufs Neue. In jedem Schloss hängt ein Bild von »Titania mit dem Esel«. Daran kann sie sich nicht sattsehen. Das Bild stellt eine Szene aus Shakespeares Stück dar. Nach einem Streit des Feenkönigs Oberon mit seiner Gattin Titania spielt ihr Oberon einen Streich. Durch seinen Elf Puck lässt er auf Titanias Augen Liebeszaubersaft träufeln, wodurch die Feenkönigin den mit einem Eselskopf versehenen Handwerker Zettel für einen Liebesgott hält. Doch zu guter Letzt löst Oberon mit seinem Lilienstab den Zauber und versöhnt sich mit Titania. In dieser Szene sieht sich Elisabeth in ihrer Ansicht bestätigt, dass Liebe blind macht und dass man in diesem Zustand sogar einen Esel für einen Gott hält. Es verwundert nicht, dass sie sich mit Titania identifiziert. Die Kaiserin »hat etwas vom Schwan«, urteilt Marie Festetics, »etwas von der Lilie, etwas von der Gazelle, aber auch von der Melusine [eine Wasserfee und Femme fatale], Königin und Fee zugleich, und doch so viel vom Weib. Großartig und kindlich, mädchenhaft und hoheitsvoll, graziös und würdevoll, so ist sie ohne jede Übertreibung und ganz objektiv.«[186] Über Annäherungsversuche von Männern kann sie sich wie die unnahbare Elfenkaiserin nur lustig machen und auch in ihrer Traumwelt akzeptiert sie Männer konsequenterweise nur als Esel (Franz Joseph) oder Affen oder als Sterbende (Achilles) und Tote (Heinrich Heine).

Als Inkarnation der Feenkönigin bringt sie aber auch zum Ausdruck, dass sie in einer anderen Welt, in der sogenannten Anderswelt lebt, wie die Kelten jene mystische Dimension ne-

Oberon und Titania im Streit, Gemälde von Joseph Noel Paton, 1849.

ben unserer alltäglichen Wirklichkeit nennen. Auch sie fühlt sich, abgesondert von der Menschenwelt, in einer ganz anderen Welt zu Hause, in die sie sich auf ihren endlosen Reisen zurückziehen kann. »Nicht soll Titania unter Menschen gehen/In diese Welt, wo niemand sie versteht/Wo hunderttausend Gaffer sie umstehen/Neugierig flüsternd: Seht, die Närrin, seht!«[187], schreibt sie in einem ihrer Gedichte.

Neben Titania sieht sich Elisabeth aber auch als »Zauberhexe Dämona« und als »totbringende ‹Frau Ritter Blaubarth›, wie sie dies in ihrem Gedicht »Das Kabinet« [sic!] schreibt: »Frau Ritter Blaubart nenn' ich mich, / Hab' auch ein Kabinett; / Viel Häute hängen minniglich/Dort, wohlgeputzt und nett. // Die Häute haben auch noch Köpf', / Mit Ohren, lang und grau; / Fast dauern mich die armen Tröpf', / Wenn ich sie so beschau'.«[188] Als »Frau Ritter Blaubart« ist sie Herrin über Leben und Tod und warnt alle, die ihr zu nahe kommen: »Besitzest du den kecken Mut, / Mich jemals zu erreichen? / Dich tödtet meine kalte Glut / Ich tanze gern auf Leichen. // In meiner schönen Mache / Verzapple dich zu Tod. / Ich schaue zu und lache / Von jetzt bis Morgenrot.«[189] Wer sich ihr also zu respektlos nähert, hat sich die Folgen selbst zuzuschreiben und wird rasch zu einer der »Eselshäute«, mit denen sie ihr Gruselkabinett ungeniert tapeziert. Fünf dieser Trophäen hängen bereits in ihrem »Kabinett«, darunter Franz Joseph, den sie nur selten als »Oberon« anerkennt, meist aber als »Esel« sieht und den sie in ihren Briefen »Mein Kleiner« nennt. Und ihr Gemahl akzeptiert das und unterzeichnet seine Briefe gehorsam mit »Dein armer Kleiner«, »Dein einsames Männchen« oder »Dein Männeken«[190]. Elisabeth scheint sich immer mehr in der Rolle einer Domina zu sehen: »Du gehst mir recht ab, mein Kleiner«, schreibt sie ihm etwa 1869, »die letzten Tage hatte ich Dich wieder so nett gezogen. Nun muß ich wieder von vorne mit der Erziehung anfangen.«[191] »Extinction du roi« – »Auslöschen des Königs«[192] – nennt sie dieses Spiel der Demütigung und gesteht ihrem Gatten jovial auch eine Freundin zu, die Schauspielerin Katharina Schratt, der sie als »Feenkönigin Titania« wohlgesonnen ist.

SCHLOSS ZANDVOORT BEI AMSTERDAM

Ein Fantasieschloss am schäumenden Meer

Das Seebaden als Heil- und Erholungsmethode wird von dem Zandvoorter Arzt Johann Georg Mezger so erfolgreich publik gemacht, sodass auch die österreichische Kaiserin zweimal, 1884 und 1885, zu ihm reist und sich von ihm physiotherapeutisch behandeln lässt.

Im März 1885 kommt sie zum zweiten Mal zu Prof. Mezger zur Massagekur nach Zandvoort nahe Amsterdam und mietet sich in die »Villa Paula« mit Blick auf das schäumende Meer ein. Begeistert davon, denkt Elisabeth eine Zeit lang allen Ernstes daran, sich hier ein neues Schloss errichten zu lassen. Doch schon bald nimmt sie Abstand von diesem Plan. Den Grund dafür verdeutlicht sie in einem ihrer Gedichte.

Ein Schloß soll ich mir bauen ...
Hier an der Nordsee Strand ...
Mit hohen güld'nen Kuppeln
Und manchem Flittertand.

Wohl lieb' ich Dich, Du großes,
Du rauhes, barsches Meer
Mit deinen wilden Wogen,
Mit deinen Stürmen schwer.

Doch Liebe, die muß frei sein ...
Darf kommen und darf gehn.
Ein Schloß wär' wie ein Eh'ring,
Die Lieb' hätt' kein Bestehn ...

Frei will ich Dich umkreisen
Wie Deine Möven hier.
Ein bleibend Nest zu bauen?
Für mich gibt's kein Revier.[193]

Und so bleibt Schloss Zandvoort nur ein nicht-realisiertes Fantasieschloss, an das Elisabeth gelegentlich denkt. Aus Erfahrung weiß sie, dass erfüllte Träume bei ihr allzu schnell verblassen und anscheinend nur die Sehnsucht in ihrem Leben einigermaßen Bestand haben kann. Auch wenn sie sich an etlichen anderen Orten – etwa in San Remo –, von denen sie fasziniert ist, in Gedanken immer wieder den Bau eines Schlosses vorstellt, so verflüchtigt sich ein solcher Traum wie eine Fata Morgana meist genauso schnell, wie er vor ihrem geistigen Auge Gestalt angenommen hat.

EINE VILLA AUF DER INSEL TASMANIEN

Australiens »Grüner Smaragd«

Von Bekannten aus England und von dem weit gereisten Erzherzog Ludwig Salvator erfährt Elisabeth, wie herrlich die Insel Tasmanien ist, die als der »Grüne Smaragd Australiens« bezeichnet wird. Tiefgrüne Regenwälder gibt es dort, in denen die ältesten Bäume über 2000 Jahre alt sind, und würzig duftende Eukalyptuswälder mit bis zu fast 100 Meter hohen Baumgiganten. Wanderungen sind möglich, vorbei an rauschenden Wasserfällen und hinauf auf zerklüftete Berge mit tiefen Schluchten, oder an den weißen Stränden des türkis schillernden Meeres mit verborgenen Badebuchten und stillen Lagunen. Bevölkert ist dieses einzigartige Eiland von seltenen Tieren, wie dem Wombat, dem Filander, dem kleinsten Känguru der Welt, oder dem Tüpfelbeutelmarder. Legendär ist der gefräßige »Tasmanische Teufel«, nur so groß wie ein kleiner Hund.

Bei den Schilderungen bekommt Elisabeth Sehnsucht, dorthin zu reisen und von einer kleinen Villa aus die Insel zu erkunden. Europa wird ihr zu klein. Mit Andeutungen, die sie Franz Joseph gegenüber macht, stößt sie bei ihm auf taube Ohren. Eine Reise nach Amerika oder Brasilien[194], wozu sie Lust verspürt, wie sie ihrer Mutter am 15. August 1874 mitteilt, kommt nicht in Frage. Und noch weniger eine Weltreise auf die südlich von Australien gelegene Insel Tasmanien, die somit für die Kaiserin ein unerfüllter Traum bleiben muss.

Es ist nicht auszuschließen, dass Elisabeth mit ihren diversen Reiseplänen auch ihren Cousin Ludwig II. infizierte und ihn anregte, auszuwandern, worauf Gottfried von Böhm und Anton Memminger hinweisen: »Die Idee selbst [zu Ludwigs Auswanderung aus Bayern] war aus einem poetischen Zwiegespräch erwachsen, in dem die Kaiserin und der König weltentrückt auf einem paradiesischen Eiland sich wiederfanden.«[195] Eigentlich war der König ein extrem sesshafter Mensch, der lediglich nach Frankreich, in die Schweiz, an den Rhein, nach Franken und zur Wartburg in Eisenach reiste, sich sonst aber in Bayern in der Einsamkeit der Bergwelt aufhielt. Doch nach 1870/71, als Bayern nach der Reichsgründung die Souveränität verlor, und er nicht mehr sein eigener Herr war, sondern fortan Preußen unterstand, spielte er vermehrt mit dem Gedanken, abzudanken und auszuwandern. Im Oktober beauftragte er Geheimrat Franz von Löher nach fernen Orten Ausschau zu halten, wo er fortan leben könnte. Nach gewissenhafter Vorbereitung bereiste der Geheimrat ab 1873 bis 1875 die ganze Welt und begann folgende Gegenden zu überprüfen: die zu Spanien gehörenden Kanaren, die griechischen Inseln Samothraki, Thasos, Lesbos, Zypern und Kreta, außerdem Gomera, Teneriffa und die Halbinsel Krim. Nachdem eine nach der anderen Möglichkeit verworfen wurde, ließ er den Blick in noch weitere Fernen schweifen, so zu den Inseln San Ambrosio, San Félix und den Juan-Fernández-Archipel vor Chile. Auch die Azoren, Ceylon, die Philippinen, Granada, Gibraltar sowie Südamerika und Nordafrika standen auf der Liste. Löher legte dem König auch Berichte über die ecuadorianische Hauptstadt Quito, die Fidschi- und Samoa-Inseln, über Tahiti und Tonga, über La Réunion im Indischen Ozean, die Philippinen, und die persische Provinz Mazandaran sowie über Somalia vor. Besonders geeignet schien eine Auswanderung nach Ägypten und nach Afghanistan in den Hindukusch. Doch letztlich sprachen viele Gründe dagegen, so mögliche Gefahren bei den anstehenden Seereisen, Ludwigs II. fragliche Seetüchtigkeit, das ungewohnte Klima, die fremden Kulturen und die fehlende Zivilisation in diesen Gebieten sowie drohende Krankheiten. Und wovon sollte das neue Herrschaftsgebiet gekauft werden, etwa von dem Geld, das beim Verkauf des Königreichs Bayern zu erzielen gewesen wäre? Auch Hofsekretär Ludwig von Bürkel musste sich von 1879 bis 1882 mit den königlichen Auswanderungsabsichten befassen und 1882 ebenso Kabinettssekretär Friedrich von Ziegler, der Monaco, Liechtenstein in Betracht zog. Schließlich riet man dem König von der Auswanderung ab und Ludwig verwirklichte seine Träume zunehmend bei seinen Separatvorstellungen im Theater, vor allem aber in seinen Schlossbauten.

Für Kaiserin Elisabeth sind alle jene Orte, nach denen Geheimrat Franz von Löher und Hofsekretär Ludwig von Bürkel Ausschau halten mussten, höchst interessante Reiseziele, von denen sie einige, so etwa etliche der griechischen Inseln, tatsächlich auch selbst besuchte.

SCHLOSS HEIDELBERG UND BURGRUINE EBERSTEIN

Verfallene Burgen

In den Jahren von 1883 bis 1890 weilt Elisabeth fünfmal in Heidelberg, immer in den Monaten April und Mai. Sie logiert im »Schlosshotel« und erkundet von dort aus die Gegend. Vor allem aber fasziniert sie die malerische Heidelberger Schlossruine.

Im Frühjahr 1883 kommt sie zum ersten Mal mit ihrer Tochter Marie Valerie nach Heidelberg. Am 2. April stattet sie der Stadt und dem alten Schloss einen Besuch ab, das von Bäumen und Kletterpflanzen halb verborgen ist. Elisabeth ist trotz des beschwerlichen Aufstiegs vom Anblick der Burg verzaubert, die nur noch als Ruine erhalten ist und auch ihre Tochter Valerie empfindet so: »[…] diese gut erhaltenen Ruinen sind doch tausendmal interessanter als ein noch ganz stehendes Schloss, das keine Gedanken an eine Erinnerung erwecken kann.«[196] Elisabeth genießt den Rundgang und die Atmosphäre der dort wild wuchernden Natur.

Schon ein Jahr später kommt sie vom 5. April bis zum 1. Mai 1884 erneut in die Stadt am Neckar und mietet sich mit ihrem Gefolge im »Schlosshotel« ein, wo ihr sogar ein Raum für ihre Fechtübungen zur Verfügung gestellt wird. Der Heidelberger Universitätsfechtmeister Friedrich Schulze ist ihr Trainer. Wieder lassen sich die Kaiserin und ihre Lieblingstochter von dem alten efeuumrankten Schloss faszinieren, das eine gigantische Anlage aus Wehranlagen und Palästen unterschiedlichen Alters ist. Für die Kaiserin ist die romantische Schlossruine ein Zufluchtsort, in dem sie Abstand zur strengen Etikette des Wiener Hofes findet. Marie Valerie hält die Heidelberger Erlebnisse in eindrücklichen Beschreibungen in ihrem Tagebuch fest. Beeinträchtigt wird diese herrliche Zeit allerdings von Elisabeths Ischiasleiden, das eine Kur erforderlich macht, die sie nach Amsterdam führt, wo sie behandelt wird.

Schon nach einem Jahr kommt Elisabeth vom 2. April bis zum 10. Mai erneut nach Heidelberg. Sie reist von Amsterdam an, wo sie zur Kur weilte, und wird am Bahnhof von ihrer Tochter abgeholt. Neben Waldspaziergängen unternehmen beide Ausflüge, so am 9. April nach Trier und am 13. April nach Koblenz, wo Elisabeth unter dem Pseudonym Gräfin Pretory Schloss Stolzenfels besucht. Am 4. Mai geht es weiter nach Baden-Baden zur Besichtigung der mittelalterlichen Burgruine Eberstein, von der die Kaiserin fasziniert ist. Der mächtige Bergfried erhebt sich auf einer Bergkuppe und seine verfallenden Mauern scheinen direkt aus dem Felsen herauszuwachsen.

Zum vierten Mal besucht Elisabeth am 3. und 18. April 1886 Heidelberg mit Marie Valerie von Baden-Baden aus, auch wenn sie diesmal nicht in der von ihr geliebten Neckarstadt Quartier nimmt.

Zum letzten Mal hält sie sich vom 3. bis 8. April 1890, abermals mit Marie Valerie und ihrem Verlobten Erzherzog Franz Salvator in Heidelberg auf. Logie nehmen die drei für fünf Tage im »Schlosshotel«. Da der Weg zum Schloss hinauf beschwerlich ist, nutzen sie die am 30. März 1890 eröffnete Bergbahn, die direkt vor der Schlossruine hält. Von ihren Lieblingsplätzen aus genießen sie den Blick auf den Neckar und durchstreifen den weitläufigen zerfallenen Bau. »Wir krochen

Heidelberger Schloss.

in jeden Schlupfwinkel und stiegen auf jeden Turm, auf jeden Erker, auch auf schwindlige Stellen«, notiert Marie Valerie ins Tagebuch, »denn wenn mich Franz festhält, ist nichts zu fürchten, und bewunderten von Neuem die Schönheit des einzigen Baues, der seinesgleichen auf der Welt nicht hat, besonders, wenn der Frühling sein schimmernd Brautgewand um die Hügel, um die alte Stadt gewoben hat und aus allen Rissen und Fugen des roten Sandsteinbaus duftender Flieder und Goldlack blüht. Nachdem wir jeden Stein besehen, jede Aussicht bewundert, jede Erinnerung aufgefrischt hatten, kehrten wir müde und staubig ins Hotel zurück.«[197] Beim Abschied ahnen Elisabeth und ihre Tochter »mit Wehmut, dass wir dieses unvergleichliche und liebgewordene Bild vielleicht nie mehr zusammen schauen werden«.[198]

Einmal kommt Elisabeth mit ihrem Griechischlehrer Konstantin Christomans an der »Villa Capo d'Istria«, einem verwitterten venetianischen Landhaus, vorbei und meint: »Es ist so wundervoll hier, daß man eigentlich wünscht, die ganze Welt wäre in Ruinen.«[199]

Elisabeths Faszination nicht nur für die Heidelberger Schlossruine, sondern für Burgruinen generell mag vielerlei Gründe haben. Zum einen sind Ruinen ein alltägliches Memento Mori, das deutlich macht, dass alles zerfallen, zur Ruine werden kann. Ruinen sind auch Metaphern des Lebens. Sie sind unter uns und in uns. Zerstörungen sind Teil des Lebens, so sehr auch versucht wird, diesen Aspekt der Existenz zu verdrängen. Vielleicht kommt Elisabeth auch in den Sinn, dass politische Systeme kommen und gehen und mit ihnen Kaiser, Volk und Vaterland und dass auch Österreich davon bedroht ist. Irgendwann sind dann nur noch Namen übrig und Ruinen, die von Touristen besucht werden. Vielleicht denkt sie beim Anblick aber nicht nur an die Chronik des Verfalls eines Bauwerks, sondern auch an den Verfall ihrer eigenen Person, ihrer Liebe zu Menschen und ihres Lebens.

AXEL MUNTHES »VILLA SAN MICHELE« AUF CAPRI

Ein unerfüllter Traum

Anfang September 1890 reist Elisabeth nach Portugal. Sie kommt über Porto, Lissabon und Gibraltar nach Tanger, Oran, Algier und auf die Insel Korsika. Über Ajaccio, Marseille, Toulon, Cannes, Monaco, Mentone gelangt sie nach Italien und besucht Livorno, Florenz, Pompeji. Im November 1890 trifft sie auf der Felseninsel Capri in der Bucht von Neapel ein. Von der rauen Landschaft mit dem ausgeglichenen, milden Klima ist sie ebenso hellauf begeistert wie von der berühmten Blauen Grotte, einer dunklen Höhle, in der das Meer wegen des Sonnenlichts blau leuchtet.

Auf Capri besucht sie den dort lebenden schwedischen Arzt Axel Munthe, einen Lebenskünstler par excellence. Der be-

Loggia der »Villa San Michele« auf Capri.

kannte Modearzt für die besseren Kreise ist auch ein fantasievoller Schriftsteller, dessen viele Jahre später, 1929, erscheinender Roman »Das Buch von San Michele« ein Bestseller werden wird. Munthe lässt sich in Anacapri auf der Insel Capri nach dem Motto »so viel Luft und Sonne wie nur möglich« die prachtvolle »Villa San Michele« errichten. Von Marina Grande aus erreicht man das Haus über eine Treppe mit über 500 Stufen. Elisabeth ist von der Villa derart begeistert, dass sie das Haus spontan kaufen möchte. Sie lässt durch die österreichische Botschaft in Rom dem Arzt ein Kaufgebot übermitteln. Doch Munthe, der seine Villa nicht verkaufen will, lehnt dankend ab.

Immer wieder denkt Elisabeth beim Anblick schöner Villen spontan an deren sofortigen Erwerb. Doch entweder denken die Besitzer nicht einen Verkauf oder aber Kaiser Franz Joseph oder eine der Hofdamen raten ihr davon ab, da sie wissen, dass sie oft genug solche Entscheidungen schon nach kurzer Zeit bereut und das Interesse an erworbenen Immobilien rasch wieder verliert.

FÜRSTENGRUFT IN DER WIENER KAPUZINERKIRCHE

Der Ort der ewigen Ruhe

Am 20. Januar 1889 nimmt sich Kronprinz Rudolf in Mayerling das Leben. Am 5. Februar findet die Bestattung in der Kapuzinergruft statt. Vier Tage später geht Elisabeth am Abend des 9. Februar kurz vor 9 Uhr zu Bett, steht aber wenig später wieder auf und verlässt die Hofburg heimlich durch eine Seitentür. Sie lässt sich zur Kapuzinerkirche am Neuen Markt fahren. Am Kapuzinerkloster schellt sie den Pförtner heraus. Sie lässt sich die Gruft aufschließen, da sie zu ihrem Sohn möchte und zwar allein. Man solle ihr nur mit einer Fackel hinableuchten. Einwände des Paters Guardian lässt sie nicht gelten und so wird sie schließlich durch die nur schwach erhellte Vorhalle zum Eingang der Gruft geführt, die sie alleine betritt. Nur einige rasch aufgesteckte Fackeln erhellen das Dunkel. Kurz darauf hören die wartenden Kapuziner die Kaiserin immer wieder »Rudolf! Rudolf!« rufen. Sie will, dass ihr Sohn erscheint und ihr erklärt, warum er sich das Leben genommen hat. Eine Stunde lang versucht sie spiritistischen Kontakt zu Rudolf aufzunehmen. Dann kommt sie aus der Gruft wieder herauf. Sie ist erschöpft, geht wortlos an den Mönchen vorbei und lässt sich durch die nächtlichen Straßen zurück in die Hofburg bringen. Sie erinnert sich an einen Besuch vor 32 Jahren in der Krypta der Kapuzinerkirche, wo ihre 1857 verstorbene Tochter Sophie bestattet wurde. »Während jenes heißen Sommers fuhr sie Tag für Tag in einer geschlossenen Kutsche mit verhängten Fenstern von Laxenburg auf den Neuen Markt und stieg in die Krypta hinab, um am Sarkophag ihres Kindes zu weinen und zu beten.«[200]

Seit Rudolfs Tod wächst Elisabeths Sehnsucht nach ewiger Ruhe. »Wie beneide ich Rudolf«, äußert sie mehrfach, »aber man weiß halt nicht, was nachkommt. Wüßte man es, dann wäre es freilich leicht«.[201] Weitere rasch aufeinanderfolgende Todesfälle verstärken ihre Depressionen. Am 28. Mai 1889 stirbt Freiherr Alexander von Warsberg, der von ihr verehrte erste Baumeister des »Achilleion«. Am 18. Februar 1890 verliert sie einen ihrer besten Freunde, Graf Gyula Andrássy. Am 16. Mai 1890 stirbt ihre Schwester »Néné« in Regensburg. Am 31. Juli 1890 heiratet Marie Valerie. Für Elisabeth ist das wie ein Todesfall, da ihr nun das Lieblingskind entrissen wird. »Ich könnte verrückt werden«, klagt sie, »wenn ich vorausdenke und noch jahrelang das Leben vor mir sehe«.[202]

Mehr und mehr macht sie sich Gedanken, wo sie nach dem Tod einmal die letzte Ruhestätte finden könnte. Vor dem Eingesperrtsein in der Kapuzinergruft scheint sie sich zu ängstigen.

Beim Besuch des Mausoleums des Hauses Savoyen in der Turiner Basilica, der Superga, bewundert sie die lichte Halle: »Diese ist nicht so finster wie die unsere in Wien. Hier dringt der Sonnenstrahl ein und der lachende Himmel. Hier wird man nicht ergriffen von den Schauern des Todes.«[203] Lieber wäre es ihr aber, am Meeresstrand[204] bestattet zu werden, »so daß die Wellen sich an meinem Grab brächen, dann würden alle Sterne des Himmels auf mich herabscheinen und die Zypressen würden viel länger als die Menschen um mich trauern«.[205] Auch in ihrem Testament, das sie am 14. Juni 1896 neu verfasst, drückt sie den Wunsch aus, ganz ohne Prunk in

Franz-Josephs-Gruft in der sogenannten Kaiser- oder Kapuzinergruft unter dem Kapuzinerkloster in Wien: In der Mitte der Sarkophag von Kaiser Franz Joseph flankiert vom Sarkophag Elisabeths (links) und von Kronprinz Rudolf.

Korfu begraben zu werden. Unter den dunklen Bäumen, vom Meer umspült und mit Blumen umgeben, will sie in antiker Erde ruhen. Anderen Legenden zufolge habe sie bestimmt, dass »ihre Leiche ins Meer versenkt werde«[206] oder dass ihre Asche ins Meer gestreut werden soll. Als sie aber an der Decke der Kapuzinergruft eine kleine Öffnung entdeckt, »dort, wo gerade oberhalb das Fenster liegt,« und wo »doch ein wenig Luft und Grün in die Gruft hereinblickt und man die Spatzen zwitschern hört«[207], sei ihr die Bestattung dort nicht mehr ganz so unangenehm gewesen. Und so äußert sie später ihrer Tochter gegenüber, sie wolle im Tode doch lieber bei Rudolf sein. In einem »guten, großen Sarg«[208] sehnt sie sich danach, Ruhe zu finden in jener Gruft, wo auch er Ruhe vor dem Leben gefunden hat.

Nach ihrem Tod am 10. September 1898 lässt Kaiser Franz Joseph ihren Leichnam nach Wien überführen und bestimmt die Kapuzinergruft als ihre letzte Ruhestätte. Die letzte Reise der Kaiserin beginnt vier Tage nach ihrer Ermordung am Mittwoch, den 14. September, morgens um 8 Uhr im Genfer »Hotel Beau-Rivage«. In einem Trauerwagen wird der Sarg mit der sterblichen Hülle zum Genfer Bahnhof gefahren. In Wien trifft der Zug am Donnerstag, den 15. September, abends gegen 22 Uhr ein, in der Stadt, die sie während ihres Lebens so oft mied und die sie nun niemals mehr verlassen wird. Fast zwei Tage, den ganzen Freitag und den halben Samstag bleibt der Sarg in der Hofburgkapelle ausgestellt. Am Samstag, den 17. Dezember wird Elisabeth ab 15.50 Uhr in einem festlichen Trauerzug zu ihrem letzten Aufenthaltsort, der Kapuzinergruft, gebracht, wo sie kurz nach 16 Uhr eintrifft.

»In drei Särgen liegt die tote Kaiserin, zwei ineinander liegende Bleisärge werden von einem mit Bronze verzierten, auf Löwenpranken ruhenden Sarg aus Eichenholz umschlossen. Bevor man die Särge zu verlöten beginnt, wird in Gegenwart der schweizerischen Behörden sowie Graf Kuefsteins und General Berzeviczys ein Protokoll aufgenommen, das die Identität der Toten bestätigt. Der Sarg hat zwei Glasfenster, und durch zwei verschließbare Türen lässt sich der Sargdeckel oberhalb der Fenster öffnen, so dass es möglich bleibt, in das Innere des Sarges zu schauen. Ein Schlüssel wird Berzeviczy, der andere dem Zeremonienmeister übergeben.«[209] Endlich hat Kaiserin Elisabeth die von ihr so oft ersehnte ewige Ruhe gefunden. Ihr Sarkophag steht links vom Sarkophag ihres Mannes, rechts davon befindet sich der Sarkophag ihres Sohnes Rudolf. Zu Lebzeiten äußert Elisabeth in dem Gedicht »Anno domini …« die Hoffnung, auch als Tote dem Sarkophag doch noch zu entkommen:

Ich bin schon längst gestorben,
Der Körper liegt in Ruh'
Im Sarg verwelkt, verdorben;
Der Deckel ist fest zu.

Doch jede zwölfte Stunde,
Die stille Mitternacht
Gibt meiner Seele Kunde,
Sie sei nunmehr erwacht.

Sie lässt den Körper liegen
Und stiehlt sich aus der Gruft.
Hurrah! Jetzt heisst es fliegen!
Die Nacht, die Freiheit ruft![210]

Ihr erstes Ziel ist der Zauberberg am Jainzen, danach fliegt sie, wie sie in dem folgenden Gedicht »Dunkle Nacht, die Wolken hängen« beschreibt, nach Schloss Berg zu Ludwig II.:

Eine Möve kommt geflogen,
(Meine längst verstorb'ne Seele.)
Und sie kreist in kleinem Bogen,
Spähend nur nach einer Stelle.[211]

Und dies ist der Unglücksort bei Schloss Berg am Starnberger See, wo Ludwig II. im Juni 1886 ums Leben kam, und aus der er jetzt »majestätisch aus der Tiefe als Adler zur Höhe schwebt«. Auf ihre Frage »Hast du mich denn ganz vergessen?«, versichert ihr Ludwig, dies sei nicht der Fall und er »schwebt mit ihr den Alpen entgegen«.

GRANDHOTELS UND KLEINE PENSIONEN

Neben ihren zahlreichen Kuren benötigt Elisabeth in den Sommer- und Wintermonaten immer wieder auch Erholungsphasen im südlichen milden Klima oder im rauen Klima der Nord- und Ostsee. Dabei logiert sie mitunter in kleinen Pensionen, meist aber in stattlichen Luxushotels, die sich auf ihre hohen Ansprüche einstellen müssen. Nicht selten kommt sie unangemeldet, mitten in der Saison und mit einer stattlichen Zahl von 60 bis über 100 Begleitern. Neben dem Obersthofmeister sind dies mehrere Hofdamen, die Friseuse, Kammerzofen und Sekretäre, oft auch ein Arzt und ein Geistlicher, dann Badefrauen, Köchinnen, Bäcker und Wäscherinnen sowie Kutscher, Stallpersonal und der Betreuer der Hunde, der sogenannte Hundsbub. Den höher gestellten Begleitern steht jeweils eigenes Personal zur Verfügung. Mehrfach mietet sie das ganze Hotel für sich. Die Unterbringung des Begleitpersonals bereitet erhebliche Probleme und ist oft nur in hotelnahen Quartieren möglich. Erst in den letzten Lebensjahren reduziert sich auf Elisabeths Anordnung das Begleitpersonal etwas.

Die Appartements der Kaiserin müssen für ihre Bedürfnisse meist extra eingerichtet und ausgestattet werden. Unter anderem besteht sie immer wieder auf einen separaten Eingang und verschiedene Sondermaßnahmen, durch die sie vor den Blicken und Zudringlichkeiten anderer Hotelgäste geschützt ist. So sehr die Grandhotels auf den hohen Gast stolz sind, so sehr fürchten sie die Extravaganzen, auf denen die Kaiserin nachdrücklich besteht. Dabei nutzt sie die Hotels, in denen sie sich mit zunehmendem Alter mehr aufhält als in ihren Schlössern, weniger als Wohnung, sondern vor allem als Ausgangspunkt für ihre Wanderungen und Ausflüge in die Umgebung. Ihre Reisen führen sie unter anderem nach Südtirol, Levico Terme in Italien, nach Territet, Montreux, und Caux, nach Zell am See, ins Seebad Cromer in Norfolk und bis nach Kairo und Algier.

»HOTEL WISPAUER« IN TRAUNSTEIN UND »HOTEL WILDER MANN« IN PASSAU

Die Affäre von Elisabeths Schwester Marie

Seit dem Frühjahr 1861 hält sich Elisabeths Schwester Königin Marie von Neapel mit ihrem Mann, König Franz II., in Rom auf, nachdem beide vor den Truppen Garibaldis ins Exil fliehen mussten. Maries heftiger Widerstand gegen Garibaldi, der ihr den Titel »Heldin von Gaeta« eintrug, führte zu keinem Erfolg. Seither reist sie durch Europa, meist in Begleitung ihrer Schwester Mathilde, der Gräfin Trani, und macht mit Skandalen von sich reden. Unter anderem schwimmt sie nackt in Ostia im Meer und raucht in der Öffentlichkeit Zigarillos.

Anfang Juli 1862 verlässt die 20-jährige Marie in Begleitung Mathildes unter strengstem Inkognito Rom. Am 7. Juli treffen die beiden in München ein und am 12. Juli mit der 25-jährigen Elisabeth zusammen, mit der sie nach Possenhofen zum Stammsitz der herzoglichen Familie eilen, in der sich bald schon Unruhe breit macht. Die Schwestern kommen **nämlich nicht zur Erholung** an den Starnberger See, sondern um ein höchst prekäres Ereignis zu besprechen, das einen Skandal provoziert hätte, wäre es offenkundig geworden.

»Hotel Wilder Mann«, Schrottgasse 2, in Passau.

Marie von Neapel ist nämlich seit etwa März schwanger, aber nicht von ihrem Gemahl, König Franz II., der infolge einer Phimose zeugungsunfähig ist. Marie hat also keine Chance, ihn als Kindsvater zu benennen. Was ist also zu tun? Und wer ist überhaupt der Vater? Marie Gräfin Larisch, eine Nichte der Königin, nennt Jahre später Graf Armand de Lavaÿss, einen belgischen Offizier der päpstlichen Garde als Kindsvater. Doch lässt sich weder in Vatikanischen Archiven ein Offizier Lavaÿss noch in Belgien eine Adelsfamilie dieses Namens nachweisen. Andere bezeichnen den spanischen Gesandten Salvador Bermúdez de Castro, Marchese di Lema, als Vater, zu dem das neapolitanische Königspaar Kontakt hatte. Wer der Vater auch immer sein mag, als Marie bemerkt, dass sie schwanger ist, flüchtet sie in Panik zu ihrer Familie nach Possenhofen. Während die Mutter Ludovika über den Fehltritt ihrer Tochter entsetzt ist, meint der seitensprungerfahrene Herzog Max lapidar: »Na ja, solche Sachen passieren nun einmal. Wozu also das Gegacker!«[212] Maries Gatte ahnt hingegen nichts von dem unehelichen Kind. Zunächst wird Marie, die auf keinen Fall zu ihrem Mann zurückkehren will, in Schloss Biederstein am Englischen Garten einquartiert. Von dort reist sie Anfang August mit ihrem Bruder Herzog Ludwig zu einer fünfwöchigen Kur nach Bad Soden und anschließend nach Augsburg. Von dort geht es weiter nach Passau ins »Hotel Wilder Mann« in der Schrottgasse 2, wo sie vom 9. bis 14. September ihre Schwester Elisabeth und ihre Mutter Ludovika trifft. Elisabeth reist anschließend über Reichenau nach Wien zurück.

Stadtplatz von Traunstein mit dem »Hotel Wispauer« (weiße Jalousien).

Inzwischen tagt der familiäre Krisenstab erneut in Possenhofen, worauf Vater Herzog Max und Maries Schwester Helene nach Wien reisen, um sich erneut mit Sisi zu beratschlagen. Nun soll die Kaiserin abermals unter vier Augen mit Marie sprechen. Als Treffpunkt wird wegen der guten Eisenbahnverbindung Traunstein vereinbart. Bis zum Eintreffen Elisabeths unternimmt Marie am 1. Oktober in Begleitung ihres Bruders Ludwig eine Wallfahrt nach Altötting und betet um eine Lösung ihres Problems.

Am 4. Oktober 1862 trifft Elisabeth im Traunsteiner »Hotel Wispauer« am Stadtplatz ihre Schwester Marie, die mittlerweile im achten Monat ist. Drei Nächte bleiben die beiden zusammen und verlassen das Hotel nur einmal zum Besuch der nahe gelegenen Kirche. Dann begibt sich die Hochschwangere nach Augsburg ins Dominikanerinnenkloster St. Ursula, angeblich wegen eines »Brustleidens«.

Am 24. November 1882 kommt dort heimlich das Kind zur Welt, ein Mädchen, das sofort zu Pflegeeltern gegeben wird und später angeblich zu seinem leiblichen Vater kommt. Nach einem Aufenthalt Maries Anfang Januar 1863 wieder im Münchner Schlösschen Biederstein kehrt sie im April nach Rom zu ihrem Mann, Ex-König Franz II., zurück. Am 14. April 1863 ist ihre über ein Dreivierteljahr andauernde »Flucht« beendet, bei der ihr Elisabeth tatkräftig zur Seite stand. Wie Brigitte Sokop berichtet, hätten sich allein die Kosten für die außertourlichen Reisen Sisis im Zusammenhang mit Maries Aufenthalt in Bayern im Sommer und Herbst 1862 auf mehr als eine halbe Million Gulden belaufen. In Rom kommt es zwischen Marie und ihrem Mann zur Aussprache, worauf sich Franz II. zu einem operativen Eingriff entscheidet. Danach wird Marie von ihm schwanger und bringt eine gemeinsame Tochter, Maria Christina Pia, zur Welt, die allerdings bereits nach drei Monaten stirbt.

»HOTEL SCHWEIZERHOF« IN SCHAFFHAUSEN AM RHEINFALL

Auf der Flucht vor der Cholera

Elisabeth hält sich mehrfach in der Schweiz auf. Sie liebt die Landschaft und die großen Seen, aber auch die republikanische Staatsform und die Luxushotels. In einem Gedicht schreibt sie: »Schweizer, ihr Gebirg ist herrlich/Ihre Uhren gehen gut/Doch für uns ist höchst gefährlich/Ihre Königsmörderbrut!«[213] Gleichwohl scheint sie vor Attentätern, obwohl sie davor mehrfach gewarnt wird, keine Angst zu haben bis sie schließlich dann doch einem zum Opfer fällt.

Im August 1867 kommt sie nach Zürich, um sich dort mit ihren beiden »italienischen« Schwestern – Marie, Ex-Königin von Neapel und Mathilde, Gräfin Trani, – zu treffen. Vor der in diesen Tagen in Zürich ausbrechenden Choleraepidemie flüchten die drei am 9. September nach Schaffhausen, wo sie inkognito – Elisabeth wie so oft unter dem Pseudonym »Gräfin von Hohenems« – im »Hotel Schweizerhof« logieren, der mit seinen 180 Gästezimmern und im obersten Stock mit komfortablen Appartements, die für 300 Franken pro Tag zu mieten sind, zu den nobelsten Unterkünften für vornehme Touristen gehört. Der Besitzer Franz Wegenstein hat um das Hotel Parkanlagen und schöne Waldwege angelegt. Am 10. September empfängt Sisi im Wartesaal des Bahnhofs ihren Gemahl Franz Joseph und fährt mit ihm ins Hotel. In Schaffhausen besichtigen die hohen Gäste natürlich den Rheinfall, außerdem die malerische Altstadt und das berühmte ehemalige Benediktinerkloster Allerheiligen. Elisabeth lernt auch den letzten Abt des Klosters Rheinau kennen, das bereits 1862 aufgelöst wurde.

Bei einem Spaziergang in Schaffhausen begegnet der Hunde liebenden Kaiserin ein Herr mit einer großen Dogge, die sofort ihre Blicke auf sich zieht. »Isten áldja meg!« – »Gott segne sie!«[214], begrüßt sie der Mann auf Ungarisch, als er erkennt, wen er vor sich hat, worauf sie sich in ein Gespräch mit ihm einlässt und ihm von ihrer Begeisterung für große Hunde erzählt. »Ich fürchte fast«, erklärt sie, »ein so großer Hund, als ich mir wünsche, existiert gar nicht.«[215] Für ihre Hunde, von denen sie mehrere besitzt, hat Elisabeth sogar einen eigenen Hundepfleger eingestellt, der von den Hofdamen spöttisch »Hundsbub« tituliert wird. Schon am 12. September verlässt das Kaiserpaar Schaffhausen, das die Cholera-Epidemie erst vor Kurzem überstanden hat, und kehrt im Salonwagen der Rheinfallbahn von Neuhausen über Winterthur, Romanshorn und Lindau nach Wien zurück, wo es am 16. September eintrifft. Von dort sendet die Kaiserin dem Abt des Klosters Rheinau ein wertvolles Kreuz als Erinnerung an die Begegnung mit ihm.

»Hotel Schweizerhof«, errichtet 1844 als »Hotel Weber«, abgebrochen 1954.

»HÔTEL DU RHIN« AN DER PLACE VENDÔME

Besuch in Paris

Paris besucht Elisabeth nur ein einziges Mal am 27. September 1875 auf dem Rückweg von der Normandie und Sassetot. Es gibt zwei Gründe für ihren Aufenthalt, einen politischen und einen privaten. Franz Joseph macht seiner Frau klar, dass sie Präsident General Mac Mahon endlich einen Besuch abstatten muss, nachdem sie auf der Hinfahrt in die Normandie Ende Juli Mac Mahon die von ihm erbetene Audienz in ihrem Hofzug verweigert hatte. Um ihn nicht noch mehr zu verärgern, soll der Besuch nun schnellstens nachgeholt werden. Österreich ist nämlich an guten Beziehungen zu Mac Mahon, seiner republikanischen Partei und der noch jungen Republik Frankreich insbesondere aus wirtschaftlichen Gründen höchst interessiert, da die Franzosen zu den größten Investoren in der österreichischen Monarchie, aber auch in Ungarn zählen. Elisabeth verweigert sich diesmal der Bitte ihres Mannes nicht, zumal sie auch privat an einem Besuch der Stadt Paris interessiert ist.

Im Elysee-Palast Quartier zu nehmen, lehnt sie allerdings ab und logiert stattdessen lieber im »Hôtel du Rhin« an der Place Vendôme. Nach dem Besuch bei Präsident Mac Mahon besich-

»Hôtel du Rhin« in Paris, 1900.

tigt sie gemeinsam mit ihrer Hofdame Marie Festetics und ihrer Tochter Marie Valerie die Stadt und besucht Schlösser, Parkanlagen und Museen, natürlich auch den Louvre und den Invalidendom, wo sie in der Gruft vor dem recht bescheidenen Porphyrsarkophag Napoleons I. mit dessen Asche niederkniet. Lakonisch bemerkt sie: »Wenn die Menschen etwas recht Beißendes äußern wollen, sagen sie, Napoleon war groß, aber gar so rücksichtslos; ich denke immer dabei, das sind gar viele Menschen, ohne dabei groß zu sein. Zum Beispiel auch ich.«[216]

In einem Park trifft Elisabeth auf Elefanten, Strauße und Kamele, auf denen man reiten darf. Um Aufsehen zu vermeiden, tut sie das jedoch nicht selbst, sondern lässt zu ihrer Erheiterung die Hofdamen und Freiherrn von Nopcsa auf den Tieren reiten. Sie werden von Elisabeth auch zum berühmten »Bal Mabille« mit seinen erotischen Darbietungen geschickt. Bei der Rückkehr empören sie sich über das Erlebte derart, dass Elisabeth in schallendes Lachen ausbricht. Bedrückend verläuft hingegen der Besuch der Kapelle St. Ferdinand in Neuilly am 29. September. An diesem Ort verunglückte 1842 Herzog Ferdinand, der Sohn des Bürgerkönigs Louis Philippe von Orleans, im Alter von erst 32 Jahren tödlich. In Erinnerung an ihren erst kürzlich zum Glück heil überstandenen Reitunfall in Sassetot meint die Kaiserin: »Da sieht man, daß gerade das geschieht, was einem Gott bestimmt. Er fuhr ruhig spazieren, wer hätte gedacht, daß er die Schwelle seines Hauses lebend nicht mehr überschreiten werde. Ihr wollt, ich sollte nicht mehr reiten; ob ich es tue oder nicht, ich werde so sterben, wie es mir bestimmt ist.«[217] Und wie zur Bestätigung dieser Ansicht unternimmt sie noch am selben Tag einen Ausritt im Bois de Boulogne, wobei sie wie gewohnt ohne Scheu Barrieren überspringt. Von Paris geht es über München und Wien nach Gödöllő, wo sie Mitte Oktober eintrifft und bei Ausritten und Wanderungen das Leben auf dem Land genießt.

»HOTEL ZUR KRONE« IN ASSMANNSHAUSEN AM RHEIN

Grundsteinlegung des Niederwalddenkmals

»Hotel zur Krone« in Assmannshausen in Hessen, um 1900.

Elisabeth ist 25 Jahre alt, als 1862 in Preußen ein Mann Ministerpräsident wird, der Kaiser Franz Joseph überlegen ist: Otto von Bismarck. Im deutsch-dänischen Krieg 1864 kämpfen Preußen und Österreich gemeinsam und siegen. Schleswig fällt unter preußische Verwaltung, Holstein unter österreichische. Als Bismarck auch die Kontrolle über Holstein und außerdem die Führungsposition in Deutschland beansprucht, protestiert Österreich. 1866 kommt es zwischen Preußen und Österreich zum Krieg. Elisabeth besucht in den Lazaretten die verwundeten und sterbenden Soldaten und spendet ihnen Trost. Als sich die preußischen Truppen Wien nähern, bringt sie sich mit ihren Kindern nach Budapest in Sicherheit.

Österreich erfährt im Krieg 1866 eine vernichtende Niederlage. Preußen steigt zur führenden Macht in Deutschland auf, doch Franz Joseph verliert an Macht und den Platz im Deutschen Bund. Er muss Venetien an den italienischen Einheitsstaat abgeben, mit Ungarn den Ausgleich suchen und die Doppelmonarchie Österreich-Ungarn zulassen. 1870 zettelt Bismarck den Krieg gegen Frankreich an und Preußen siegt. 1871 wird der Preußenkönig Wilhelm in Versailles zum Deutschen Kaiser proklamiert. Durch die Gründung des Deutschen Reichs steigt Preußen zur führenden Macht in Europa auf und bindet Österreich-Ungarn gleichsam als schwächeren Juniorpartner an sich. Am 22. Oktober 1873 treffen sich in Schloss Schönbrunn die drei Kaiser: Wilhelm I. (Preußen), Franz Joseph (Österreich) und Zar Alexander II. (Russland) und festigen im sogenannten »Dreikaiserabkommen« den in Europa herrschenden Frieden. Bismarck will jedoch vor allem Österreich und Russland besser unter Kontrolle halten und eine Annäherung Russlands an Frankreich verhindern.

Zur Erinnerung an den Deutsch-Französischen Krieg 1870/71 und die Gründung des deutschen Kaiserreichs am 18. Januar 1871 soll am Rand des heutigen Landschaftsparks Niederwald oberhalb der Stadt Rüdesheim am Rhein ein protziges Denkmal enstehen. Nach mehrjähriger Planung wird am 16. September 1877 die Grundsteinlegung des Niederwalddenkmals mit einem großen Fest gefeiert, bei dem Kaiser Wilhelm I. anwesend ist. Auch Kaiserin Elisabeth kommt mit ihrer Tochter Marie Valerie zu diesem Ereignis von Assmannshausen, wo sie im »Hotel zur Krone« wohnt, in das etwa 5 Kilometer entfernte Rüdesheim. Was aber bewegt sie, an dieser

Demonstration deutscher Macht teilzunehmen, obwohl sie seit dem Bruderkrieg 1866 Preußen doch hasst und deren Kriegspolitik heftig kritisiert? Ist es bloße Neugier oder gar Zufall, weil sie sich gerade in Assmannshausen aufhält? An einem Treffen mit Kaiser Wilhelm I. wird ihr nicht gerade gelegen sein, auch wenn sie gezwungen ist, ihm höflich zu begegnen. Wie sie und ihre Tochter die festliche Grundsteinlegung des Niederwalddenkmals am 16. September 1877 erleben und empfinden, ist nicht bekannt.

Nach sechsjähriger Bauphase findet am 28. September 1883 dann die Einweihung des eine Million Goldmark teuren Denkmals statt, das 38 Meter hoch und 75 Tonnen schwer ist und von einer fast 13 Meter hohen Germania-Statue gekrönt wird. Doch daran nimmt Elisabeth nicht teil. Am 2. September 1883 bringt nämlich Rudolfs Frau, Kronprinzessin Stephanie, eine Tochter zur Welt und Elisabeth fährt mit Marie Valerie nach Laxenburg, um das Neugeborene zu sehen. Valerie erfreut der Anblick des hübschen Kind und Elisabeth findet es wenigstens »nicht grauslig«.[218]

Drei Jahre später im August 1886, als sich Kaiser Wilhelm I. und Bismarck in Bad Gastein zur Kur aufhalten, kommt es lediglich zu einigen Höflichkeitsbesuchen mit dem österreichischen Kaiserpaar. Was Elisabeth bei dieser Gelegenheit über Bismarck und damit auch über Kaiser Wilhelm I. denkt, vertraut sie einem ihrer Gedichte an:

An Bismark. [sic!]

Prädestiniert und sieggeweiht
Ziehst du, der grösste Geist der Zeit,
Geharnischt über uns're Welt,
Völker mähend, wie dir's gefällt.

Du Eisenstern auf blut'ger Bahn,
Unüberwindlich stets voran! –
Wo endet wohl dein Siegeslauf?
Führt er hinab, führt er hinauf?[219]

Marie Valerie notiert hingegen in ihr Tagebuch über Bismarck: »[...] freue mich sehr, den Mann, der neben dem Papst der gescheiteste seiner Zeit sein soll, kennenzulernen«. Und nach dem Besuch ergänzt sie: Bismarck »spricht nicht übermäßig norddeutsch, ist einfach und natürlich und – leider – eigentlich sympathisch. Noch besser gefiel mir aber seine Frau.«[220]

»HOTEL CLARIDGE'S« IN LONDON

Abneigung gegen Queen Victoria

Bei allen ihren zehn Besuchen in England und im benachbarten Irland in den Jahren 1874 bis 1890 kommt Elisabeth häufig auch nach London. Jedes Mal logiert sie dort in dem kleinen, altmodischen »Hotel Claridge›s« an der Ecke Brook Street und Davies Street in Mayfair, heute ein Fünfsternehotel. Scherzhaft wird das »Claridge‹s« auch als »Anbau des Buckingham Palace« bezeichnet. Es ist der Wunsch Franz Josephs, dass seine Frau auch Queen Victoria kennenlernt. Doch sie empfindet keine besondere Zuneigung zur 18 Jahre älteren Monarchin. Hätte Franz Joseph nicht darauf bestanden, dass seine Frau sie besucht, hätte sie liebend gerne davon Abstand genommen, ist die Queen in ihren Augen doch nur eine dicke, humorlose Matrone. Für Victoria ist Elisabeth lediglich ein verwöhntes Ding, noch dazu aus niedrigem Adel, weshalb die Engländerin es sich erlaubt, auf sie hochmütig herabzublicken. Allerdings kann sie nicht leugnen, dass die österreichische Kaiserin eine sehr schöne Frau ist. Doch eine herzliche Beziehung zwischen beiden kann unter diesen Umständen keinesfalls entstehen. Elisabeth ärgert die alte Dame bei den Treffen mit eingestreuten ironischen Bemerkungen, die von der damals bereits schwerhörigen Queen häufig nicht verstanden werden, vor allem deshalb, weil Elisabeth ganz bewusst noch leiser als sonst spricht. Das ärgert Victoria, weil sie sich nie sicher sein kann, ob ihr womöglich eine der ungebührlichen Bemerkungen der boshaften Kaiserin entgeht. Wo es nur möglich ist, geht Elisabeth der korpulenten Monarchin aus dem Weg. Lieber als bei der Queen zu sitzen, unternimmt sie in London ausgedehnte Spaziergänge, Einkaufsbummel und Ausritte, etwa durch den Hydepark. Sie besichtigt auch die Sehenswürdigkeiten der Stadt an der Themse, darunter so kuriose Einrichtungen wie das Wachsfigurenkabinett der Madame Tussaud oder Bedlam, die staatliche, weltgrößte Irrenanstalt.

Das erste Mal kommt Elisabeth bei ihrem Aufenthalt auf der Insel Wight im August 1874 nach London und kontaktiert dort ihre Schwester Marie, Ex-Königin von Neapel, die in diesem Jahr ein Jagdhaus in Althorp in der englischen Grafschaft Northamptonshire erworben hat, wo sie sich häufig aufhält. Zweimal wird Elisabeth von Queen Victoria eingeladen, sie zu besuchen. Doch beide Male will sie nicht, weil sie »das langweilt«[221], wie sie ihrer Mutter schreibt. Die Queen ist not amused. Als Elisabeth bei ihrem zweiten Englandaufenthalt im März 1876 doch bereit ist, die Queen in London aufzusuchen, wird sie – eine Retourkutsche für die zweimalige Absage 1874 – von ihr zunächst nicht empfangen, schließlich aber doch nach Windsor eingeladen. Diesmal sagt Elisabeth wohlweislich nicht ab.

Das Nobelhotel »Claridge's« in London.

Ende des Jahres 1877 verbringt sie Sylvester in London und reist Mitte Februar 1878 zu einem Jagdaufenthalt in die Grafschaft Northamptonshire. Das nächste Mal hält sie sich 1881 und 1882, jeweils im Februar und März, in der englischen Grafschaft Cheshire auf. Bei ihrer Rückreise von dort kommt sie im März 1882 wieder zu einem Höflichkeitsbesuch bei Queen Victoria in London vorbei. Bei ihrem ersten Irlandaufenthalt im Februar und März 1879 vermeidet sie den Besuch der Queen allerdings. Sie weiß nämlich, dass ihre Anwesenheit im katholischen Irland für die englische Königin einen Affront darstellt. Bei ihrem zweiten Irlandaufenthalt im Februar 1880 kommt sie jedoch um einen Besuch der Queen in London nicht mehr herum. Victoria lässt sie deutlich spüren, dass sie von ihren Irlandbesuchen höchst irritiert ist. Im Juli 1887 verweilt die Kaiserin im englischen Seebad Cromer und besucht erneut Victoria, aber diesmal nicht in London, sondern in Osborne auf der Insel Wight, wo sich die Queen gerade aufhält.

Im März 1888 reist Elisabeth mit ihrer 20-jährigen Lieblingstochter Marie Valerie abermals nach London, wo beide wie üblich im »Hotel Claridge's« logieren. Sie besuchen den wegen seines milden Klimas beliebten Winterkurort Bournemouth in der Grafschaft Dorset im Südwesten Englands, wo sie auf den Promenaden und in den Nadelwäldern lange Spaziergänge unternehmen und sich auch die Schluchten in den Sandsteinklippen, die sogenannten Chines, nicht entgehen lassen. Diesmal zeigt die mittlerweile London-erfahrene Kaiserin ihrer Tochter alle Sehenswürdigkeiten der Stadt an der Themse, die sie eigentlich nicht besonders mag, von der sie aber immer wieder angezogen wird. »Ja, das Land [England] ist wunderschön«, sagt sie, »aber London hasse ich. Es macht mich melancholisch […].«[222] Und Marie Valerie notiert in ihr Tagebuch: »Mama fühlte sich in London so unglücklich und wollte doch nicht weg, ehe ich alles gesehen.«[223] Beide bleiben bis Mitte April 1888.

Von Elisabeths letztem Englandaufenthalt 1890 in London und im Seebad Bournemouth ist nur wenig überliefert. Er endet jedoch stürmisch, als sie im September 1890 von der englischen Hafenstadt Dover – inkognito, diesmal als »Mrs. Nicholson« – mit dem Segelkutter »Chazalie« aufbricht und in einen entsetzlichen Sturm gerät, den sie, an einen Mast gebunden, genießt, während ihre Begleitung Todesängste aussteht. Nach 18 Stunden kämpft sich die »Chazalie« in den Hafen zurück, wo erst die entstandenen Schäden ausgebessert werden müssen, bevor die Weiterfahrt nach Portugal angetreten werden kann.

SEEBAD CROMER IN NORFOLK

Badeaufenthalt in England

Im Juli 1887 besucht Elisabeth in Hamburg Charlotte Emden, die greise Schwester des von ihr vergötterten Heinrich Heines, von der sie viel über das Leben des Dichters erzählt bekommt. Oft hielt sich Heine bei seinen Besuchen in Hamburg bei seiner Schwester auf, die seine engste Vertraute war. Ihr widmete er auch etliche Werke, so 1824 das Gedicht »Mein Kind wir waren Kinder«, das auf die gemeinsame Kindheit im Düsseldorfer Elternhaus verweist. Elisabeth lauscht begierig den Schilderungen Charlotte Emdens und lässt sich von ihr Briefe und Manuskripte des Dichters zeigen. Ein Schriftstück Heines bekommt sie allerdings nicht geschenkt, sondern nur ein Petschaft, also einen kleinen Siegelstempel, worüber sie sehr enttäuscht ist.

Von Hamburg fährt sie weiter nach Cromer an der Nordküste der englischen Grafschaft Norfolk, einem der bekanntesten Seebäder Englands mit mehreren großen Hotels. Hier genießt sie im Juli 1887 die frische und kräftigende Seeluft und sieht den Möwen und Seeschwalben zu, wie sie über die Dünen fliegen. Niemand stört hier ihre Einsamkeit und ihre oft schwermütigen Gedanken. Sie wandert und badet nicht nur, sondern nimmt sich Zeit zum Dichten. Dabei entstehen ihre Heinrich Heine nachempfundenen »Nordsee-Lieder«, in denen sie von den schäumenden Wogen des dunkelblauen Meeres schwärmt. Mehrfach unternimmt sie Schifffahrten auf der stets unruhigen Nordsee. Ihre Gedichte mit Titeln wie »Cromer, die versunkene Stadt« und »Sturm- und Schwimmlieder« sowie neun »Nordsee-Stanzen« zeugen von ihrer Beschäftigung mit der landschaftlichen Schönheit dieser Gegend. Weiter geht es auf die Insel Wight, wo sie, wenn auch nicht gerne, Queen Victoria besucht, die sich in Osborne aufhält. Im August kommt sie kurz nach Kreuth im Tegernseer Tal und danach nach Bad Ischl, wo sie es bis Oktober aushält.

»HOTEL ZUR SONNE« IN BAYREUTH

Besuch der Wagner-Festspiele

Zwei Tage nach ihrem 25. Geburtstag hört Elisabeth erstmals Musik des Komponisten Richard Wagner im Wiener Musikverein, darunter auch schon Ausschnitte aus seinem »Ring«. Wagner berichtet darüber am 1. Februar 1863 an Mathilde Maier: »Gerührt hat mich die junge Kaiserin, die ganz allein vom Hofe meine Konzerte am 26. Dezember 1862 und 8. Jänner 1863 von Anfang bis Ende besuchte, schließlich schickte sie mir neuerdings sogar eine ansehnliche Bezahlung ihrer Loge.«[224]

Über Elisabeths Musikgeschmack ist bekannt, dass sie als Kind Klavierunterricht hatte und, beeinflusst vom ihrem Vater Herzog Max, das Zitherspiel schätzte und Zigeunermusik liebte. Mit Franz von Liszt, der zu ihrer Krönung als Königin von Ungarn die »Krönungsmesse« schrieb, spielte sie sogar vierhändig Klavier. Sie kannte den »Elisenwalzer«, den ihr Johann Strauß widmete, auch Carl Michael Ziehrers Walzer »Gebirgskinder« und den »Erzherzog-Johann-Jodler«. Ebenso schätzte sie einige Lieder von Schumann und Joseph Haydns »Kaiserhymne«.

Ihr Vater interessierte sich auch für Wagner-Opern, über die er äußerte: »Das ist eine herrliche, großartige Musik. Man hört Akkorde und Töne, die noch nicht da waren.«[225] Im Jahr 1855 besuchte Max in Würzburg eine Aufführung der Oper »Tannhäuser«. Mehr noch gefiel ihm allerdings die Oper »Lohengrin«. Dies war zu einer Zeit, als Wagner kaum Bewunderer, dafür zahlreiche Feinde und Verächter seiner Musik hatte. Auch andere Mitglieder der bayerisch-herzoglichen Familie schätzen den Komponisten, so auch Elisabeths Schwester Sophie. Ludwigs II. kurzzeitige Braut unterhält sich mit ihm häufig über Wagners Werk. Als passable Pianistin und Sängerin singt sie für ihn bei den Zusammenkünften in Possenhofen sogar Arien aus den Opern des Komponisten.

Es verwundert also nicht, dass sich auch Elisabeth für Richard Wagner interessiert, wobei sie auch König Ludwigs II. Begeisterung für diesen Komponisten beeinflusst haben dürfte. 1875 begleitet sie zusammen mit ihren Kindern die verwitwete Königin-Mutter Marie von Bayern in die Münchner Hofoper zu einer Aufführung von Wagners Oper »Lohengrin«. Auch Elisabeths Sohn Rudolf scheint Wagners Musik zu schätzen, wie Ludwig II. am 9. Januar 1878 in einem Brief an Richard Wagner erwähnt. Kronprinz Rudolf, »der sehr begabt ist und mit welchem ich befreundet bin [...] interessirt [sic!] sich für Sie und Ihr Schaffen«[226].

Nachdem Marie Valeries Cousine Amélie 1888 von den Wagner Festspielen in Bayreuth schwärmt, entschließt sich die Kaiserin im August 1888 zu einer Reise nach Bayreuth. Gemeinsam mit ihrer 20-jährigen Tochter logiert sie im »Hotel zur Sonne«, diesmal offiziell als Kaiserin von Österreich und nicht wie sonst unter dem Pseudonym »Gräfin von Hohenems«. Am 19. August besucht sie die Aufführung der Oper »Parsifal« und lässt Richard Wagners Witwe, die 50-jährige Cosima Wagner – sie ist übrigens am selben Tag wie Elisabeth geboren – in ihre Loge bitten. Die Kaiserin lobt die Aufführrung und drückt Cosima ihre höchste Anerkennung aus. Sie nennt Wagner einen »Erlöser« und empfängt nicht nur den Kapellmeister Mottl, sondern auch die Darsteller des Parsifal und des Amfortas, um ihnen zu versichern, dass sie die Oper am liebsten gleich noch einmal erleben würde. Cosima, die um Elisabeths Zuneigung zu Ludwig II. weiß, versichert ihr, dass sie dem König unendlich dankbar ist. Er habe Richard großzügig unterstützt, sodass dieser sein Werk schaffen konnte, das in Bayreuth nun so erfolgreich aufgeführt wird. Die Kaiserin gesteht ihr, dass sie nur selten ins Theater geht, da sie es hasst, von der Menge angestarrt zu werden. Auch hierin gleicht sie ihrem Cousin Ludwig.

Zwar ist Elisabeth weder eine ausgeprägte Musikliebhaberin und -förderin, Richard Wagner scheint sie jedoch bewundert zu haben, wobei sicher Ludwigs II. Liebe zu dem Komponisten, von der sie wusste, eine Rolle gespielt haben dürfte. Unter allen Wagner-Opern gefällt ihr ganz besonders die Oper »Tannhäuser«: »Ich liebe sie mehr als Lohengrin«, betont sie, »es liegt in ihrer Musik etwas Mystisch-Fatalistisches wie im Geschicke ihres Helden«.[227]

Sogar wenige Stunden vor ihrem Tod spielt Wagner im Leben der Kaiserin noch eine Rolle. In Genf lässt sie sich am Todestag um 11 Uhr vormittags im Musikaliengeschäft Bäcker auf dem Orchestrion der Adelina Patti Ausschnitte aus den Opern »Aida«, »Carmen«, »Rigoletto« und »Tannhäuser« vorspielen und erwirbt ein Orchestrion mit 24 Platten für ihre Tochter Marie Valerie und deren Kinder in Schloss Wallsee.

»SHEPHEARD'S HOTEL« IN KAIRO

Marathonwanderung in Ägypten

Im November 1891 verlässt Elisabeth die Insel Korfu, wo sie heftige Fußschmerzen quälen, und lässt sich von ihrer Jacht »Miramar« nach Ägypten bringen, da sie hofft, dass sich im heißen Klima ihre Beschwerden bessern. Während ihres fast dreiwöchigen Aufenthaltes in Kairo wohnt sie im »Hotel Shepheard's«, in dem früher bereits Napoleon logierte, nachdem seine Truppen in Ägypten einmarschiert waren. 1841 übernahm das Hotel der Brite Samuel Shepheard, worauf es nach ihm benannt wurde. Unter seiner Führung wurde es schnell bekannt und galt als das beste Hotel in ganz Ägypten. Für den Schriftsteller Mark Twain war es allerdings das zweitschlechteste auf der ganzen Welt.

Im heißen ägyptischen Klima bessern sich Elisabeths Fußbeschwerden tatsächlich sehr rasch, worauf sie auch dort trotz der großen Hitze wieder ihre endlosen Spaziergänge unternimmt. »Die pedestrische [pedes, der Fuß] Leistungsfähigkeit ihrer Majestät«, teilt der österreichische Botschafter in Kairo, Karl Heidler Freiherr von Egeregg und Syrgenstein dem österreichischen Außenminister Gustav Sigmund Graf Kálnoky von Kőröspatak mit, »ist eine so bewundernswürdige, daß die Kairoer Geheimpolizei es für unerträglich erklärte, der allerhöchsten Frau anders als zu Wagen zu folgen«.[228] Die durchschnittliche Marschleistung pro Tag beträgt etwa acht Stunden. Statt an offiziellen Veranstaltungen teilzunehmen, will Elisabeth in Kairo lieber Vorführungen von Schlangenbändigern, Taschenspielern und Wahrsagern sehen. »Ich fühle mich nur dort wohl«, gesteht sie, »wo die Zivilisation das Natürliche noch nicht verdrängt und nicht verdorben hat. Selbst im größten Gewühl der Lastträger und der Esel von Kairo bin ich weniger beengt als auf einem Hofball und fast ebenso glücklich wie im Walde. Die Zivilisation ist der Feind der Kultur. Kultur findet sich auch in

»Shepheard's Hotel« in Kairo, um 1900.

»Splendid Hotel« mit maurischem Innenhof in Algier, um 1900.

der arabischen Wüste, auf den Meeren und in den unberührten Gegenden.«[229]

Ende des Jahres kehrt sie von Ägypten über Korfu nach Wien zurück, wo ihr Franz Joseph über die derzeit verworrenen politischen Verhältnisse zwischen Slawen und Deutschen sowie über seine Sorgen mit der ungarischen Unabhängigkeitspartei berichtet. »Ich habe jetzt mit dem Kaiser Politik besprochen«, sagt sie anschließend zu Christomanos. »Ich möchte, ich könnte helfen ... Ich habe aber zu wenig Respekt davor. Politiker glauben, die Ereignisse zu führen, und werden davon doch immer überrascht.«[230] Schon seit Jahren mischt sich Elisabeth nicht mehr in die Politik ein.

»SPLENDID HOTEL«

Erholung in Algier

Anfang Dezember 1894 wagt Elisabeth von Marseille aus trotz stürmischer See, mit dem stattlichen Schiff »General Chanzy« die 26-stündige Überfahrt nach Algier. Während sie wie immer das Wüten des Seesturms genießt, wird ihre Begleitung seekrank. In Algier logiert sie in dem schlossähnlichen »Splendid Hotel«, das auf dem Mustapha supérieur, einer 35 Meter hohen Anhöhe liegt. Die Fenster ihres Appartements gehen aufs Meer hinaus und ringsum ist das Hotel von Terrassen umgeben.

Mit Gräfin Sztáray unternimmt sie stundenlange Fußmärsche durch die engen Gassen der Altstadt von Algier, stürzt sich ins Gewühl der Straßen, drängt sich durch einen Basar, wobei sie diverse Einkäufe tätigt und mit den Händlern über die Preise sogar zu feilschen wagt und macht danach eine kurze Ruhepause in einem Kaffeehaus. Die blendend weißen Häuser der Stadt gleichen viereckigen Steinmassen und erinnern an einen Marmorbruch. Gerne spaziert sie auch durch den Bois de Boulogne, einen ziemlich ausgedehnten und von Wegen durchzogenen immergrünen Garten in der Nähe ihres Hotels mit Koniferen, Eukalyptusbäumen und Akazien. Dabei lässt sie sich von ihrem griechischen Vorleser aus griechischen, englischen und französischen Werken etwas vortragen. Diese doppelte Belastung, beim Gehen in der Hitze auch noch etwas vortragen zu müssen, hält der Grieche nicht lange durch, weshalb ihn Elisabeth »verweichlicht«[231] nennt. Spontan zeigt sie ihm und ihrer Hofdame, nachdem sie sich vergewissert hat, dass keine Gaffer in der Nähe sind, unterwegs eine gymnastische Übung, die beweist, dass sie auch im Alter von 57 Jahren und mittlerweile sogar schon Urgroßmutter noch immer recht gelenkig ist.

Den Jardin d'Essai, Algiers botanischen Garten, lässt sie sich ebenso wenig entgehen wie den Besuch der Wallfahrtskirche von Notre Dame d'Afrique. Als sie hört, dass die Frauen in Algier hinter Mauern gehütet werden, also eingesperrt sind, meint sie: »Ein furchtbares Leben, wie bedauere ich diese armen Geschöpfe, ich kann nie genug Freiheit und Luft haben und der Gedanke, daß ich so leben müßte, erfüllt mich mit Schaudern.«[232] Eine Frau, die mit unbedecktem Gesicht das Haus verlässt, so wird ihr mitgeteilt, würde hierzulande als entehrt angesehen werden. Ihr Mann allein hat das Recht, sie unverschleiert zu sehen. Die Kaiserin kann das nicht begreifen, vergisst dabei aber, wie häufig sie sich selbst vor den Blicken der Menschen hinter ihrem Fächer verbirgt, ein Verhalten, das in ihren letzten Lebensjahren geradezu zu einer Manie wird.

Elisabeths Absicht, einen Ausflug nach Biskra zu machen, um wenigstens eine Stück Nordafrikas am Rand der Sahara zu erleben, vereitelt tagelanger Regen und 2 Meter hoher Schnee im Atlasgebirge. So bleiben die erhofften Ritte auf Kamelrücken in die Oasen und der Genuss von selbstgepflückten Datteln nur ein Traum. Wie gerne hätte sie die Einsamkeit der Wüste eingeatmet.

Anfang Januar wird die Rückreise nach Marseille angetreten, wo sie kurz im »Hotel de la Paix« logiert und ihre Hofdamen zu einem köstlichen Essen »mit französischen Austern, trefflichen Fischen und einem Braten« einlädt, wie Irma Gräfin Sztáray berichtet. Zuletzt gibt es »frische Walderdbeeren. [...] Inzwischen tranken wir Asti spumante, den einzigen Wein, dem bisweilen auch die Kaiserin zusprach.«[233]

»HÔTEL DU CAP MARTIN«

Familientreffen an der Côte d'Azur

Kaiser Franz Joseph in Zivil am Arm Kaiserin Elisabeths auf einem Spaziergang im Park vor dem »Hôtel du Cap Martin«, 1894.

1893 denkt Elisabeth daran, ihr prächtiges »Achilleion« auf Korfu, das sie sich so sehr gewünscht hat, wieder zu verkaufen. Nun locken sie Aufenthalte in nordwestlichen Gefilden und sie beginnt, die französische und italienische Riviera zu entdecken. Viermal hält sie sich in den Jahren von 1894 bis 1897 in Cap Martin an der französischen Mittelmeerküste zwischen Monaco und Menton auf. Bekannt ist der Ort bereits durch die Villa Cyrnos, die sich Kaiserin Eugénie dort errichten ließ. Durch Elisabeths Aufenthalte in den Wintermonaten in den drei Jahren vor ihrem Tod wurde Cap Martin weltberühmt.

Ihr Lieblingsbruder, der Augenarzt Carl Theodor, schätzt das milde Klima dieser Gegend wegen seines Lungenleidens ganz besonders und verbringt den Winter in Mentone, wo ihn Elisabeth besucht. Auch 1894 logiert er im »Hôtel du Cap Martin«. Begleitet wird er von seiner Frau und seiner Tochter Sophie. Anwesend sind auch seine Schwester Mathilde, verwitwete Gräfin von Trani, und der Erbgroßherzog von Luxemburg mit Gattin. Als noch Elisabeth, mit ihrer Jacht »Greif« von Madeira anreist und sich ebenfalls im »Hôtel du Cap Martin« einquartiert, kommt es zum Familientreffen, zu dem am 1. März 1894 auch noch Franz Joseph anreist. Weitere Erzherzöge und deren Frauen gesellen sich dazu, sowie das Königspaar von Neapel und die verwitwete Kaiserin Eugénie von Frankreich. Was Elisabeth sonst selten zulässt, diesmal kommt es zu einem Austausch mit den anwesenden Gästen, vor allem aber mit ihren Angehörigen. Sie speist mit ihnen und spaziert mit ihrem Mann auf der »Promenade du Midi« oder unternimmt mit ihm per Bahn einen Ausflug ins 27 Kilometer entfernte Nizza. Nach Franz Josephs Abreise am 14. März 1894 bleibt Elisabeth noch zwei Wochen und reist dann am 30. April zu ihrer Tochter Marie Valerie, die eben ihren zweiten Sohn, Hubert Salvator, zur Welt gebracht hat.

Die Kaiserin und ihr Gefolge nehmen im Westtrakt des »Hôtels du Cap Martin« 23 Zimmer im Zwischengeschoss zwischen Erdgeschoss und ersten Stock in Beschlag. Drei Räume sind für Franz Joseph reserviert, für Elisabeth ebenfalls drei Räume: ein Empfangssalon, ein weiterer Salon und ein Schlafzimmer, in dem ein Schreibtisch steht. Doch im Hotel hält sich die Kaiserin nur selten auf. Viel lieber unternimmt sie Ausflüge in Begleitung ihrer Hofdame und des Griechischlehrers, wozu sie durch einen versteckten Ausgang aufbricht, um den Schaulustigen zu entkommen. Ihre Fußmärsche sind wie üblich sehr anstrengend, sodass sie einmal sogar Nasenbluten bekommt.

Das zweite Mal trifft Elisabeth, von Algier kommend, wo sie Weihnachten und Neujahr verlebt hat, im Januar 1895 in Cap Martin ein. Franz Joseph besucht sie dort vom 12. bis 18. Februar. Gemeinsam fahren sie nach Beaulieu und dinieren dort im Restaurant »Reserve«, das auf einem Felsen liegt, der aus dem Meer hochragt. Die Nachricht vom Tod Erzherzogs Albrecht, der am 18. Februar stirbt, ruft den Kaiser nach Wien zurück. Elisabeth bleibt in Cap Martin und unternimmt mit ihrer Schwester Mathilde, Gräfin Trani, Fußmärsche und Besichtigungstouren von Cap Martin über Monte Carlo bis nach Nizza, wo sie einige Hotels besichtigt, da sie sich im »Hôtel Cap du Martin« von neugierigen Hotelgeästen zu sehr belästigt fühlt und deshalb an einen Quartierwechsel denkt. Das »Hotel Riviera Palace« gefällt ihr am besten. In Monte Carlo lässt sie sich ins Spielkasino locken und setzt, wie aus einem Brief an Franz Joseph hervorgeht, als Zahlenkombinationen Hausnummern ihrer Bekannten in Wien. Ob sie damit Erfolg hat, ist ebenso wenig bekannt, wie die von ihr eingesetzten Summen oder eventuelle Gewinne und Verluste.

Zum 350 Meter hoch gelegenen Bergdorf Gorbio, 18 Kilometer nördlich von Mentone, wandert sie in Begleitung ihrer Hofdame Gräfin Irma Sztáray und genießt dort die schmackhafte Milch. Nach einem Fußmarsch zum Kloster Annonciade, das 225 Meter über dem Meer bei Mentone thront, bietet sich ein herrlicher Ausblick. In der Wallfahrtskirche hinterlässt sie als Votivgabe ein Bild ihrer Yacht »Greif«, mit der sie mehrmals in Seenot geraten war, so etwa 1871 bei der Kollision mit einem französischen Frachter und bei Winterstürmen vor der spanischen Küste. Am 1. März 1895 verlässt sie Cap Martin und fährt mit dem Raddampfer »Miramar« über Korsika und Neapel nach Korfu.

Im Winter 1995 kommt Elisabeth zum dritten Mal nach Cap Martin. Der dreieinhalbmonatige Aufenthalt vom 25. November bis zum 15. März 1896 ist der längste. Sie unterzieht sich in dieser Zeit einer Carlsbader Wasserkur, um ihr Gewicht von 50 Kilogramm, das sie viel zu hoch findet, zu reduzieren. Franz Joseph, der sie vom 24. Februar bis 15. März besucht, ist über diese unnötige Fastenkur seiner Frau entsetzt und zugleich erstaunt, dass sie alle »Abmagerungsmittel und übertriebenen Rennpartien«[234] so gut übersteht. Er besucht während seines Aufenthalts Queen Victoria in Nizza und den französischen Präsidenten Felix Fauré in Mentone, der bei einem Gegenbesuch auch die Bekanntschaft der Kaiserin macht.

Das vierte und letzte Mal kommt Elisabeth am 19. Januar 1897 nach Cap Martin. Gesundheitlich geht es ihr nicht gut und auch ihre seelische Verfassung ist auf einem Tiefpunkt angelangt, worüber Franz Joseph bei seinem Besuch am 1. März tief beunruhigt ist. Er lässt seinen Leibarzt, Dr. Kerzl, kommen, der nach ihr sehen soll und eine schwere Anämie diagnostiziert. Auch Marie Valerie trifft mit ihrem Mann ein und ist über die körperlich-seelische Verfassung der Mutter geradezu entsetzt. Elisabeth geht allen Hotelgästen aus dem Weg und schleicht sich durch die Kellerräume aus dem Hotel in den Park, um niemandem zu begegnen. Sie verlässt Cap Martin und reist nach Territet am Genfer See. Der dort anwesende Arzt Dr. Viktor Eisenmenger entdeckt bei der Kaiserin starke Hautwellungen und diagnostiziert sie als Hungerödeme.

»GRAND HOTEL ROYAL«, »VILLA ORMOND« UND »VILLA ROSA«

Mildes Klima in San Remo

Anfang des Jahres 1898 zwingen heftige Ischiasanfälle Elisabeth zu einer Reise in den Süden. Am Neujahrsabend begibt sie sich, begleitet von ihrer Schwester Mathilde, von Paris nach Marseille und von dort auf ihrer Jacht »Miramar« weiter nach San Remo, an die sonnenverwöhnte Küste Liguriens: »Eingeschifft, blieben wir drei Tage im Hafen liegen. Ihre Majestät fühlte sich abermals schlechter und wagte sich nicht in die unruhige See. Endlich beruhigten sich die Wogen, am vierten Tage lichteten wir die Anker und erreichten glücklich San Remo. Die längst ersehnten warmen, lachenden Sonnenstrahlen empfingen uns am italienischen Ufer«[235], berichtet Irma Sztáray.

»Hotel Royal« und Promenade in San Remo, um 1900.

Elisabeth quartiert sich im berühmten »Grand Hotel Royal« in eine 111 Quadratmeter große Suite ein, ausgestattet mit prächtigen Stilmöbeln. Von der vorgelagerten Terrasse aus hat sie einen fulminanten Ausblick auf Park und Meer. Am 18. Februar 1898 besucht sie die »Villa Ormond«, die auf Anordnung der Gräfin Sztáray vor dem Eintreffen der Kaiserin gut gelüftet werden muss. Hier genießt sie den japanischen Garten, die Palmen und uralten Olivenhaine.

In San Remo kuriert Elisabeth in den Wintermonaten Januar und Februar 1898 ihre »partielle Nervenentzündung« recht gut aus. Sie kann sogar wieder Spaziergänge bis in den Nachbarort San Bartolomeo unternehmen. Zur Stärkung lässt sie sich von Hirten frische Ziegenmilch kredenzen, die sie aus ihrem Silberbecher trinkt, den sie stets mit sich führt. Bei gelegentli-

»Villa Ormond« in San Remo, 1942.

chen Schwächeanfällen lutscht sie gerne auch Cognacbonbons. Elisabeth fühlt sich in San Remo so wohl, dass sie hier am liebsten die »Villa Rosa« kaufen möchte, doch Irma Sztáray rät ihr dringend davon ab. Sie weiß nur zu gut, dass sich die Kaiserin auch in dieser Villa niemals auf Dauer niederlassen würde, da sie einfach zu ruhelos ist. Auch Franz Joseph ist damit nicht einverstanden. Ihm reicht es vollauf, dass sie das eben erbaute »Achilleion« an einen reichen Amerikaner verkaufen möchte, womit er gar nicht einverstanden ist. Am 1. März 1998 reist Elisabeth mit ihrer Schwester Mathilde über Turin nach Territet und Caux, wo Schnee liegt, und von dort im April weiter zu einer Badekur nach Kissingen.

»HOTEL BAYERISCHER HOF«, »HOTEL VIER JAHRESZEITEN«, »CONTINENTAL-HOTEL« UND DAS »HOFBRÄUHAUS«

Quartiere in München

Bei ihren Aufenthalten in München steigt die Kaiserin nicht im Herzog-Max-Palais, dem Haus ihrer Eltern, ab, sondern entweder im »Hotel Bayerischer Hof« oder im »Hotel Vier Jahreszeiten«.

Im Januar 1884 kommt das erste Kind ihrer Tochter Gisela auf die Welt. Doch nicht in deren Haus, dem Palais Leopold in der Schwabinger Landstraße 6, der heutigen Leopoldstraße, nimmt die Kaiserin Quartier, sondern in der St.-Anna-Vorstadt, im »Hotel Vier Jahreszeiten«, um ihrer Tochter nicht zur Last zu fallen, wie sie selbst sagt. In Wahrheit langweilt sich Elisabeth bei der von ihr nicht allzu sehr geliebten Tochter und deren Familie. Nach der Eröffnung des auf Wunsch König Max II. errichtete »Hotels Vier Jahreszeiten« im Jahr 1858, steigt Elisabeth bei ihren München-Aufenthalten oftmals hier in der Maximilianstraße 17 ab. Besonderen Gefallen findet sie an »Dittmanns Wellenbadschaukel«. In diesem frühen Wellness-Utensil von 1889, einer Verbindung von Badewanne und Schaukelstuhl, soll die sportliche Kaiserin einmal derart temperamentvoll geplanscht und geschaukelt haben, dass die Wellen das Bad überfluteten und das Badewasser zum unteren Stockwerk durchsickerte. Die Wellenbadschaukel wurde daraufhin schon bald wieder abgeschafft. Dieser Vorfall scheint Sisi unangenehm gewesen zu sein, weshalb sie bei ihren künftigen München-Besuchen mit ihrem 60-köpfigen Hofstaat lieber im »Hotel Bayerischer Hof« am Promenadeplatz 2 logiert. Dieses Hotel ließ König Ludwig I. bereits 1839 errichten und stieg nach der Eröffnung zwei Jahre später selbst gerne dort ab, da es in der Residenz kein Bad gab. Und so nahm er in diesem Hotel zweimal im Monat ein königliches Bad.

Am 15. Juli 1898, wenige Wochen vor ihrem Tod, besucht Elisabeth ihre Heimatstadt München zum letzten Mal und steigt wieder unter dem Pseudonym »Gräfin von Hohenems« für eine Nacht im »Continental-Hotel«, dem späteren »Grand Hotel Continental« in der Max-Joseph-Straße 5 ab. Beim Stadtbummel, ausgerüstet mit Fächer und Sonnenschirm gegen neugierige Blicke, lässt sich die 60-Jährige nur von ihrer ungarischen Hofdame Irma Gräfin Sztáray begleiten. Polizeischutz lehnt sie kategorisch ab. Sie schwelgt in Erinnerungen an die Tage ihrer Kindheit, wie Gräfin Sztáray berichtet: »Wir blieben bald vor einem altertümlichen Palaste, bald vor einem alten Gebäude stehen, bei einer Baumgruppe, deren Äste sich seither ausgebreitet hatten, bei einem Blumenbeete, das schon damals geblüht.«[236] Elisabeth »wußte von jedem etwas zu erzählen, etwas Liebes aus guten, alten Zeiten«.[237] Halt macht sie beim Herzog-Max-Palais an der Ludwigstraße 13, wo sie am Heiligen Abend 1837 zur Welt kam. Wehmütig blickt sie zu den Fenstern der ehemaligen Kinderzimmer empor. Der jetzige Eigentümer, Elisabeths Lieblingsbruder Carl Theodor, weilt lieber in seinem Landschloss Kreuth, sodass das Palais meist leer steht. Zum Abschluss der München-Tour steuert Elisabeth das »Hofbräuhaus« an. »Ich verlasse niemals München, ohne hier einzukehren«, erklärt sie ihrer Begleiterin. »Treten wir also ein, und benehmen wir uns fein bürgerlich.«[238] Sie bestellt beim Kellner zwei Maß Bier. Gräfin Sztáray ist ratlos, als »der Schenk mir zwei buntgemusterte, mit Deckeln versehene Steingefäße in die Hand gab, die je einen Liter faßten. ›Spülen Sie sie aus‹«, weist die Kaiserin sie an und die Hofdame schwenkt die Krüge aus, der Schenk füllt sie mit Bier und dann nehmen beide »das schaumüberflossene Gefäß in die Hand. ›Fangen Sie nur an‹«, ermutigt sie die Kaiserin und amüsiert sich über die Hilflosigkeit ihrer Hofdame, die aus dem wuchtigen Krug zu trinken versucht. »Mein Lieblingsgetränk ist diese braune Flüssigkeit auch nicht«, sagt Elisabeth, »doch es gehört schon zu meinen Traditionen, in München dem bayrischen Biere die Ehre meines Besuches anzutun«.[239] Die Rast im »Hofbräuhaus« endet abrupt, als die beiden vornehmen, schwarzgekleideten Damen, die sich auf Ungarisch unterhalten, Aufsehen erregen und Elisabeth als Kaiserin erkannt wird. Fluchtartig verlassen sie das »Hofbräuhaus«. Über Elisabeths Vorliebe zum Bier ist Gräfin Sztáray ebenso verdutzt wie Sisis habsburgische Verwandtschaft, für die bayerisches Bier am Wiener Hof als Arme-Leute-Getränk verpönt ist. Bisweilen erschreckt die Kaiserin die Gäste bei der Hoftafel, indem sie sich zum Essen ungeniert ein Glas Bier bringen lässt.

»Continental-Hotel« in München, Max-Joseph-Straße 5, 1910.

Trinkstube im königlichen »Hofbräuhaus«, Platzl 9, 1903.

»GRAND HÔTEL BEAU-RIVAGE«

Elisabeths letzter Hotelaufenthalt in Genf

Nach ihrem Besuch in der Villa Rothschild am 9. September 1898 – es ist dies der letzte Besuch in ihrem Leben – kehrt Elisabeth ins »Hôtel Beau-Rivage« am Quai du Mont-Blanc 13 zurück und begibt sich in ihr Appartement (heute Suite 119/120). Die zwei kleinen Zimmer befinden sich in einem Ecksalon des ersten Stocks mit Blick auf den See. Nach einer Stunde erscheint sie wieder, um gegen halb 7 Uhr mit der Gräfin noch ein wenig durch die Stadt zu bummeln. Es ist ein herrlicher Abend. Die Kaiserin kauft einen kleinen Intarsientisch und ein Geschenk für ihre Tochter Marie Valerie. In einer Konditorei bestellt sie eine Portion Eis. Um viertel 10 Uhr abends sind sie im Hotel zurück und Elisabeth begibt sich zu Bett, kann aber wegen des Lärms vor ihrem Fenster erst gegen 2 Uhr einschlafen. Auch der helle Mond und das vom Leuchtturm her blinkende Licht stört sie. Da sie stets bei offenem Fenster schläft, will sie es auch jetzt nicht schließen. Ihr Schlaf in der Nacht ist unruhig.

Üblicherweise steht sie morgens schon vor 7 Uhr auf, doch heute, am 10. September, bleibt sie etwas länger liegen und steht erst gegen 9 Uhr auf. Um 11 Uhr spaziert sie in Begleitung der Gräfin Sztáray in die Stadt zum Musikaliengeschäft Bäcker in der Rue Bonnivard, wo sie sich, wie erwähnt, ein Orchestrion zeigen und auf dieser neumodischen Musikmaschine Stücke aus den Opern »Carmen«, »Tannhäuser«, »Rigoletto« und »Lohengrin« vorspielen lässt. Sie erwirbt für Valerie und deren Kinder ein Musikgerät namens »Ariston« mit 24 Musikstücken. Dann geht es zum Hotel zurück, wo die beiden 20 Minuten vor der Abfahrt des Schiffs ankommen. Es bleibt gerade noch Zeit für ein Glas Milch, bevor sich Elisabeth mit der Gräfin gegen 13.30 Uhr auf ihren letzten Weg zur Schiffsanlegestelle macht. Dort wartet bereits der Salonraddampfer »Genève«, der sie über den Genfer See nach Caux bringen soll. Es ist höchste Eile geboten. Rast- und ruhelos ist Elisabeth auch noch in ihren letzten Lebensminuten.

Plötzlich stürzt der italienische Anarchist Luigi Lucheni auf die Kaiserin zu und stößt ihr eine nadelspitze Feile ins Herz. Der Einstich ist so klein, dass man ihn zunächst nicht bemerkt. Elisabeth gelangt noch aufs Schiff, wo sie jedoch zusammenbricht und in Agonie fällt. Sie wird ins »Hôtel Beau-Rivage« zurückgebracht. Ihr Leben endet dort, wo sie sich auch zu Lebzeiten am liebsten aufhielt: auf einem Schiff und in einem Hotel.

Wer in der Nacht vom 9. auf den 10. September 1898 zum Himmel aufblickte, dem bot sich folgendes Schauspiel, wie es ein Astronom des Meteorologischen Observatoriums auf dem Brocken minutiös festgehalten hat:

»Man bemerkte am nördlichen Horizont über der dunklen Dunstschicht, die schon seit einigen Tagen die Ferne verhüllt hatte, einen weiß-grünlichen Schimmer, der bogenförmig in flacher Krümmung von WNW nach NO reichte. Die Helligkeit des flachen Lichtbogens nahm während der nächsten halben Stunde langsam zu, gleichzeitig hob er sich langsam über den Horizont, so daß seine Scheitelhöhe um 9 3/4 Uhr etwa 12 Grad betrug Die bedeutendste Lichtentfaltung begann aber erst um 9 Uhr 40, als von fast allen Teilen der Lichtbogen Strahlen aufschossen, die zunächst im NO, dann auch im N und NW eine prachtvolle satte dunkelpurpurne Farbe annahmen. Einzelne Strahlen gingen bis über den Polarstern hinaus. Etwa zehn Minuten hielt sich diese lebhafte, in ihrer Struktur langsam, aber stetig wechselnde Lichterscheinung auf ihrem Höhepunkt, dann verblaßte das reizvolle Bild.«[240] Der Himmel, so heißt es später, feierte in dieser Nacht die Ankunft eines neuen Sterns.

Der Sarg mit dem Leichnam Kaiserin Elisabeths wird aus dem »Hôtel Beau-Rivage« abtransportiert. Die Rolläden ihres Appartements im ersten Stock, wo sie logiert hat und verstorben ist, sind heruntergelassen, 1898.

KURHÄUSER

Ständig von der Hofetikette zermürbt und vom höfischen Protokoll überfordert, rastlos und fortwährend getrieben wird Kaiserin Elisabeth immer wieder von diversen körperlichen und seelischen Leiden geplagt, die ständig neue Kuraufenthalte erforderlich machen.

Die Liste ihrer Beschwerden ist lang. Sie wird wegen Husten, Lungenaffektionen, Tuberkulose und Fieberschüben, wegen Nervenschmerzen, Blutarmut, Schwächeanfällen und Wassersucht behandelt, außerdem wegen Gelenkbeschwerden, Rheuma und Ischias und später auch wegen einer Herzerweiterung. Angeblich leidet sie sogar unter einer »venerischen Krankheit«, infiziert von ihrem Gemahl Franz Joseph. Immer wieder treten psychische Probleme auf, so Weinkrämpfe, apathische und melancholische Phasen, aber auch Depressionen und mehrfach sogar der Wunsch, tot sein zu wollen.

Besonders ihr Diätwahn wird zur Sucht, da sie kein Gramm zu viel auf die Waage bringen möchte. Bei einer Körpergröße von 1,72 Meter will sie ein Gewicht von 45 bis 50 Kilogramm keinesfalls überschreiten, das sie deshalb drei Mal täglich kontrolliert. Auch auf ihre Taillenweite von 45 Zentimetern achtet sie genau. Infolge der übertriebenen Fastenkuren leidet sie unter Anorexie. Es treten Hungerödeme und Verdauungsbeschwerden auf.

Die Kuren, die der Kaiserin zur Stabilisierung ihrer Gesundheit und Regeneration verschrieben werden, sind deshalb zahlreich und ebenso die dadurch bedingten Aufenthalte an den verschiedensten Kurorten in unterschiedlichen Unterkünften. Sie wird dadurch regelrecht zu einer »Kur-Fürstin«.

Zu ihren beliebtesten Kurorten zählen Bad Teplitz-Schönau in Böhmen, Bad Kissingen, Bad Brückenau, Wiesbaden, Bad Gastein, Amsterdam und Zandvoort in Holland, das Herkulesbad (ehemals Mehadia-Südungarn), Karlsbad, Bartfeld in der Slowakei, ebenso Kuraufenthalte in Bad Schwalbach, Bad Nauheim und Biarritz (Frankreich). Im Folgenden werden nur einige wichtige Kurorte und dort sich befindende Quartiere vorgestellt.

BAD TEPLITZ-SCHÖNAU

Kurzaufenthalt in Böhmen

Eineinhalb Monate nach der Hochzeit reist Kaiser Franz Joseph am 9. Juni 1854 mit seiner jungen Frau in die Kronländer Böhmen und Mähren und kommt dabei auch in das tschechisch-böhmische Bad Teplitz-Schönau, das wegen seiner Pracht und Eleganz auch »Klein Paris« oder »Salon Europas« heißt und bald als »Kaiserbad« große Berühmtheit erreicht. Heilerfolge sind insbesondere für den Bewegungsapparat bekannt. Nach der Legende wurden die Heilquellen im Jahr 762 von einem stark hinkenden Schwein entdeckt, das sich von der Herde entfernt hatte und nach der Rückkehr munterer als die anderen herumsprang. Der Schweinehirte beobachtete, wie sich das Schwein an

Kaiserin-Elisabeth-Bad in Teplitz-Schönau.

einer Stelle im Schlamm wälzte, wo aus der Erde eine heiße Quelle emporstieg. Beim Besuch 1854 interessiert Elisabeth nicht so sehr das Stadtbad, das heutige »Kurhaus Beethoven«, vielmehr findet sie Gefallen an dem damaligen Gebäude des Steinbads. 1911 wurde an dieser Stelle ein neues Kurhaus errichtet, das in Erinnerung an den einstigen Aufenthalt Sisis den Namen »Kaiserin-Elisabeth-Bad« erhält.

In Böhmen wird Elisabeth durch herrliche Feste, die dem Kaiserpaar zu Ehren veranstaltet werden, von der bedrückenden Situation in der Wiener Hofburg abgelenkt. Beim Besuch von Spitälern, Armen- und Waisenhäusern sowie von Klöstern bezaubert sie die Menschen durch ihre Schönheit und ihren jugendlichen Charme. Die Rückkehr nach Wien, wo man ihr kritisch begegnet, fällt ihr deshalb nicht leicht.

»HOTEL CARL VON HESS«, KÖNIGLICHES KURHAUS UND »VILLA MON BIJOU«

Kuraufenthalte in Bad Kissingen

Sechsmal hält sich Elisabeth in den Jahren 1862 bis 1898 im bayerischen Staatsbad Kissingen auf, wo sie stets unter dem Pseudonym »Gräfin von Hohenems« auftritt. Auch wenn ihre wahre Identität im Kurort bekannt ist, besteht sie auf dem Pseudonym, um als Privatperson respektiert zu werden und vom offiziellen Protokoll verschont zu bleiben. Während ihrer Aufenthalte logiert sie unter anderem im »Hotel Carl von Hess«, dem heutigen »Kaiserhof Victoria« oder im damaligen Königlichen Kurhaus, dem heutigen »Hotel Steigenberger«. Bei ihrem letzten Aufenthalt wohnt sie in der »Villa Mon Bijou«.

Zum ersten Mal kommt die 24-Jährige, begleitet von 25 Personen, vom 2. Juni bis 25. Juli 1862 zu einem Kuraufenthalt nach Kissingen. Nach Auskunft Dr. Fischers aus München leidet sie an Wassersucht. In der Presse ist auch von Lungentuberkulose sowie von Lymphdrüsen- und Milzbeschwerden die Rede. Elisabeth logiert im »Hotel Carl von Hess« an der Kurpromenade und erhält Schlammbäder und eine Trinkkur verordnet. Sie meidet die Kurgesellschaft und geht allein spazieren, so auf dem Weg zum Forsthaus Klaushof. Besonders wohl fühlt sie sich in der Einsamkeit des Altenbergs über dem Kurgebiet West. Aufregung verursacht eine Pressemeldung: »Der Aufenthalt in Kissingen hat auf die Kaiserin derart unliebsam gewirkt, daß sie dort leider mehrere ihrer schönsten Zähne einbüßte.«[241] Diese Nachricht entpuppt sich allerdings als Zeitungsente. Sisi erholt sich derart gut, dass sie schon bald stundenlang am Kurplatz promenieren kann, ohne auszuruhen und zu husten. Zusammen mit ihrem Vater Herzog Max und ihrem Bruder Carl Theodor, die auch in Kissingen anwesend sind, erfreut sie sich an einem Feuerwerk.

»Hotel Kaiserhof Victoria«, Am Kurgarten 5/7 in Bad Kissingen.

Schon ein Jahr später, vom 16. Juni bis 25. Juli 1863, wiederholt sie die Kur, diesmal in Begleitung ihres Gemahls Franz Joseph. Beide logieren als »Graf und Gräfin von Hohenems« in Begleitung von 35 Personen im Königlichen Kurhaus. Auf der Kurpromenade erregt sie großes Aufsehen, als sie sich in rührender Weise um den blinden Herzog von Mecklenburg und um den gelähmten Engländer John Collett kümmert, mit denen sie in der Folge eine herzliche Freundschaft verbindet. Während ihres Aufenthalts kommen ihr Bruder Carl Theodor und König Max II. von Bayern zu Besuch.

Im Juni und Juli 1864 erscheint sie mit ihrem Mann zum dritten Mal zur Kur in Begleitung eines Hofstaats von 56 Personen und logiert im »Hotel Carl von Hess« (späteres »Hotel Kaiserhof Victoria«). In diesem Jahr findet die sogenannte Kaiserkur statt, bei der sich zwei Kaiser treffen: Elisabeths Gemahl, Kaiser Franz Joseph, der russische Zar Alexander, außerdem König Ludwig II., der gerade erst König von Bayern geworden ist. Besonders Sisis Spaziergänge mit dem 18-jährigen Cousin Ludwig II. erregen große Aufmerksamkeit. Die 26-jährige Kaiserin, »beglückt über ihre Gleichgestimmtheit« und »von den vielen gemeinsamen Stunden«[242], macht damit ihren Lieblingsbruder Carl Theodor regelrecht eifersüchtig.

Elisabeth kommt auch am 1. Juli 1865 für sechs Wochen nach Kissingen. In der »Waldhalle«, einem dichten Wald am Altenberg, befindet sich eine Laube, in der sie sich stundenlang dem Schreiben und der Lektüre des in ungarischer Sprache verfass-

Kaiserin Elisabeth und ihr Bruder Carl Theodor nach dem Aufenthalt in Bad Kissingen, Fotografie von Ludwig Angerer, 1862.

»Villa Mon Bijou« in Bad Kissingen, 1898.

ten Romans »Der Karthäuser« von Josef von Eötvös widmet. Es ist dies Eötvös' erster Roman, in dem ein junger Idealist, der von der Welt tief enttäuscht ist, die Hauptrolle spielt. Der Autor verdeutlicht in dieser Erzählung die Motive für seine Entscheidung, sich aktiv für eine Reformpolitik einsetzen zu wollen. Elisabeth erfährt darin, dass jeder Mensch verpflichtet ist, durch seine persönliche Mitwirkung soziale Ungerechtigkeiten zu bekämpfen. Dabei darf der Mensch jedoch nicht auf Anerkennung, Reichtum oder politischen Einfluss spekulieren, sondern muss sich ausschließlich von Nächstenliebe leiten lassen. Womöglich wirkt sich dieser Roman auch auf Elisabeths Gesinnung aus, wenn sie sich immer wieder Armen und Kranken zuwendet.

Elisabeths nächster Aufenthalt in Kissingen findet – unter anderem bedingt durch den Krieg 1866 und diverse Todesfälle, so 1889 durch den Selbstmord ihres Sohnes Rudolf – erst 30 Jahre später statt. Am 5. Mai 1897 verbrennt ihre Schwester bei einem Wohltätigkeitsbasar in Paris bei lebendigem Leib. Elisabeth ist zutiefst niedergeschlagen und begibt sich am 10. Mai 1897 nach Kissingen, wo sie im Königlichen Kurhaus Quartier nimmt. Sie bleibt bis zum 9. Juni, obwohl sie sich zu Beginn ihres Aufenthalts von neugierigen Kurgästen belästigt fühlt, weshalb sie sich bei ihren Spaziergängen in die äußeren Kuranlagen und auf die Berge zurückzieht, wo sie ungestört ihre Erinnerungen an Sophie pflegen kann.

Elisabeths letzter Kissinger Kuraufenthalt findet vom 18. April bis 21. Mai 1898 statt, also vier Monate vor ihrem Tod. Diesmal wohnt sie in der ersten Etage der »Villa Mon Bijou« am Fuß des Altenbergs. Behandelt wird sie von Dr. Sotier. Beim Besuch ihres Mannes, der am 25. April in Kissingen eintrifft und acht Tage bleibt, entsteht während eines gemeinsamen Spaziergangs auch das letzte Foto des Kaiserpaares. Franz Joseph ist vom langsamen und müden Gang seiner Frau überrascht, von der er eine schnellere Gangart gewohnt ist. »Nicht großartig schön«, empfindet sie diesmal ihren Aufenthalt in Kissingen, »aber so liebenswert, so gut, so ruhig. Ganz wie am Land, und die Luft ist wie Balsam [...].«[243] Besonders angenehm ist sie diesmal auch von der Zurückhaltung der Kurgäste berührt. Gegen Ende der Trink- und Badekur entdeckt sie in einer Kissinger Kunsthandlung ein Gemälde des Münchener Malers Wilhelm von Kaulbach. Es zeigt eine vor dem Jesuskind betende Madonna mit der Bildinschrift: »Deine Seele wird ein Schwert durchdringen«. Sie erwirbt das Bild, da die Inschrift sie an ihre eigene Situation erinnert. Rudolfs Tod und die Heirat ihrer Lieblingstochter Marie Valerie, die sie dadurch verliert, empfindet sie als Schwert, das ihre Seele durchdringt. Am 21. Mai endet Elisabeths fast fünfwöchiger Kuraufenthalt. Zur Nachkur begibt sie sich nach Bad Brückenau.

»Hotel Europäischer Hof« (heute Fünfsternehotel der »Steigenberger«-Hotelgruppe) in Baden-Baden.

»EUROPÄISCHER HOF«, »HOTEL MESSMER« MIT DEN DEPENDANCEN »VILLA HELENA« UND »VILLA WILHELMA«

Kur in Baden-Baden

In Baden-Baden, der im Westen Baden-Württembergs gelegenen Kurstadt, hält sich Elisabeth viermal auf. Das erste Mal kommt die 45-Jährige auf Einladung ihrer Schwester Mathilde, der Gräfin Trani, die sich schon länger in der Stadt der Eleganten und Extravaganten aufhält. Am 4. April 1883 trifft sie mit dem Extrazug in Baden-Baden ein und wird auf dem Bahnhof von Graf Trani begrüßt. Begleitet wird sie von ihrer Tochter Valerie und einem 36-köpfigem Gefolge. In strengstem Inkognito steigt sie im mondänen »Europäischen Hof« ab und besucht dann ihre Schwester Mathilde. Die Kur gestaltet sich abwechslungsreich. Bei Spaziergängen und Ausritten durchstreift sie die malerische, teilweise aber noch winterliche Umgebung. Außerdem lockern Besuche von Straßburg, Speyer und Heidelberg den Bäderalltag etwas auf, ebenso einige Höflichkeitsbesuche. So erscheint das deutsche Kaiserpaar Augusta und Wilhelm I., es folgt ein Besuch beim badischen Regenten, Großherzog Friedrich, in Karlsruhe und hierauf dessen Gegenbesuch in Baden-Baden.

»Hotel Messmer« und seine Dependencen in Baden-Baden, 1901.

Am 22. April 1883, dem 15. Geburtstag ihrer Tochter Marie Valerie, geht es samt Gefolge zum Mittagessen ins »Gasthaus auf dem Sand«. Ein paar Tage später macht die Kaiserin gemeinsam mit der Schwester, der Tochter und ihrer Nichte eine Wanderung zum Korbmattfelsen, wo sie in der Molkenanstalt einkehrt. Der fünfwöchige Badeaufenthalt scheint ihr gut zu bekommen. Vor ihrer Abreise am 8. Mai 1883 lässt sie, wie auch sonst bei ähnlichen Kuraufenthalten, an Wohltätigkeitsvereine der Stadt Geschenke überreichen. Der Badische Frauenverein erhält 400 Mark, die Armen in Baden-Baden 500 Mark und die Schutzmannschaft ebenfalls 500 Mark. Dann reist sie mit einem Sonderzug über Stuttgart nach München, wo sie im »Hotel Vier Jahreszeiten« logiert, in dem für sie der gesamte erste Stock reserviert ist und wo sie Besuch von ihrer Schwester Helene aus Regensburg erhält.

1885 macht sie von Heidelberg aus in Baden-Baden einen Kurzbesuch bei ihrer Schwester Mathilde. Am 2. März 1886 kommt sie für zwei Monate, wieder inkognito als »Gräfin von Hohenems« in Begleitung ihrer Tochter Valerie und ihrem Gefolge zum dritten Mal nach Baden-Baden. Diesmal logiert sie mit ihrem Gefolge in den Dependancen des »Hotel Messmer«, der »Villa Helena« und der »Villa Wilhelma«. Wegen Kopf- und

Fußschmerzen kann sie kaum reiten und gehen, weshalb sie sich der Lektüre von Heinrich Heines Reiseschilderungen widmet. Am 22. April feiert sie mit ihrer Tochter Valerie deren 18. Geburtstag. Am 25. April 1886 reist sie ab und macht erst zwei Jahre später – von England kommend – vom 17. bis 22. April 1888 – noch ein letztes Mal für eine Woche in Baden-Baden Station, wo sie erneut im »Europäischen Hof« wohnt. Über München kehrt sie nach Wien zurück, wo am 13. Mai 1888 das Maria-Theresia-Denkmal enthüllt wird.

»HOTEL EXCELSIOR SPLENDIDE«

Kur in Aix-les-Bains

Das Thermalbad Aix-les-Bains liegt südlich von Genf in Frankreich am Ostufer des Lac du Bourget. Elisabeth kommt im August bis Ende September 1895 in den Badeort, den Gräfin Sztáray »einen landschaftlich nicht erstklassigen, aber ziemlich hübschen Badeort« nennt. »Für seine kahlen Berge bieten die schönen grünen Wiesen und der Bourget-See mit seinem blauen Wasser Entschädigung. Unser Hotel [Excelsior Splendide] lag am Bergabhange, war sehr vornehm und besaß einen herrlichen Garten.«[244] In Aix-les-Bains will Elisabeth ihr Ischiasleiden lindern.

»Ihre Lebensweise war die folgende: Morgens ein Bad, hierauf Ruhe, dann ein Spaziergang mit dem griechischen Vorleser, endlich Diner, und nachmittags nach Abkühlung der Sommerhitze folgte unsere Promenade gegen Mouxi, von wo wir oft erst bei eingetretener Dunkelheit heimkehrten. Die also beschränkte Lebensweise behagte der Kaiserin durchaus nicht, nur die abendlichen Spaziergänge waren nach ihrem Sinne und da war sie immer heiter und guter Dinge.«[245] Da ihr die Milch von Kühen dieser Gegend besonders mundet, müssen Gräfin Sztáray und Obersthofmeister Berzeviczy eine Kuh kaufen und sie nach Schloss Schönbrunn bringen lassen. Aus dem nahegelegenen Kloster Chartreuse lässt sich die Kaiserin auch noch den berühmten Likör besorgen. An Ausflügen wie etwa in das kleine Städtchen Annecy, nach Gorges du Fier oder nach Chambotte kann sie wegen der Kur nur gelegentlich teilnehmen. Am 25. September geht es Rhone aufwärts nach Genf und Territet.

Das 1884 eröffnete »Hotel Excelsior Splendide« (oder »Palace Splendide«), Rue Georges 1, in Aix-les-Bains, in Savoyen.

»ELISABETHENHOF«

Kur in Bad Brückenau

In Bad Brückenau in Unterfranken am Fuße der Rhön ist Elisabeth nur einmal in ihrem Leben. Sie begibt sich dorthin am 21. Mai 1898 zu einer vierwöchigen Nachkur vom benachbarten Bad Kissingen aus und logiert in dem 1894 nach ihr benannten »Elisabethenhof«. Der damalige Badearzt Felix von Schlaginweit, der hier seine urologische Praxis führte, behandelt auch die Kaiserin, die er als »blutarm, menschenscheu und gemütskrank« bezeichnet. Vor allem kritisiert er ihr »unsinniges stundenlanges Spazierengehen«. Doch Elisabeth lässt sich die Spaziergänge in den ausgedehnten Buchenwäldern nicht nehmen und grübelt in der Stille über »Hoffen« und »sich freuen«, Begriffe, die sie »für immer aus meinem Leben gestrichen hat«[246], wie sie betont. Trotz ihrer traurigen Stimmung scheint sich in Bad Brückenau »die Gesundheit der Kaiserin zu stabilisieren und auch ihr Aussehen besserte sich sichtlich«[247], schreibt Gräfin Sztáray. Am 12. Juni erfolgt die Rückreise nach Wien, wo sie in Lainz mit ihrem Mann Franz Joseph zusammentrifft.

Augenblicklich werden gleich die nächsten Reisen geplant, obwohl die Ärzte bei Elisabeth bereits am 3. Juli 1898 schon wieder »Anämie, eine Nervenentzündung, Schlaflosigkeit und einen mäßigen Grad an Herzerweiterung«[248] feststellen, wodurch eine Kur in Bad Nauheim erforderlich wird.

»HOTEL ZU DEN VIER JAHRESZEITEN« UND »VILLA LANGENBECK«

Kuren in Wiesbaden

Die heißen Quellen von Wiesbaden sind bereits den Römern bekannt, doch erst im 18. Jahrhundert werden die Badeeinrichtungen immer prunkvoller. Nicht zuletzt ist es auch die Spielbank, die zum Ruhm des Ortes beiträgt.

Kaiserin Elisabeth fährt erstmals am 17. März 1884 in Begleitung ihre Tochter Marie Valerie und eines 23-köpfigen Gefolges im Hofzug zur Kur nach Wiesbaden, wo sie im »Hotel Zu den Vier Jahreszeiten« absteigt. Dort sind für sie und ihre Begleitung 60 Zimmer gebucht. Sie lässt sich vom holländischen Masseur Dr. Mezger behandeln. Trotz ihrer Ischiasbeschwerden absolviert sie täglich ihre Leibes- und Fechtübungen und unternimmt kräftezehrende Ausflüge nach Heidelberg und Ausritte im Schlosspark von Biebrich, obwohl sie das exzessive Reiten doch eigentlich schon vor zwei Jahren aufgegeben hat. Am 2. April reitet sie in Begleitung eines Dieners von Wiesbaden aus in den Taunus. Über Eppstein geht es dabei zunächst in die Stadt Königstein, wo sie kurz im herzoglichen Schloss einkehrt, dann weiter nach Falkenstein, wo sie die Ruine besucht. Von dort führt sie der Weg nach Frankfurt, wobei sie Königstein noch einmal berührt. Von Frankfurt kehrt sie mit der Bahn nach Wiesbaden zurück.

Von ihrem Aufenthalt in Wiesbaden ist sie sehr angetan, wie sie dem Hotelbesitzer Zais versichert, dem sie einen prachtvollen Ring schenkt, geschmückt mit einer Krone, Brillanten und dem Kaiser-Adler in Gold. Dem Hotelpersonal verehrt sie Brillantringe, Brillantnadeln und Geldgeschenke. Der Schlosskastellan erhält eine Garnitur Hemden- und Manschettenknöpfe mit Brillanten. Die Kur endet am 6. April und Elisabeth begibt sich nach Heidelberg.

Ende März 1889 ist sie zum zweiten Mal in Wiesbaden. Diesmal bleibt sie sechs Wochen zur Kur und logiert in der »Villa Langenbeck«. Wegen des Todes ihres Sohnes Rudolf trägt sie jetzt stets einen großen schwarzen Kreppschleier. Während des Osterfestes ist sie vom 14. bis 22. April in Bad Ischl, kehrt anschließend aber wieder nach Wiesbaden zurück. Auf der Rückreise nach Lainz am 22. Mai entgleist zu ihrem Entsetzen beinahe der Zug, doch zum Glück ist niemand verletzt. Den Vorfall bezeichnet die abergläubische Kaiserin als »ganz unheimlich« und als ein unheilvolles Vorzeichen für weitere Schicksalsschläge.

1890 erfolgt vom 16. März bis zum 30. April ein dritter Kuraufenthalt in Wiesbaden, der vom 3. bis 8. April durch einen Kurzbesuch in Heidelberg unterbrochen wird. Zusammen mit ihrer Tochter Marie Valerie logiert sie in Wiesbaden wieder in der »Villa Langenbeck«. »Nur durch dich«, versichert sie ihrer Tochter, »kann manchmal noch ein Schein von Heiterkeit über mich kommen. Wie mein Leben nach der Trennung durch deine Heirat sein wird, kann ich mir kaum denken. Die letzte Zeit bis zur Hochzeit ist wie eine Galgenfrist für mich.«[249] Sie ist glücklich, dass Valerie bei ihr ist. Das Gefolge wird im »Hotel Vier Jahreszeiten« und Dr. Johann Georg Mezger im »Rheinhotel« einquartiert, wo die Kaiserin eine Massagekur erhält. Am 11. April empfängt sie den Besuch von Kaiser Wilhelm II., kurz darauf den von Kaiserin Viktoria »Friedrich«, die ihr sympathisch ist. Am 30. April kehren Mutter und Tochter nach Wien zurück, wo kurz darauf aus Regensburg die Nachricht eintrifft, dass Elisabeths Schwester Néné schwer erkrankt ist. Ihr Tod am 16. Mai 1890 ist der nächste Schicksalsschlag für Elisabeth.

»GRANDHOTEL STRAUBINGER«, VILLA DES GRAFEN FRANZ VON MERAN UND »VILLA HELENENBURG«

Kur in Bad Gastein

Siebenmal hält sich Elisabeth in den Jahren 1885 bis 1893 zur Kur auch in Bad Gastein auf. Am 6. August 1885 logiert sie mit ihrem Mann im 200 Betten bietenden »Grandhotel Straubinger«, das direkt neben dem Wasserfall liegt und das größte Hotel zu dieser Zeit im Ort ist. Dort treffen sie den deutschen Kaiser Wilhelm II. Am 25./26. August fährt sie mit Franz Joseph nach Kremsier zu einem Treffen mit Zar Alexander III. und seiner Gemahlin im Sommerschloss des Erzbischofs von Olmütz. Angesichts zunehmender Balkankonflikte will man

»Hotel Vier Jahreszeiten zu Wiesbaden« mit Blick in die Wilhelmstraße, Aquatinta von F. und C. von Martens, um 1840.

österreichisch-russische Freundschaft demonstrieren. Doch Elisabeth glaubt nicht an die russischen Freundschaftsbeteuerungen, sondern befürchtet hellsichtig kriegerische Absichten, die wenig später auch ausbrechen. Österreich-Ungarn sei nur ein »armer, müder Hase«, der von »russischen Hunden«[250] verfolgt würde. In ihrem Gedicht »Kremsier« verspottet sie die russische Zarenfamilie als eine Horde von Affen mit Zar Alexander III. als Pavian an der Spitze.

1886 zieht sich Elisabeth, vom Tod Ludwigs II. tief erschüttert – sie nennt ihr »Herz, zu Tod verwundet«[251], zum zweiten Mal nach Bad Gastein zurück, bleibt aber nur vom 1. bis 4. Juli, da ihr der kaiserliche Leibarzt Dr. Hermann von Widerhofer eine Kur untersagt. Der Gebrauch der Bäder sei in einer solchen Phase der Erregung, in der sich die Kaiserin nach dem Tod ihres Lieblingscousins befinden würde, äußerst schädlich. Unterkunft findet sie diesmal in der Villa von Franz Graf von Meran, dem Sohn von Erzherzog Johann von Österreich und der Ausseer Postmeisterstochter Anna Plochl, der mit Therese Gräfin von Lamberg, Elisabeths ehemaliger Ehrendame, verheiratet ist. Erbaut wurde das Meranhaus von seinem Vater Erzherzog Johann um 1830.

1888 kommt sie in Begleitung ihrer Lieblingstochter Marie Valerie zum dritten Mal nach Bad Gastein. Sie logiert jetzt in der »Villa Helenenburg«, einer von ihrer Hofdame Fürstin Helene Czetwertinsky und ihrem Mann Fürst Ludwig Czetwertinsky 1864/65 erbauten Sommerresidenz. In dieser Villa, die sie komplett für sich mietet, fühlt sich die Kaiserin äußerst wohl und sie verbringt hier in den folgenden Jahren – 1889, 1890, 1891 und 1893 – mehrwöchige Kuraufenthalte. Einen Raum der »Villa Helenenburg« lässt sie als Kapelle einrichten, um hier am Sonntag ungestört die Messfeier zu erleben. Stets stehen ausgedehnte Bergwanderungen im Mittelpunkt, so etwa auf den 2613 Meter hohen Radhausberg oder den 2467 Meter hohen Gamskarkogel, die sie in Begleitung des Bergführers Rupert Hacksteiner unternimmt. Dabei lässt sie sich weder von Hitze noch von einem drohenden Gewitter abhalten. Man könne bei Unwetter ja in eine Almhütte flüchten und dort die Nacht auf dem Heu zubringen. Und sollte sie ein Blitz töten, dann muss das wohl so sein, denn »alles, was geschieht, ist vorausbestimmt«.[252]

In Gastein kommt es auch zu einer Begegnung zwischen der Kaiserin und dem 20 Jahre jüngeren Alfred Gurniak Edler von Schreibendorf, Sohn des Großgrundbesitzers Adolph Gurniak, der von Kaiser Franz Joseph in den niederen Adelsstand erhoben worden war. Als k. und k. Offizier hat Alfred Gurniak Zugang zum Hofball in Wien, wo er am 28. Januar 1886 Kaiserin Elisabeth kennenlernt und ihrer Schönheit verfällt. Bis 1888 reist er ihr ständig nach und schreibt ihr mehrere schwülstige Briefe. Elisabeth nimmt seine Annäherungsversuche mit Spott und Humor, nennt ihn in ihren Gedichten »Alfred, der verzauberte Eber« oder einen »vergeblich schreienden Esel« und einen »jungen Narren« und spottet: »Dein Minnen ist umsonst mein Sohn/erstarrtes grünt nie wieder.«[253] Alfred will die Kaiserin immer wieder persönlich treffen. Das eine Mal lässt sie absichtlich ein paar Blumen auf einer Parkbank liegen, ein anderes Mal schickt sie ihm eine ihrer Hofdamen. Einmal trifft sie ihn auch auf einem ihrer Spaziergänge, so auf der Windischgrätzhöhe. Das spricht sich bald herum, doch Elisabeth »macht dies wenig Schmerz, / Sie lacht und tändelt weiter: / ›Der Tag ist kurz, und kurz der Scherz, / Bald schicke ich ihn weiter‹«[254], dichtet sie. Und dies tut sie dann auch im Sommer 1888, nachdem Alfred sie wegen finanzieller Sorgen um Geld bittet und mit Selbstmord droht, worauf sie den Erpresser »mit schneidend kaltem Hohn«, wie sie schreibt, zurückstößt. Doch

»Grandhotel Straubinger«, Straubingerplatz 2, in Bad Gastein.

Das evangelische Hospiz »Helenenburg«, ehemals »Villa Helenenburg« in Bad Gastein, um 1907.

In Elisabeths Reiseapotheke befanden sich über 60 Arzneimittel, darunter auch Kokain mit dazugehörender Spritze und Opiumäther.

Selbstmord durch Kopfschuss begeht Alfred erst 46 Jahre später, 1934, und dies auch nicht wegen der Kaiserin. Sein Grab liegt auf dem evangelischen Friedhof St. Peter in Graz.

Bei Elisabeths Aufenthalt ab dem 15. Juli 1889 in Gastein bedarf sie wegen ihrer depressiven Verstimmungen nach dem Selbstmord ihres Sohnes Rudolf einer besonderen Betreuung. »Wie beneide ich Rudolf um den Tod, den ich Tag und Nacht ersehne«, beteuert sie. Ihre Tochter vertraut ihrem Tagebuch besorgt an: »Mama sagt, sie sei zu alt und müde zu kämpfen, ihre Flügel seien verbrannt und sie begehre nur Ruhe. Die edelste Tat wäre es, wenn alle Eltern jedes neugeborene Kind sogleich töten würden.«[255] In der Presse spricht man von einer geistigen Erkrankung der Kaiserin.

Am 28. Juni 1890 ist Sisi erneut in der »Villa Helenenburg« in Bad Gastein zu Gast. Ende Juli heiratet Marie Valerie Erzherzog Franz Salvator, ein weiterer Schicksalsschlag für sie, denn das bedeutet, dass ihr nun auch ihre Lieblingstochter nicht mehr so wie bisher zur Verfügung steht. Ihre Depressionen nehmen zu.

Bei ihrem nächsten Aufenthalt in Gastein, im Juli 1891, unternimmt Elisabeth mit ihrer neuen Hofdame, der 25-jährigen Janka Mikes, die vorher auf ihre »Marschtauglichkeit« untersucht wird, strapaziöse Bergwanderungen und übernachtet dabei sogar in Almhütten im Heu. Alle zwei Tage erhält sie Briefe von Franz Joseph, in denen er ihr seinen Alltag in der Sommerresidenz Ischl schildert und damit wenigstens ein bisschen ihre schwermütige Stimmung mildern will. In einem Brief vom 26. Juli 1891 erwähnt er, dass die »Helenenburg« zum Verkauf steht. Er erwägt, sie zu kaufen, um sicher zu sein, dass der neue Besitzer sie auch in Zukunft vermietet, »denn ein so gut gelegenes und den Anforderungen entsprechendes Haus gibt es in Gastein nicht« betont er. Doch Elisabeth rät ihm ab. Sie will nicht schon wieder ein Haus haben, in das sie sich doch nur eingesperrt fühlt.

Im Juli 1893 fährt die Kaiserin in Begleitung ihrer Hofdame Janka Mikes zum letzten Mal nach Bad Gastein. Dort kommt Marie Valerie in die »Villa Helenenburg« zu Besuch und beruhigt ihre Mutter, die weiterhin von ständig wechselnden Stimmungen gequält wird. Ehemann Franz Joseph sucht sie mit ausführlichen Briefen von ihren trüben Gedanken abzulenken. Sie sendet ihm im Gegenzug aber nur sporadisch ein paar Telegramme. Von Gastein aus unternimmt Sisi im September einen Ausflug nach Venedig und reist dann nach Ungarn, wo sie sich bis November in der Ofener Burg aufhält. Nach einem Kurzaufenthalt in Wien, beginnt Anfang Dezember ihre »Winterreise« mit der »Greif« nach Miramar und von dort nach Algier und Algerien. Weihnachten und Neujahr verbringt sie allein auf der Insel Madeira, wo sie sich vor 33 Jahren das erste Mal aufhielt. »Ich gewöhne mich nur langsam an die Einsamkeit«[256], schreibt ihr Franz Joseph, während sich seine Frau »immer mehr von der Welt zurückziehen will«.[257]

»AMSTEL-HOTEL«, »HOTEL KAUFMANN«, »DOELEN-HOTEL« UND »VILLA PAULA«

Kuren in Amsterdam und Zandvoort

Vom 3. Mai bis 10. Juni 1884 absolviert Elisabeth, unter anderem wegen ihrer Ischiasbeschwerden, ihre erste Massagekur im Amsterdamer »Amstel-Hotel« bei Prof. Dr. Johann Georg Mezger, der – nomen est omen – den Ruf eines Metzgers hat, da man »bei seiner Methode beinahe Arme und Beine ausgerissen«[258] bekommt, wie Marie von Larisch-Wallersee notiert. Dr. Mezger, einer der ersten Wegbegleiter der Physiotherapie, warnt Elisabeth vor weiteren Hungerkuren und Gewaltmärschen. Logis nimmt sie inkognito als »Gräfin von Hohenems« im »Doelen-Hotel« in Amsterdam. Am 9. Mai unternimmt sie in Zandvoort mit Ihrer Tochter Valerie einen langen Strandspaziergang und diniert abends im heute nicht mehr existierenden »Hotel Kaufmann« in Zandvoort, in dem sie vom 18. Mai bis 10. Juni auch wohnt.

Im Februar 1885 wiederholt die Kaiserin die Kur bei Prof. Mezger in Holland und bleibt bis zum 1. April. Diesmal logiert sie in der für die damalige Zeit luxuriös ausgestatteten Villa des Herrn Ricard am Nord-Boulevard. Von dort aus unternimmt sie Ausflüge mit dem Dampfer »Santa Cecilia«. Außerdem wohnt sie in Zandvoort auch in der »Villa Paula«, von wo sie zur Behandlung nach Amsterdam fährt. Auch das »Doelen-Hotel« steht ihr wieder zur Verfügung. Da läuft ihr ein unbekannter Mann über den Weg, dessen schönes Gesicht und dessen wundervolle Gestalt einen derart magischen Zauber auf die 48-jährige Kaiserin ausüben, dass sie, die auch sonst von schönen Menschen stets fasziniert ist, ihm ein überschwängliches Gedicht widmet, in dem es heißt: »Denn heut' als ich dich sah – / Mußt ich schon an mich halten, / Um nicht, als wär' Gott nah, / Die Hände hoch zu falten. / Um nicht laut aufzuschrei'n, / Mich auf die Knie zu werfen. / Und, oh, dabei die Pein, / Das Toben aller Nerven. […]« Es gibt kein anderes Gedicht von Elisabeth, in dem sie derart enthusiastisch auf einen Mann reagiert, bei dessen Anblick sie fast die Sinne verliert: »Nur fort, nur fort von dir«, so schreit es aus ihr heraus, »Ich kann's nicht mehr ertragen. / Das tolle Herz will schier/Den kranken Kopf erschlagen.«[259]

Zu ihrer Ernüchterung trägt kurz darauf die Pöbelei eines Holländers bei, der ihr beim Spaziergang durch Amsterdam auf dem Rembrandtplatz den Fächer und den Regenschirm zur Seite schlägt, weil er, so gibt er zu Protokoll, lediglich neugierig gewesen sei, wer da sein Gesicht so eigenartig verbirgt. Der niederländischen Regierung ist dieser Vorfall höchst peinlich. Für die Kaiserin ist er hingegen ein Hinweis, künftig keine Spaziergänge mehr ohne männliche Begleitung zu unternehmen, was sie jedoch auch weiterhin ablehnt. 13 Jahre später sollte ihr diese Einstellung zum Verhängnis werden.

In Zandvoort verfasst Elisabeth übrigens auch ihr berühmtes Gedicht an ihren Vetter Ludwig II.: »Du Adler, dort hoch auf den Bergen, / Dir schickt die Möve der See/Einen Gruss von schäumenden Wogen/Hinauf zum ewigen Schnee. […]« Am 20. Juni 1885 bringt sie es bei ihrem Aufenthalt in Feldafing auf die Roseninsel. Da der König nicht anwesend ist, hinterlegt sie es in der geheimen Schreibtischschublade, zu der nur sie und Ludwig II. einen Schlüssel besitzen. Ludwig findet das Gedicht erst im September 1885 und antwortet ihr mit den Versen: »Der Möve Gruß vom fernen Strand/Zu Adlers Horst den Weg wohl fand, /Er trug auf leisen Fittig-Schwung/Der alten Zeit Erinnerung […].«[260]

Gepäckaufkleber »Doelen-Hotel«, Amsterdam, ca. 1940.

»Villa Paula« in Zandvoort, davor Kaiserin Elisabeth stehend, Fünfte von links, 1885.

»VILLA KAISERIN ELISABETH«

Kur im ungarischen Herkulesbad

Kuranlage in Băile Herculane, Rumänien, ehemals Ungarn.

Nur ein einziges Mal, vom 1. März bis zum 13. Mai 1887, kommt Elisabeth wegen ihres Rheumaleidens zur Kur nach Herkulesbad in Südungarn (heute Băile Herculane, da seit dem Ersten Weltkrieg zu Rumänien gehörend). Für sie ist es »der schönste Kurort auf dem Kontinent« und sie denkt sogar wieder einmal daran, sich in dieser herrlichen Gegend ein Schloss errichten zu lassen, was dann jedoch nicht realisiert wird. Die Villa, in der sie wohnt, erhält später ihren Namen.

Bei ihren Aufenthalten unternimmt die Kaiserin stundenlange Spaziergänge in der romantischen Natur und lässt sich von einem Hirten, dem sie als Dank einen Rubinring schenkt, frische Schafsmilch kredenzen. Sie pflückt Blumen und fängt zwei ungiftige Schlangen, eine für die Menagerie in Schönbrunn und eine für ihre Hofdame Ferenczy, die beim Öffnen der Kiste einen Schock erleidet. Besonders beeindruckt sie die romantische Berglandschaft am Fuß des Domogléd und am Ufer der Cserna. Die Badekur zeigt eine überraschend positive Wirkung.

Am 28. April 1887 empfängt die Kaiserin in Herkulesbad ihre Dichterfreundin »Carmen Sylva«, der sie schon 1884 begegnet war. Die beiden Monarchinnen unterhalten sich über Heinrich Heines Gedichte und ihre eigenen dichterischen Versuche. Elisabeth nennt ihre Namensvetterin eine »sehr liebenswerte, interessante Person, die mit beiden Füßen in der Realität steht. Sie kann mich nicht verstehen, ich sie aber umso besser, weswegen ich sie liebe.« In der Nacht erscheint ihr Heinrich Heine und Elisabeth fühlt, wie sein Geist ihre Seele aus dem Körper zu ziehen sucht. Dieser »Kampf dauerte einige Sekunden«, schildert Elisabeth ihrer Tochter, »aber Jehova gestattete meiner Seele nicht, den Körper zu verlassen«.[261]

Nachdem »Carmen Sylva« Herkulesbad verlassen hat, verbringt Elisabeth weitere Wochen im Kurort, wo viele ihrer Gedichte entstehen. Am 13. Mai fährt sie weiter nach Sinaia und besucht dort auf Schloss Peleş »Carmen Sylva«. Ende Mai kehrt sie nach Wien zurück.

Prinzessin Elisabeth zu Wied, spätere Königin von Rumänien.

»VILLA TERESA«

Kur im böhmischen Karlsbad

Besonders beliebt beim hohen Adel ist im 19. Jahrhundert das böhmische Karlsbad (heute Karlovy Vary)), benannt nach Karl IV. (1316–1378). Luxushotels, Casinos und gesellschaftliche Rahmenprogramme im unmittelbaren Umfeld garantieren einen mondänen Kuraufenthalt. Elisabeth hat gegenüber Böhmen allerdings zwiespältige Gefühle, da der böhmische Adel ihrer ungeliebten Schwiegermutter Sophie zugetan ist. Ihr begegnet er hingegen mit Hochmut und Misstrauen. Dennoch wird ihr im Juni 1892 dringend eine Kur in Karlsbad verordnet, da sie infolge ihrer exzessiven Hungerkuren und der oft stundenlangen Gewaltmärsche extrem geschwächt ist. Elisabeth quartiert sich in Karlsbad in der »Villa Teresa« ein und unternimmt in Begleitung ihres griechischen Vorlesers Christomanos stundenlange Gewaltmärsche durch die böhmischen Wälder. Vor fremden Blicken schützt sie sich mit ihrem weißen Sonnenschirm und dem stets griffbereiten schwarzen Fächer.

Prompt erleidet sie einen Schwindelanfall und ein paar Tage später fällt sie während des Frisierens in Ohnmacht. Gräfin Festetics warnt ihre Herrin vor einem Gehirnschlag, wenn sie weiterhin derart Raubbau mit ihrer Gesundheit betreibe.

Ein erfreuliches Erlebnis ist der Besuch einer Oblatenbäckerei. Von dieser Köstlichkeit ist die Kaiserin so begeistert, dass sie sich Karlsbader Oblaten auf ihren Reisen überall nachsenden lassen will. Von Karlsbad, wo sie sich nur einmal aufhält, geht es weiter nach Bayern und in die Schweiz, wo sie den Rigi, Zürich, Kaltbad-Rigi und Luzern besucht.

»Villa Teresa« (heute »Bristol«-Hotelgruppe) in Karlovy Vary, Tschechien.

»HÔTEL DU PALAIS«

Kur in Biarritz in Frankreich

Mehrfach versucht Elisabeth, ihren Weltschmerz im bekannten See- und Heilbad Biarritz an der französischen Atlantikküste im äußersten Südwesten Frankreichs zu kurieren. 1854 lässt Napoleon III. hier seiner Ehefrau, der Kaiserin Eugénie, eine Villa errichten, die das Paar regelmäßig im Sommer besucht. Dadurch wird der kleine Fischerort Biarritz auch bei anderen Königshäusern Europas bekannt und schließlich ein mondäner, beliebter Badeort im Fin de Siècle.

1896 reist Elisabeth in den ersten Dezembertagen nach Biarritz. Sie logiert in der ehemaligen Residenz von Napoleon und Eugénie, die von einer Pariser Bank gekauft, 1893 in ein Hotel umgewandelt worden ist. Auch hier, im noblen »Hôtel du Palais«, schränkt Sisi ihre unvernünftige Lebensweise nicht ein und lässt sich aus halbrohen Beefsteaks den Blutsaft auspressen und trinkt dann diese Suppe. Der Leibarzt Dr. Kerzl, der von Franz Joseph nach Biarritz gesandt wird, unterbindet sofort die unnütze Wasserkur und verurteilt die ständigen Gewichtskontrollen. Er diagnostiziert bei ihr Anämie, langsame Verdauung, beständiges Gefühl von Geblähtsein, Vergrößerung des linken Herzventrikels, schwacher Blutdruck, schwaches Herz. Sein Kollege Dr. Eisenmenger stellt Schwellungen besonders an den Knöcheln fest, außerdem Hungerödeme und Anzeichen von Magersucht. »Ich fürchte«, schreibt ihr Franz Joseph, »daß Du die Ratschläge Kerzls nicht befolgen und fortgesetzt an der Untergrabung Deiner Gesundheit fortarbeiten wirst, bis es zu spät ist und keine Hilfe mehr möglich sein wird«.[262]

Von früh bis spät hält sich Elisabeth am Strand auf, obwohl das Wetter meist schlecht ist. Dies passt jedoch zu ihrer melancholisch-depressiven Stimmung. »Wie großartig das hiesige Meer ist«, schreibt sie, »davon hat kein Mensch einen Begriff, doch kann man bei diesem Sturmwind kaum vorwärtskommen … Tag und Nacht brüllen Wind und Meer derartig, daß man im Kopf davon ganz wirr wird.«[263] Vom Umgang mit Menschen schließt sie sich fast vollständig ab und widmet sich der Lektüre von Berta von Suttners Roman »Waffen nieder«, den ihr die Autorin zugesandt hat. Von diesem Antikriegsbuch, in dem auch das Selbstverständnis und die Rolle der Frauen in der Gesellschaft thematisiert werden, ist sie vollkommen gefesselt.

Speisesaal im »Hôtel du Palais«, Avenue de l'Impératrice 1, in Biarritz.

Von Biarritz geht es weiter an die Côte d'Azur, wo Elisabeth am 19. Januar 1897 eintrifft und sich in Cap Martin aufhält. Dort besucht sie ihre Tochter Marie Valerie, die über das blasse Aussehen und die Niedergeschlagenheit ihrer Mutter entsetzt ist.

1897 geht es am 25. November mit dem Orientexpress über Paris erneut nach Biarritz, wo es unablässig regnet. Obwohl ihr der letztjährige Aufenthalt nicht gut getan hat, spaziert sie wieder bei Temperaturen um den Gefrierpunkt stundenlang am Meer entlang und wird vom stürmischen Regen und den hochpeitschenden Wellen völlig durchnässt. Ihr Nervenleiden und ihre neuralgischen Schmerzen werden dadurch nicht besser. In ihrer Not sendet sie Gräfin Sztáray in das 173 Kilometer entfernte Lourdes mit dem Auftrag, dort für sie zu beten. Die Hofdame bringt ihr aus dem Wallfahrtsort eine geweihte Medaille mit, die Elisabeth an ihre silberne Uhr hängt. Der Wind und die Kälte in Biarritz tun ihr nicht gut. Sie ist niedergedrückt und spricht vom Sterben und davon, dass sie ihren Gemahl nicht überleben möchte. »Ich will allein sterben«[264], sagt sie zur Gräfin Sztáray. Niemand soll in ihrer Todesstunde anwesend sein.

»HOTEL DEÁK«

Kur in Bad Bartfeld, Slowakei

Nur einmal, vom 1. bis 22. Juli 1895, hält sich Elisabeth im Karpatenbad Bardejovské Kúpele auf, auch Bárta-fürdö oder Bad Bartfeld genannt. Der Kurort liegt im nördlichen Teil der Ostslowakei in einem malerischen Tal der Karpaten und ist reich an natürlichen Mineralquellen. Die Bartfelder Heilquellen sind nicht nur für ihre nachhaltige Wirkung bei Magenleiden, sondern auch bei Kreislauf- und Frauenleiden bekannt. Aus diesem Grund entwickelt sich um die Jahrhundertwende der kleine Ort zu einem mondänen Kurbad, den der russische Zar ebenso besucht wie Kaiser Franz Joseph II.

Bei der Fahrt vom Bahnhof zum »Hotel Deák«, wo sie Quartier nimmt, lässt die Kaiserin an der »orvos-forrás«, der »Arzt-Quelle«, anhalten und trinkt ein Glas des eisenhaltigen Heilwassers. Dazu benutzt sie nicht den für sie vorbereiteten Silberpokal, sondern ein einfaches Trinkglas, das im Juli 1899 in eine Gedenksäule am Brunnen eingearbeitet wurde. Heute existiert diese Gedenksäule nicht mehr.

Einsame Spaziergänge in den herrlichen Wäldern liebt sie besonders. Gegen neugierige Blicke schützt sie sich wie üblich mit einem weißen Sonnenschirm und dem schwarzen Fächer.

Bad Bartfeld im Saroser Comitat in Ungarn, Aquarell von Jakob Alt, 1840.

Sie verbirgt damit die Falten in ihrem nicht mehr jungen Gesicht. Zur Erinnerung an ihren Aufenthalt in Bad Bartfeld wurde im Park des »Hotels Deák« 1903 eine Statue aufgestellt, die der Bildhauer Gyula Donáth von ihr gefertigt hat.

»HÔTEL DE LA PROMENADE«

Kur in Langenschwalbach

Bad Schwalbach, ehemals Langenschwalbach, das als Frauenheilbad bekannt wurde, besucht Elisabeth als »Gräfin von Hohenems« dreimal: 1871, 1889 und 1897. Der beliebte hessische Kurort liegt etwa 20 Kilometer nordwestlich von Wiesbaden im Taunus. Für den Hochadel ist das Heilbad im 19. Jahrhundert auch ein beliebter Urlaubsort.

Das letzte Mal kommt die 59-jährige Kaiserin am 10. Juni 1897 nach einer vierwöchigen Kur in Bad Kissingen nach Bad Langenschwalbach. Sie reist mit den eigenen Salonwagen auf der Aartalbahnstrecke von Wiesbaden an. Begleitet wird sie nur von einem kleinen Gefolge: Obersthofmeister, Hofdame und Sekretär. Sie logiert im prunkvollen »Hôtel de la Promenade«, dem späteren »Hotel Alleesaal« und absolviert eine Trinkkur mit eisenhaltigem Wasser, betreut von dem damaligen Langenschwalbacher Sanitätsrat Dr. Genth.

Die Kaiserin erscheint seit dem Selbstmord ihres Sohnes 1889 stets in schwarzer Kleidung. Vier Wochen vor ihrem letzten Aufenthalt in Bad Langenschwalbach ist ihre Schwester Sophie Charlotte bei einem Brand in Paris ums Leben gekommen. Erschüttert von dieser Tragödie meidet Elisabeth den Kontakt zu den anderen Kurgästen. Sie diniert in einem eigenen Speisesaal, später »Hoheitssälchen« genannt. Früh morgens um 6 Uhr kommt sie des Öfteren in Begleitung ihres griechischen Vorlesers ins »Café Wagner«, um für ihr erstes Frühstück Brezeln, Anisplätzchen und Streuselkuchen zu kaufen, der dunkel gebacken sein muss.

Täglich durchstreift sie die Taunuswälder. Nähern sich ihr Menschen, hält sie einen Fächer vors Gesicht oder versteckt sich unter einem grauen Sonnenschirm. Die Bevölkerung wird gebeten, sie bei den Besuchen an den Brunnen oder ihren Spaziergängen nicht zu belästigen. Doch viele richten sich nicht danach, sodass die Kurverwaltung mit dem Entzug der Brunnenkarte droht, sollte es zu weiteren Zudringlichkeiten kommen.

Besonders schätzt die Kaiserin die Anhöhe Busemach, von der sich ein ausladender Blick über die Stadt bietet und wo man später den von ihr gestifteten »Elisabethen-Tempel« errichtet. Dorthin wird sie von ihrem griechischen Vorleser Mr. Barker begleitet, aber auch von ihrer Hofdame Sztáray, der sie von ihrer Kindheit in Possenhofen erzählt, »da sie noch ein junges, schönes und vor allem heiteres Kind gewesen – und da auch die Welt ganz so war wie sie«.[265] Bei einem Besuch in Rauental lernen die Kaiserin und ihre

»Gasthaus zum Allee-Saal« in Bad Langenschwalbach, 1902.

Hofdame die Besitzerin des Nassauer Hofs, Mutter Winter, kennen, eine humorvolle Frau, die der Kaiserin einen Guglhupf bäckt und sie zur Weinprobe einlädt. »Das ist der Wein«, sagt sie, »von dem die Weiberln zutunlich werden«.[266] Dieser Ausspruch lässt Elisabeth hell auflachen. In Bad Schwalbach begegnet sie auch einem 74-jährigen Mann, einem ehemaligen Kunstreiter des Zirkus Renz, der ihr etwas vorturnt und dessen Elastizität sie als höchst »beneidenswert« empfindet.

Die Schwalbacher Trinkkur bekommt ihr sehr gut. Vor der Abreise nach der vierwöchigen Kur bedankt sie sich, dass man die Belästigungen von ihr fern gehalten habe. Erfrischt kehrt sie in die »Hermesvilla« in Wien zurück, wo sie sich bis zum 15. Juli aufhält und dann mit der ganzen Hofhaltung nach Bad Ischl geht. Ihr Versprechen, wieder nach Bad Langenschwalbach zu kommen, kann sie allerdings nicht halten – ein Jahr später wird die Kaiserin von Österreich durch einen Attentäter in Genf ermordet. Damals wurden in Bad Langenschwalbach alle abendlichen Kurveranstaltungen abgesagt und die Fahnen auf Halbmast gesetzt.

»VILLA KRACHT«

Kur in Bad Nauheim

Bad Nauheim ist der letzte Kurort, den die Kaiserin vor ihrem Tod aufsucht. Dazu rät Dr. Wiederhofer am 3. Juli 1898 wegen der »bei der Kaiserin aufgetretener Anämie, Nervenentzündung, Schlaflosigkeit und einem mäßigen Grad von Herzerweiterung«[267], auch wenn diese nicht besorgniserregend ist. Elisabeth folgt dem ärztlichen Rat und unterzieht sich vom 16. Juli bis 28. August 1898 einer Badekur in Bad Nauheim. Sie

»Villa Kracht« in Bad Nauheim, um 1900.

logiert mit ihrem 14-köpfigen Hofstaat unter dem Pseudonym »Gräfin Hohenems« in der angemieteten »Villa Kracht« in der Burgallee 12. Die Villa hat 18 Zimmer, aber nur drei davon bewohnt die Kaiserin. Ihre Bediensteten wohnen ebenfalls in der Villa, die anderen ein paar Häuser weiter im »Hôtel du Nord«.

Elisabeth unternimmt Spaziergänge in den Kurpark, in den Hochwald oder den Frauenwald und hält sich auf dem nach allen Seiten steil abfallenden Johannisberg oder im Forsthaus Winterstein auf, wo sie und ihre Hofdame Sztáray das reizende Töchterchen eines Försters treffen, das sie zum Aussichtsturm führt. Elisabeth ist von dem natürlichen Wesen des Kindes, wodurch sie wohl an ihre eigene Mädchenzeit in Possenhofen erinnert wird, verzaubert und genießt die zweistündige Wanderung. Ungeniert stellt das Mädchen, das die Kaiserin nicht erkennt, Fragen. Tags darauf erhält sie ein Geschenk und erfährt, dass sie die Kaiserin von Österreich und deren Hofdame geführt hat. Betroffen fragt sie, »ob sie nicht etwas Unrechtes gesprochen habe, was Ihre Majestät beleidigt haben könnte. Denn sie habe gesprochen, wie es ihr eben vom Herzen kam und wie hätte sie ahnen sollen, daß diese liebe, jugendlich aussehende Dame die Kaiserin von Österreich wäre, die sie sich viel älter vorgestellt hätte.«[268] Ein anderes Erlebnis hat Elisabeth bei einem Einkaufsbummel in Bad Nauheim. Im Putz- und Modewarengeschäft von Emilie Klinkerfuss an der Hauptstraße will sie Handschuhe erwerben. Die Modistin reicht ihr ein Paar in der Größe »6,5« mit den Worten: »Da mei Mädche, zieh die emal aah.« Pikiert fragt die Hofdame: »Ja, wissen Sie denn nicht, wen Sie vor sich haben? Das ist die Kaiserin von Österreich!« – »Na und«, meint Frau Klinkerfuss, »ich saach ja aach zu meinem Herrgott du, da werd ich ja wohl aach die Kaiserin von Österreich duuze könne!«[269]

Elisabeth empfängt in Nauheim auch Besuche, so das großherzogliche Paar von Hessen, die Kaiserin Friedrich und am 20. August Kaiser Wilhelm II. mit seiner Frau Auguste Viktoria zum Nachmittagstee. Die Gespräche drehen sich um »römische Ausgrabungen«.

Während der Kur steht die Kaiserin unter der ärztlichen Obhut von Prof. Dr. Theodor Schott, der von ihrem Herzen eine Röntgenaufnahme machen möchte, was Elisabeth mit der Bemerkung ablehnt: »Ich lasse mich nicht bei lebendigem Leibe sezieren. [...] Ich lasse mich überhaupt nur sehr ungern photographieren, denn jedesmal, wenn ich ein Photo hab machen lassen, hatte ich Unglück.«[270] Dr. Schrott verordnet ihr Bäder im alten Badehaus 3. Trotzdem bleibt sie ruhelos. In Briefen klagt sie über das Bad Nauheimer Klima, vor allem über die Hitze und den Staub und die Aufdringlichkeit der Leute. In der Tagespresse wird die Bevölkerung deshalb aufgefordert, die Kaiserin nicht zu belästigen, da sonst mit ihrer verfrühten Abreise zu rechnen sei. Trotz der schlechten Stimmung ist die sechseinhalbwöchige Kur ein Erfolg. »Auch wenn wir froh waren«, schreibt Irma Gräfin Sztáray in ihren Erinnerungen, »diesem Orte den Rücken zu kehren, so mussten wir doch Nauheims in Dankbarkeit gedenken, weil es sich unter allen unseren Aufenthalten und Kurorten zwar am wenigsten angenehm, doch der Kaiserin am nützlichsten erwiesen hatte«.[271] Am 28. August verlässt Elisabeth heimlich, um die langweiligen Reisevorbereitungen und den lästigen Abschied zu vermeiden, ohne Gepäck und ohne Gefolge die Stadt und begibt sich nach Bad Homburg. Ihre Abreise gleicht eher einer Flucht.

»RITTER'S PARKHOTEL IN DER PROMENADE«

Kurzaufenthalt in Bad Homburg

In Bad Homburg trifft Elisabeth mit ihrer Hofdame Irma Gräfin Sztáray am 28. August 1898 ein. Sie steigt in »Ritter's Parkhotel in der Promenade« (heute »Hotel Steigenberger«) ab, diesmal nicht unter dem Pseudonym »Gräfin von Hohenems«, sondern als »Frl. v. Ungvar«. Wegen des regnerischen Wetters unternehmen die beiden Damen nur einige Einkäufe und ziehen sich dann ins Hotel zurück, wo sich die Kaiserin das Diner auf ihrem Zimmer servieren lässt. »Ihre Majestät bestellte eine Poularde [= Masthahn]«, erinnert sich Gräfin Sztáray. »Der Kellner war befremdet und sah sie mit erstaunten, großen Augen an. Eine ganze Poularde? Das werde wohl zu viel sein; auch sei es sehr teuer und zwei Damen könnten es gar nicht verzehren! Alle Einwendungen waren vergeblich, der sparsame Deutsche wollte von einer so entsetzlichen Verschwendung gar nichts hören und servierte wirklich das Geflügel in Portionen. Zum Schluss mussten wir ihm Recht geben, weil die Poularde nicht eben tadellos war.«[272]

Nach einem Spaziergang durch die Stadt und den Kurgarten am 30. August endet die Homburger Kurzvisite und Elisabeth reist weiter in die Schweiz. Am 9. September 1898 folgt sie in Genf einer Einladung der Familie Rothschild. Am 10. September fällt sie in Genf einem Attentat zum Opfer. Bad Nauheim und Bad Homburg sind somit die letzten Stationen vor ihrer Ermordung. Über diese Tragödie informiert die entsetzte Homburger Bevölkerung ein Extrablatt. Daraufhin sagt das Kurorchester seine Vorstellung ab und die Homburger Stadtverwaltung ordnet an, dass an allen öffentlichen Gebäuden die Flaggen auf Halbmast gesetzt werden.

»Ritter's Parkhotel«, Kaiser-Friedrich-Promenade 69 in Bad Nauheim, um 1900.

IDEALE BEHAUSUNGEN

Wie es heißt, wäre Elisabeth für die Art moderner Architektur zu begeistern gewesen, bei der die Häuser mit der sie umgebenden Natur völlig verschmelzen und eins mit ihr werden. Lichtdurchflutete Glasbauten, bei denen die Illusion erweckt wird, die Wohnräume seinen Bestandteil der Parklandschaft um sie herum. Berghohe, himmelstürmende Hochhäuser, bei denen die oberste Etage die Wolken berührt und einen Blick in endlose Fernen ermöglicht. Oder futuristische drei Etagenhäuser, die auf der Wasseroberfläche des Meeres schwimmen, wobei das Untergeschoss im Meer untertaucht und riesige Glasfenster einen Rundumblick in die sie umgebende Unterwasserwelt zulassen. Auch wenn dies lediglich Spekulationen sind, Elisabeth hätten solche, heute längst realisierten Bauwerke, durchaus fasziniert. Das derzeit höchste Gebäude der Welt, das »Burj Khalifa« in Dubai, mit 829 Metern und seinen 163 nutzbaren Etagen, hätte sie sicher bestaunt.

Was aber ist für Kaiserin Elisabeth wirklich unverzichtbar, wenn sie wohnt, wenn sie sich an welchem Ort auch immer aufhält? Sind es prunkvoll eingerichtete Schlösser, in denen sie residieren, Gäste empfangen und Feste feiern kann? Oder bevorzugt sie einfach eingerichtete Unterkünfte? Was benötigt sie, wenn sie irgendwo ein Quartier bezieht? Was versteht sie unter einem idealen Wohnraum, einer idealen Behausung? Was muss vorhanden sein, damit sie sich wohlfühlt? Gibt es überhaupt einen Ort, an dem es ihr gut geht?

EIN FITNESS-STUDIO, EIN KUH- UND EIN HÜHNERSTALL

Gymnastik, Fechten, Hungerkuren

Gleich nach dem Aufstehen – im Sommer gegen 5 und im Winter gegen 6 Uhr – und nach einem kalten Bad mit Massage beginnt Elisabeth ihre gymnastischen Übungen. Wo sie sich auch aufhält, immer müssen Geräte zur sportlichen Betätigung vorhanden sein. Eines ihrer Privatgemächer ist deshalb stets mit Hanteln, Seilen, Ringen, einem Barren, einem Reck und einem Schwebebalken sowie einer Sprossenleiter ausgestattet. In einem mannsgroßen Spiegel kann sie jeden Haltungsfehler erkennen und sofort korrigieren. Und natürlich darf auch nicht die Waage für die tägliche Gewichtskontrolle fehlen. Auch der Umfang der Waden und Schenkel wird täglich vermessen.

Nachdem sie das Fechten für sich entdeckt hat, muss ihr auch ein Platz für diese Übungen zur Verfügung gestellt werden. Sie lässt sich von einem eigenen Fechtlehrer trainieren. Ausgerüstet mit einem Florett, einem Degen oder einem Säbel, dazu einem Schutzpanzer, Fechthandschuhen und kurzem Rock, nimmt sie das Training derart ernst, dass sich ihre Lehrer von ihr schon bald herausgefordert fühlen.

Zum Erhalt ihrer Schönheit und ihres Körpergewichts hungert Elisabeth nicht nur regelmäßig, sie legt auch großen Wert auf eine besondere Ernährung. Oft besteht ihre tägliche Nahrung nur aus dem Saft von ausgepresstem rohem Fleisch, der zu einer Blutsuppe verkocht wird, oder aus zwei Orangen. Besonders schätzt sie ein Glas frisch gemolkener Kuh-, Schafs- oder Ziegenmilch. Dort, wo sie sich aufhält, muss deshalb stets ein Stall mit erstklassigen Kühen vorhanden sein, die von einem Tierarzt betreut werden. Auch auf ihren Reisen und das sogar auf den Schiffen werden Kühe, Schafe oder Ziegen mitgeführt. Im Schönbrunner Schlosspark entsteht eine besonders stattliche Meierei mit einem neuen Stall, einer Milch-, Siede- und Futterkammer, einem Düngerplatz, einer Güllegrube und einer Wärterwohnung. »Zum Abkühlen der Milch

Toilettezimmer von Kaiserin Elisabeth in Schloss Schönbrunn. Im Vordergrund links ihre Waage.

wurden täglich zwei Eisblöcke aus der Schönbrunner Eisgrube angeliefert. So wurde aus der kleinen Meierei der Kaiserin eine professionelle Molkerei, die dem Hof täglich Vollmilch, Butter und Schlagobers lieferte – und bis 1960 in Betrieb war.«[273] In dieser Meierei in eigens für sie eingerichteten Zimmern – einem Vor-, einem Speise- und einem Toilettezimmer – hält sie sich immer wieder gerne auf.

Auch legefrische Hühnereier müssen hier parat sein, damit aus dem geschlagenen, mit Salz gewürzten Eiweiß eine trinkfertige Mixtur zubereitet werden kann. Nur so lässt sich bei ihrer Körpergröße von 172 Zentimetern ein Taillenumfang von 50 Zentimetern und ein Gewicht von 46, allerhöchstens aber 50 Kilogramm einhalten. Es gibt aber auch Tage, an denen sie sich nur von einem Veilcheneis ernährt, das hauptsächlich aus Wasser besteht. Gelegentlich stürmt sie in einem Heißhungeranfall auch in eine Konditorei und verzehrt dort Gebäck, Kuchen, und Torten, um danach wieder streng zu fasten.

EIN STUDIO FÜR DIE SCHÖNHEITSPFLEGE

Sisis Körperkult

Nicht nur ein Fitness-SSudio benötigt die Kaiserin, sondern auch einen Raum zur Körperpflege. Vor allem die tägliche Haarpflege ist eine »heilige Handlung«, die viel Zeit in Anspruch nimmt. So dauert allein das Frisieren ihrer bis zu den Fersen reichenden Haarpracht täglich mindestens drei Stunden, die Haarwäsche mit allerlei geheim gehaltenen Essenzen jeweils sogar einen ganzen Tag. Fanny Angerer – verheiratete Feifalik – ist für die Kaiserin eine höchst wichtige Person mit dem Gehalt eines Universitätsprofessors. Nur sie darf an die Haarpracht der Kaiserin. Oft lässt die pfiffige Friseuse die ausgekämmten Haare an einem an der Schürze befestigten Klebeband verschwinden, um der Kaiserin einen Kamm ohne ausgekämmte Haare zeigen zu können, denn jedes ausgegangene Haar beunruhigt Elisabeth. Des Öfteren bekommt sie infolge des erheblichen Gewichts der Haare Kopfschmerzen und muss sie mit Bändern in der Höhe aufhängen lassen, um den Kopf zu entlasten. Wert legt sie auch auf heiße Dampfbäder mit anschließenden kalten Bädern. Um einen makellosen Teint zu erreichen, verwendet sie zur Gesichtswäsche mitunter den Saft von 20 leicht angefaulten Zitronen und für Gesichtsmasken erhebliche Mengen von Erdbeercreme, aber auch andere Rezepturen. Nachts lässt sie sich gelegentlich dünngeklopfte Kalbsschnitzel auf Wangen, Stirn und Dekolleté legen. Schlaf findet sie in einem einfachen Bett auf einem Eisengestell, ohne Kopfkissen oder auf einer Matratze am Boden und – selbst im Winter – schläft sie meist bei offenem Fenster. Sich zu schminken lehnt sie ab, ebenso Puder und stark riechende Parfüms. Kölnisch Wasser reicht ihr.

Das Ankleiden nimmt mitunter viel Zeit in Anspruch, vor allem dann, wenn sie sich gelegentlich hauteng in ihre Kleider einnähen lässt. Am liebsten trägt sie ihre Kleider auf dem nackten Körper. Für die tägliche Toilette verwendet sie viel Zeit und Mühe, um sich in idealer Schönheit präsentieren zu können.

Die schlichte, halb zerfallene »Villa Braila« auf der Insel Korfu war Elisabeths wahrer Traumaufenthalt, den sie sich durch den Bau ihres Prunkpalastes »Achilleion« an dieser Stelle selbst zerstört.

NATURRÄUME

Gewaltmärsche und Reitexzesse in Parklandschaften, Wäldern und Bergen

»Man soll nur solange als nötig in den Häusern seine Lebensstunden verbringen«, so die Ansicht der Kaiserin, »und unsere Wohnungen müssen derart sein, daß sie die Illusionen, die wir jedesmal mitbringen, nicht zerstören«.[274] Es sind im Grunde nicht Häuser, in denen sich Elisabeth am liebsten aufhält, viel wohler fühlt sie sich außerhalb von gemauerten Unterkünften unter freiem Himmel bei stundenlangen Gewaltmärschen in hohem Tempo über riesige Distanzen, gerne auch hinauf in die Berge und nur in Begleitung einer Hofdame und eines Bergführers. Ihre Gangart wird eher als ein Rennen, denn als Gehen bezeichnet, wodurch sie ihre Begleiter regelmäßig überfordert. Spöttisch wird sie des Gehtempos wegen auch »die Eisenbahn« genannt. »Einmal glaubt ein Polizeimann, der die Kaiserin und die Gräfin Festetics rennen sieht, ohne sie zu erkennen, die beiden vornehmen Damen würden von irgendjemand verfolgt. Er will sie schon ausfragen, da erkennt er plötzlich die Kaiserin, verstummt, folgt aber den Damen nun erst recht keuchend bis ins Schloß.«[275] Bei den bis zu achtstündigen Gewaltmärschen lässt sie sich von ihren Begleitern mitunter etwas berichten oder vorlesen oder paukt mit deren Hilfe die ungarische Sprache. Überforderte und dem Zusammenbruch nahe Hofdamen, die sie begleiten müssen, dürfen sich auf von Lakaien mitgeschleppten Tragsesseln erholen.

Ebenso schätzt sie kräftezehrende Ausritte in strengstem Galopp, die sie am liebsten in ausgedehnte Parklandschaften und Wälder unternimmt. Selbst bei schlechtem Wetter stellt sie diese Torturen nicht ein. Sie ist geradezu süchtig nach Aufenthalten und Bewegung in freier Natur, die sie sogar zu ihrem Büro umfunktioniert. Einen englischen Fabrikanten, der ihr eine neue Erfindung vorstellen möchte, lädt sie zu einem Ausritt ein. Dabei könne er ihr sein Anliegen vorbringen. Der Mann muss ihr bei dem 40-minütigen Ausritt im strengsten Galopp seine Erfindung vorstellen. Schweißgebadet steigt der Mann vom Pferd und gesteht: »Das sind die schnellsten vierzig Minuten, die ich je mitgemacht habe.«[276]

Immer schneller muss es gehen, immer ausdauernder, ohne Pausen. Bei ihren Reisen und Aufenthalten achtet sie deshalb stets auf das Vorhandensein entsprechender landschaftlicher Gegebenheiten. Getrieben wird sie von einem unstillbaren Bewegungsdrang und der fixen Idee, fortwährend überzählige Kilos loswerden zu müssen.

»Nur die Natur, die Schönheit der Landschaft wirken beruhigend auf sie. Sie vergisst die Menschen, sie wird lebenswacher, schmerzwacher, wenn sie die Natur auf sich wirken lassen kann. Dann ist sie imstande, die Allgewalt, die unerschütterliche Ruhe der transzendenten Gesetze zu erkennen.«[277] In einem ihrer in Herkulesbad in ungarischer Sprache verfassten Gedichte heißt es:

Alles ist wandelbar in dieser Welt,
Und ein leerer Schall nur ist die Treue.
Ewig treu, herrlich erhaben
Bist nur du allein, gewalt'ge Natur!
Glücklich, wer zu dir hält und vor dir sich beugt,
Ihm wird der Schmerz der Enttäuschung nicht zuteil.
Für deine Treue und deinen Balsam
Geb' ich im Tausche gern alles dahin.[278]

Elisabeth ist keine eifrige Kirchengängerin, »doch konnte sie, wie sie sagte, voll Inbrunst beten, wo die Menschen sie nicht störten, im Walde und am Meere«[279], berichtet ihre Hofdame Sztáray. Dort finden auch ihre Gottesdienste statt.

In einem anderen Gedicht, betitelt »Am Zauberberg«, bricht es jubelnd aus ihr heraus: »Ja, wahrlich, ich bin eine Tochter der Luft, Verachtend die lästigen Kleider!«[280] Im Alter von 58 Jahren will sie noch das Radfahren erlernen. Bilder davon existieren zwar nicht, aber Briefe. So schreibt sie an Franz Joseph: »Vergesse nicht mir zu berichten, ob das Radeln [...] wirklich entfettet.«

Bei ihren zahlreichen Märschen auf verschiedene Berge genießt sie von den Anhöhen den Blick in die weite Ferne. »Nichts versetzt sie so sehr in Bewunderung wie die hohen Alpengipfel, die prächtigen Formen der Felsstürze, ihre schwindelerregenden Abgründe, ihre gezackten Grate, das faszinierende Spiel von Licht und Schatten in den Bergen.«[281] Selbst vor anstrengenden Gletschertouren, bei der ihre Hofdamen

Die beiden sogenannten intimen Porträts der Kaiserin Elisabeth von Franz Xaver Winterhalter. Ihre Existenz war bis zum Ende der Monarchie öffentlich nicht bekannt, da sie im Arbeitszimmer des Kaisers hingen und nur für dessen Augen bestimmt waren. Das obere Porträt ist aus dem Jahr 1864 datiert.

Roseninsel im Starnberger See

angeseilt und an schwierigen Passagen hochgezogen werden müssen, macht sie nicht Halt. Ihrem Griechischlehrer Christomanos vertraut sie an: »Es gibt so wenig Plätze auf der Erde, die nicht abgetreten sind und somit ihren ursprünglichen Charakter unentweiht bewahrt haben. Darunter rechne ich die Gipfel der Berge. [...] Auch die Hügel genügen; sie sind immerhin Inseln der Einsamkeit [...]. Ich kann auf den höchsten und einsamsten Höhen der Berge atmen, freier atmen, wo andere sich verloren fühlen würden. [...] Ich will nur steigen. Das Steigen ist anziehender als jede erreichte Spitze.«[282] Berge sind für sie »lebende Wesen, von welchen wir nur eine verschlechterte Kopie sind«.[283] Überall dort, wo weitläufige Parklandschaften, Wälder und Berge fehlen, fühlt sich die Kaiserin nicht wohl.

REITHALLEN, MANEGEN UND HUNDEZWINGER

Training mit Pferden und Liebe zu Hunden

Elisabeth nimmt nicht nur an wilden Parforcejagden teil, sie interessiert sich für alle Facetten des Reitsports. Ohne Pferdeställe, ohne Reithallen und Manegen in ihrer Nähe ist für die Pferde- und reitbegeisterte Kaiserin deshalb keine Unterkunft vollkommen. Zu Pferden hat sie eine engere Bindung als zu Menschen. Ständig treibt sie ihre Reitausbildung voran und erreicht eine bewunderungswürdige Perfektion. Sie nimmt Unterricht bei den Bereitern der Spanischen Hofreitschule in der Dressur und der Hohen Schule. In Gödöllő finden im sogenannten Marmorstall 38 edle Pferde Platz. Dort lässt sie auch eine Zirkusarena mit einer kleinen Loge und offenem Kamin bauen, in der sie mit ihren Freunden aus Zirkuskreisen Reitkunststücke trainiert. Vor allem lässt sie sich von Emilie Loiset und Elise Petzold, zwei der besten Zirkusreiterinnen, Unterricht erteilen. Sie erinnert sich dabei an ihre Kindheit, in der ihr Vater, selbst ein exzellenter Reiter, viel Zeit auf ihre gediegene Reitausbildung verwandte. Er ließ sie ohne Steigbügel reiten, damit sie ein besseres Gefühl für die Bewegungen der Pferde entwickelte. In seinem Palais in der Ludwigstraße, wo sich sein Reitzirkus befand, durfte sie die Gäste mit Reitkunststücken unterhalten.

Als Kaiserin findet Elisabeth bei den Pferden und der Reiterei jene Sicherheit und Ablenkung, die ihr auch bei der Bewältigung ihrer persönlichen Probleme helfen. Ihr »besonderer Draht zu Pferden« ist legendär. Sie scheint mit ihnen auf einer besonderen Wellenlänge zu kommunizieren. Selbst gefährliche Tiere unterwerfen sich ihr widerstandslos. Als man einmal in Ungarn einen wertvollen, aber bösartigen Hengst erschießen will, der bereits drei Männer getötet und einige weitere schwer verletzt hat, eilt sie zum Entsetzen aller in die Box des Hengstes, spricht mit ihm, bis er sich satteln und sie aufsitzen lässt.

Ein Wallfahrtsort ist für sie das bereits erwähnte, mit Gemälden ihrer Lieblingspferde austapezierte geheime Zimmer, ihre »Reitkapelle« in Gödöllő, in der sie vor ihren Lieblingen meditieren kann. Normal Sterbliche dürfen dieses Heiligtum nicht betreten.

Erst Ende August 1883 denkt die 46-Jährige nach einem Reitunfall in Mürzsteg daran, die Jagdreiterei zu beenden. Auch gesundheitliche Gründe lassen die einst so unerschrockene Reiterin immer ängstlicher werden. Sie löst nach und nach ihre kostbaren Ställe in England, Irland, Ungarn und Bad Ischl auf. Eine unvorstellbare Entscheidung. »Warum kann ich mir bei einem Hindernis nicht das Genick brechen und ein für allemal Schluss machen«[284], wünscht sie sich schon bei einem ihrer Aufenthalte in Irland. Doch sie ist zum Weiterleben gezwungen. In der Folge verstärken sich ihre manische Unruhe und ihre Melancholie. Sie wird immer eigenbrötlerischer, Depressionen treten auf und sie weitet ihre exzessive Reiseaktivität weiter aus.

Trost spenden ihr nicht nur in dieser Zeit ihre Hunde. Schon während der Kindheit in Possenhofen waren diese Tiere ständig um sie. So oft es nur geht, gibt sie sich seither mit Hunden ab, was Franz Joseph nicht besonders schätzt. Besonders sehnt sie sich nach großen Hunden. »Ich fürchte fast«, sagt sie zu ihrer Hofdame Ida Ferenczy am 28. August 1867, »ein so großer Hund, als ich mir wünsche, existiert gar nicht.«[285] Nach und nach kommt sie auf 15 Hunde – vielleicht sind es auch mehr –, zu denen ein irischer Wolfshund, fünf schwarze und zwei graue Doggen, zwei Leonberger, zwei persische Windhunde, ein Schäferhund und ein Bernhardiner gehören. Zu kleinen Hunden, etwa zu einem schwarzen Pudel und zu zwei Zwergpinschern fühlt sie sich weniger hingezogen. Umsorgt werden die Tiere von einem eigenen verbeamteten Hundewärter, der am Hof abfällig nur »Hundsbub« genannt wird. Kommt Elisabeth auf ihren Wanderungen ein stattlicher Hund entgegen, scheut sie sich nicht, den Besitzer anzusprechen.

Wie ihre Pferde, so scheint sie auch Hunde mehr zu lieben als Menschen. Sie betrachtet sie nicht nur als ihre treuen Freunde, sondern auch als ihre starken Beschützer. »Houseguard«, in anderer Schreibweise auch »Horseguard«, ihr irischer Wolfshund, soll nicht nur sie schützen, wenn sie etwa ungeniert im Meer baden will. Er soll auch, wie schon der Name sagt, entweder ihre Pferde oder ihr Haus bewachen. Die schwarze Dogge »Shadow« ist wie ein »Schatten« stets um sie und »Dragon«, ebenfalls eine Dogge, besitzt die Kraft eines Drachen. Als im November 1875 ihr Lieblingshund »Shadow« stirbt, trauert sie um ihn wie um einen Menschen. Sie lässt ihn im Garten von Gödöllő begraben und eine würdige Grabstätte errichten. Elisabeths Hundeliebe ist Ausdruck von Einsamkeit und Suche

Sisi mit ihrem Wolfshund Horseguard, Fotografie von Emil Rabending, 1866.

nach Nähe. Sie braucht ihre Hunde zum einen als Ersatz für fehlende Sozialpartner aber auch, um unerfüllte Dominanzwünsche zu erfüllen. Ein Hund signalisiert nie Ablehnung, gibt keine Widerworte und freut sich, wenn Frauchen nach Hause kommt. »Wer wird mehr Freude haben, mich wiederzusehen«, fragt Elisabeth Ida Ferenczy, »Du oder Horseguard?«[286] Die Antwort enthält ein Brief an ihre Tochter Gisela aus Bad Kissingen, wo sie im Juli 1865 einsame und traurige Tage verlebt: »Ich bin so froh, Horseguard hier zu haben, er hatte eine furchtbare Freude, als er mich sah und erdrückt mich fast mit seinen Armen […].«[287]

PLATZ FÜR »WOLKENKRAXELEIEN«

Briefeschreiben, Sprachstudien, Dichten und Zeichnen

Eine »Schreibtischtäterin« ist Elisabeth nie gewesen, auch wenn ihr in den Schlössern und Villen Schreibkabinette zur Verfügung stehen, ebenso in den Hotels und Kurhäusern. Lieber erledigt sie diese Arbeiten in einfachen Almhütten oder im Freien. Auch eine wirklich produktive Briefschreiberin wie ihr Mann ist sie nicht. Die meisten ihrer Briefe richtet sie an Franz Joseph. Etliche an andere Personen adressierte Schreiben scheinen, sofern sie nicht im habsburgischen Familienarchiv noch vorhanden sind, im Lauf der Zeit verloren gegangen oder vernichtet worden zu sein.

Dem Erlernen von Sprachen widmet sie hingegen viel Zeit. Sie lernt Ungarisch und Neugriechisch und kann in diesen Sprachen schon bald auch Bücher lesen, schreiben, ja sogar Übersetzungen wagen. Auch Französisch und Englisch beherrscht sie einigermaßen. Interessant ist, dass sie ihre Sprachkenntnisse häufig während ihrer Spaziergänge und Wanderungen erwirbt. Die sie begleitenden Sprachlehrer müssen dabei abwechselnd Griechisch, Ungarisch, Englisch und Französisch parlieren.

In Elisabeths Tagebuch finden sich auch einige Zeichnungen aus ihrer Hand, darunter eine von Schloss Possenhofen oder karikaturistische Porträts. So enthält ihr Skizzenbuch zwei Zeichnungen, die sie und Franz Joseph am Schreibtisch zeigen oder ein Selbstporträt aus der Zeit nach der Verlobung, aber auch eine Karikatur des Generaladjutanten Karl Ludwig Graf Grünne. Die ersten kindlichen Gedichte verfasst Elisabeth schon als 15-Jährige, indem sie sich ihren ersten Liebeskummer von der Seele schreibt. Als 16-Jährige gibt sie in Versen ihrem Heimweh nach Bayern Ausdruck und klagt über ihr

Sisis Schreibkabinett in der »Kaiservilla« in Bad Ischl. Im Vordergrund sind Paravents mit zahlreichen Porträts und Fotografien der jüngsten Tochter von Elisabeth und Franz Joseph, Marie Valerie, zu sehen.

Leid in der »Kerkerburg« Wien. Die folgenden 30 Jahre verstummt sie dichterisch allerdings vollkommen, bedingt durch die vielen anderen Aktivitäten in ihrem Leben. Erst in den 1850er-Jahren beginnt sie wieder mit dem Verseschmieden, wobei sie insbesondere ihrem Vorbild und »Meister« Heinrich Heine nachzueifern sucht. Schließlich glaubt sie, er führe ihr beim Dichten ihrer Nordsee- und Winterlieder sogar die Hand. Die Jahre 1885 bis 1888 werden ihre produktivsten Dichterjahre. In weit über 300 Gedichten schreibt sich die vereinsamte 50-Jährige ihren Kummer von der Seele und nutzt das Dichten als Selbsttherapie. Sie kritisiert in den Versen aber auch den Wiener Hof, die aristokratische Gesellschaft und die unzeitgemäße Monarchie. Zudem entstehen viele schwärmerische Naturgedichte. Mit den Jahren werden ihre Verse fortwährend trüber und Ausdruck ihrer zunehmenden Todessehnsucht. Die dichterischen Ambitionen nennt ihr Ehegemahl Franz Joseph abwertend »Wolkenkraxeleien« und so hält sie vor ihm ihre Gedichte geheim. Testamentarisch verfügt sie, dass ihr dichterisches Werk erst 60 Jahre nach ihrem Tod veröffentlicht werden dürfe, wenn niemand ihrer Zeitgenossen mehr am Leben ist. Sie weiß, dass zu ihren Lebzeiten eine Veröffentlichung ihrer Gedichte, die von Enttäuschung, Verzweiflung, vor allem aber von Verbitterung und Spott geprägt sind, von der kaiserlichen Verwandtschaft als Affront empfunden werden würde. Besonders die immer wieder geäußerte bissige Kritik an den Vertretern der Monarchie, dieser »verkommenen Brut«, die das arme Volk »gutmütig« mit ihrem »Schweisse und Blut nährt«, hätte einen Skandal hervorgerufen. Der Ertrag der posthum genehmigten Publikation müsse, so eine deshalb durchaus verständliche Bestimmung von ihr, zum Wohle politisch Verurteilter der österreichisch-ungarischen Monarchie und deren Familien verwendet werden. Doch erst 80 Jahre nach ihrem Tod wurde Elisabeths aufschlussreiches »Poetisches Tagebuch« der Öffentlichkeit zugänglich gemacht.

EIN BÜCHERKABINETT

Literatur als Lebenselexier

Kaiserin Elisabeth liest für ihr Leben gern. Schon ihr Vater Herzog Max in Bayern war ein besessener Leser mit einer stattlichen Privatbibliothek von 27 000 Bänden, darunter zahlreiche historische Werke. Er schrieb auch selbst, so ein Buch über seine Orientreise, außerdem etliche Dramen, Novellen und historische Abhandlungen. Sogar kleine Theaterstücke und heitere Gedichte flossen aus seiner Feder. Sisi scheint von ihm die Begeisterung für Literatur und das Schreiben geerbt zu haben. »Wenn der Tag nur noch einmal so lang wäre«, seufzte sie einmal, »ich kann nicht so viel lernen und lesen, wie ich es gerne möchte«.[288] Franz Joseph versteht nicht, dass sie ständig Bücher lesen muss. Über Literatur kann sie sich mit ihm, der fast nie ein Buch liest, nicht unterhalten. Und so behelligt sie ihn nicht mit ihrer Bücherleidenschaft.

Zu Elisabeths Lektüre gehören Goethes »Faust« ebenso wie die Werke Paul Heyses und Shakespeares Dramen. Zu einigen Autoren und Büchern fühlt sie sich ganz besonders hingezogen. Ihr Lieblingsautor ist Heinrich Heine, der politisch kritische und daher vielfach angefeindete Autor des Vormärz, dessen Werke sie förmlich verschlingt, unter anderem seine »Gedichte« und »Reisebilder«(erstes bis viertes Buch) und »Das Buch der Lieder«, ebenso den Gedichtzyklus »Romanzero«, »Deutschland ein Wintermärchen« und »Atta Toll – Ein Sommernachtstraum«. In ihrer Bibliothek steht eine Sonderausgabe »Heinrich Heines sämtliche Werke« in 22 Bänden, herausgegeben von Adolf Strodtmann im Hamburger Hoffmann und Campe Verlag. Auch Schriften über ihn liest sie, so die 1886 erschienene Biografie von Robert Proelß »Heinrich Heine. Sein

Lebensgang und seine Schriften nach den neuesten Quellen dargestellt.«

Ein weiterer Autor, den die Kaiserin schätzt, ist Lord Byron, von dem sie sogar einige Gedicht ins Deutsche übersetzt. Sie kennt seine wichtigsten Werke, darunter: »Manfred«, »Don Juan« und »The Giauor«. Ebenso gehören andere englische Autoren wie P. B. Shelly und Longfellow zu ihrer Lektüre.

Angeregt durch Heinrich Schliemanns sensationelle Funde – der »Schatz des Priamos« – richtet sich ihr Interesse auch auf griechische Literatur. Dazu gehören die Sagen Griechenlands, vor allem alle Erzählungen über die freiheitsliebenden griechischen Helden Achilles und Odysseus, die sie vergöttert und die sie auch im »Achilleion«, ihrem griechischen Tusculum, auf Bildern und als Skulpturen ständig vor Augen hat. Zu Achilles, dem bedeutendsten Helden in Homers Erzählung »Die Illias«, die den Trojanischen Krieg beschreibt und die sie fast auswendig kann, hat Elisabeth ein geistiges Liebesverhältnis. Sie ist seiner übermenschlichen Kraft und göttlichen Schönheit verfallen. Nach diesem eigenwilligen Helden benennt sie ihr 1891 errichtetes »Achilleion« auf der Insel Korfu. Mit ihm, der wie sie selbst nur seinen eigenen Willen heilig hält und der nach seinen Träumen lebt, kann sie sich identifizieren. Ihm fühlt sie sich auch in ihrer Melancholie und ihrer Trauer aufs Engste verbunden. Ist Achill nach einem Bad im Unterweltfluss Styx unverwundbar, bis auf die Ferse, die von dem Wunderwasser nicht berührt wird, so fühlt sich auch Elisabeth von einem Panzer umgeben und zeigt sich nach außen hin so, als wäre sie unverwundbar, doch in ihrem Inneren ist auch sie verletzlich, weist auch sie eine Stelle auf, in der sie getroffen werden kann. Immer wieder werden ihr während ihres Lebens Verletzungen zugefügt, die sie verwunden und ihr schließlich wie ihrem Idol Achilles, den Tod bringen.

An dem listenreichen Odysseus, dem König von Ithaka, fasziniert die Kaiserin seine rastlose Reise. Die Rückkehr zu seiner Familie wird von den Göttern immer wieder verhindert, bevor Odysseus endlich zu seiner Frau Penelope und seinem Sohn Telemachos zurückkehren kann. Der Begriff der »Odyssee« als Sinnbild für eine schier endlos lange Reise mit zahlreichen Hindernissen passt auch zu ihrer rastlosen Reisetätigkeit, bei der sie ebenfalls nie an einem wirklichen Ziel ankommt.

Zu Elisabeths Lieblingslektüre gehören auch wissenschaftliche und philosophische Werke, darunter Schopenhauer. Sie weiß, dass Franz Joseph auch mit solchen Denkern nichts anzufangen weiß, wie er seiner Frau in einem Brief auch bestätigt: »Sonst halte ich, wie Du richtig bemerkst, auf solche philosophischen Werke nichts, die einen nur konfus machen.«[289] Nur bei der Lektüre seiner Akten fühlt sich der Kaiser wohl.

Zu Elisabeths Lieblingsbüchern zählt das 1887 erschienene Buch »She« von Henry Rider Haggard. Erzählt wird die »mystische Geschichte von Ayesha, jener sagenhaften, jungfräulichen Königin von Kor, die nie altert, alle tausend Jahre aus den Flammen wiedergeboren wird, deren Name längst vergessen ist und die stets verschleiert an einem geheimnisvollen Ort leben soll, und deshalb, obwohl sie keiner je gesehen hat, ›She‹ genannt wird. Sie behält die Kraft, immer wieder lebend aus den Flammen zu erstehen, solange sie sich nicht der Liebe eines Mannes ausliefert. Als Herrin über Leben und Tod richtet sie über andere Menschen ganz nach ihrer Laune, stößt die sich ihr nähernden Menschen immer rasch von sich, aus Angst, die Liebe könnte ihre Schönheit rauben. Eine Geschichte ganz nach dem Geschmack der Kaiserin. Eine unnahbar kühle Gestalt, wie Elisabeth sie sich erträumt, sie könnte ihr Vorbild sein. Sie empfindet das Buch wie eine Parabel auf ihr Leben. Auch sie möchte schön bleiben wie diese mystische, zweitausend Jahre alte Königin.«[290]

Elisabeth mit einem Buch, Fotografie von Ludwig Angerer, Herbst 1860.

Natürlich liebt und liest die von Ungarn begeisterte Kaiserin ebenso die Dichter dieses Landes »Petöfi, Eötvös, Arany, Jókai usw., mit tieferem Interesse«[291] als dies die Ungarn selbst tun. Den 1854 erschienenen Roman »Kárpáthy Zoltán« – zu Deutsch »Zoltán Kárpáthy, der Sohn des Nabob« – von Mór Jókai, in dem der Geist des nationalen Idealismus heraufbeschworen wird, liebt sie besonders. Sie schreckt auch nicht vor verbotenen und verfolgten Werken zurück, liest etwa das Gedicht »Der Fahnenträger« von Eötvös, in dem erzählt wird, dass trotz der mehrfach angestrebten Unterdrückung Ungarns, auch durch Österreich, die Fahne als Symbol der Freiheit und Unabhängigkeit für alle Ewigkeit hochgehalten werden wird. Ebenso lässt sie sich nicht die verbotene Schrift Széchényis »Blick auf den anonymen Rückblick« und Michael Horváts »Geschichte des Freiheitskampfes der Ungarn« entgehen. Selbst die in Österreich strengverbotene radikale Broschüre »Der Zerfall Österreichs«, 1867 anonym in Leipzig erschienen, zählt zu ihrer Lektüre. Darin wird als Grundbedingung für den Frieden in Europa und der Welt der bereits eingeleitete Zerfall Österreichs genannt, in dem »nur Nullitäten zu Würde, Macht und Einfluß gelangen«.[292] Diese Bücher und Schriften hätte Franz Joseph wohl nicht allzu gerne entdeckt, weshalb seine Frau sie gut in ihrem Schreibtisch versteckt. Am liebsten wäre ihr wohl an jedem ihrer Aufenthaltsorte ein verborgenes Bücherkabinett gewesen, zu dem nur sie Zugang hat. Doch da sie sich viel auf Reisen befindet und sich in stets wechselnden Quartieren aufhält, lässt sie sich keine feste Bibliothek einrichten. Sie besitzt sozusagen ein »virtuelles Bücherkabinett«. Immer dann, wenn Sie ein Buch lesen möchte, wird es für sie im Nu beschafft. So kann sie ständig auf jedes gewünschte Buch zurückgreifen, als würde sie es einem virtuellen Bücherregal entnehmen. Dass sie jedoch eine Bibliothek im üblichen Sinn besessen hätte, also einen eigenen Raum mit Regalen, bis obenhin mit Büchern gefüllt, davon ist nichts bekannt.

Zur Vervollkommnung ihrer Reitkunst trägt Elisabeth in ein kleines rotes Notizbuch nicht nur täglich alles ein, was sie zu beachten hat. »Beim Anreiten Mitgehen, steter Sitz, stete Hand, Fußspitzen zum Pferd! Da steht, was zu tun ist bei der Pirouette, bei der Volte, daß das ›Galoppchangement um die Sesseln herum‹ nicht gelungen ist usw. Auf dem herrlichen Lipizaner ›Majestoso‹ macht die Kaiserin ›Lancaden‹ und ›Ruaden‹, es ist die hohe Schule der Reiterei. Nicht nur praktisch, auch theoretisch bildet sich die Kaiserin in der Reiterei fort. Ihre Bibliothek wird in dieser Zeit mit zahllosen Büchern über Pferde und Reiten, mit Rennkalendern und dergleichen vermehrt. Dazu hochmodern anmutende Schriften über Gymnastik und die Lehre, wie man seinen Körper am besten sportlich und gesundheitlich stählt.«[293]

»Ich lese sehr viel, ganz ohne System, wie ja mein ganzes Leben auch ohne System ist – von heut auf morgen«, schreibt sie im April 1874 an Friedrich Pacher von Theinburg, dem sie im Faschingsdienstag 1874 inkognito – sie nennt sich ihm gegenüber Gabriele – bei einem Maskenball begegnet ist. »Ein Buch, das mir wirklich zusagt, das mir so aus der Seele geschrieben wäre, finde ich äußerst selten, aber neulich kam mir eins unter die Hände […] ›Deutsche Liebe‹ von Müller. Lies es nur und dann sage mir deine Meinung darüber, mir hat es schrecklich gut gefallen.«[294] Das Buch »Deutsche Liebe. Aus den Papieren eines Fremdlings« stammt aus der Feder des bedeutenden Oxforder Indologen, Sprach- und Religionswissenschaftlers Friedrich Max Müller. Es erschien 1857 im Brockhaus Verlag, Leipzig. In der in acht »Erinnerungen« aufgeteilten Liebesgeschichte geht es um die Erweiterung des liebenden Bewusstseins. Naturerlebnis und aus der Natur entnommene Gleichnisse spielen in dieser Erzählung, die mit Gedanken über deutsche Mystik und europäische Lyrik angereichert ist, eine zentrale Rolle. Dieses Werk eröffnet in Elisabeths Gedankenwelt und in ihre Seelenleben einen höchst interessanten Einblick und ist bisher in der Literatur über sie völlig ausgeblendet geblieben.

SEHNSUCHT NACH EINSIEDELEIEN

Abgelegene, einsame Orte

Schon in jungen Jahren schätzt Elisabeth die Einsamkeit. Sie duldet nur die Nähe von Menschen, die ihr angenehm sind und meidet, so gut es geht, Volksaufläufe, da sie es hasst, von Menschen angeglotzt zu werden. Ganz besonders ist ihr das heuchlerische Getue und intrigante Verhalten am Hof zuwider.

1872 fragt sie Marie Festetics: »Wundern Sie sich nicht, daß ich wie eine Einsiedlerin lebe?« – »Ja, Majestät, Sie sind noch zu jung dafür«, entgegnet ihr ihre Hofdame. Die Kaiserin erklärt ihr den Grund: »Na ja, aber mir blieb nichts anderes übrig, als mich für dieses Leben zu entscheiden. In der großen Welt wurde ich so gejagt, über mich schlecht geredet, diffamiert, so sehr verletzt, beleidigt und – Gott sieht meine Seele – ich habe nie jemandem Schlechtes angetan. So dachte ich mir, ich suche mir eine Gesellschaft, die meine Ruhe nicht stört und mir genussreich ist. Ich zog mich in mich zurück und wandte mich der Natur zu. Der Wald tut mir nicht weh. Freilich war die Einsamkeit am Anfang ziemlich schwer, aber man gewöhnt sich an alles und ich habe mich daran inzwischen gewöhnt. Ich genieße es, die Natur ist viel dankbarer als die Menschen.«[295]

Während eines Ausflugs in Meran zum sogenannten Eremiten, einer abgeschiedenen, aber romantischen Promenade, fragt die Kaiserin Marie Festetics: »Möchten Sie ein Eremit sein?« Die Hofdame verneint dies energisch. »Aber der Friede«, so Elisabeth, »ist doch so viel wert, und den kann man doch nur fern von der Welt, fern von den Menschen, erringen. Freilich führt das zu Grübeln und Sinnen.«[296] Auf einer kleinen Insel vor Korfu lebt in einer armseligen Hütte ein Einsiedler, den Elisabeth seit 1885 kennt und mehrfacht besucht. Zu ihm bringt sie ihre »sehnsüchtige Seele […] Schweigend begebe ich mich in seine Klause«, erzählt sie ihrem Vorleser Christomanos. »Er bringt mir Honig und Mandeln, damit ich davon genieße und die Oberwelt vergesse.«[297] Seither nimmt ihr Hang, wie ein Einsiedler zu leben, immer mehr zu. Vor allem nach dem Tod ihres Sohnes Rudolf am 30. Januar 1889 wächst ihre Sehnsucht, »sich ganz in die Wildnis und Einsamkeit zurückzuziehen und den großen Jehova in der Natur anzubeten«, wie Marie Valerie in ihr Tagebuch schreibt. »Sie hatte schon von Jugend auf das Gefühl und jetzt sei es ihr Gewißheit geworden, daß der große Jehova sie in die Wildnis führen wolle, wo sie ihre alten Jahre als Einsiedlerin ganz Ihm geweiht, in Betrachtung und Anbetung Seiner göttlichen Herrlichkeit zubringen solle.«[298] Mit Einsiedlern kann Elisabeth schweigen, das Meer wird zu ihrem Beichtvater und ein Baum in Gödöllő zu ihrem engsten Vertrauten und besten Freund, der alles von ihr weiß. In der Einsamkeit kommt sie zu sich. Sogar in ihrer Todesstunde möchte sie alleine sein. Es wäre schrecklich, wenn irgendwer und sei es ein Familienmitglied einmal Zeuge ihres Sterbens sein würde. Sie wünscht sich, dass bei ihrem Tod niemand anwesend ist. Sie will allein sterben.

Doch der entscheidende Schritt, endlich selbst wie ein wirklicher Einsiedler zu leben, zurückgezogen in einer armseligen, winzigen Klause zur Ruhe zu kommen, der gelingt ihr nicht.

Die Passer in Meran, mit Promenade in wildromantischer Natur, 2007.

Ihre Rastlosigkeit lässt dies einfach nicht zu und treibt sie ständig weiter. Und ebenso wenig ist sie bereit, auf all die vielen Annehmlichkeiten ihres kaiserlichen Daseins zu verzichten, auf das ständige Umsorgtsein durch Hofdamen und Lakaien, auf ihre exquisite Garderobe, auf die tägliche Haarpflege und all das luxuriöse Leben. Nur zu einem einsiedlerischen Leben auf allerhöchstem Niveau wäre sie allenfalls bereit.

SCHIFFSKAJÜTEN

Am liebsten auch an Land

Eine vogelfreie Existenz über den Wogen eines Meeres – so sieht sich Elisabeth in ihren poetischen Träumen. Heimat- und rastlos will sie über die Meere schweifen. Die Sehnsucht nach der »Ortlosigkeit« treibt sie stets aufs Neue aufs Meer hinaus. Sie sieht sich als einsame Möwe, die über die Wellen streift. Allein das Meer ist der Ort der Freiheit, wo sie, losgelöst von den Zwängen des höfischen Protokolls, ein selbstbestimmtes Leben führen kann.

»Das Leben auf dem Schiff«, äußert sie, »ist doch mehr als ein bloßes Reisen. Es ist ein verbessertes, wahreres Leben. Ich suche es so voll und so lang als möglich zu genießen. Man befindet sich wie auf einer Insel, aus der alle Unannehmlichkeiten und Beziehungen verbannt sind. Es ist ein ideales, chemisch reines, kristallisiertes Leben, ohne Wunsch und ohne Zeitempfindung. Das Gefühl der Zeit ist immer schmerzhaft, denn es gibt uns das Gefühl des Lebens.«[299]

Schon das erste Gewässer, mit dem Elisabeth in ihrem Leben Bekanntschaft macht, der Starnberger See, ist für sie Symbol ungebändigter Freiheit. Später findet sie im ständigen Fernweh, in ihrer Sehnsucht nach dem Meer, jene Ungebundenheit, die sie fortwährend sucht. So sagte sie in Madeira zu einem Vertrauten: »Überhaupt möchte ich immer weiter, jedes Schiff, das ich wegfahren sehe, gibt mir die größte Lust, darauf zu sein, ob es nach Brasilien, nach Afrika oder ans Kap geht, es ist mir einerlei, nur nicht so lang an einem Fleck sitzen.«[300] In ihrem Gedichte-Zyklus »Winterlieder« findet sich das folgende Gedicht:

Das »Schiffszimmer« in Schloss Miramare.

Liberty

Ja, ein Schiff will ich mir bauen!
Schön'res sollt ihr nimmer schauen
Auf dem hohen weiten Meer;
›Freiheit‹ wird vom Maste wehen,
›Freiheit‹ wird am Buge stehen,
Freiheitstrunken fährt's einher.

›Freiheit!‹ Wort aus gold'nen Lettern,
Flattert stolz in allen Wettern
Von des Mastes schlankem Baum,
Freiheit atmen meine Nüstern,
Freiheit jauchzt der Wellen Flüstern,
Freiheit! Dann bist du kein Traum.

Sucht es dann ihr Telegraphen,
Für ein Hoffest mich zu schaffen
In die Kerkerburg zurück;
Fischt im Klaren, fischt im Trüben,
Fangt die Möve nach Belieben;
Hurrah! wir sind frei und flügg'!

Von den Spitzen meiner Finger
Send' ich euch, ihr lieben Dinger,
Die mich einst gequält so sehr,
Einen Kuss und meinen Segen,
Schert euch nimmer meinetwegen;
Ich bin frei auf hohem Meer![301]

Sisis Sehnsucht, ein Schiff zu bauen, führt dazu, dass sie gelegentlich sogar den Wunsch verspürt, den einen oder anderen ihrer Wohnräume an Land wie eine Schiffskajüte einrichten zu lassen, um sich darin wie auf dem Meer zu fühlen. Sie bewundert das Arbeitszimmer Maximilians auf Schloss Miramare, das auch »Schiffszimmer« heißt, weil der holzgetäfelte Raum wie eine Schiffskajüte eingerichtet ist und man darin den Eindruck hat, auf hoher See zu sein. Vorbild für die Ausgestaltung dieses Raumes ist die Offiziersmesse der Fregatte »Novara«, mit der 1857 bis 1859 unter Maximilians Leitung eine Weltumseglung stattfand. Aus dem Fenster bietet sich ein eindrucksvoller Blick auf den Golf von Triest. Schiffe sind Elisabeths stets ersehnte Behausungen, gleichsam fahrende Schlösser auf dem Meer.

Für Kaiser Franz Joseph ist es eine »furchtbare Überraschung«, als er eines Tages auf der Schulter seiner Frau eine seltsame Zeichnung erblickt. Nach alter Seemannsart hat sie sich Ende der 1880er-Jahre, ohne um Erlaubnis zu fragen – wohl im Hinterzimmer einer Hafenkneipe – einen blauen Anker auf die Schulter tätowieren lassen. Nicht nur Franz Joseph fragt sich, weshalb sie, die doch Kaiserin von Österreich ist, sich eine derartige Verunstaltung zufügen lässt, zu der sich üblicherweise nur Matrosen und zwielichtige Gestalten hinreißen lassen? Doch Elisabeth will sich damit zum einen ihre ewige Liebe zum Meer in die Haut einbrennen lassen. Zum anderen ist der Anker, der den Platz des Schiffes im Hafen sichert und es auf hoher See bei Stürmen festhält, auch ein Bild der Hoffnung, der Zuversicht und des Heils, darüber hinaus aber ebenso ein Symbol der letzten Reise und des Todes. Kaiserin Elisabeth ist sich dieser Symbolkraft bewusst, als sie sich den Anker auf die Schulter tätowieren lässt.

EINE ZERFALLENE VILLA AUF KORFU

Elisabeths Wunschdomizil?

Was hätte eine Unterkunft nun wirklich benötigt, in der Elisabeth endlich zur Ruhe gekommen wäre und ihren Seelenfrieden gefunden hätte? Vielleicht hätte es ein Zwischending zwischen der »Villa Mon Repos« und der »Villa Braila« sein müssen. In beiden fühlt sie sich während ihrer Aufenthalte auf der Insel Korfu doch recht wohl.

Die »Villa Mon Repos« auf Korfu, genauer auf der Halbinsel Analipsis – auch Kanoni-Halbinsel genannt – wird ihr während ihres Aufenthalts auf Korfu ab dem 27. Juni 1861 vom britischen Lordoberkommissar Sir Henry Storks zur Verfügung gestellt. Sie lebt in dem von einem Park umgebenen Haus völlig zurückgezogen.

Von der »Villa Braila«, einer ehemals venezianischen Villa, erfährt sie bei der Lektüre des Buches »Odysseeische Landschaften« (1878), das ihr Reisebegleiter Alexander Freiherr von Warsberg verfasst hat und in dem er diese recht desolate und baufällige Villa eindrucksvoll beschreibt. Elisabeth ist von diesem halb zerfallenen Haus noch begeisterter als von der »Villa Monrepos«, sodass sie das alte Haus sofort erwerben möchte. Während ihres zweimonatigen Aufenthalts im Jahr 1888 in der alten Villa erwacht in ihr der Wunsch, hier für immer bleiben zu wollen.

Doch dann macht sie einen großen Fehler. Sie entscheidet sich, an dieser Stelle eine protzige Villa zu errichten. Durch den Umbau wird die »Villa Braila« zerstört und unter dem prunkvollen Palast, dem »Achilleion«, begraben. Wieder einmal wurde sie von ihrer eigenen Maßlosigkeit überlistet. Schon zwei Jahre später bereut sie es, dass sie »die alte Wehmut zerstört hat«. Warum hat sie es nicht geschafft, die baufällige »Villa Braila« nur etwas zu renovieren, da sie sich im Grund ja eine Einsiedelei wünscht, in der lediglich einige Räume vorhanden sein müssen?

In ihrem Fall wären das ein Raum für sportliches Training, ein Bad für die Schönheitspflege, ein karg eingerichtetes Schlafzimmer und ein Zimmer, indem sie Bücher lesen und dichten kann. Vielleicht in einem Nebengebäude noch eine Manege, um dort mit ein paar Pferden trainieren zu können und um das Haus einen weitläufiger Park für die täglichen Fußmärsche und Ausritte. Schließlich am Strand eine kleine Anlegestelle für Schiffe, stets bereit für Fahrten übers Meer. Das wäre im Wesentlichen doch schon alles. Oder doch nicht? Wäre Elisabeth hier wirklich glücklich geworden?

»Der Traum einer Kaiserin«, Holzstich 1896.

GEWIDMET VON DER K. K. REICHSHAUPT- UND RESIDENZSTADT WIEN.

… IN DIESER WELT, WO NIEMAND SIE VERSTEHT …

In einem ihrer letzten Gedichte bringt Elisabeth, alias Titania, zum Ausdruck, dass sie sich auf dieser Welt im Grunde unbehaust fühlt:

Nicht soll Titania unter Menschen gehen
In diese Welt, wo niemand sie versteht,
Wo hunderttausend Gaffer sie umstehen,
Neugierig flüsternd. »Seht, die Närrin, seht!«
Wo Mißgunst neidisch pflegt ihr nachzuspähen,
Die jede ihrer Handlungen verdreht,
Sie kehre heim in jene Regionen,
Wo ihr verwandte schön're Seelen wohnen.[302]

Infolge ihrer gespaltenen Persönlichkeit wird die Kaiserin ihr Leben lang von einem Ort zum anderen getrieben, ohne sich jemals an einem wirklich zu Hause zu fühlen. Wäre ihr es aber gelungen, irgendwo auf Dauer anzukommen, wäre dies für sie die Hölle geworden. Es scheint, als war es ihre Bestimmung, sich in einem Zwischenreich zwischen Leben und Tod aufhalten zu müssen, ständig auf der Flucht vor sich selbst. Psychologen sprechen von »Eskapismus«, also Realitätsflucht, Wirklichkeitsflucht, Weltflucht und Flucht vor sich selbst. Steht die Psyche aus unterschiedlichen Gründen zu sehr unter Druck, sucht sie einen Fluchtweg in ein unbelastetes Ich, für den auch die Begriffe »Fugue« (französisch: Flucht), »Poriomanie« (griechisch: Reise) oder »Dromomanie« (griechisch: Lauf) zutreffen. Doch wird man mit solchen Begriffen dem vielschichtigen Wesen der Kaiserin wirklich gerecht?

DER FLUCH DER GESPALTENEN PERSÖNLICHKEIT

Lebenslanger Kampf zwischen Anspruch und Wirklichkeit

Ein glückliches oder zumindest zufriedenes Leben bleibt Elisabeth aus mehreren Gründen verwehrt. Zu sehr reibt sie sich in einem lebenslang andauernden Kampf zwischen einem oft sehr hohen Anspruch, den sie an sich stellt, und der nüchternen Realität auf, in der sie stets die Unterlegene bleibt, da sie zu keinem vernünftigen Ausgleich fähig ist. Dies spiegelt sich auch in ihrer Suche nach einem idealen Aufenthaltsort wieder, der sich für sie aufgrund ihrer gespaltenen Persönlichkeit letztlich nicht realisieren lässt. Sie verweigert die ihr zugedachte Rolle als Kaiserin eines Riesenreichs und ist stattdessen ausschließlich auf ihre Selbstverwirklichung bedacht. Selbstbeherrschung ist ihr fremd und so fragt sie in einem ihrer Gedichte:

Ich sollte mich selbst bezwingen?
Das brächte mir auch Gewinn?
Wer ist denn der Besiegte,
Wenn ich der Sieger bin?[303]

Die Antwort, dass es einem Menschen möglich ist, zugleich Besiegter und Sieger zu sein, will sie sich nicht geben. Selbstbeherrschung ist in ihren Augen nicht gewinnbringend und so vernachlässigt sie ganz selbstverständlich einen großen Teil ihrer Repräsentationspflichten, denen sie sich immer wieder erfolgreich entzieht. Sie will zwar, dass alle ihre Untertanen glücklich und zufrieden sind, macht aber viel zu wenig Gebrauch von ihrer Stellung und ihrer Macht, um dies auch in großem Umfang wirklich durchzusetzen. Sie glaubt, wenn sie einzelnen Gutes tut, dass es dann allen gut geht, dass sie mit gelegentlichen Besuchen in Krankenhäusern und Irrenanstalten und der Zuwendung zu einem Kranken, einem Rollstuhlfahrer oder Blinden schon das Leid aller ihrer Untertanen oder gar der ganzen Welt lindert. Sie blendet dabei aus, dass noch ein Großteil der österreichisch-ungarischen Bevölkerung zur Unterschicht aus Tagelöhnern, Dienstboten, Handwerksgesellen, Pfründnern gehört, wo Armut und allgemeine Not dominieren. Sie denkt, ihre Regentenpflichten seien schon dadurch erfüllt, dass sie sich mitunter überwindet, an einem Hofball oder den Feiern der Karwoche teilzunehmen, dabei etwa ein paar Greisinnen symbolisch die Füße zu waschen oder bei der Fronleichnamsprozession mitzugehen. Viel lieber aber weicht sie offiziellen, sie langweilenden Empfängen aus und vermeidet, von einigen Ausnahmen abgesehen, politische Besuche.

Ebenso nimmt sie ihre Rolle als Ehefrau eines Kaisers nur unzureichend wahr. In der Folge gesteht sie ihrem Mann die Schauspielerin Katharina Schratt gleichsam als Ersatzpartnerin zu, die mit der Zeit auf gewisse Weise zur »zweiten Kaiserin« avanciert. Bedingt durch ihre langen Abwesenheiten vernachlässigt sie auch den Kontakt zu ihren Kindern Gisela und Rudolf und versucht, dies wieder gut zu machen an ihrer letzten Tochter Marie Valerie, die sie mit übermäßiger Liebe und Fürsorge förmlich erstickt.

Auf der einen Seite fühlt sie sich zu einfachsten Unterkünften hingezogen und lehnt einen pompösen Lebensstil ab, gibt sich ihm andrerseits aber durchaus in vollen Zügen hin. Er verschlingt Jahr für Jahr immense Summen, nicht nur für ihre üppige Apanage, ihre Reisen und die Bereitstellung angemessener Unterkünfte, nicht nur für die zahlreichen Kuren in teuren Hotels, nicht nur für den Kauf und die Haltung kostspieliger edler Pferde, sondern auch für den Bau ihres »Achilleion« auf Korfu, das sie schon kurz nach Fertigstellung nicht mehr interessiert. Für den Fall eines revolutionären Umsturzes – von dem sie aufgund ihrer republikanischen Einstellung durchaus überzeugt ist – und des darauffolgenden Endes der Monarchie, nach dem sie ins Exil müsste, legt sie beträchtliche Teile jenes Vermögens, das ihr Franz Joseph 1875 aus dem Erbe seines Onkels, des Ex-Kaisers Ferdinand, überträgt – die Rede ist von zwei Millionen Gulden –, gewinnbringend im Schweizer Bankhaus Rothschild an. Auf diese Weise versucht sie, ihren aufwendigen Lebensstil im Fall einer Emigration weiterhin zu sichern. Außerdem erhöht Franz Joseph die Apanage von Elisabeth in diesem Jahr auf 300 000 Gulden, was sie für sich und nicht für die von ihr ständig bedauerten Armen verwendet.

Elisabeth hat keinerlei Klassenbewusstsein, fühlt sich weder der aristokratischen noch der Klasse des einfachen Volkes zugehörig und wird dadurch zum Fremdkörper sowohl am Kaiserhof als auch im österreichischen Volk, das eine zwiespältige Einstellung zu ihr entwickelt, die zwischen kurzfristiger Bewunderung einerseits und massiver Empörung über ihren Lebensstil hin- und herpendelt. Sie ist auf der einen Seite hochintelligent, verhält sich andererseits aber häufig gedankenlos. Kaiserhof und Volk fühlen sich durch ihr Verhalten und ihren aufwendigen Lebensstil immer wieder provoziert und schockiert.

Als Monarchin ist sie im Grunde ihres Herzens erstaunlicherweise Republikanerin, was sie jedoch vielfach nur in ihren Gedichten, aber nicht in der Tat deutlich macht. Sie geißelt die Unmäßigkeiten des aristokratischen Systems, zu dem sie gehört, und verhöhnt deren Vertreter. Sie ist überzeugt, dass Aristokraten und Geistliche Hand in Hand arbeiten, um das übrige Volk dumm zu halten und es bequem beherrschen zu können. Sie kann nicht begreifen, dass das Volk die Monarchie, diese faule Eiterbeule am Staatskörper, noch immer duldet. Doch trotz ihres Zweifels an der Rechtmäßigkeit der elitären Stellung ihrer Kaste, die nicht erworben, sondern nur ererbt ist, nimmt sie ungeniert und zum Teil sogar über die Maßen alle Rechte in Anspruch, die ihr diese elitäre Stellung zusichert. Zwar entschließt sie sich, diversen Einrichtungen und Projekten finanzielle Zuwendungen zukommen zu lassen und auch einfachen Leuten Geschenke zu machen, aber im Hinblick auf die für ihre eigene Person verwendeten Unsummen, sind diese Gaben lediglich ein Tropfen auf den heißen Stein. Eine wirkliche Wohltäterin für das Volk zu sein, gelingt ihr damit nicht. Im Grund hat sie vom Wert des Geldes keine so rechte Vorstellung, weiß nur, dass man es braucht.

Die Skepsis, mit der die Ungarn dem österreichischen Kaiserhaus begegnen, schlägt nach der blutigen Niederschlagung der Revolution 1848 in Hass um. Zwar ist Elisabeth maßgeblich daran beteiligt, dass sich die massiven Spannungen zwischen Österreich-Ungarn legen, es 1867 auch durch ihren Einsatz zum sogenannten Ausgleich mit den Aufständischen kommt und ihr Mann zum König und sie zur Königin von Ungarn gekrönt werden. Doch zu weiterem politischem Engagement, etwa zu deutlichen Einsprüchen gegen kriegerische Auseinandersetzungen, bei denen Soldaten zu Tausenden sterben, ist sie nicht bereit, lediglich zu Besuchen in Lazaretten bei Schwerverletzten oder sterbenden Soldaten. Um die politische Umsetzung ihrer pazifistischen Gedanken bemüht sie sich jedoch nicht, sondern vertraut sie lediglich dem »Poetischen Tagebuch« an, das erst 60 Jahre nach ihrem Tod veröffentlicht werden darf.

Elisabeth ist sich zwar der Vergänglichkeit alles Seienden voll bewusst und weiß, dass mit zunehmendem Alter sowohl ihre Schönheit als auch ihre körperliche Fitness nachlassen und letztlich zerstört werden, dass sich mit ihrem Tod auch alle sorgsam gehüteten Privilegien in nichts auflösen, dennoch gibt sie sich über die Maßen und mit eiserner Selbstdisziplin der Pflege dieser fragilen Äußerlichkeiten hin. Sie wacht narzisstisch über ihren Körper und reagiert mit Melancholie und Depressionen, als der Alterungsprozess unaufhaltsam fortschreitet. Die einst schönste Frau Europas, als die sie sich auch selbst empfindet, versteckt sich nun hinter Schleiern, Fächern, einem Sonnenschirm und in ihren Unterkünften und Häusern, die oftmals von Mauern umgeben sind und deren Zugänge von Hofbediensteten bewacht werden. Sie verbirgt damit auch ihren »Charakter voller faszinierender Widersprüche«, den ihr Biograf Johannes Thiele so beschreibt. Sie ist »rastlos und verträumt, leidenschaftlich und ermüdet, selbstquälerisch und rücksichtslos, pflichtvergessen und überbeschäftigt, gebildet und unklug, himmelhoch jauchzend und zu Tode betrübt, empfindsam und verletzend, liebevoll und abweisend, nervös und launenhaft, hochherzig und kleinlich, emanzipiert und frustriert, erregbar und gequält, angehimmelt und unbeliebt, hochgelobt und kritisiert, angestarrt und übersehen.«[304]

VON EINEM ORT ZUM ANDERN

Ortlosigkeit als wahre Behausung

Elisabeth hat wie ihr Cousin Ludwig II. den »Zappel«, so heißt es schon bald, denn ab 1860 – sie ist damals 23 Jahre alt – ist sie immer häufiger unterwegs, und wird mit den Jahren zur Reiseweltmeistern. »Durch die ganze Welt will ich ziehen«, so ist ihre Devise, »Ahasver [der zur ewigen Wanderung verurteilte Jude] soll ein Stubenhocker gegen mich sein. Ich will zu Schiff die Meere durchkreuzen, ein ›weiblicher Fliegender Holländer‹, bis ich einmal versunken und verschwunden sein werde.«[305]

Elisabeth reist nicht mit langer Vorplanung und überlegt, sondern bricht spontan auf. Oft weiß nicht einmal ihr Mann Kaiser Franz Joseph, wo sie sich gerade aufhält. Im Zickzackkurs durchquert sie die Welt. In Elisabeths 44 Jahre währendem Reiseleben mit insgesamt bis zu 2000 Ortswechseln lassen sich diesbezüglich sieben Phasen feststellen:

1854 bis 1859: Die ersten Reisen unternimmt die junge Kaiserin nach ihrer Hochzeit bis etwa zum 20. Lebensjahr in den Jahren 1854 bis 1857 noch in Begleitung ihres Gemahls Franz Joseph. Es sind vorrangig Dienst- und Repräsentationsreisen nach Böhmen und Mähren, nach Italien und Ungarn. In diesem Zeitraum fällt die Geburt ihrer beiden ersten Kinder – Sophie und Gisela – sowie Sophies Tod. Von 1858 bis 1859 erfolgen – bedingt durch die Geburt ihres Sohnes Rudolf und den Krieg Österreichs gegen Sardinien-Piemont – keine nennenswerten Reisen.

1860 bis 1866: Mit der Reise nach Madeira 1860 beginnt die 23-Jährige ihre wiederholten Fluchtreisen auf dem Meer zu den Inseln Madeira, Korfu und auch zu Kurorten wie Bad Kissingen, nun großenteils ohne Franz Joseph, auch wenn der mit ihr immer wieder zusammentrifft. Weitere Stationen, die sie kontaktiert, sind unter anderem Gibraltar, Mallorca, Malta, Spanien und auch Ungarn.

1867 bis 1869: In diesem Zeitraum unternimmt sie nur kleinere Reisen, unter anderem nach Bayern, in die Schweiz und nach Ungarn, wo Franz Joseph und sie 1867 zum König und zur Königin von Ungarn gekrönt werden und wo 1868 ihr viertes und letztes Kind Marie Valerie zur Welt kommt.

1870 bis 1874: In diesen Jahren sind Rom, Meran und immer wieder auch Ungarn (Gödöllő) wichtige Reisestationen der 33-Jährigen. 1874 kommt sie erstmals nach England, wo sie die Jagdreiterei kennenlernt, von der sie fasziniert ist.

1875 bis 1882: Zu ihren legendären Jagdreisen nach England und Irland bricht Elisabeth 1875 im Alter von 37 Jahren auf. Diese von ihr besonders geschätzten Unternehmungen enden nach sieben Jahren, 1882, als sie im Alter von 45 Jahren das Reiten – unter anderem auch aus gesundheitlichen Gründen – aufgibt.

1883 bis 1888: Jetzt nehmen die schon 1860 begonnenen Kuraufenthalte der Kaiserin in verschiedenen Orten zu, unter anderem in Amsterdam, Gastein, Baden-Baden und Herkulesbad. 1885 unternimmt die 48-Jährige eine Orientreise, die sie bis nach Alexandria führt.

1889 bis 1898: Nach dem Tod ihres Sohnes Rudolf 1889 und der Hochzeit ihrer Tochter Marie Valerie 1890 – beide Ereignisse schmerzen sie zutiefst – beginnt die 53-Jährige ihr acht Jahre währendes zielloses Umherreisen, in alle Himmelsrichtungen bis nach Algier und Ägypten. Ihre »Odyssee« endet erst 1898 mit ihrem Tod.

Mit jeder dieser sieben Phasen nimmt die Häufigkeit der Ortswechsel zu. Elisabeth jagt ruhelos von einem Ort zum anderen, bleibt am liebsten nur einen oder ein paar Tage. Rasch befällt sie Unruhe. Ungern verweilt sie wochen- oder monatelang an ein und derselben Stelle. Sie ist eine Getriebene. Rasch werden die Unterkünfte gewechselt. Ist sie irgendwo angekommen, kommt sie nicht zur Ruhe, sondern ist pausenlos in Bewegung. Ihre Spaziergänge sind eher temporeiche Märsche, sodass ihre Begleiter kaum mithalten können. Auch Gespräche führt sie am liebsten während des Gehens, lernt gehend auch Sprachen. Selbst im Zimmer will sie nicht sitzen, sondern geht ruhelos hin und her. Und sitzt sie doch einmal, ist es ein Sitzen auf dem Sprung. Auf ihren Pferden hockt sie im Damensitz, bei dem beide Beine auf der linken Seite herabhängen. Es sieht so aus, als wolle sie jeden Augenblick herunterspringen. Auf ihren wild dahin galoppierenden Pferden gelingt es ihr, sich noch schneller fortzubewegen als ihr das zu Fuß mög-

Das letzte Porträt der Kaiserin Elisabeth. Eine Skizze von Alfons Schweiggert, München.

lich ist. Die oft heftigen Schaukelbewegungen der Jachten bei Fahrten auf dem Meer kommen ihrem Bewegungsdrang sehr entgegen. Noch mehr beglücken sie stürmische Überfahrten, an denen sie sich förmlich berauscht. »Nie wird sie müde, das Meer zu betrachten, nichts kann sie so sehr ergreifen wie der Anblick des Sturmes und der Elemente in Aufruhr.«[306] Auch alles um sie herum muss in Bewegung sein, weshalb sie windiges Wetter und dahinjagende Wolken herrlich findet.

Eine Heimat im engeren Sinn existiert zunehmend weniger für sie und einen Ort, dem sie sich wirklich verbunden fühlt, kennt sie im Grunde nicht. Selbst in ihrem Traumschloss »Achilleion« ist sie nur zu Gast, wie sie Ihrem Vorleser Christomanos versichert: »Wir werden aber nur so selten als möglich unsere Zeit zu Hause verbringen. Man soll nur solange als nötig in den Häusern seine Lebensstunden verbringen, und unsere Wohnungen müssen derart sein, daß sie die Illusionen, die wir jedesmal mitbringen, nicht zerstören.«[307] Viel wohler als in ihren Schlössern und anderen Unterkünften fühlt sie sich etwa »unter stinkenden Fellachen auf dem Basar von Kairo oder auf den überfüllten Straßen von Neapel«.[308] Unterwegssein ist das Ziel. Sind Elisabeths wahre Behausungen also gar keine Häuser, sondern sich stets wandelnde außerhäusige Orte, womöglich sogar die Ortlosigkeit oder ist ihre Lebensatmosphäre eine noch ganz andere?

IM SCHATTENREICH

Zwischen Leben und Tod

Es ist erstaunlich, wie sich Elisabeth trotz ihrer ursprünglichen Lust an einem umtriebigen Leben immer wieder lebensbedrohlichen Situationen aussetzt und Orte schätzt, an denen derartige Erfahrungen möglich sind. Dies hängt mit ihrer festen Überzeugung zusammen, dass alles ohnehin vorherbestimmt sei, wie dies auch ihre Tochter Marie Valerie wahrnimmt: »Mama ist eigentlich nur deistisch. Sie betet den gewaltigen Jehova an in Seiner vernichtenden Kraft und Größe; dass Er aber Bitten Seiner Geschöpfe erhört, glaubt sie nicht, weil – sagt Sie – von Anfang aller Zeiten her alles vorausbestimmt und der Mensch machtlos ist gegen diese ewige Predestination [sic!], deren Grund eben nur Jehovas unerforschlicher Wille ist. Vor Ihm ist Sie ja der kleinsten Mücke gleich – wie könnte Ihm etwas an Ihr liegen.«[309]

Aufgrund dieser fatalistischen Einstellung und des Bewusstseins, dass der Tod unausweichlich ist und einen jeden Augenblick ereilen kann, nimmt sie bei ihren Reitjagden auf möglichst schwierigem Gelände gefährliche Stürze billigend in Kauf, obwohl sie schon erlebt hat, dass Reiter und Pferde dabei schwer verletzt werden oder gar zu Tode kommen. Der Gedanke, sich dabei selbst das Genick zu brechen, schreckt sie nicht, sondern spornt sie im Gegenteil zu noch waghalsigeren Ritten an. Sollte ihr etwas passieren, ist dies ja vorherbestimmt.

Ebenso schätzt sie bei ihren Schiffsreisen auf dem Meer bedrohliche Stürme mit hohem Wellengang mehr als die Fahrt auf ruhiger See. Hierbei setzt sie sich aber nicht allein der Gefahr eines Schiffsuntergangs aus, sondern auch alle ihre Begleiter, die nicht selten Todesängste ausstehen. Infolge dieser Erfahrung meint sie: »Es dürfen mich […] auch nur Menschen begleiten, die entweder nichts mehr zu verlieren oder mit dem Leben überhaupt abgeschlossen haben.«[310] Und: »Am besten wäre für mich eine Schiffsmannschaft von lauter zum Tode Verurteilter. Da bräuchte ich mir kein Gewissen daraus zu machen, sie der Gefahr auszusetzen.«[311] »Am liebsten wäre ihr gewesen«, schreibt ihre Nichte Amélie, »wenn ihr Schiff bei einem starken Sturm untergegangen wäre. [Sie] betete ›zum großen Jehova‹ er möge das ganze Schiff zugrunde gehen lassen.«[312]

Auch bei ihren zahlreichen Bergtouren lässt sie sich durch Unwetter und Gewitter nicht abschrecken, sondern jagt in einem Tempo dahin, das eine ihrer Hofdamen treffend als »Totgehen«[313] bezeichnet. Beim Blick in Felsschluchten und Abgründe wird sie an die von ihr verehrte griechische Dichterin Sappho erinnert, die auf der Insel Lesbos junge Mädchen vornehmer Herkunft als Schülerinnen um sich versammelt und sie in Poesie, Musik, Gesang und Tanz unterrichtet. Besonders beeindruckt sie Sapphos Ende, die sich aus unerwiderter Liebe vom Leukadischen Felsen ins Meer stürzt. Beim Besuch dieser Stelle ist Elisabeth zutiefst ergriffen. Ab 1890 ist ihre Tochter Marie Valerie zunehmend besorgter, dass sich ihre Mutter in einer depressiven Phase das Leben nehmen könnte, das sie als unnütz empfindet, wenn sie etwa »auf einem Spaziergang im Gebirge an einem Wasserfall stehenblieb, wenn sie von einer Ufermauer ins Meer hinabstarrte oder auch nur den Schritt verlangsamte, wenn sie an einem offenen Fenster vorbeiging«.[314]

Elisabeth kommt von klein auf regelmäßig mit dem oft überraschenden Tod ihr nahe stehender Menschen in Berührung. 1853 – sie ist erst 15 Jahre alt – stirbt ihr Jungenfreund David Paumgarten und wenig später ein Offizier am herzoglichen Hof, in den sie verliebt ist. Besonders schwer trifft die 20 Jahre junge Elisabeth der Tod ihrer Tochter Sophie am 29. Mai 1857, die sie beim Sterben begleitet. Sieben Jahre später, am 2. April 1864, erlebt sie in Wien das Sterben ihrer Cousine Erzherzogin Hildegard, der Schwester König Max II. von Bayern, die mit Erzherzog Albrecht von Österreich verheiratet ist. »Es war das erstemal«, schreibt Elisabeth, »daß ich einen erwachsenen Menschen sterben sah. Es machte mir einen furchtbaren Ein-

Erzherzogin Sophie von Österreich auf dem Totenbett, Aquarell von Barabás Miklós, 1857.

druck, ich hätte nie gedacht, daß es so schwierig ist, zu sterben, daß der Kampf mit dem Tode ein so fürchterlicher ist. Zu denken, daß jemand das mitmachen muß! Wie sind die zu beneiden, die in der Ahnungslosigkeit der Kindheit von dieser Erde der Trauer hinübergehen. Ja, Leben ist ein häßlich Ding, in dem nichts sicher ist, als der Tod.«[315] Später begleitet sie auch andere Personen in den Tod wie ihre Schwester Néné oder ihre Schwiegermutter Sophie. Nach Nénés Tod äußerte sie: »Ich begreife nun, daß man aus bloßer Angst vor solch einem siechen Ende Selbstmord begehen kann.«[316] Jedes Jahr gibt es Todesfälle zu beklagen, wie diese kleine Auswahl zeigt. 1862 stirbt ihre Nichte Mathilde, 1867 ihr Schwager Maximilian von Thurn und Taxis und ihre Schwägerin Sophie von Sachsen, desweiteren ihr Schwager Ferdinand Max (1867), ihre Schwiegermutter Erzherzogin Sophie (1872), der von ihr geachtete Franz Deák (1876), ihr seelenverwandter Cousin König Ludwig II. (1886), ihr Schwager Graf Trani (1886), ihr Vater Herzog Max (1888), ihr Sohn Rudolf (1889), der von ihr verehrte Alexander von Warsberg (1889), ihre geliebte Schwester Néné (1890), Graf Gyula Andrássy (1890), ihre Mutter Ludovika (1892), ihr liebster Reitpilot Bay Middleton (1892), ihr Bruder Max Emanuel (1893), ihre Schwägerin Amalie von Sachsen-Coburg (1894), ihr Schwager Karl Ludwig (1896) und ein Jahr vor ihrem eigenen Ende ihre Schwester Sophie in den Flammen (1897).

1889 und 1890 erfolgen zwei besonders gravierende Einschnitte in Elisabeths Leben. 1889 nimmt sich ihr Sohn Rudolf das Leben und 1890 heiratet ihre Lieblingstochter Marie Valerie Erzherzog Franz Salvator. Beide Ereignisse lassen ihre Todesgedanken und -wünsche erheblich anwachsen. »Jeder Mensch erlebt einen Tag«, äußert sie, »an dem seine Seele stirbt; man lebt weiter, aber nur körperlich«.[317] »Ich könnte verrückt werden«, beteuert sie, »wenn ich vorausdenke, und noch jahrelang das Leben vor mir sehe«.[318] Die Kaiserin ist im wahrsten Sinne des Wortes »lebensmüde«. »Wie beneide ich Rudolf«, klagt sie, »aber man weiß halt nicht, was nachkommt. Wüßte man es, dann wäre es freilich leicht.«[319] »Sie neidet Rudolf den Tod und ersehnt ihn Tag und Nacht«[320], stellt Marie Valerie betroffen fest und zu ihr sagt die Mutter: »Ich liebe doch eigentlich nur Dich, wenn Du mich verläßt, so ist mein Lieben [und auch Leben] aus.«[321] Als äußeres Zeichen ihres zunehmenden Lebensüberdrusses verschenkt sie an verschiedene Personen ihren gesamten Schmuck im Wert von mehreren Millionen Gulden[322] mit der Bemerkung: »Es ist ein Andenken an die Zeit, wo ich gelebt habe.«[323] Außerdem trägt sie von da an nur noch schwarze Kleidung und denkt oft an den Tod. »Der Todesgedanke reinigt wie ein Gärtner, der das Unkraut jätet«, sagt sie zu ihrem Griechischlehrer Constantin Christomanos. »Aber dieser Gärtner will immer allein sein, und ärgert sich, wenn Neugierige in seinen Garten schauen. Deswegen halte ich den Schirm und den Fächer vor meinem Gesicht, damit er ungestört arbeiten kann.«[324]

Christomanos ist beunruhigt: »Je länger ich in ihrer Nähe weile, desto mehr belebt sich in mir der Gedanke, daß sie zwischen zwei Welten steht. Wenn wir stundenlang am homerischen Strand wandern, sie wie ein verkörperter Schatten gleitend an der lichten Küste des Lebens, und die ewigen Wellen uns anschreien, da habe ich immer die Empfindung, als ob sie etwas versinnbildliche, das zwischen Leben und Tod liegt oder in beiden zugleich [...], dass sie in das reale Leben nicht hineingehört. Ihre Lebensatmosphäre ist eine andere als diejenige, worin wir atmen. Von unserem Standpunkt aus ist ihr Leben eigentlich ein Nichtleben: man könnte sagen, sie befindet sich noch als Lebende in einem Zustand, der das Leben ausschließt.«[325]

Elisabeth hält sich im letzten Lebensjahrzehnt also gleichsam als lebende Tote an einem Ort zwischen Leben und Tod auf. »Es war, als ob man mit einem Gespenst zusammenfuhr«, erinnerte sich Ex-Kaiserin Eugénie von Frankreich, »denn ihr Geist schien in einer anderen Welt zu weilen. Selten sah sie, was um sie herum vorging [...]«.[326] In diesem Zwischenreich öffnet sich ihr die »andere Welt«, gelingt ihr auch der Kontakt zu Verstorbenen, wie dies bereits am 28. April 1887 geschieht. Da begegnet ihr im wachen Zustand, wie sie ihrer Tochter Marie Valerie schwört, die Seele des Dichters Heinrich Heine und versucht ihre Seele aus dem Körper zu lösen. »Der Kampf dauert einige Sekunden«, erzählt sie, »aber Jehova gestattet der Seele nicht, den Körper zu verlassen. Die Erscheinung verschwand und ließ mir trotz der Enttäuschung des Weiterlebens eine beglückende Befestigung im zuweilen schwankenden Glauben, eine größere Liebe zu Jehova und die Überzeugung zurück, daß der Umgang von Heines Seele und der meinen von ihm gestattet sei.«[327] Beim Verfassen etlicher Gedichte, dessen ist sie sich sicher, habe ihr Heine auch die Feder geführt: »Es schluchzt meine Seele, sie jauchzt und sie weint, / Sie war heute Nacht mit der Deinen vereint«[328], notiert sie. Mehrfach sucht sie spiritistischen Kontakt zu Verstorbenen aufzubauen, nicht nur zu Heine, sondern auch zu ihrem Sohn Rudolf und anderen. Wenige Monate nach dem Tod Ludwig II. im Juni 1886 erscheint ihr der Vetter und prophezeit ihr den Feuertod ihrer Schwester Sophie und ihren eigenen Tod. Auch das sei kein Traum gewesen, versichert sie.

Mit zunehmendem Alter entfernt sich Elisabeth aus dem Reich der Lebenden immer mehr, empfindet ihr Leben nur noch als zunehmende Mumifizierung von Tag zu Tag: »Es gibt nichts ›Grauslicheres‹, als so nach und nach zur Mumie zu werden und nicht Abschied nehmen zu wollen vom Jungsein. Wenn man dann als geschminkte Larve herumlaufen muß – Pfui! Vielleicht werde ich später immer verschleiert gehen, und nicht einmal meine nächste Umgebung soll mein Gesicht mehr erblicken«, notiert sie laut Marie Larisch bereits Ende der 1880er-Jahre und verbirgt sich wenig später tatsächlich hinter schwarzen Fächern und weißen Schirmen, die »fast zu Bestandteilen ihrer körperlichen Erscheinung«[329] werden, wie Constantin Christomanos bemerkt. Auf diese Weise betreibt sie konsequent ihre ein Jahrzehnt andauernde Auslöschung, die von ihrem »Erlöser« – dem Anarchisten Luigi Lucheni – 1898 schließlich vollendet wird.

SOLANG DU IN DIR SELBER NICHT ZU HAUSE BIST, ...

Elisabeths vergebliche Suche nach ihrer Seele

Was verraten nun all die Schlösser, Burgen, Villen, einfachen Land- und Jagdhäuser, die Schiffskajüten, Berghütten und die vielen Hotels und Kurhäuser, in denen sich Kaiserin Elisabeth während ihres Lebens aufhält über sie? Deutet ihre Rast- und Ruhelosigkeit in erster Linie wirklich nur daraufhin, ständig dem Wiener Hof mit seinen protokollarischen Zwängen entgehen und jenen Menschen entkommen zu wollen, deren Gesellschaft sie als bedrückend empfindet? Oder durchstreift sie die Welt aus einer inneren Unruhe heraus und getrieben von diversen körperlichen und seelischen Leiden und Krankheiten, von denen sie sich befreien will? Ist sie eine emanzipierte Frau, die ihre Reisen durch Europa vorrangig deshalb unternimmt, um sich zu bilden, die Grenzen der Freiheit auszuloten und zur Selbsterkenntnis zu gelangen? Hilft ihr der Blick auf andere Menschen und Nationen bei ihren ständig wechselnden Aufenthalten an unterschiedlichen Orten und in ständig wechselnden Unterkünften, sich zu einem gleichsam republikanischen Weltbürger zu entwickeln? Plant sie ihre Reisen, wie dies etwa Prinzessin Therese von Bayern bei ihren Forschungsreisen tat, oder irrt sie spontan und im Grunde ziellos durch die Welt?

Die Kulisse für Elisabeths gesamtes Leben ist bereits in der Kindheit vorhanden: ein abgelegenes Schloss (Possenhofen), ein großes Gewässer (Starnberger See), viel freie Natur (im Park von Possenhofen), die Möglichkeit sich frei zu bewegen und Ausritte ins Umland zu unternehmen, die Beengtheit in der Stadt München mit Freiheiten im väterlichen Palais, wo es eine Zirkusarena gibt und die Möglichkeit zum Reiten sowie den Rückzug in den nahegelegenen herzoglichen Park.

Dann das schier unglaubliche Ereignis. Ausgerechnet für sie, die unbedeutende minderjährige Tochter eines kleinen Herzogs *in* Bayern, also nicht einmal *von* Bayern, interessiert sich der Kaiser eines der mächtigsten Reiche Europas. Geblendet von der Stellung dieses Mannes gibt sie, noch ein unerfahrenes Kind, seinem Werben halbherzig nach, ohne darauf vorbereitet zu sein und ohne auch nur im Geringsten zu ahnen, was auf sie zukommt, und das, obwohl Franz Joseph doch eigentlich eine andere Frau, nämlich ihre altersmäßig weitaus geeignetere und auf die Rolle der Kaiserin besser vorbereitete Schwester Helene zugedacht ist. Doch Franz Joseph besteht auf Sisi, er will das noch kindliche Mädchen besitzen, auch wenn er damit höchst unverantwortlich handelt. Und seine Mutter, was bleibt ihr auch anderes übrig, duldet das auch noch. Die Kindfrau könne ihm ja »durch Anmut und Heiterkeit seine Lage erleichtern«[330], meint sie. Dem 23-Jährigen raubt die »süße« Minderjährige »frisch wie eine aufspringende Mandel mit Lippen wie Erdbeeren«[331], wie er schwärmt, und gerade erst 15 Jahre alt geworden, den Verstand. »Diesem Liebreiz, dieser kleinmädchenhaften und doch so süßen Ausgelassenheit«[332] kann er einfach nicht widerstehen. Es sind allein die körperlichen Merkmale eines jungen Mädchens, die ihn anziehen und ihn so entscheiden lassen.

Kaum ist diese Kindfrau Kaiserin geworden, erweitert sich ihre Welt: eine städtische Umgebung (Wien) mit mehreren Schlössern (Wiener Hofburg, Schloss Schönbrunn, Schloss Laxenburg, »Kaiservilla« in Bad Ischl und später die »Hermesvilla«), die zugleich aber infolge des rigiden Hofprotokolls und der strengen Etikette drastische Einengung der Persönlichkeit und massive Irritation bedeuten. In der dritten Nacht nach der Hochzeit gelingt es dem Kaiser, die kindliche Sisi zur Frau zu machen und ihr in rascher Folge 1854, 1856 und 1858 die Schwangerschaft und Geburt von drei Kindern aufzubürden, mit deren Erziehung sie völlig überfordert ist. Dazu die ständigen Querelen mit der Schwiegermutter Sophie. Elisabeth ist »reif für die Insel« und entflieht allem auf das ferne Sonneneiland Madeira. Sie hört von Affären ihres Mannes mit einer polnischen Gräfin, einer Schauspielerin und einem Bauernmädchen. Einem Kaiser sind solche Seitensprünge ja erlaubt. Sie ist zutiefst gekränkt und fühlt sich zunehmend gesundheitlich angegriffen. Der Gedanke, infolge der Untreue ihres Mannes mit einer ansteckenden Krankheit infiziert zu sein, erfüllt sie mit Abscheu und Ekel und lässt ihre anfängliche Zuneigung zu Franz Joseph weitgehend erlöschen.

Angeblich das letzte Bild von Kaiserin Elisabeth von Österreich (rechts). Links ihre Vorleserin und Vertraute Ida Ferenczy, um 1890. Laut dem Hofmobiliendepot Wien aber erwiesenermaßen eine Fälschung.

Zu spät wird allen klar, dass Sisis Schwester Helene, wäre sie Franz Josephs Frau geworden, von ihrer Stellung als Kaiserin höchstwahrscheinlich nicht so überfordert gewesen wäre, wie dies bei der blutjungen Sisi der Fall war. Auch wäre sie wahrscheinlich nicht in solch heftige Auseinandersetzungen mit ihrer Schwiegermutter Sophie verwickelt worden, wie sie Elisabeth über einen Zeitraum von sechs Jahren erduldet, bevor sie sich zur Flucht aus der Stadt und zu endlosen Reisen aufrafft, auf denen nicht nur diverse Schlösser und Villen in anderen Ländern und auf Inseln zur vorübergehenden Wohnstatt werden, sondern sich letztlich die ganze Welt zu ihrem Wohnraum weitet. Reisen wird zur ihrer Überlebensform. Dabei bietet das Meer die Möglichkeit, mit Schiffen rasch von einem Ort zum andern zu gelangen, stets aufs Neue endlose Fernen anzusteuern und sich in fortwährend wechselnden Quartieren kurzfristig aufzuhalten.

Immer wieder, wenn sie gerade einmal etwas zur Ruhe kommt, ergreift sie erneut eine Rastlosigkeit. Sie ist überall und nirgendwo. Sie flieht vor Menschen, vor dem Alltag, vor der Routine, vor dem, was sie einengt und beschränkt. Sie flüchtet vor Problemen jeder Art: vor Auseinandersetzungen, vor Krankheiten, vor seelischem Kummer, vor dem Tod. Sie schleicht sich davon – oft fast unbemerkt. Sie flieht vor Feinden, aber auch vor Freunden, will sich nie erklären müssen, will nie die sein, die wieder im Stich gelassen und enttäuscht wird. Will nicht dasitzen, reglos, in Kummer versunken. Ist wie ein Schatten, kaum greifbar.

Sie versucht sich daraus zu befreien, erstreitet 1865 mit einem »Ultimatum« endlich ihre Unabhängigkeit. Sie richtet sich auf, wird groß, und Franz Joseph schrumpft zu einem ihr hörigen Zwerg, wird »ihr Kleiner«, ihr »Männeken«[333], der sie nun bis zu ihrem Tod geradezu unterwürfig liebt, sich von ihr »erziehen«[334] lässt, ihr alle Wünsche erfüllt, ihre endlosen Abwesenheiten widerspruchslos duldet und der es hinnimmt, dass sie ihm ihre Zuneigung allenfalls nur sporadisch zeigt. 1867 wird sie ein einziges Mal politisch aktiv, setzt sich gegen den Willen ihrer Schwiegermutter und großer Teile des Hofs für den Ausgleich mit Ungarn ein und weiß ihn auch energisch durchzusetzen. Sie liebt das aufständische Volk, weil sie selbst eine Aufständische ist. Wie sie, so fordern auch die Ungarn Selbstbestimmung und eine eigene Verfassung, die sie deshalb mit aller Kraft unterstützt, damit sie dieses Ziel erreichen. In der Folge erhält sie gemeinsam mit ihrem Mann die ungarische Königskrone und Schloss Gödöllő, das ihr die Ungarn schenken. Es wird für Elisabeth zu einem Gegenmodell zur Hofburg in Wien.

Doch dies ist nur eine Episode, die Unruhe bleibt. Selbst zunächst geliebte Behausungen wie Schloss Gödöllő, das nach eigenen Plänen errichtete »Achilleion« auf Korfu und die »Hermesvilla« in Lainz können die Kaiserin auf Dauer nicht zufriedenstellen. Bei den Aufenthalten darin sprengt oft schon nach kurzer Zeit der Drang in die Ferne die Türen. Sie wird zur Egomanin und findet an der eigenen Exzentrik, an der Abweichung von jeglicher Norm immer mehr Gefallen, leidet aber zugleich darunter. Ständig ist sie hin- und hergerissen zwischen Flucht und Sehnsucht, Fern- und Heimweh, Selbstfindung und Selbstdarstellung. Wie oft bricht sie auf? Flieht vor Enttäuschungen, aus Verzweiflung, aus Trotz? Weiß, dass Ferne Erlösung bringt und Vergessen. Neue Menschen, neues Leben, neue Geschichten. Manche sagen, sie sei auf der Suche – Suche wonach? Suche nach dem Einen und Großen. Nach Liebe, nach Geborgenheit. Doch ist das überhaupt greifbar?

Nicht nur Schlösser und Villen, häufig werden Hotels zu vorübergehenden Unterkünften für die Kaiserin, wenn sie aufgrund ihrer diversen körperlichen und psychischen Beschwerden Kuren in Anspruch nehmen muss. Ihre Melancholie und immer wieder auftretenden Depressionen versucht sich mit verschiedenen Medikamenten, darunter auch Kokain, in den Griff zu bekommen. Mit ihren Fastenkuren fügt sie sich körperliche und in der Folge auch psychische Schäden zu. In rascher Folge hetzt sie von einem Ort zum anderen, oft nur für Tage, seltener für Wochen oder gar Monate. Es ist ein Zickzackkurs, erinnert an einen hakenschlagenden Hasen, der vor dem totbringenden Fuchs auf der Flucht ist.

Nach ihrem 30. Lebensjahr – also ab 1868/69 – verbietet sie jegliche Fotografie von sich, auch wenn bis zu ihrem 40. Lebensjahr noch einige, aber meist retuschiere Porträtfotos von ihr erscheinen. Ab dem 45. Lebensjahr gibt sie wegen rheumatischer Beschwerden das geliebte Reiten auf. Ab dem 52. Lebensjahr trägt sie nach Rudolfs Tod nur mehr schwarze Kleidung und ab dem 58. Lebensjahr hat sie mit ihrem Leben endgültig abgeschlossen. Rudolf hat nicht nur sich und seine Geliebte totgeschossen, sondern auch sie. Den »Gnadenschuss« erhält sie von ihrer Lieblingstochter Marie Valerie, die ihr bei der Hochzeit entrissen wird. Elisabeths Seele ist tot und der Körper nur noch zum Dahinvegetieren verurteilt. In den letzten Lebensjahren findet schließlich auch eine räumliche Entgrenzung statt. Die Kaiserin nimmt fremde Wohnungen und Häuser, die sie ohne Einladung spontan betritt, zum Erstaunen oder zur Entrüstung der Bewohner kurzzeitig für sich in Beschlag, so als wären diese Domizile ihr Eigentum. In ähnlicher Weise besucht sie unangemeldet Schlösser und überrascht deren Besitzer, die sich darüber echauffieren. Dass man sie für verrückt hält, beunruhigt sie nicht.

Gegen Ende ihres Lebens fühlt sich die Kaiserin überall zu Hause und doch ist sie gleichzeitig nirgendwo daheim. Denn nie ist sie in sich selbst zu Hause und erfüllt so das alte Sprichwort »solang du in dir selber nicht zu Hause bist, bist du nirgendwo zu Haus«. Elisabeth gelingt es nicht, in sich zu ruhen. Sie nimmt sich selbst fortwährend die Möglichkeit, dass dies gelingen könnte, indem sie ihren Körper gnadenlos kasteit und qualvollen Hungerkuren unterwirft. Sie missachtet die alte Regel: Man muss dem Körper etwas bieten, damit die Seele Lust hat, darin zu wohnen.

Eine treffende Charakterisierung Elisabeths stammt von ihrer Hofdame Marie Gräfin Festetics, die am 17. März 1872 notiert: »Schade, daß sie [die Kaiserin] die ganze Zeit eigentlich mit Grübeleien vertändelt und gar nichts tun muß. Sie hat Hang zu geistiger Trägheit und dabei einen Freiheitstrieb, dem jede Beschränkung schrecklich ist.«[335] Und am 14. September 1879 findet sich in ihrem Tagebuch der folgende Eintrag: »Die Kaiserin ist lieb und gut, aber sie macht sich alles zur Qual und was für andere eine Quelle reiner Freude ist, wird bei ihr zum Quell des Unbehagens. Sie kommt mir vor wie ein Kind aus der Feenwelt. Da kamen viele gute Feen und legten ihr eine schöne Gabe in die Wiege, Schönheit, Lieblichkeit, Anmut, Vornehmheit, Einfachheit, Güte, Edelmut, Geist, Witz, Schalkhaftigkeit, Scharfsinn und Klugheit. Da aber kam die böse Fee und sagte: ›Alles hat man Dir gegeben, wie ich sehe, alles. Ich aber will diese Eigenschaften gegen Dich selbst kehren und keine Freude soll Dir daraus erblühen. Ich gebe Dir nichts. Ich nehme Dir aber ein hohes Gut, das wenig beachtet ist, aber ach, so nötig, um das Gleichgewicht der Seele zu erhalten, um in Harmonie des Herzens glücklich zu sein und dem Gemüte Frieden zu geben. Ich nehme Dir, was der Mensch unbewußt in sich trägt, das Maßhalten in Deinem Tun, Treiben, Denken und Empfinden. Nichts soll Dir zur Freude werden, alles sich gegen Dich kehren, selbst Deine Schönheit Dir nur Leid schaffen. Dein hoher Geist soll so tief in die Dinge eindringen, bis er Dich auf Irrwege bringt und Du die Menschheit verachtest, so wirst Du den Glauben an Güte und Liebe und das Vertrauen in die Besten verlieren und gerade dort geben, wo es dann wieder mißbraucht wird. So wirst Du Deine Seele mit Widerwillen und Bitterkeit erfüllen, bis Du Deinen Frieden nicht mehr finden kannst.‹«[336]

Tag für Tag strebt die Kaiserin danach, Widerwillen und Bitterkeit aus ihrer Seele zu vertreiben, um endlich den ersehnten Frieden zu finden. Tag für Tag jagt sie ihrer Seelenruhe nach und versucht, sie mit endlosen Gewaltmärschen in hohem Tempo einzuholen oder mit Ritten in gefährlichem Galopp zu erjagen. Sie sammelt Kilometer um Kilometer, immer schneller, gefährliche Parforceritte auf Pferden, immer noch hektischer, immer häufiger. Sieht die Zeit und das Leben vorbeirauschen, blickt im Vorbei zurück auf jenen Teil der Welt, der einst der ihre war. Sie flieht vor dem Leben, vor sich, hinauf in die Wolken, in die Nacht, in jede Himmelsrichtung.

Selbst in den für sie eingerichteten Appartements in den diversen Schlössern, Burgen, Villen, Landhäusern, Kurhäusern und Hotels kommt sie nie zur Ruhe. Im Gegenteil, hier fühlt sie sich meist schon nach kurzem Aufenthalt derart beengt, dass sie in diesen Zimmern ruhelos hin- und hergeht wie ein Tiger in seinem Käfig und ruhiges Sitzen immer mehr vermeidet. Nur die unbegrenzte Natur, der Blick von Berggipfeln in die Ferne und Überfahrten mit ihren Jachten über das sturmgepeitschte Meer, das sich in grenzenlose Weite öffnet, können sie kurzzeitig noch etwas zufriedenstellen und die Seele für seltene Augenblicke einfangen, sodass sie diese wenigstens zeitweise ein bisschen in sich verspürt.

Und plötzlich sieht sie es, ohne es sehen zu wollen. Das, was sie sich all die Jahre nie eingestanden hat, was sie nicht hätte ertragen können. Sie flieht nicht vor dem Leben, vor der Liebe, vor Kummer oder Leid. Sie flieht vor sich. Vier kleine Worte: Flucht vor sich selbst. In Stille und Einsamkeit versucht sie, ihre eigenen Gedanken zu hören, sich selbst zu fühlen, ihren Zustand in Worte zu fassen, in Gedichte, um zu begreifen, dass sie manches hätte ändern können, was sie hätte ändern müssen. Dann wünscht sie, nicht so viel Zeit vertan zu haben, verloren zu haben. Und sie schließt die Augen, will vergessen, träumt sich davon. Und immer wieder flüstert es in ihr: Morgen. Morgen geht es endlich los. Es gibt ja noch so viele Orte auf dieser Welt, die ich nicht gesehen habe.

Die originale Totenmaske von Kaiserin Elisabeth. Sie gilt als verschollen.

Dann nach 45-jähriger Irrfahrt durch ein rastloses Leben kommt sie zur Ruhe, als sie der Tod ereilt und das Leben wie ein kleiner Vogel durch ein winziges Loch in ihrem Herzen endgültig aus ihr entweicht. In einem Hotel – »Hotel Talachini« in Bad Ischl – hat Elisabeths kaiserliches Dasein begonnen, in einem Hotel – »Hotel Beau-Rivage« in Genf – endet es auch. Ihre letzten Worte, die sich auf ihr gesamtes Leben beziehen lassen, lauten: »Was ist denn eigentlich geschehen?«[337] Auf diese Frage erhält sie keine Antwort mehr.

Als Tote wird sie in die verhasste Kerkerburg zurückgebracht, wo sie in der Hofburgkapelle aufgebahrt wird. Die letzte Behausung ist eine für die freiheitsliebende Kaiserin unvorstellbare. Gewünscht hätte sie sich, dass ihre Asche ins weite Meer verstreut wird oder ein Grab auf einer ihrer Inseln im Atlantik, am liebsten auf Korfu. Doch niemand erfüllt ihr einen dieser Wünsche. Stattdessen führt ihr letzter Weg in die Kaisergruft der Wiener Kapuzinerkirche, die in einem muffigen Kellergewölbe eingerichtet ist. Besonders beeindruckend bei den Bestattungsfeierlichkeiten ist die traditionelle Anklopfzeremonie an der Kirchenpforte. Dreimal klopft

Kaiserin Elisabeth im Galakleid mit Rubinschmuck und Fächer, Gemälde von Georg Raab, 1879.

der Zeremonienmeister mit dem traditionellen Klopfstab ans Tor. Aus dem Inneren ertönt daraufhin die Stimme des Pater Guardian: »Wer begehrt Einlass?« Nun zählt der Zeremonienmeister die endlos lange Reihe von allen Titeln Elisabeths auf. Als er endet, ertönt aus dem Inneren der Ruf: »Wir kennen sie nicht!« und das Tor bleibt verschlossen. Zum zweiten Mal fragt der Pater: »Wer begehrt Einlass?«, worauf der Zeremonienmeister nun alle Ehrungen und Auszeichnungen Elisabeths vorträgt. Doch auch jetzt wird der Toten mit dem Ruf: »Wir kennen sie nicht!« der Einlass verweigert. Zum dritten Mal wird dreimal ans Tor geklopft. Abermals ertönt die Frage: »Wer begehrt Einlass?«, worauf der Zeremonienmeister jetzt nur noch fünf Worte sagt: »Elisabeth – ein sterblicher, sündiger Mensch!« Ein paar Sekunden Stille, dann die erlösenden Worte des Paters: »So komme sie herein!« Langsam öffnet sich das Portal und der Verstorbenen wird endlich Einlass in die Kapuzinerkirche gewährt. Erst befreit von allen ererbten Titeln, Würden, Ehrungen und Auszeichnungen kann auch die Kaiserin als einfacher Mensch vor Gott treten, bei dem alleine zählt, was jemand aus seinem Leben gemacht hat. Alles andere ist nichtig und wertlos. Eingeschlossen in einem dreifachen Sarkophag, aus dem kein Entrinnen mehr möglich ist, findet Elisabeths letzte Hülle den ersehnten Frieden in der Kaisergruft nahe dem Sarkophag ihres Sohnes Rudolf und dem ihres Mannes Franz Joseph.

Das von ihr mehrfach befürchtete Ende der österreichischen Monarchie muss sie nicht mehr erleben. 20 Jahre nach ihrem Tod löst sich in den letzten Oktobertagen des Jahres 1918 die habsburgische Herrschaft in Österreich auf. Hätte Elisabeth noch gelebt, wäre sie als 80-Jährige wohl mit der kaiserlichen Familie nach Gödöllő geflohen, wo die Lage noch etwas stabiler ist. In Wien, wo zwei Regierungen gleichzeitig tätig sind, zerfällt bereits die Armee. Österreich-Ungarns Zusammenbruch ist nicht mehr aufzuhalten. Kaiser Karl I. verbringt die letzten Tage der Monarchie mit Kaiserin Zita in Schloss Schönbrunn. Beide verlassen nach Unterzeichnung der Verzichtserklärung das Schloss durch ein Nebentor und begeben sich einige Zeit später mit der Familie ins Schweizer Asyl. Nach fast 640 Jahren ist die Herrschaft der Habsburger in Österreich damit beendet.

ANMERKUNGEN

1 Thiele, Johannes: Elisabeth. Das Buch ihres Lebens, München 1996, S. 39 (künftig: Thiele)
2 Thiele, S. 15
3 Ebd., S. 53
4 Schweiggert, Alfons: Herzog Max in Bayern. Sisis wilder Vater, München 2016, S. 121 (künftig: Schweiggert-Herzog Max)
5 Christl, Karl: Herzog Max und Sisi in Unterwittelsbach. Aichacher Geschichten, Band 11, Aichach 1998, S. 39
6 Schweiggert-Herzog Max, S. 122
7 Haslip, S. 105
8 Thiele, S. 162
9 Hamann, Brigitte: Elisabeth. Kaiserin wider Willen, München 2005, S. 34 (künftig: Hamann)
10 Haslip, S. 299
11 Thiele, Johannes: Elisabeth. Ihr Leben. Ihre Seele. Ihre Welt, Wien 2011, S. 173
12 Haslip, S. 409
13 Ebd., S. 446
14 Sztáray, Irma Gräfin: Aus den letzten Jahren der Kaiserin Elisabeth, Wien 1909, S. 200 (künftig: Sztáray)
15 Hamann, S. 546
16 Ebd.
17 Ebd., S. 552
18 Corti, S. 24f.
19 Hamann, S. 29f.
20 Ebd., S. 32
21 Hamann, S. 183
22 Poetisches Tagebuch, S. 280
23 Thiele, S. 155
24 Hamann, S. 352
25 Haslip, S. 252
26 Weissensteiner, Friedrich: Die rote Erzherzogin. Das ungewöhnliche Leben der Tochter des Kronprinzen Rudolf, Wien 1983, S. 31
27 Kurz-Lunkenbein, Marilis: Die Sisi-Straße. Lebensweg der Kaiserin Elisabeth, Berlin 2013, S. 179 (künftig: Sisi-Straße)
28 Thiele, S. 158
29 Ebd.
30 Chevrier, Raymond/Waleffe, Pierre: Sissi. Das Leben der Kaiserin Elisabeth von Österreich, Stuttgart 1987, S. 68
31 Haslip, S. 457
32 Ebd., S. 85
33 Haslip, S. 160
34 Müller, Peter/Kabelka, Viktor: Auf Reisen mit Sisi, Wien 2002, S. 18 (künftig: Müller-Kabelka)
35 In manchen Quellen und Publikationen findet sich auch die Schreibweise »Hohenembs«.
36 Falkenau, Doris: Auf Sisis Spuren in Madeira. Eine Reiselektüre, Wien 1996, S. 102 (künftig: Falkenau)
37 Corti, S. 471f. Thiele, S. 471f.
38 Hamann, S. 576
39 Fitzner, Thomas: Sensationsschnappschuss: Sisi auf Mallorca, in: Mallorca Zeitung vom 21. April 2011
40 Falkenau, S. 81
41 Hamann, S. 369
42 Corti, S. 358
43 Müller-Kubelka, S. 19
44 Rohrer, Josef: Sissi in Meran. Kleine Fluchten einer Kaiserin, Wien/Bozen 2008, S. 34
45 Sisi-Straße, S. 215
46 Hamann, S. 288
47 Ebd., S. 295
48 Corti, S. 171
49 Ebd.
50 Ebd., S. 187; Thiele, S. 345
51 Heydenreuter, Reinhard: Spuren der Wehmut. Kaiserin Elisabeths Reisen durch das alte Europa, Regensburg 1998, S. 214f. (künftig: Heydenreuter)
52 Sztáray, S. 166f.
53 Hamann, S. 574
54 Hamann, Brigitte (Hg.): Kaiserin Elisabeth. Das poetische Tagebuch, Wien 1984, S. 279 (künftig: Poetisches Tagebuch)
55 Hamann, S. 285
56 Brief an Sibylle von Leonrod, 29. August 1868
57 Brief an Sibylle von Leonrod, 30. November 1865
58 Sztáray, S. 12
59 Christomanos, S. 90
60 Ebd., S. 86
61 Ebd., S. 87
62 Almstein, August von: Ein flüchtiger Zug nach dem Orient. Reise der allerdurchlauchtigsten Frau Gräfin von Hohenembs im Herbst des Jahres 1885 an Bord der kaiserlichen Yacht »Miramar«, Wien 1887 (künftig: Almstein)
63 Almstein, S. 4
64 Corti, S. 448
65 Poetisches Tagebuch, S. 45
66 Sztáray, S. 242ff.
67 Haslip, S. 306
68 Hamann, S. 328
69 Corti, S. 279
70 Ebd., S. 285
71 Thiele, S. 480
72 Poetisches Tagebuch, S. 122
73 Haslip, S. 343
74 Poetisches Tagebuch, S. 242f.
75 Hamann, S. 366 (an Ida Ferenczy, 1881; Nachlass Corti
76 Ebd., S. 352
77 Corti, S. 165f.
78 Lindinger, Michaela: »Mein Herz ist aus Stein«, Wien 2014, S. 198 (künftig: Lindinger)
79 Elisabeth an ihre Mutter, Ofen, 27. Jänner 1875; Corti, S. 274; Thiele Bildband, S. 143
80 Ebd., S. 140
81 Thiele, S. 492
82 Sztáray, S. 174f.
83 Corti, S. 290
84 Ebd., S. 302
85 Ebd., S. 310f.
86 Christomanos, S. 70f.

87 Haslip, S. 394

88 Corti, S. 382

89 Hamann, Brigitte/Hassmann, Elisabeth (Hg.): Elisabeth. Stationen ihres Lebens. Katalog zur Ausstellung »Elisabeth – Schönheit für die Ewigkeit« in Wien, Hermesvilla, Hofburg, Schloss Schönbrunn vom 2. April 1998 bis 16. Februar 1999, Wien/München 1998, S. 97

90 Ebd. S. 406f.

91 Heydenreuter, S. 272

92 Corti, S. 406f.

93 Sztáray, S. 83

94 Ebd., S. 77

95 Christomanos, S. 168

96 Poetisches Tagebuch, S. 43

97 Christomanos, S. 107

98 Ebd., S. 87

99 Böhm, Gottfried von: Ludwig II. König von Bayern. Sein Leben und seine Zeit, Berlin 1924, S. 414 (künftig: Böhm)

100 Poetisches Tagebuch, S. 81

101 Hacker, Rupert (Hg.): Ludwig II. von Bayern in Augenzeugenberichten, Düsseldorf 1966, S. 251

102 Hamann, S. 551

103 Ebd., S. 551

104 Sztáray, S. 96

105 Corti, S. 477

106 Wallersee, S. 73f.

107 Wallersee, Marie Louise von: Meine Vergangenheit, Berlin 1919, S. 43f.; Schweiggert, Alfons: Ludwig II. und sein Paradies am Starnberger See, München 2017, S. 234ff.

108 Poetisches Tagebuch, S. 107ff. und S. 335

109 Corti, S. 201

110 Ebd., S. 203

111 Thiele, S. 345

112 Haslip, S. 254

113 Poetisches Tagebuch, S. 218

114 Thiele, S. 450f.

115 Schad, Martha: Elisabeth von Österreich, München 1998, S. 44

116 Böhm, S. 711

117 Kistler, Ferdinand: Heimatbuch für Feldafing, Feldafing 1929

118 Wiede, Peter: Von Fürsten, Fischern und Festen. Leben am Starnberger See, Tutzing, 1999, S. 213

119 Bußmann, Hadumod: Ich habe mich vor nichts im Leben gefürchtet. Die ungewöhnliche Geschichte der Therese Prinzessin von Bayern. München 2011, S. 127

120 Hamann, S. 412

121 Poetisches Tagebuch, S. 109

122 Hamann, S. 412f.

123 Poetisches Tagebuch, S. 109

124 Nach anderen Quellen ist der Mohrenknabe ein Geschenk eines Ägyptischen Paschas oder eines ägyptischen Kediven (Großwesirs), vielleicht auch eines Scheichs.

125 Corti, S. 207

126 Poetisches Tagebuch, S. 113

127 Ebd., S. 107

128 Ebd.

129 Größing, Sigrid-Maria: Kaiserin Elisabeth und ihre Männer, München 2000, S. 107

130 Praschl-Bichler, Gabriele/Cachée, Josef »... von dem müden Haupte nehm' ich die Krone herab«. Kaiserin Elisabeth privat, Wien/München/Berlin 1995, S. 106f.

131 Corti, S. 144

132 Thiele, S. 385

133 Ebd., S. 331

134 Corti, S. 482

135 Haslip, S. 447

136 Ebd.

137 Poetisches Tagebuch, S. 81f. Auch die folgenden Zitate über »die Esel« stammen aus Elisabeths Gedicht »Das Kabinet«.

138 Thiele, S. 394

139 Poetisches Tagebuch, S. 80

140 Thiele, S. 458

141 Hamann, S. 190

142 Ebd.

143 Haslip, S. 194; Hain, Walter/Hain, Renate: Kaiserin Elisabeth und die historische Wahrheit, Norderstedt 2015, S. 244 (Sisi – Briefe und Gedichte aus ihrem Nachlass, Salzburg 2012, S. 141ff.)

144 Corti, S. 213

145 Lachmann, Otto F. (Hg.): Heinrich Heine's sämtliche Werke in vier Bänden, Band 2: Reisebilder, Shakespeare's Mädchen und Frauen, Englische Fragmente, Tragödien, Leipzig 1887

146 Hamann, S. 274f.

147 Ziegler, Peter: Die ruhelose Kaiserin. Elisabeth von Österreich auf Reisen, St. Michael 1981, S. 107 (künftig: Ziegler)

148 Ebd., S. 108

149 Corti, S. 208f.

150 Thiele, S. 572

151 Ebd. S. 614

152 Poetisches Tagebuch, S. 196ff.

153 Ebd., S. 204

154 Thiele, S. 614ff.

155 Corti, S. 445

156 Heydenreuter, S. 81

157 Schweiggert-Herzog Max, S. 40

158 Wallersee, S. 162ff.

159 Poetisches Tagebuch, S. 267

160 Hamann, S. 556

161 Corti, S. 454

162 Thiele, S. 730

163 Corti, S. 453

164 Ebd., S. 454

165 Sztáray, S. 120f.

166 Ebd., S. 173f.

167 Hamann, S. 562

168 Corti, S. 473f.

169 Vocelka, Michaela/Vocelka, Karl: Sisi. Leben und Legende einer Kaiserin, München 2014, S. 96

170 Eintrag Elisabeths in den Kalender »István Bácsi Naptára«, März 1875, Farkas Archiv; Corti, S. 273

171 Hamann, S. 282; Corti, S. 217

172 Ebd., S. 410

173 Ebd.

174 Schweiggert, Alfons: Bayerns unglücklichster König. Otto I. der Bruder Ludwigs II., München 2016, S. 243

175 Walterskirchen, Gudula/Meyer, Beatrix: Das Tagebuch der Gräfin Marie Festetics. Kaiserin Elisabeths intimste Freundin, St. Pölten/Salzburg/Wien 2014, S. 258 (künftig: Festetics); Corti, S. 250f.

176 Hamann, S. 410

177 Poetisches Tagebuch, S. 143ff.

178 Corti, S. 375

179 Ebd., S. 376

180 Schad, Martha/Schad, Horst (Hg.): Marie Valerie. Das Tagebuch der Lieblingstochter von Kaiserin Elisabeth von Österreich, München 2007, S. 126 (künftig: Tagebuch-Marie Valerie)

181 Müller-Kabelka, S. 25

182 Thiele, S. 712

183 Hamann, S. 411f.

184 Ebd., S. 553

185 Poetisches Tagebuch, S. 346

186 Festetics-Tagebuch, 10. Jänner 1875; Corti, S. 272

187 Ebd., S. 359

188 Ebd., S. 81

189 Ebd., S. 353

190 Corti, S. 164

191 Hamann, S. 368

192 Ebd., S. 368

193 Ebd., S. 573

194 Corti, S. 269

195 Memminger, Anton: Der Bayernkönig Ludwig II., Würzburg 1919, S. 53; Böhm, Gottfried von: Ludwig II. König von Bayern. Sein Leben und seine Zeit, Berlin 1924, S. 421

196 Heydenreuter, S. 88

197 Tagebuch Marie Valerie, S. 216

198 Ebd., S. 216

199 Christomanos, S. 164

200 Haslip, S. 128

201 Corti, S. 435

202 Ebd., S. 440

203 Ziegler, S. 266

204 Poetisches Tagebuch, S. 47

205 Thiele, S. 833

206 Corti, S. 486; Poetisches Tagebuch, S. 48

207 Ziegler, S. 249

208 Corti, S. 486

209 Thiele, S. 833

210 Poetisches Tagebuch, S. 110f.

211 Ebd., S. 112ff.

212 Schweiggert-Herzog Max, S. 235

213 Poetisches Tagebuch, S. 158

214 Corti, S. 186

215 Ebd., S. 186

216 Ebd., S. 283

217 Ebd., S. 284

218 Ebd., S. 338

219 Poetisches Tagebuch, S. 126

220 Tagebuch Marie Valerie, S. 87

221 Corti, S. 267

222 Ebd., S. 262f.

223 Poetisches Tagebuch, S. 338

224 Richard Wagner: Brief vom 1. Februar 1863 an Mathilde Maier

225 Dirrigl, Michael: Herzog Max in Bayern (1808 –1888), in: Dirrigl, Michael: Maximilian II. König von Bayern (1848–1864), Teil II, München 1984, S. 1377 (künftig: Dirrigl)

226 Wittelsbacher Ausgleichfond/Wagner, Winifred/Strobel, Otto (Hg.): König Ludwig II. und Richard Wagner, Briefwechsel, Band III, Karlsruhe 1936, S. 115

227 Sztáray, S. 238

228 Corti, S. 460/Ziegler, S. 191

229 Ziegler, S. 229

230 Corti, S. 460f.

231 Ebd., S. 475

232 Sztáray, S. 36

233 Ebd., S. 39

234 Corti, S. 478

235 Sztáray, S. 181

236 Ziegler, S. 296

237 Ebd., S. 296

238 Sztáray, S. 203f.

239 Ebd., S 204

240 http://www.berliner-zeitung.de/elisabeth-von-oesterreich [zuletzt geöffnet am 27.7.2018]

241 Hamann, S. 159

242 Ebd., S. 399

243 Ziegler, S. 271

244 Sztáray, S. 108

245 Ebd.

246 Corti, S. 494

247 Ebd., S. 197

248 Ebd., S. 495

249 Ebd., S. 444

250 Poetisches Tagebuch, S. 76f.

251 Ebd., S. 110

252 Corti, S. 444

253 Ebd., S. 344ff.

254 Ebd., S. 356

255 Hamann, S. 555

256 Corti, S. 471

257 Ebd., S. 470

258 Thiele, S. 571

259 Corti, S. 347f.

260 Poetisches Tagebuch, S. 107

261 Corti, S. 378

262 Ebd., S. 485

263 Ebd., S. 484

264 Sztáray, S. 179

265 Sztáray, S. 156

266 Ebd., S. 157

267 Corti, S. 494

268 Ebd., S. 209

269 http://www.hessische-heilbaeder.de/kaiser-koenige-kuenstler/bad-nauheim-sisi [zuletzt geöffnet am 5.7.2018]

270 Corti, S. 496

271 Sztáray, S. 210

272 Ebd., S. 211

273 Hamann, S. 580f.

274 Christomanos, S. 112

275 Corti, S. 335

276 Ebd., S. 324f.

277 Thiele, S. 780

278 Ziegler, S. 133

279 Sztáray, S. 196

280 Poetisches Tagebuch, S. 126

281 Thiele, S. 780ff.

Ebd., S. 780

Ziegler, S. 133

Sztáray, S. 196

Poetisches Tagebuch, S. 126

282 Christomanos, S. 133f.

283 Ebd., S. 93

284 Welcome, John: Die Kaiserin hinter der Meute. Elisabeth von Österreich und Bay Middleton, Wien-Berlin 1975, S. 213

285 Corti, S. 186

286 Ebd., S. 186f.

287 Ebd., S. 130

288 Hamann, S. 469

289 Hamann, S. 449

290 Thiele, S. 655

291 Corti, S. 199

292 Ebd., S. 175

293 Ebd., S. 311

294 Ebd., S. 263

295 Festetics, S. 104; Corti, S. 222; Thiele, S. 448f.

296 Corti, S. 222; Festetics, S. 105

297 Thiele. S. 753

298 Ebd., S. 707

299 Christomanos, S. 89

300 Thiele, S. 270

301 Poetisches Tagebuch, S. 250

302 Ebd., S. 359

303 Corti, S. 274

304 Thiele, S. 13

305 Müller-Kabelka, S. 27

306 Thiele, S. 780

307 Christomanos, S. 112

308 Haslip, S. 461

309 Hamann, S. 552

310 Müller-Kubelka, S. 28

311 Ebd, S. 28

312 Hamann, S. 569 (Amélie, Herzogin von Urach: Tagebuch, 4. Dezember 1890. Nachlass Sexau)

313 Unterreiner, Katrin: Sisi. Mythos und Wahrheit, Wien 2005, S. 85 (künftig: Unterreiner)

314 Haslip, S. 446

315 Brief Kaiserin Elisabeths an ihren gelähmten englischen Freund John Collett, Wien, 16. April 1864, Corti, S. 122

316 Haslip, S. 447

317 Ebd., S. 405

318 Ebd., S. 445

319 Ebd., S. 444

320 Hamann, S. 555

321 Haslip, S. 380

322 Hamann, S. 596

323 Ebd., und ebd., S. 556

324 Christomanos, S. 74

325 Ebd., S. 143f.

326 Hamann, S. 564

327 Corti, S. 378f.

328 Poetisches Tagebuch, S. 173

329 Christomanos, S. 74

330 Corti, S. 27

331 Hamann, S. 29

332 Ebd., S. 30

333 Corti, S. 164

334 Ebd., S. 201

335 Festetics, S. 106

336 Ebd. S. 148; Corti S. 309

337 Sztáray, S. 249; Hamann, S. 591

LITERATURVERZEICHNIS

Almstein, August von: Ein flüchtiger Zug nach dem Orient. Reise der allerdurchlauchtigsten Frau Gräfin von Hohenembs im Herbst des Jahres 1885 an Bord der kaiserlichen Yacht »Miramar«. Mit 43 Original-Illustrationen und einer Karte in Farbendruck, Wien 1887.

Bankl, Hans: Die kranken Habsburger, München 2005.

Bestenreiner, Erika: Sisi und ihre Geschwister, München 2004.

Böhm, Gottfried von: Ludwig II. König von Bayern. Sein Leben und seine Zeit, Berlin 1924.

Bokelberg, Werner (Hg.): Sisis Familienalbum. Private Fotografien aus dem Besitz der Kaiserin Elisabeth mit Erläuterungen und einer Einleitung von Brigitte Hamann, Dortmund 1980.

Ders. (Hg.): Sisis Schönheitenalbum. Private Fotografien aus dem Besitz der Kaiserin Elisabeth mit Erläuterungen und einer Einleitung von Brigitte Hamann, Dortmund 1980.

Ders. (Hg.): Sisis Fürsten-Album. Private Fotografien aus dem Besitz der Kaiserin Elisabeth mit Erläuterungen und einer Einleitung von Brigitte Hamann, Dortmund 1981.

Cappon, Santo (Hg.): Luigi Lucheni. »Ich bereue nichts!«. Die Aufzeichnungen des Sisi-Mörders, München 2000.

Chevrier, Raymond/Waleffe, Pierre: Sissi. Das Leben der Kaiserin Elisabeth von Österreich, Stuttgart 1987.

Christl, Karl: Herzog Max und Sisi in Unterwittelsbach. Aichacher Geschichten, Band 11, Aichach 1998.

Christomanos, Constantin: Tagebuchblätter [1899], Wien 2007.

Corti, Egon Caesar Conte/Sokol, Hans Hugo: Kaiser Franz Joseph, Graz 1972.

Corti, Egon Caesar Conte: Elisabeth. Die seltsame Frau, Graz/Wien/Köln 1974.

Ders: Elisabeth von Osterreich. Tragik einer Unpolitischen, München 1993.

Daimler, Renate (Hg.): »Frei sollen die Frauen sein ...« Gedanken der Kaiserin Elisabeth von Osterreich, Wien/München 1998.

Dirrigl, Michael: Herzog Max in Bayern (1808–1888), in: Dirrigl, Michael: Maximilian II. König von Bayern (1848–1864), Teil II, München 1984.

Exner, Lisbeth: Elisabeth von Österreich, Reinbek 2004.

Falkenau, Doris: Auf Sisis Spuren in Madeira. Eine Reiselektüre, Wien 1996.

Gleichenstein, Tino von: Menus à la Kaiserin Elisabeth. Kulinarisches und Lyrisches, aufgekocht von Uwe Bertus und Dieter Ulrich, Starnberg 1998.

Größing, Sigrid-Maria: Sisi und ihre Familie, Wien 2005.

Dies: Kaiserin Elisabeth und ihre Männer, München 2000.

Graf, Bernhard: Sisis Vater. Herzog Maximilian in Bayern, München 2016.

Ders.: Sisis Geschwister, München 2017.

Hacker, Rupert (Hg.): Ludwig II. von Bayern in Augenzeugenberichten, Düsseldorf 1966.

Hain, Walter/Hain, Renate: Kaiserin Elisabeth und die historische Wahrheit, Norderstedt 2015.

Hamann, Brigitte: Elisabeth. Kaiserin wider Willen, Wien/München 1982.

Dies.: Rudolf. Kronprinz und Rebell, Wien/München 1978.

Dies. (Hg.): Kaiserin Elisabeth. Das poetische Tagebuch, Wien 1984.

Dies. (Hg.): Elisabeth. Bilder einer Kaiserin, Wien/München 1982.

Dies. (Hg.): Meine liebe gute Freundin. Die Briefe Kaiser Franz Josephs an Katharina Schratt, Wien 1992.

Dies. (Hg.): Sissi. Kaiserin Elisabeth von Österreich. Elisabeth. Empress of Austria. L'Imperatrice Elisabeth d'Autriche, Köln 1997.

Dies./Hassmann, Elisabeth (Hg.): Elisabeth. Stationen ihres Lebens. Katalog zur Ausstellung »Elisabeth – Schönheit für die Ewigkeit« in Wien, Hermesvilla, Hofburg, Schloss Schönbrunn vom 2. April 1998 bis 16. Februar 1999, Wien/München 1998.

Haslip, Joan: Elisabeth von Österreich, München 1966.

Heyden-Rynsch, Verena von der (Hg.): Elisabeth von Österreich. Tagebuchblätter von Constantin Christomanos, München 1983.

Heydenreuter, Reinhard: Spuren der Wehmut. Kaiserin Elisabeths Reisen durch das alte Europa, Regensburg 1998.

Holler, Gerd: Sophie: Die heimliche Kaiserin. Mutter Kaiser Franz Joseph I., Wien/München 1993.

Katalog zur Ausstellung »Elisabeth von Osterreich. Einsamkeit, Macht und Freiheit«, Hermesvilla, 22. März 1986 bis 22. Marz 1987, Historisches Museum der Stadt Wien, 1986.

Katalog zur Ausstellung »Keine Thränen wird man weinen ...« des Historischen Museums der Stadt Wien, in der Hermesvilla, vom 2. April 1998 bis 18. Februar 1999, Wien/München 1998.

Katalog zur Ausstellung »Elisabeth/Erzsebet. Majestät, Mensch und Mythos«, Schloss Hof und Schloss Niederweiden im Marchfeld, vom 4. April bis 31. Oktober 1993, Ganserndorf 1993.

Katalog zur Ausstellung »Elisabeth. Königin von Ungarn, Erzsebet. A Magyarok Kiralynea«, Eisenstadt 1991, Wien/Köln/Weimar 1991.

Katalog zur Ausstellung »Sisi auf der Spur, Kutschen, Kleider, Kultobjekte der Kaiserin Elisabeth von Österreich«, Kunsthistorisches Museum Wien, 2008.

Katalog Kaiserin Elisabeth Museum, Possenhofen-Pöcking 2013.

Kugler, Georg: Elisabeth. Kaiserin von Österreich. Königin von Ungarn, Graz/Florenz 1998.

Ders.: Franz Joseph und Elisabeth, Graz/Florenz 1994.

Kurz-Lunkenbein, Marilis: Die Sisi-Straße. Lebensweg der Kaiserin Elisabeth, Berlin 2013.

Leitner, Thea: Habsburgs verkaufte Töchter, Wien 1987.

Lindinger, Michaela: »Mein Herz ist aus Stein«. Die dunkle Seite der Kaiserin Elisabeth, Wien 2014.

Matray, Maria/Krüger, Answald: Das Attentat. Der Tod der Kaiserin Elisabeth und die Tat des Anarchisten Lucheni, München 2000.

Maurer, Lutz: Mein Zauberberg. Kaiserin Elisabeths Bergwanderungen zwischen Ischl und Aussee, Grundlsee 1998.

Memminger, Anton: Der Bayernkönig Ludwig II., Würzburg 1919.

Merkle, Ludwig: Sissi. Die schöne Kaiserin, München 1996.

Müller, Peter (Hg.): Das Land der Griechen. Aus dem Reisetagebuch des Alexander von Warsberg. Ästhetischer Reisemarschall der Kaiserin Elisabeth, St. Pölten/Wien 1984.

Ders./Kabelka, Viktor: Auf Reisen mit Sisi, Wien 2002.

Müller, Wolfgang: »Ein ewig Rätsel bleiben will ich ...«. Wittelsbacher Schicksale. Ludwig II., Otto I. und Sisi, München 1999.

Nostitz-Rieneck, Georg (Hg.): Briefe Kaiser Franz Josephs an Kaiserin Elisabeth 1859–1898, 2 Bände, Wien/München 1966.

Petacco, Arrigo: Die Heldin von Gaeta. Kaiserin Elisabeths Schwester im Kampf gegen Garibaldi, Graz/Wien/Köln 1994.

Praschl-Bichler, Gabriele/Cachee, J.: »... von dem müden Haupte nehm die Krone ich herab«, Wien/München 1995.

Dies.: Das Familienalbum von Kaiser Franz Joseph und Elisabeth, Wien 1995.

Dies.: Kaiserin Elisabeth. Mythos und Wahrheit. Mit Kommentaren von Gerti Senger und Walter Hoffmann, Wien 1996.

Dies.: Unsere liebe Sisi. Die Wahrheit über Erzherzogin Sophie und Kaiserin Elisabeth aus bislang unveröffentlichten Briefen, Wien 2008.

Reiser, Rudolf: Kaiserin Elisabeth. Das andere Bild von Sisi, München 2009.

Rohrer, Josef: Sissi in Meran. Kleine Fluchten einer Kaiserin, Wien/Bozen 2008.

Schad, Martha: Kaiserin Elisabeth und ihre Töchter, München 1997.

Dies.: Elisabeth von Österreich, München 1998.

Dies./Schad, Horst (Hg.): Marie Valerie. Das Tagebuch der Lieblingstochter von Kaiserin Elisabeth von Österreich, München 2007.

Schnürer, Franz: Briefe Kaiser Franz Josephs I. an seine Mutter 1838–1872, München 1930.

Schweiggert, Alfons/Adami, Erich: Ludwig II. Die letzten Tage des Königs von Bayern, München 2014.

Ders.: Der Mann, der mit Ludwig II. starb. Dr. Bernhard von Gudden, der Gutachter des bayerischen Königs, Husum 2014.

Ders.: Bayerns unglücklichster König. Otto I., der Bruder Ludwigs II., München 2016.

Ders.: Herzog Max in Bayern. Sisis wilder Vater, München 2016.

Ders.: Ludwig II. und die Frauen, München 2016.

Ders.: Ludwig II. und sein Paradies am Starnberger See. Schloss Berg – Possenhofen – Roseninsel, München 2017.

Sepp, Christian: Sophie Charlotte. Sisis leidenschaftliche Schwester, München 2014.

Sokop, Brigitte: Jene Gräfin Larisch. Marie Louise Gräfin Larisch-Wallersee. Vertraute der Kaiserin. Verfemte nach Mayerling, Wien/Köln/Weimar 1985.

Sztáray, Irma Gräfin: Aus den letzten Jahren der Kaiserin Elisabeth, Wien 1909.

Dies.: Aus den letzten Jahren der Kaiserin Elisabeth. Mit einem Vorwort von Brigitte Hamann, Wien 2004.

Thiele, Johannes: Elisabeth. Das Buch ihres Lebens, München 1996.

Ders.: Elisabeth. Bilder ihres Lebens, Wien 1998.

Ders.: Elisabeth. Ihr Leben. Ihre Seele. Ihre Welt, Wien 2011.

Tschudi. Klara: Kaiserin Elisabeth von Österreich und Königin von Ungarn, Leipzig 1927.

Tschuppik, Karl: Elisabeth. Kaiserin von Österreich, Prag 2009.

Unterreiner, Katrin: Sisi. Mythos und Wahrheit, Wien 2005.

Dies./Gredler, Wilfried: Die Hofburg. Sehenswürdigkeiten, Museen, Kunstschätze, Wien/Graz/Klagenfurt 2009.

Dies.: Sisi. Kaiserin Elisabeth von Österreich. Ein biographisches Porträt, Freiburg im Breisgau 2010.

Dies.: Sisi. Kaiserin Elisabeth von Österreich, Wien/Graz/Klagenfurt 2012.

Vocelka, Michaela/Vocelka, Karl: Sisi. Leben und Legende einer Kaiserin, München 2014.

Dies.: Meine Vergangenheit, Berlin 1919.

Dies.: Kaiserin Elisabeth und ich, Leipzig 1935.

Walterskirchen, Gudula/Meyer, Beatrix: Das Tagebuch der Gräfin Marie Festetics. Kaiserin Elisabeths intimste Freundin, St. Pölten/Salzburg/Wien 2014.

Weissensteiner, Friedrich: Die rote Erzherzogin. Das ungewöhnliche Leben der Tochter des Kronprinzen Rudolf, Wien 1983.

Welcome, John: Die Kaiserin hinter der Meute. Elisabeth von Österreich und Bay Middleton, Wien/Berlin 1975.

Wittelsbacher Ausgleichfond/Wagner, Winifred/Strobel, Otto (Hg): König Ludwig II. und Richard Wagner, Briefwechsel, Band III, Karlsruhe 1936.

Ziegler, Peter: Die ruhelose Kaiserin. Elisabeth von Österreich auf Reisen, St. Michael 1981.

ABBILDUNGSNACHWEIS

GANZSEITIGE BILDER:

S. 10: Schloss Possenhofen im 19. Jahrhundert, Aquarell. © privat

S. 18: Das Marmortreppenhaus in der Wiener Hofburg. © privat

S. 24: Die »Kaiservilla« in Bad Ischl.

S. 36: Sogenannte Korfu-Kassette, wahrscheinlich aus dem Besitz von Kronprinz Rudolf stammend und später als Reiseerinnerung für Kaiserin Elisabeth adaptiert. Sie enthält eine Landkarte »Von Wien bis Corfu« sowie verschiedenen Veduten der von Kaiserin Elisabeth auf ihrer Reise Juni bis Mitte Oktober 1861 auf Korfu besuchten Orte, vermutlich 1861.

S. 46: Schloss Trauttmansdorff mit Botanischem Garten, Meran. © Lubos Trnobransky

S. 56: Impresssionen von der Jacht »Chazalie« bei Elisabeths Besuch in Vlissingen in den Niederlanden im August 1890. © privat

S. 66: Reitsattel der Kaiserin Elisabeth. © KMH-Museumsverband

S. 76: »Achilleion« auf Korfu. © privat

S. 96: Die 15-jährige Elisabeth von Österreich als Braut zu Pferd vor dem Familienschloss Possenhofen, Ölgemälde von Carl Theodor von Piloty und Franz Adam, 1853. Die Tauben weisen auf Sisis Zimmer. Das Bild selbst hing in der Wiener Hofburg über dem Bett des Kaisers in seinem Schlafzimmer. © privat

S. 106: Schlosshof in der Prager Burg Hradschin. © privat

S. 132: Titania und Bottom, Szene aus »Ein Mittsommernachtstraum« von Wilhlem Shakespeare, Gemälde von Edwin Landseer, 1851. © privat

S. 142: »Hôtel du Palais« in Biarritz, Architekturcollage. © »Hôtel du Palais«, Biarritz

S. 158: Wildbad Gastein, Lithografie von Johann Fischbach, um 1845. © ÖNB/Wien Bildarchiv (12838752)

S. 174: Turn- und Toilettezimmer von Kaiserin Elisabeth in den Kaiserappartements der Wiener Hofburg. © Schloß Schönbrunn Kultur- und Betriebsges. m.b.H. / Fotografin Tina Dietz

S. 188: Titelseite einer vierseitigen Traueranzeige der Stadt Wien anlässlich der Ermordung von Kaiserin Elisabeth am 10. September 1898 in Genf. © ÖNB/Wien Bildarchiv (20374743)

Legende: Porträt der Kaiserin in Hochoval, umgeben von Ansichten der Schlösser Possenhofen, Schönbrunn, Laxenburg und Lainz beziehungsweise der »Kaiservilla« in Bad Ischl und dem »Achilleion« auf Korfu, datiert mit 16. September 1898.

EINZELBILDER:

Alamy Stock Foto: S. 33 oben (the history collection), 88/89 (Fotograf Constantinos Illiopoulos)

Bayerische Staatsbibliothek München/Bildarchiv: S. 12 (links)

Hanns-Seidl-Stiftung: S. 17

Hôtel du Palais, Biarritz: S. 169 (unten)

Imagno/APA Picture Desk: S. 27, 34, 78, 112, 161 (rechts)

IQ Real Estate GmbH: S. 162 (oben)

Kaiserin Elisabeth Museum Possenhofen: S. 14, 99

Klaus Leidorf Luftbilddokumentation: S. 178/179

Österreichische Nationalbibliothek (ÖNB)/Wien Bildarchiv: S. 11 (7227038), 15 (16990123), 21 (9304943), 30/31 (12876988), 38 unten (12843584), 39 (9307124), 59 unten (15360016), 110 (9307152), 152 (9832462), 157 (10086490), 161 links (9305027), 183 (9306935)

Privat: S. 12 (rechts), 13, 16, 19, 23, 25, 26, 28, 29, 32 (links), 33 (unten), 35, 37, 38 (oben), 40, 41, 42, 43, 44, 45, 47, 48, 49, 50, 51, 52, 53, 54, 55, 56, 59 (oben), 60/61, 62, 63, 65, 67, 69, 71, 72, 73, 74, 75, 77, 79, 80, 81, 82, 84, 85, 86, 87, 90, 91, 92, 93, 95, 97, 98, 100, 101, 102, 103, 107, 108, 109, 111, 113, 114, 115, 116, 117, 118, 119, 120, 121, 122, 123, 124, 125, 126, 127, 128, 129, 131, 133, 134, 136, 139, 140, 141, 143, 144, 145, 146, 148, 150, 151, 153, 154, 155, 156, 159, 160, 162 (unten), 163, 164, 165, 167, 168, 169 oben, 170, 171, 172, 173, 176, 177, 182, 185, 187, 191, 193, 195, 197, 198

Schloß Schönbrunn Kultur- und Betriebsges.m.b.H.: S. 20 (Fotograf Edgar Knaack), 22 (Fotograf Edgar Knaack), 32 rechts (Fotograf Alexander Eugen Koller), 57 (Fotograf Lois Lammerhuber), 166 (Fotograf Alexander Eugen Koller) 175 (Fotograf Alexander Eugen Koller)

DANK

Für Hinweise and vielfaltige Unterstützung bei der Abfassung der vorliegenden Veröffentlichung bedanke ich mich bei:

Dietlind Pedarnig, der engagierten Lektorin des Allitera Verlags, für ihre gewissenhafte Lektoratsarbeit und die freundliche und hilfreiche Kooperation bei der Bildredaktion.

Alexander Strathern, dem Leiter des Allitera Verlags, für seine Bereitschaft, dieses Buchprojekt in sein Verlagsprogramm aufzunehmen.

Mariella, meiner Ehefrau, für wichtige Gespräche zum Thema der Veröffentlichung und ihre Geduld.

Zu danken habe ich außerdem allen im Bildnachweis aufgeführten öffentlichen Bibliotheken, Archiven und Sammlungen sowie den Eigentümern privater Archive und Sammlungen, die mir freundlicherweise Informations- und Bildmaterial zur Verfügung stellten.

Alfons Schweiggert, München 2018

HOTEL VILLA SISI

Wir freuen uns auf Ihren Besuch!

EIN HAUS MIT TRADITION

Unser Haus wurde 1869 erbaut und als Hotel Bellevue betrieben. Kaiserin Elisabeth von Österreich-Ungarn, auch Sisi genannt, die im nahegelegenen Possenhofen aufwuchs, ist angeblich im damaligen Bellevue auf einen Kaffee eingekehrt. Entgegen der häufig zu findenden, falschen Schreibweise »Sissi« – auch befördert durch die bekannten Historienfilme »Sissi«, »Sissi – Die junge Kaiserin « und »Sissi – Schicksalsjahre einer Kaiserin« – verwenden wir die originale Schreibweise mit einem »s«.

Nach dem Ersten Weltkrieg wurde das Hotel nach dem Besitzer in Hotel Villa Kefer umbenannt, nach dem verlorenen Krieg waren französische Namen nicht mehr gerne gesehen.

Nach der behutsamen Modernisierung 2018, bei der die besondere Ausstrahlung der klassizistischen Bäderarchitektur und der einzigartige Charme des Hauses erhalten blieben, wird es jetzt unter dem Namen Hotel Villa Sisi und unter neuer Leitung fortgeführt. Auch in der Innenausstattung lehnen wir uns an die damalige Epoche an – kombiniert mit modernen Elementen, wie dem Schließsystem mit Zahlencodes anstatt klassischer Schlüssel.

In diesem geschichtsträchtigen Gebäude stehen Ihnen gemütliche Zimmer in einem charmanten Ambiente umgeben von wundervoller Natur zur Verfügung.

Hotel Villa Sisi

Hindenburgstraße 12
82343 Pöcking

Telefon 08157-93170
www.hotel-villa-sisi.de